见证

股市早年岁月亲历者说

中共上海市委党史研究室
上海金融文化促进中心 编

上海人民出版社

前言 / 001

第01编 / 股市破冰开先河

春潮涌动，股市启航。从1984年首家企业发行股票，到1992年股市奠基跃进，在这段新中国股市早年岁月中，证券事业的先行者们应时而动，顺势而起，以"勇吃螃蟹"的艰辛探索和不懈努力，谱写出一个个第一，为股市发展开辟了先河。

秦其斌 推出新中国第一股——"小飞乐" / 003

黄贵显 静安证券营业部是有历史意义的 / 016

贺镐圣 上海股份制和股票市场的早年探索 / 028

龚浩成 摘下资本主义"皇冠"上的"宝石" / 039

王波明 几位"海归"将证券交易所引入中国 / 050

汪道涵 金融证券与上海发展 / 061

庄晓天 面对上海资本市场，无愧当年 / 071

尉文渊 敲响上证所第一锣 / 082

刘鸿儒 中国证监会成立前后 / 099

范永进 1992，新中国股市奠基与跃进的一年 / 111

第02编／市场主体谋发展

　　破茧而出，化蛹为蝶。新中国股市从无到有，在争论中艰难起步，在探索中跌宕起伏，是依靠眼光、信心、勇气和智慧，才能孕育出股市早年市场主体的一个个拓荒者。这些企业和个人艰难而曲折的奋斗史、成长史，共同构建了股市发展的重要历程。

杨铨谟　爱建公司与股市往事 / 131

顾培柱 胡之奎　"真空电子"——证券市场国企改革的开拓者 / 140

杨国平　"东西大众"与证券市场同成长 / 152

秦国樑　亲历延中上市与五次收购 / 166

瞿建国　申华——从浦东乡镇走出的资本市场"宠儿" / 185

蔡来兴　穿越于沪港两地资本市场 / 197

李玉琴　首家中外合资企业的创立与上市之路 / 209

张志雄　早年股市中的民营企业 / 220

杨怀定　我是一个平民投资者 / 232

应健中　悲欢离合认购证 / 241

楼志文　有得有失、敢写敢言的"老股民" / 251

第03编／资源融通筑平台

　　解缆启碇，整装待发。所有的开航与飞跃，都离不开那起步间得以着力的坚实平台。最初的证券公司和投资、咨询机构，从大胆试水，到经纪代理服务、承销经营业务的迅猛发展，及至对于客户服务意识和合规制度建设的追求。券商行业，可说是整个股市维持健康与活力的平台。

阚治东　申银证券的初创岁月 / 265

谢荣兴　万国黄浦营业部的几个故事 / 274

王开国　在海通证券的那几年 / 292

郭　纯　从上交所开市"第一单"到出境在港"第一课" / 305

王益民　首家全国性证券公司——国泰证券诞生记 / 316

朱福涛　东方证券的筹建始末与起步发展 / 335

李　训　屡被"批评"的全国第一家异地券商 / 348

陈琦伟　我所经历的中国资本市场发展往事 / 357

朱荣恩　变革时代的"新世纪公司" / 365

尚志强　"中国式投行"的早年岁月 / 377

任文兴　摸着石头开创证券咨询 / 388

第04编 / **配套建设图创新**

　　筚路蓝缕，以启山林。股市创设初期，一切从零开始，少不了思想激荡、他山之鉴、媒体参与等多方面的理念碰撞和理论先行。基于此，才有实践的勇气、创新的思维、开放的格局，才有法律探索、财会改革、市场研究、评估监管等一系列配套建设和中介服务。这一切，营造创建了中国股市的发展环境。

戴园晨 中国股市与经济理论的互动发展 / 405

陈伟恕 从股份制倡议者到股市搏击者 / 417

梁定邦 中国证监会首席顾问的岁月 / 429

陆　一 中国证券市场发展历程中第一个科技大亮点 / 442

杨宇慧 中国证券第一报——《上海证券报》诞生记 / 452

刘　剑 《上海市证券交易管理办法》的出台 / 467

吕红兵 我的证券律师之路 / 476

李志强 首批证券律师执业回眸 / 486

卢金涛 立信会计伴随股市共成长 / 500

李　康 行走于沪深股市之间 / 511

附录：中国股市大事记（1978.12—2000.12）/ 527

　　参考文献 /561

后记 / 565

前　言

　　1978年党的十一届三中全会决定的改革开放政策，拉开了中国经济体制改革的大幕。中国要强大和发展，必须将经济体制改革坚持到底。而中国的经济体制改革，首先就是中国的金融市场。中国股市是中国金融改革的重要前沿，作为政治和经济共同敏感的地带，成为了中国经济体制改革的风向标。

　　四十余年来，中国发生了翻天覆地的变化。其中，股市从无到有，从小到大，以惊人的发展速度走过了发达国家两百余年走过的路，对推进我国企业改革、募集社会资金、调整产业结构、优化资源配置、促进国民经济发展作出了特有的功不可没的贡献，成为我国改革开放和现代化建设伟大事业中值得大书特书的辉煌篇章。

　　20世纪八九十年代，中国股市从破冰启航到跃进发展，十余年光阴在浩瀚的历史长河中只不过是弹指一挥间，但对于中国股市，却如开天辟地，意义非凡。中国股市与中国经济的发展，可说休戚相关，唇齿相依。回顾这段股市早年岁月，我们可以欣喜地发现，虽然我们所迈出的脚步从某种角度看尚嫌稚嫩，但正是这些稚嫩却令人自豪的起步，以及随之而来越来越大幅度的步伐，为我国股市的发展打下了坚实的基础。

破冰中国股市　启航艰苦探索

　　中国股市早年所经历的风风雨雨、坎坎坷坷，是一部充满挑战的艰苦探索史，也是一部不断发展、走向规范、壮大、辉煌的绚丽篇章。从1979年爱建公司首创认款制（股份制的雏形）大胆破题，到1984年在姓"资"姓"社"的争论中开始股份制试点起步，到1986年证券交易柜台场所出现，到1990年上海、深圳两地证券交易所的先后建立，到1994年邓小平视察南方发表重要谈话引发证券市场快速发展，中国股市演绎了一段令人难以忘却的早年探索史。

1.新中国大地上重新出现了股票

我国股市是在长期实行计划经济后发展起来的。从宏观上讲，20世纪80年代初，经济体制改革的课题已经提了出来，实行了几十年的传统计划经济体制已经越来越不能适应经济发展的需要，弊端越来越大，暴露得也越来越充分，如何从高度集中的计划体制中走出来，发挥市场的作用，成为各经济主体共同关心的重大问题。从微观上说，企业要发展，特别是中小企业的发展，越来越感受到了资金不足的制约，如何开辟新的筹资渠道，引入外来资金，并借此转变企业经营机制，成为当时企业界的热门话题。在这种情况下，一些经济较为发达地区的企业，在当地金融主管部门的支持下，开始尝试向社会公开发行股票。上海的飞乐音响、延中实业，深圳的宝安，北京的天桥在80年代中期先后发行了股票，成了新中国股份制改革的第一批"吃螃蟹者"。此后，全国各地效仿者众，其中有沪市的飞乐股份、豫园商场、爱使股份、申华实业、真空电子、凤凰化工，深市的深发展、深金田、深万科、深安达、原野股份。这些公司股票也有幸在沪深两地开设证券交易所后成为第一批挂牌交易的股票。在实行了三十多年的计划经济后，中国的大地上重又出现股份制企业和上市公司，对人们传统观念所形成的冲击，可以毫不夸张地说，不啻一声惊雷。毫无疑问，这是70年代末、80年代初兴起的中国经济体制改革的必然结果。

当然，股票在中国消失了三十多年后又作为新生事物出现，要被广大民众所认识必然有个过程。这一时期，无论是上海出现的万人争购股票（许多人是冲着买股票可以中奖而来的），还是深发展发行时政府部门几经动员甚至领导干部带头购买还只发出去不到计划发行量的一半，都是多少年来人们所形成的对股票陌生和疏远的一种真实写照。

2.第一个股票交易二级市场在上海设立

1984年11月飞乐音响发行股票后，股票持有人不久就提出了转让要求。对于投资人这一正常的、必然的要求，上海有关金融主管部门从股份制改革试点一开始就已经估计到，因而上海股份制试点从一开始就具有与其他地方不同的特点，即把发展股票市场与股份制试点结合起来，互相依赖，互相促进，同步开展。1984年7月，上海出台的《关于发行股票的暂行管理办法》规定，股票持有者如要出让股票，可委托银行信托部代为销售转让。

最初，飞乐音响股票的持有人需要转让时，持有人必须自行找到受让人后，再到代理发行的中国工商银行上海市信托投资公司静安分公司办理转让手续。其转让价格为中国人民银行上海市分行统一规定的票面金额加银行活期储蓄利息。不过，这期间转让股票的投资人总量并不多，到1986年底，实际过户的股票只有11453股（每股面值10元），但这却是改革开放以来最早的股票转让。

1986年9月26日，上海建立了第一个股票柜台交易点——中国工商银行上海市信托投资公司静安证券业务部，开始接受委托，办理由其代理发行的延中实业和飞乐音响两家公司股票的代购、代销业务。这比此前自找受让人的转让方式又进了一步。不过，这时的转让价格还是根据人行上海市分行规定，由票面金额加成交时的股息和红利决定。到1986年底的3个月内，成交了1367股（每股面值10元），约占当时向社会公开发行额的1.1%。第二年，人行上海市分行又发布了《证券柜台交易管理办法》，规定股票必须在经人行上海市分行批准的证券柜台交易点进行转让买卖，价格实行放开，随行就市，由买卖双方商定，证券柜台还可以直接自营证券的买卖。

在柜台交易阶段，中国工商银行上海市信托投资公司静安证券业务部还编制和公布了全国第一个股价指数——静安平均股价指数。静安平均股价指数在1990年6月之前一直在100点附近上下波动，1990年7月后快速上扬，到1990年底上海证券交易所成立时已跃过了400点大关。交易量也是逐年放大，1986年为115万元，1987年、1988年、1989年分别为524万元、890万元、1454万元，到上海证券交易所成立时已达9926万元。

在上海启动股票转让、柜台交易后，1988年4月，深圳经济特区证券公司开张，从此深圳也有了股票柜台交易点。柜台交易启动后，首先将深发展股票上柜买卖，但投资者寥寥无几，甚至经常是有行无市。此后的两年，股市行情大起大落。1989年春，深发展分配红利丰厚的消息刺激了股价的上升，入市者有所增多，交投日趋活跃，后因受政治风波影响，深圳股市急转直下，一蹶不振达数月之久，1989年底才有所回暖，但随之而来的治理整顿又使股市进入低迷阶段。1990年，社会经济趋于稳定，上市公司业绩及分红消息较好，股市开始复苏，到3月，深圳股市开始转热，交投十分活跃。

3.沪深两地先后成立证券交易所

随着沪深两地区域性市场股票发行数量的不断增加，股市投资者队伍的不断扩大，市场交投的不断活跃，股票交易由分散的柜台交易向集中统一的由证券交易所组织交易的转变成为一种必然的、内在的要求。这样，建立证券交易所便提到了议事日程上来。

1989年底，在上海市政府召开的金融改革会议上，当时的中共上海市委书记兼市长朱镕基主持了有上海30多位高级经济智囊人物参加的碰头会，讨论上海证券市场发展大计。1990年4月18日，李鹏总理代表党中央、国务院来沪宣布决定开发、开放上海浦东的十大政策，其中包括建立上海证券交易所。1990年6月，朱镕基在访问香港时宣布"上海证券交易所将在年内宣告成立"。1990年11月26日，经中国人民银行批准，新中国的第一家证券交易所——上海证券交易所宣告成立，同年12月19日正式开业。

在深圳，早在1988年11月，深圳市政府就建立了深圳证券领导小组，1989年11月开始筹备深圳证券交易所，1990年5月筹备工作基本就绪。1990

年11月底，得到上海证券交易所将于12月19日开业的消息后，深圳市政府决定深圳证券交易所于12月1日开始试营业，后于1991年7月3日正式开业。

上海、深圳两个证券交易所的成立标志着中国股市向现代化市场迈出了最关键的一步。

4.邓小平南方谈话启动了股市的第一次大发展

上海、深圳两地证券交易所成立后，沪深两个股市有了较大的发展。然而，对于社会主义国家该不该有股市的争论仍很激烈。这在很大程度上制约着两个新生市场更大的发展。

1992年初，面对当时经济领域及其他领域出现的一些重大问题，邓小平在南方视察期间发表了对中国未来产生重大影响的谈话。邓小平指出："改革开放胆子要大一些，敢于试验，不能像小脚女人一样。看准了的，就大胆地试，大胆地闯。""改革开放迈不开步子，不敢闯，说来说去就是怕资本主义的东西多了，走了资本主义道路。要害是姓'资'还是姓'社'的问题。判断的标准，应该主要看是否有利于发展社会主义社会的生产力，是否有利于增强社会主义国家的综合国力，是否有利于提高人民的生活水平。""证券、股市，这些东西究竟好不好，有没有危险，是不是资本主义独有的东西，社会主义能不能用？允许看，但要坚决地试。看对了，搞一两年对了，放开；错了，纠正，关了就是了。关，也可以快关，也可以慢关，也可以留一点尾巴。怕什么，坚持这种态度就不要紧，就不会犯大错误。总之，社会主义要赢得与资本主义相比较的优势，就必须大胆吸收和借鉴人类社会创造的一切文明成果，吸收和借鉴当今世界各国包括资本主义发达国家的一切反映现代社会化生产规律的先进经营方式、管理方法。"邓小平的重要谈话极大地提高了证券界人士的信心，激励了证券市场的迅猛发展。

东风吹来满目春。从1992年3月起，沪深两地股市出现了前所未有、激动人心的发展。1992年上海53家公司发行股票，股票上市数量增加了30个，并先后发了9个B股；上市总额130.51亿元，市价总值646.75亿元，股票交易额

494亿元，分别比上年增长了104.52%、535.5%和29.64倍。1992年，深圳证券交易所的股票也增加到33个，其中包括9个B股，异地股票5个，权证1个，股票市价总值482亿元，股本总额为25.3亿元左右，股票交易额达439亿元，均比上年有成倍增长。尤其值得一提的是，上海证券交易所1992年5月21日对所有股票取消涨跌幅限制后，连续几天出现井喷行情，股指从616.99点迅速攀升到1421点，创下了股指当年的最高纪录，其中5月22日一天股指即翻了一番。此后，受各种因素影响，主要是股票发行速度过快，股票资金面跟不上，股指不断下滑，到11月17日，股指跌至393点，达到取消涨跌幅限制后当年的最低点。深圳证券市场的情况也大体相同。沪深两市的股指走势基本上保持一致。

5.早期发展中出现了一些大的波折

在股市的初创时期，成就总是伴着波折而来。1992年沪深两地股市出现爆发性行情后，街头巷尾到处流传着一夜暴富的故事。那时候，由于一直延续到今天的新股神话，买到新股肯定会有数倍甚至数十倍盈利，新股出现了严重的供不应求。为保证新股发行的公正性，沪深两地一般都采取先发认购证，经抽签再认购新股的方式。因此，在相当一段时间里，哪里发行股票认购证及股票，哪里就会吸引数以万、十几万、几十万计的人疯狂抢购。1992年8月，当深圳发售新股认购抽签表时，100多万人涌向深圳，展开了一场惊心动魄的抢购战，整个发行过程中，由于一些网点组织工作出现问题，导致部分股民出现了非常极端的行为，从而最终酿成了中国股市最初发展阶段最让人痛心疾首、同时也是最值得总结的"8·10事件"。在此后相当长的一段时间里，新股发行被迫暂停。

探索局限鲜明 历史意义深远

总结中国股市早年的探索发展，可以发现如下几个特点：

一是姓"资"姓"社"的争议激烈，可以说是边争论边试点。新中国股票市场是在姓"资"姓"社"的激烈争论中起步的。80年代初、中期，对于什么是社会主义，社会主义可不可以搞市场经济，计划与市场在社会主义经济中对资源配置分别起什么样的作用，股份制是不是资本主义所特有的企业组织形式，社会主义允不允许有股票市场等事关社会主义基本性质的重大理论问题，社会上存在着极大的争论，这种争论一直延续到邓小平1992年南方谈话，其间不同的观点不时发生尖锐的冲突，甚至有时演变为意识形态的斗争，并且伴随着股份制改革试点和股票市场的试验，这种奇特的边争论边试点的局面，使得股份制改革和股票市场培育的最初阶段几次潮起潮落。

二是股市属地方性试点，局限在沪深两地。由于对股份制和股市姓"资"姓"社"的性质认识存在巨大分歧，这一时期的股市试点基本上仅仅局限在上海、深圳两个地方，绝大多数的上市公司、投资者和大部分的证券经营机构都来自这两个城市。以上交所为例，第一批上市的"老八股"中有7个为上海公司，第一批25家会员单位中有16家为上海的证券机构，3万多名投资者几乎全是上海人，股票市场属于区域性的市场。

三是规模较小，对国民经济运行几乎没有实质性影响。在这一时期，为减少争论，公开发行股票的试点主要在一些小企业中进行。股份制最初的推行也是为了解决中小企业的融资问题。国有大中型企业都可以从国有银行得到贷款，小企业特别是一些集体小企业难有这种渠道，因此成了改革最早的探索者。投资者也基本上都是散户投资者，单个投资者资本规模不大，机构法人尚未被允许进入股票二级市场进行交易，也没有机构敢于投身股市。无论是上市公司还是证券经营机构，规模都很小，例如延中、爱使、宝安等都是街道小厂或集体企业，申银、万国、海通等都是地方性的证券公司。整个股票市场规模小，流通市值、上市公司、机构、投资人、证券品种等都很少。由于规模不大，股市的功能如资源配置、国民经济晴雨表等不可能得到充分发挥，股市游离于国民经济系统之外，从经济功能角度看，对国民经济发展几乎没有实质性影响。

四是监管体制和法制建设滞后，市场大起大落。由于沪深两地股票市场最初都是由当地政府推动组建的，市场管理部门缺乏证券市场的管理经验，相关的法规都只是粗线条的，相互之间又不配套，法规层次较低，权威性不够，只能适应证券交易所成立之前市场萌芽阶段的监管要求，并且由于监管规则不统一，不能适应股市发展的新形势及未来的发展方向。加上投资者缺乏必要的风险意识，因此很难避免悲剧的发生。为解决一些地方在推行股份制改革和发展股票市场方面存在的一哄而上的倾向以及股票市场管理政出多门、力量分散、管理薄弱而出现的一些混乱现象，在总结过去几年证券市场发展经验教训的基础上，国务院于1992年底决定，成立国务院证券委员会和中国证券监督管理委员会，从体制上保障证券市场保持良好的发展势头。

从现在的角度看，我国1992年以前的股市，无论是其本身的规模还是其影响力都相当有限。但是，从股市历史发展的角度看，早期发展进程对我国股市后来的发展乃至对我国经济的发展所产生的影响却是极其深远的，它的历史地位至少表现在以下三个方面：

第一，它冲破了长达数十年的传统计划经济体制及意识形态的禁锢，在改革开放政策的推动下，出现了一批"吃螃蟹的人"。正是由于有了这些敢于改革、敢冒风险的人顶着巨大压力的大胆探索，才有了股票市场绝迹多年后的重新出现，也才有了此后我国股票市场超越常规的发展。

第二，早年发展时期的股票市场在其发展过程中积累了大量的经验教训，从而为后来的大发展提供了许多极有价值的借鉴作用。如在法律法规的完善方面、证券监管体制的设计方面、股票发行方式的试验方面、股票交易规则的制定方面等，这一时期所暴露出来的问题和缺陷为后来的不断完善提供了不少鲜活的素材。

第三，股票的发行和股票市场的建立所透露出来的中国改革开放的坚强决心在国际社会中引起了强烈反响，也给国内民众以进一步坚定改革开放的信心。延中实业大规模向社会公开发行股票后，立即引起了国内外的强烈反响。境外的《大公报》《文汇报》《镜报》《成报》《明报》《东方日报》《澳门日报》等多家报纸都在头版或其他版面的显要位置作了报道。此外，美国、英国、日本、联邦德国、南斯拉夫、意大利、澳大利亚和荷兰等20多家报刊、电台和电视台的记者，都专程到延中公司采访，从不同角度报道和评价延中公开发行股票一事。上海证券交易所成立后，又一次在国际新闻界、金融界引起了轰动。外电纷纷评论说，这"标志着中国改革开放的目标不会变"，"上海证券市场及金融发展将矗立起一块新的里程碑"，认为中国改革开放走上了市场经济之路。

发展迈开大步 市场突破跃进

以国务院证券委和中国证监会正式开展工作，各地纷纷成立证券管理办公室，证券市场开始不断向全国化、规模化、规范化、国际化迈进为标志，中国股市的发展进入了令世人瞩目的"黄金时期"。

1.股市各个组成部分迅速发展壮大，整个市场初具规模

其一，自1993年起，沪深两市的上市公司迅速增加。1994年2月24日，上海证券交易所一天共有11只新股上市，创下了一天上市新股数最多的纪录。1996年、1997年两年，由于股票市场的功能得到越来越多的认同，大量国企纷纷改制上市，沪深两市新上市公司数每年都突破了200家，是十几年中两市上市公司数增加最多的两年。到1999年底，境内上市公司达到949家。

其二，投资者数量快速增加，投资者结构不断改善。股票市场不断地为人们所认识，其强大的魅力及围绕着股票市场演绎出的各种各样传奇故事强烈地吸引着全国各地的人们加入到投资者队伍中来。各地公司发行股票并挂牌上市也给当地的人们进行了生动的证券知识启蒙，进而带动了各地投资者的快速增长。从1993年9月起，股票二级市场对机构投资者开放后，机构投资者的数量稳步增长。机构投资者本身的结构也在不断优化，从最早的非国有企业为主，到境内所有机构均可入市，再到规范的证券投资基金逐渐成为股

票市场的一支重要力量。

其三，证券公司等中介机构不断发展壮大。1992年全国才刚刚组建了3家注册资本为10亿元的全国性证券公司，到1999年11月底，注册资本超过5亿元的证券公司已达24家，10亿元以上的有8家。从最早的申银、万国合并，到后来的国泰、君安合并，再到由数家国有商业银行证券经营机构合并组建的银河证券公司，证券公司规模越做越大。股票市场相关的中介机构也快速成长，服务行业不断繁荣。如注册会计师行业、律师行业、资产评估行业、证券咨询业等都得到了长足的发展，适应了股票市场超常规发展的需要，同时也促进了股票市场以外的企业的市场化、规范化发展。具有典型意义的是，股票市场的发展极大地推动了我国会计制度的改革，缩小了我国会计制度与国际标准的差距。

2.股市迅速由地方所属的区域性市场转变为全国统一的大市场

其一，由于沪深两地交易所从一开始就大胆采用无纸化证券托管和无形化市场交易，在交易的技术手段方面又采取了电脑撮合配对的集中交易和集中清算交割系统，走出了一条现代证券市场发展的快捷之路。这样的高起点使得两地交易所得以在较短的时间里迅速从本地向全国发展。以上交所为例，1992年，上交所的交易系统容量每日成交笔数只3万笔，1994年扩大到100多万笔，1996年底上升到300多万笔，1999年达500多万笔。交易系统的不断升级，保证了我国以散户为主的市场的快速扩张。上交所的双向卫星通信站在1998年就突破了1000家，形成了一个覆盖全国的网络。

其二，1993年起，各地股份公司纷纷涌向沪深两地交易所挂牌，从沿海平原到世界屋脊，从北国黑土地到南海金港湾，到处都有企业通过股票市场发行股票。券商的触角也迅速向各地延伸。股票市场的发展打破了过去的条块分割体制，上市公司跨地区投资、券商跨地域开设营业场所和开展业务已越来越普遍。其中，国泰君安、申银万国等数家大券商在全国各地开设的营业部都已超过了100家。

其三，截止到1999年底，在上海证券交易所挂牌上市的484家公司中，360家来自上海以外的全国30个省、自治区、直辖市，占74.38%；309家会员公司中有298家为异地会员单位，占96.44%；2272.23万个人投资者中，有1928.12万户为上海以外的投资者，占84.86%。

3.股市的功能不断提升，筹资、资源配置、转换机制得到越来越多的发挥

其一，股市的出现改变了我国企业长期以来单一地依靠财政拨款和银行贷款的融资方式，开辟了一条低成本筹集内外资金的新渠道。更为可喜的是，股市接纳上市公司的能力不断提高。过去，由于我国股市容量有限，接纳特大型企业的能力不足，只能容纳一些小企业上市，规模稍大一些的公司要么采取分拆部分上市的办法，要么采取分步上市的办法，或干脆到海外证券市场融资。随着投资者的快速增长，股市接纳大型企业的能力也不断提高，市场已具备了接纳大盘股的能力，公司一次性筹资几十亿元已不是一件很困难的事。1999年，一次性筹资40亿元的浦发银行的成功上市，证明我国股市的容量有极大潜力，这为后来主板市场进一步接纳更大规模的上市公司进行了有益的探索。上市公司数量和规模的扩大对二级市场产生的冲击越来越微弱。相反，新的有规模、有实力的企业不断加盟股市，不仅改变上市公司的结构，而且带动二级市场不断向上攀升。另外，上市公司规模不断扩张，特大型企业不断上市，也使股票市价总值占GDP的比重呈加速增长之势，为股市各项功能的发挥奠定了更为雄厚的基础。

其二，上市公司不断探索多种多样的资产重组形式。资产重组越来越成为上市公司利用股市不断发展壮大的有效手段。国内优秀企业、优秀人才、优质资产不断向上市公司集中，一批上市公司借助资本市场的支持，得到了高速发展，不断做优、做大、做强。股市在推动产业结构升级方面发挥了重要的作用。截止到1999年8月底，我国高新技术上市公司已达162家，占同期上市公司总数的17.8%，从证券市场募集资金478亿元，其中部分上市公司还通过兼并收购新兴产业公司实现产业升级。仅1998—1999年，新涉足新兴产业的上市公司就达近200家，占同期上市公司总数的20%。

其三，国有企业发行股票并上市后，股权结构变得日益多元化，由过去的国有独资，变成为多元投资主体，形成了一定的内部制衡机制。更为重要的是，上市使昔日的国有企业变成了一个强调透明度、强调保护中小投资人利益的公众公司，二级市场开始对上市公司的资源配置和管理形成约束力，在完善上市公司治理、提高上市公司绩效等方面，发挥着越来越大的作用。

4.法制建设步伐不断加快，法律体系框架基本形成

其一，继1993年国务院颁布《股票发行与交易暂行条例》后，全国人大于1994年和1999年又先后颁布实施了《中华人民共和国公司法》《中华人民共和国证券法》等事关证券市场发展大局的基本大法，使我国证券市场的规范化建设有了基本依据，为证券市场的正常运行奠定了基础。

其二，证券监管机关还先后颁布、修改并实施了有关上市公司信息披露规则、上市规则、交易规则、证券发行操作规则等一系列证券市场运行规则以及保护投资者利益等诸多方面的法律法规，不少法规几经修改，整个证券市场的法律体系日趋完善。证券市场管理日益向法制化方向转变。

5.股市的管理体制进一步理顺，证券交易所和地方证券监管部门归属中央，实现了全国市场的集中、统一、垂直管理

其一，股市起步初期，沪深两地交易所由地方管理，国务院证券委和中国证监会成立后，又调整为中央和地方双重管理。这种体制在股市设立初期有利于调动地方政府搞好股市的积极性。但随着股市发展，这一体制开始逐渐显露出弊端，主要表现为两个市场无序竞争，地方政府参与较多。当股市逐渐发展成全国性交易场所后，这一体制已不能适应新的形势。1997年8月，国务院规定将沪深两地交易所划归中国证监会直接管理。

其二，1998年初，国务院又明确规定中国证监会集中统一管理股市，将原来隶属于中国人民银行总行、国务院证券委的证券管理职能全部移交给中国证监会，取消国务院证券委，为全国金融市场的分业经营、分业管理打下了制度性框架。

其三，自1998年9月起，各地证管办划归中国证监会统一管理，作为中国证监会在各地的派出机构，它们的职能也开始转变为主要承担市场监管，这样就从根本上解决了职能混乱的多头管理问题。

6.党和国家领导人先后考察了证券交易所，并对股市的发展提出了新要求

1995年上海证券交易所成立五周年之际，当时担任国务院副总理、主管经济工作的朱镕基同志在视察上海证券交易所时，提出了对我国证券市场进一步发展具有重要意义的"八字方针"：法制、监管、规范、自律。1998年江泽民总书记在《证券知识读本》一书的批语中指出："实行社会主义市场经济，必然会有证券市场。建立发展健康、秩序良好、运行安全的证券市场，对我国优化资源配置，调整经济结构，筹集更多的社会资金，促进国民经济的发展具有重要的作用。""希望大家继续按照巩固成绩、随时警惕、谨慎小心、及时调节的方针，进一步发展和完善我国的证券市场，使之更好地为当前国有企业的解困和发展服务，更好地为改革开放和现代化建设服务。"党和国家领导人的视察活动和对证券市场的要求极大地提高了上市公司、投资人以及广大证券从业人员的信心，激励着有关参与方不断努力提高规范化运作水平，为国民经济发展水平的整体提升作出贡献。

7.我国股市的国际化步伐不断加快

我国股市对外开放包括三个方面的主要内容：一是走出去，即利用好国际证券市场和鼓励国内金融机构参与国际市场竞争；二是请进来，即吸引外国金融机构到境内设立合资分支机构和吸引国际资本有限度地参与国内市场投资；三是市场全面开放，即允许国际资本全面参与国内市场投资，允许国外企业来境内证券交易所发行证券和上市交易，放开外国金融机构在境内设立合资分支机构的股权限制。在推进股市对外开放的过程中，我国采取了分步进行、逐步实施的方针。

其一，吸引外国投资者投资国内企业。继1991年底成功推出电真空B股之后，1993年又推出了第一只H股——青岛啤酒H股。在这期间，中纺机还在瑞士推出过第一个B股可转换债券。1996年前后，在香港证券市场上还一度掀起过一股席卷国际资本市场的红筹股旋风。中资企业已经成为香港证券市场上一支重要的新生力量。

其二，吸引外国证券公司的代表机构和外资投资银行走进国门。从1982年开始，允许外资证券公司在华设立代表处。1995年，又批准美国摩根士坦利公司等外资公司与中国建设银行合资设立"中国国际金融有限公司"，并允许从事一般性投资银行业务，为建立中外合资证券公司提供了有益的经验。

其三，市场监管方面，自1993年6月起到1999年底，监管部门已相继与美国、新加坡、澳大利亚、英国、日本等13个国家及我国的香港特别行政区的证券期货监管机构签署了监管合作谅解备忘录。中国证监会还于1995年加入证券监管国际组织，并于1998年当选为该组织的执行委员会成员，积极履行相关义务，并引进了该组织的监管目标、原则和理念，用以规范中国的股市。沪深两地交易所也先后与多家国外交易所签署了合作备忘录，并加入了有关的国际性组织。国际资本市场上的一大批知名人物、机构、交易所经常到沪深两地交易所参观、交流，洽谈各种形式的更深层次的合作。

其四，美国总统克林顿、英国首相布莱尔、古巴国务委员会主席卡斯特罗等外国领导人先后参观了上海证券交易所，并对其先进的交易设施、浓厚的市场气氛以及它所折射出的中国改革开放的气息给予了高度评价。股市已经成为展示我国社会主义市场经济建设成就以及对外开放成果的一个重要窗口。

完善监管体系　筑牢市场基础

随着统一监管体系的不断建立健全，以及初期的艰苦探索与不断总结奠定的基础，股市从1993年起走进了有序发展新时代，到20世纪末已经取得了举世瞩目的成就，基本上已经或正在实现"全国化、规模化、规范化、国际化"的目标。股市已经成为社会主义市场经济的一个不可或缺的重要组成部分，股份制、股票、证券市场等改革中出现的新生事物得到了全社会越来越广泛的认可，从事股票投资不再受到另眼相待。可以说，股票市场已深入人心，这为其下一步向更高的目标迈进奠定了更加坚实的基础。摆在人们面前的重要使命已经不是要不要发展股市的问题，而是怎么样发展的问题。可以说，大力发展股票市场已经成为一个不可逆转的方向，并对国民经济的发展起着越来越重要的推动作用。

股票市场之所以能够取得上述重大成就，主要经验有如下几条：

一是在发展股市的指导思想上，各方面解放思想，大胆实践，不再纠缠于股份制和股票市场姓"资"姓"社"的无休止的争论中，而是大胆地试，大胆地闯。这一阶段的主要矛盾已经不是要不要搞股份制、要不要搞股票市场，而是如何搞好股份制改革、如何规范发展股票市场的问题。

二是不再将股市孤立起来，而是将其发展融入到整个经济改革和开放的大潮之中。上市公司不再仅仅是中小企业的试验田，国有大中型企业也纷纷利用新兴的股市筹集资本，转变机制。除少数国家垄断的行业或特殊行业外，大部分的国有骨干企业集团都有了上市公司成员，有的集团甚至还拥有三四家上市公司，如一汽集团、华源集团等。国有骨干企业的大量上市，使股市的功能不断得到提升，股市担负起了国有企业改革的历史重任，国民经济晴雨表的作用也有了初步体现。

三是在股市的组织管理体制上，通过逐渐寻找适合我国股市发展的集中监管体制，为股市的健康、稳定、持续发展提供了有力的保障。

四是高度重视法制建设。朱镕基同志提出的指导证券市场发展的"八字方针"中，法制被放到了首位。在每一项新品种、新业务推出之前，尽可能规则先行，从而使股市能得到有序的发展，避免了缺乏市场规则而引发的混乱。在立法上，也不是盲目追求"国际标准"，而是根据我国股市的实际情况，成熟一个推出一个，边实践，边立法，并不断根据市场出现的新情况及成熟度，不断补充完善法律法规及市场运行规则。例如根据股市发展中出现的新情况，1996年底股票交易重新实行涨跌停板制，对以后的股市稳定发展发挥了较好作用。另外，从《股票发行与交易暂行条例》到《公司法》，再到《证券法》，也提高了股市基本大法的权威性。又如上市公司的信息披露规则，仅年报、中报披露的准则就已经过了三四次修改完善。

五是在股市的具体操作中，不是囿于陈规，各项管理政策呈现一种开放性，鼓励各种形式的探索和创新，如上市公司股票发行和增资的方式、手段，资产重组形式、交易品种的设计等。

六是通过广泛的国际交流与合作，大胆借用国际上成熟市场的经验，在法律法规、监管制度和手段、交易制度和交易手段的制定和选择等许多方面都借鉴了国际成熟市场的经验，并结合了我国股份制改革和股市发展的实际情况。

成果令人振奋 发展任重道远

尽管中国股市经过十多年的超越常规的发展，已经取得了举世瞩目的成就，但与成熟市场相比，差距和问题也十分明显。

1.股票市场的各类结构不够合理

其一，市场主体的股本结构不尽合理。由于我国大多数上市公司是由国有企业改制而来，国家股仍处于绝对和相对控股地位。据统计，从1992年到1999年的8年中，尽管采取了诸如股权协议转让、国有股放弃配股、流通股增发等多种办法，但因力度不够，国有股等各种公有股份的比例一直维持在65%左右。股份比较集中的公司较多，分散的太少，股份全流通的公司仅有几家。而流通股中，股权又过于分散。流通市值占总市场值的比例多年来基本上都没有超过30%。证券公司、基金管理公司也存在类似问题。

其二，在上市公司的产业结构上，传统产业的比重占压倒多数，上市公司总体上产业陈旧，技术含量偏低，低水平的重复建设仍大量存在，产业雷同度高。尽管有不少上市公司借助股市的作用不断向新兴产业渗透，但总体上看，这种渗透仍然只具有象征意义，投资力度不大，人才、技术、管理等因素不能跟上，因此，无论是对单个公司还是对整个上市公司群体，都远未产生根本性的影响。

其三，在企业类型结构上，国有企业改制而来的上市公司较多，非国企改制上市的公司较少。据统计，到1998年底，我国股市共有民营上市公司53家，其中包括直接上市和买壳上市两类，流通股本为32亿元，占同期我国境内上市公司流通股本总数的4.3%。

其四，投资者结构不合理。尽管1996年以后机构投资者的开户数的增长速度远远高于个人投资者，但从绝对数看，个人投资者开户数仍占投资者开户总数的绝大部分，1999年底为99.59%。另外，1999年底个人投资者持股的市值约占流通总市值的90%，因此，在市场的资金控制量方面也仍然占有绝对优势。在机构投资者中，还没有开放式基金等。而个人投资者中，属低收入阶层的比重较大，离退休人员、下岗职工等社会弱势人群较多，职业投资者仅占6.5%。因此，投资者的抗风险能力不强。

其五，券商、会计师事务所、律师事务所、评估事务所、咨询机构的结构也不合理。从总体上看，实力超强的证券及其他各类中介机构不多，绝大部分规模都太小，无论是业务能力还是抗风险能力，都难以适应股市高速发展的新形势，业务上也没有形成各自的特色，因而一方面对市场创新的推动力不够，另一方面相互间基本上处于低水平竞争格局。

2.公司治理问题比较突出，亟待改善

股市各参与主体的公司治理存在制度性缺陷，因而股市进一步发展、功能提升缺乏后劲。

其一，上市公司在发挥股市的作用方面，利用筹资功能的多，借此进行公司转制的不多。虽然上市公司的"新三会"（董事会、监事会、股东会）都已建立起来了，但公司治理结构效果不理想，内部人控制和大股东控制的情况较为普遍，大股东侵犯其他股东利益的情况时有发生。董事会独立性差，监事会几乎成为摆设，上市公司没有合理的激励和约束机制，上市公司的可持续发展未能在机制上得到保证。上市公司因治理结构不到位而出问题的不少，甚至出现了一些近乎丑闻的事件，如"原野"大量抽逃资金案、"琼民源"虚构巨额利润案，以及东方锅炉、红光实业、大庆联谊等事件。

其二，券商的治理问题同样不可忽视。相当多的证券公司没有合理的内控机制，个别公司关键人一度拥有无所不在的权力。例如，1995年发生的令新兴的国债期货市场崩溃的"327国债期货事件"，就是因为当时的万国证券公司负责人滥用权力，孤注一掷，使一家在当时证券界极有影响、发展前途令人羡慕的公司顷刻间土崩瓦解，不得已与申银证券合并。

其三，机构投资者的治理问题也有待完善。基金管理公司出现后，如何有效地防范风险，加强内控，保护基金受益人的利益，避免一些诸如对倒股票、操纵市场等不规范甚至违法违规行为，是一个亟待解决的大问题。另外，机构投资者在股市做庄是多年来证券市场上的一个几乎公开的秘密。如何发挥机构投资者稳定股市、引导投资理念的作用，也急需一套行之有效的办法。

其四，会计师、律师、评估师、咨询机构的治理问题不尽如人意。相当部分的会计师、律师、评估师等作为股市"经济警察"的作用没有充分发挥，有的会计师事务所、律师事务所、评估事务所为争夺客户，低价竞争，降低服务质量，甚至多次发生注册会计师、律师、评估师避重就轻、迁就客户、合谋作假的恶性事件，一批中介机构因此受到了监管机关的处理。有的证券咨询机构不独立表达自己的意见、与他人联手欺骗投资者的事件也时有发生，行业的自律性较差。

3.市场交易品种不足，功能单一，尤其是缺乏衍生品种

一方面，筹资者不能根据自己的需要灵活有效地选择筹资工具，筹资成本较高，筹资效率较低；另一方面，投资者的避险需求得不到满足，尤其是机构投资者的避险需求得不到满足，严重制约了股市的功能发挥和进步活跃，削弱了股市的吸引力。

4.法律、监管方面仍有一些不足

证券市场以惊人速度向前发展，一些法律法规的修改显得有些滞后。如1994年开始施行的《公司法》立法较早，一些条款已逐渐不能适应新的市场投资、筹资、监管的需求。《证券法》虽然颁布执行时间不长，但少数条款或者过细，尤其在交易品种、交易方式、融资渠道、投资银行业务、投资咨询机构业务的限定方面，没有给市场的进步发展和产品创新留下足够的空间；或者过粗，操作性较差，如主板市场的退市机制还没有建立起来，操纵市场的行为还得不到有效遏制，投资者权益的保护系统也还需要逐渐完善。另外，一些与金融创新、金融开放有关的法律法规也还很不完善。

5.监管能力不够强，监管措施还不完善

首先是监管人才不足，股市需要一大批无论是业务能力、个人品质还是职业道德俱佳的人才。其次是监管手段方面还不完善，包括信息、监测及处置等方面。第三是监管观念要转变，监管部门哪些该管，哪些不该管，需进一步明确。第四是监管能力要提高，在外汇管制下，不允许外资证券经营机构在境内开展A股业务，也没有金融衍生产品，爆发"国际金融战"的可能性很小，监管的挑战性比国际成熟市场相对要小得多，监管部门还需要在更为复杂的市场条件下经受锻炼。

新中国证券市场在20世纪十多年的发展经历了种种坎坷，遭遇了许多风雨，既尝过成功的喜悦，也经历过暂时的波折，众多的创业者和探索者为新中国证券市场的发展付出了自己的汗水甚至宝贵的生命。进入21世纪后，股市又迎来了大发展的历史性机遇，在克服一些早期困难和问题的基础上，不断发展壮大，逐步成为世界前列的市场，回顾这一壮丽历史进程，令人不禁感到心潮澎湃，激动万分。

如今，我国证券市场的发展进入了一个新的发展阶段。2018年11月5

日，习近平总书记在首届中国国际进口博览会开幕式上宣布设立科创板，并在科创板进行注册制试点。2019年6月13日，科创板正式开板；7月22日，科创板首批公司上市。科创板的设立，是落实创新驱动和科技强国战略、推动高质量发展、支持上海国际金融中心和科创中心建设的重大改革举措，是我国证券市场发展历程上的标志性事件。

2019年12月28日，全国人大常委会审议通过了新《证券法》，并于2020年3月1日实施。新《证券法》在法律层面明确规定了证券发行的注册制。与此同时，上市公司退市制度得到了进一步优化，退市门槛降低，取消了暂停上市和恢复上市，对应退市的公司直接终止上市，从而完善了股市优胜劣汰的功能。

我国证券市场的对外开放速度也进一步加快。证券公司的外资股比限制取消，外资券商可设立全资子公司。合格境外机构投资者（QFII）的投资额度也全面取消，境外投资者参与境内证券市场的便利性将大幅提升。证券业加快对外开放，将加剧鲶鱼效应，有助于我国证券市场的规模和效率进一步提高。

时至今日，正确认识股票市场存在的问题和面临的挑战，不断改革和创新，书写证券市场发展新篇章，是历史赋予新时代证券人的重任。我们期待着新中国证券市场创造出新的辉煌，昂首屹立于世界证券市场强者之林。

第 **01** 编
股市破冰开先河

春潮涌动,股市启航。从1984年首家企业发行股票,到1992年股市奠基跃进,在这段新中国股市早年岁月中,证券事业的先行者们应时而动,顺势而起,以"勇吃螃蟹"的艰辛探索和不懈努力,谱写出一个个第一,为股市发展开辟了先河。

秦其斌，1940年7月出生，江苏无锡人。1958年考入复旦大学电子专业。曾任上海仪表电讯工业局下属的元件工业公司办公室副主任，上海飞乐电声总厂第一副厂长、厂长。1984年11月至1999年9月，任上海飞乐音响公司董事长、总经理。在任上海飞乐电声总厂厂长期间，提出集资成立股份制企业上海飞乐音响公司，对外发行"飞乐音响"（"小飞乐"）股票，并成功上市，见证了新中国成立后大陆地区第一家上市公司由幕后走向前台的历史。

推出新中国第一股——"小飞乐"

口述：秦其斌

时间：2019年6月18日上午、7月8日下午

地点：中国证券博物馆、电话录音采访

采访：范永进、唐旻红、张卫东、周舶、魏华文、鲍幸鸷、沈霞等

整理：魏华文、唐旻红

说起新中国第一只股票，从发行的公开性、票面要素的完备性、股票性质的合法性角度来考证，上海飞乐音响公司1984年11月发行的股票可谓是可圈可点。因缘际会，1986年11月，纽约证券交易所主席约翰·凡尔霖[1]先生

---

[1] 约翰·凡尔霖（John J. Phelan, Jr., 1931—2012），1980—1984年担任纽交所董事长，1984—1990年担任纽交所主席兼首席执行官，因在1987年10月"黑色星期一"国际股票市场危机中的杰出表现而受赞誉。曾作为团长率31名美方代表参加1986年11月10—13日在北京举办的中美金融市场研讨会，11月14日邓小平在北京人民大会堂会见代表团时，将"小飞乐"股票作为回礼赠送给约翰·凡尔霖。

《人民日报》《China Daily》报道静安证券业务部开办股票代理买卖业务

赠送给邓小平同志一枚可通行纽约证券交易所的徽章，这只俗称"小飞乐"的股票被邓小平作为礼物回赠给了凡尔霖，这段股票外交佳话在国际上产生了巨大影响。

回想起"小飞乐"的横空出世，当年作为当事人的我可以说是无知者无畏，没想到一个摸着石头过河的偶然行动撬动了一件惊天动地的大事。股票在中国大陆消失了30多年后，又重新叩开了股市的大门。

20年国有企业的经历

我1940年出生，属龙。很幸运的是，作为家里的长子，我没有被家人送去做学徒，而是去读书。我没有辜负父母的期望，1958年顺利考入了复旦大学电子专业。毕业之后，我被分派在上海无线电九厂技术科。上海无线电九厂当时是上海市电子元件工业公司下面的一个厂，后者又隶属于上海市仪表电讯局。

党的十一届三中全会决定的改革开放政策催生了中国大地翻天覆地的变化。20世纪80年代初，国家提倡干部革命化、年轻化、知识化、专业化，组织上把我抽调到仪表电讯局下面的元件工业公司担任办公室副主任。1982年邓小平提出企业整顿学首钢，国有企业改革提上议程。恰逢上海无线电一厂搞企业改革，我与其他一些同志被派去蹲点，落实经济责任制，在实践中我首次对产权界定有了概念，并积累了不少管理经验。

蹲点结束后，组织上想把我上调，但我觉得自己的性格不太适合在机关工作，希望蹲点时积累的经验和受到的启发能够得到运用和发挥。于是，1983年初，我被任命为上海飞乐电声总厂[2]第一副厂长，1984年接任厂长。那时我43岁，年富力强，有知识，懂技术，又有管理经验，正是干出一番事业的年纪。

在当时计划经济体制的大环境下，企业只需每年按照上面计划完成任务就可以安安稳稳过日子。但我不甘于此，我带领电声总厂开始搞经营，开辟新的经营道路。电声总厂生产的扬声器除了给电视机做配套，还可以做成音响。在那个年代，人们的文化生活在改革开放的大好形势下逐步丰富起来，"音乐茶座"十分红火，人们对音响的需求量大增，因此我们的产品在市场上广受欢迎。为了进一步拓展市场，电声总厂设立了上海飞乐音响公司，即"小飞乐"，主要是帮助客户设计和安装扬声器。于是，就有了以后"小飞乐"股票成为第一股的故事。

受爱建老工商业者启发想搞股份制

企业要发展，资金是关键。既然提出设立新的企业，就得有资金。但钱从哪里来呢？这时，上海长宁区工商联组织了一次集会，我在会上结识了一些老工商业者，听他们讲了老工商业者集资筹建上海市工商界爱国建设公司[3]的事情，这启发了我。我了解到，1979年初党落实了对原工商业者的经济政策，发还了存款，补发了工资和存款利息。不少原工商业者表示愿意把多余款项拿出来，为祖国的现代化建设贡献一分力量。在刘靖基、唐君远等人倡议下，1000余名上海市老一辈工商业者和部分海外人士共同集资5700多万元，在1979年9月22日创建了大陆首家民营企业上海市工商界爱国建设公

---

［2］ 上海飞乐电声总厂成立于1980年，是经上海市仪表电讯工业局批准，由全民企业上海无线电十一厂、集体企业上海电子元件十厂和上海风雷广播器材厂联合组成的国营、集体联营企业。

［3］ 上海爱建集团股份有限公司前身成立于1979年，1992年7月经批准改制为股份有限公司，1993年4月在上海证券交易所上市。

司。我当时已经有了一定的股份制知识储备，便提出了效仿爱建实行股份制的构想。我的想法是企业拿出一部分资金，再向企业内部职工发行股票筹集一部分资金，把职工的利益和企业的命运联系在一起，一举两得。

当时，理论界也一直在探索如何利用股份制搞活企业，上海市经济体制改革办公室主任贺镐圣组织了很多研讨会，但对于股份制具体怎样操作还没有突破。上海想搞股份制试点的气候也在逐步形成，这样一个大环境很重要。我认为上海有这个条件，正好我们也做了很多基础工作，首先发行股票也是水到渠成。

但是，冲破计划经济藩篱的无形阻力还很大。搞股份制还面临政治上的风险。为此，领导找我谈过话，表示对于改革很支持，鼓励我办新企业、开发新产品这些稳妥的改革。当时的形势，国企要搞活、放权，但大部分人的思路，还是放奖金、放用工、放组织班子。我当时也是想，要搞这个"三产"，筹备新的企业，在企业内部发点股票，资金来自企业自身，来自职工，可以将职工积极性调动起来，将企业搞好搞活。就是这样一种原始的冲动。没想到后来，被历史潮流，被上海的大环境推着跑。

当时，搞股份制毕竟是很新的事物，上级单位担心操作不好会闯祸，是持反对意见的。这个念头究竟是否可行？我们"大飞乐"的党委书记严以覃跟吴邦国[4]很熟，就打电话请他来。当时吴邦国调科委系统不久，已不分管我们。记得他当时乘着桑塔纳轿车，开到我们厂门口，武夷路174号。党委书记汇报：我们准备集资搞企业，行不行？作为市委领导，吴邦国说，只要改革大方向可以，我们支持。于是，我们就如同得了"尚方宝剑"。

那时我朴素地认为，企业改革可以有一些创新，既然"尚方宝剑"有了，党委也作了决议，厂里就开始动员起来。就像箭在弦上，我憋着一股干劲。

但是最初的50万元总值股票，我们也只想到在企业内部发发，企业强化

---

[4]　吴邦国（1941—　），时任中共上海市委常委兼市委科技工作党委书记。

基金出一点，职工出一点，最多周围熟人、相关单位分一点，利益均沾。我个人也并未意识到，向社会公开发行与企业内部发行之间的巨大差异和特殊意义。

1984年11月18日，上海飞乐音响公司公开发行股票，这也是我国改革开放后首张公开发行的股票，人称"小飞乐"

"小飞乐"最终能突破这一界限，还得感谢当时的中国工商银行上海市分行信托投资公司静安分公司经理黄贵显等人。当时的信托投资公司好像还叫中短期贷款组。当他们听说我们要发行股票、筹集资金时，主动提出帮我们打报告、备案、申请，积极地奔忙张罗。此后，在银行系统老专家的支持指导下，一步步从"野路子"拨到"正规路子"，因为这些程序化的东西都是空白，此前没有操作过的。黄贵显还给了极为关键的一句话：希望工行静安区办工会也能投资购股，他们的职工也能持股。这就使得"小飞乐"股票迈出了向社会发行的第一步。

被媒体和公众推着公开发行

"小飞乐"公开发行股票，新闻界推动了一大步。《新民晚报》记者潘新华听到"小飞乐"要搞股份制集资，就来采访，问："你们是不是打算向社会发股票？""是啊。"我随意一答。那个时候，我对于社会的概念很模糊，认为协作单位、工行静安区办工会都参加了，就是向社会发行了。《新民晚报》就此发了篇"豆腐干"，一百多字，把这些信息传递给了读者，不料在社会上引起极大反响。

不久，《新民晚报》一位女领导打电话给我，很客气地说："老秦啊，

1984年11月15日,《新民晚报》关于"小飞乐"发行股票的报道

报社天天电话不断,都是询问"小飞乐"什么时候发行,怎么发行,怎么认购。为了报社的信誉,你们无论如何都帮帮忙,多少也要发一点,不然我们压力太大啦!"

我也被直接顶在杠头上了,厂里电话响个不停,上门来访的也很多。我认为不能让为我们作宣传的人为难,更不能让社会上的热心人扑空。当时上海市民确实有投资意向,想法也很朴素,丝毫没有内部职工那种担心股票不能盈利的顾虑,就是想买股票,支持股份制。上海外贸学院一位素不相识的教授,在成立大会前还专门来信赞扬这件事:你是新中国成立以来的英雄,你走了一条非常伟大的道路,勇气了不得!

对于这样来自知识界、毫无功利心的诚恳鼓励,我深受感动,至今记忆犹新。唯一令我遗憾的是没有留下那封信,现在应该在青浦的企业档案室里,所以也不记得那位教授的姓名。我衷心希望他还健在,也能看到中国证券市场的繁荣发展。

报社要讲信誉,我当然也不能作假。所以,我胆子也大了,既没请示也没汇报,就自说自话在厂班子里讨论决定,从一块块集资额度里割出一块,5万块钱,10%,公开发行。就此,证券发行的完整链条形成了。所以说,最终我们的股票真正向社会公开发行,是很偶然,甚至是冒失的,不是预先设计好的。历史不是设计出来的,设计出来的那不叫历史。

1984年11月14日,中国人民银行上海市分行批准上海飞乐电声总厂联合飞乐电声总厂三分厂、上海市电子元件工业公司、中国工商银行上海市分行静安区办工会发起设立上海飞乐音响股份有限公司，俗称"小飞乐"。11月18日，"小飞乐"以每股50元的价格发行了1万股股票，共筹集资金50万元，其中35%由法人认购，65%向社会公众公开发行，股票一天售罄。那天，那么多热心人来排队买股票，真是盛况空前啊，令我非常感动。如

投资者在当年的静安证券业务部柜台前踊跃进行"小飞乐""延中"两只股票的交易

果没有他们来捧场，股票一生下来就会是"弃儿"，证券市场一天也撑不下去。今天中国1亿多股民，就是从最初这批敢冒风险的股民发展起来的，我们要记住他们的历史贡献。对于当年认购"小飞乐"的投资者，我也是心怀感激。其中就有荣毅仁的妹妹荣漱仁。当时，我们想既然股票要向社会公开发行，那就要找个把有社会影响力的人物来购股。没想到，找荣漱仁一说，她一开口就要拿出1万元来买股票。这在当时是个不得了的天文数字啊！后来我们还特地上门，把股票送到她高安路的家。

另外，有趣的是，"小飞乐"发行的股票当时是由上海印钞厂印制的，每张面值50元，共1万张。股票印制相当精美，为了防止有人伪造，印章是一张一张盖上去的。这也都是黄贵显他们一手操作，我当时主要是忙企业经营、管理。黄贵显曾于上海解放前在外商广东银行上海分行做过柜组负责人，做事情精益求精，股票，也要挑最好的地方设计印刷。

其实在此前，北京、天津、深圳等全国多地也已有股票面世。两年后"小飞乐"股票之所以被邓小平拿来赠予凡尔霖，奠定了其"新中国第一股"这一不容置疑的地位，除了其较为正规的程序、最早向社会公开发行等13个股票要素外，印制的精美恐怕也是一个重要的因素。所以我常常讲，也

只有在上海才会有这些事，才能做成这些事，一方水土养一方人，没有几百年的积淀、沉淀，是谁也教不出来的。上海搞资本市场，真叫天时地利人和。"小飞乐"能承担起中国证券市场从无到有零的突破，可以说是历史的偶然，也可以说是改革的必然。

成立大会上的心照不宣

历史的奇迹往往就是在平凡、不经意中创造的。经过了种种风波，"小飞乐"成功地公开发行股票，筹集了资金。1984年11月18日，"小飞乐"成立大会在锦江俱乐部隆重举行。

当时也是有点虚荣心的，想搞搞大，露露脸，所以在成立大会召开前，我跟着党委书记、老厂长严以覃一起去了吴邦国家里。那时，吴邦国刚从河南路桥电子管三厂宿舍——拎马桶、烧煤饼炉的过街楼房子，搬到兴国宾馆对面。我们去时，他正坐在小板凳上用搓板洗衣服。

"11月18日要召开音响公司创立大会，是不是能请您来？请领导们也都支持支持？"

"好！"吴邦国很爽快答应了，又马上走到办公的房间，拎起电话给黄菊[5]、朱宗葆[6]等领导同志"发请柬"：我的老单位要成立一个音响公司，我们一起去祝贺祝贺、捧捧场去吧！

既然市里领导都来了，那会场肯定要上档次。正巧我们母厂大飞乐的办公室主任，其父亲是市外事办主任，所以我们这个成立大会就顺理成章地借到了锦江俱乐部礼堂。

会上，吴邦国从衣服胸口的口袋里掏出折叠的讲稿，稿子是写在当年那种最普通的练习本的纸上。他的致辞，全程都是照着稿子念，没有发挥，主要是鼓励"小飞乐"作为新办企业，要搞好管理、搞好经营、搞好质量，只

---

[5] 黄菊（1938—2007），时任中共上海市委常委兼市委秘书长，分管工业。
[6] 朱宗葆（1932—1992），时任上海市常务副市长，分管工业。

字未提"股份制"这几个字。黄菊、朱宗葆为公司揭牌。牌子上当然是明明白白地写着"股份公司"的厂名。

当天,市经委和仪表局领导没出席,但中国人民银行上海市分行、上海市工商行政管理局等单位的领导都参加了,新闻界也来了很多人。其中一位《解放日报》的记者张中方,跑仪表口的,出于记者的敏感,竖着耳朵仔细地捕捉着领导发言的措辞,发现没有提股份制,有些失望和疑惑。

当天另一个有意思的细节是,市委宣传部部长陈沂[7]也来参加了成立大会。他是一位老八路、老革命。会后,我负责送他。路上,他倒并没有问我,却自己在那自言自语:我懂了,现在懂了,什么是股票,什么是股份制……当时我心里就想,今天会上没一个人提到股份制,也没人议论股票,他怎么就懂了,还反复说这个话?

后来大家分析,在当时股份制还未起步、还存在争议,甚至经委系统内都还没有思想准备的情况下,吴邦国、黄菊、朱宗葆、陈沂等市领导,以一种只做不说、不做大张旗鼓宣传的思路,推动和支持着我们的股份制改革实践。这种支持是心照不宣的,是非常高明的。

调研座谈促成扩大试点

我成了"小飞乐"的董事长兼总经理,但却是"零股东"。当时的领导特意嘱咐我:"你是领导干部,你不能买股票!家属也不能买!"后来经过讨论,最终批准我购买一股股票。

至此,新中国第一股正式诞生了。遥想当年,谁也没有料到"小飞乐"与之后的"延中实业""爱使股份"等股票,会对企业的发展和中国的经济产生如此巨大的影响,这真是一个奇迹!

---

[7] 陈沂(1912—2002),1931年在河北参加左翼作家联盟,同年加入中国共产党,1937年在山西参加八路军。1955年被授予少将军衔。1979年6月至1983年2月,任中共上海市委副书记兼宣传部部长。1983年2月至1985年7月,任上海市人大常委会副主任兼财经委主任。

半年后，1985年夏天的一个早上，我正出厂门准备去仪表局协调一件事，市委副秘书长高文奎的电话过来了，说马上要陪吴邦国来厂里调研，看看股份制试点的成效、经验。于是，就在我们向市三女中借的工程服务公司办公楼那边，我向市领导汇报了搞股份制近一年来的经营、财务等情况，也就半个小时左右。汇报完，吴邦国问了些问题，主要是关于企业今后的发展方向、进一步改革的规划之类。我们也没有考虑过，所以讲不出什么，谈了不多一会领导就回去了。

所以这次领导调研后，我们班子，和老厂大飞乐一起的领导班子，开了三天三夜的会，当然都是在下班后碰头讨论，分析领导的意思，提出了我们厂接下去改革的两个方案。一个是我们小飞乐增资扩股，从原来的50万元扩大到500万元。第二个是飞乐老企业，也就是大飞乐，也搞股票上市。于是，我们就打电话给高文奎，汇报了这个讨论结果。没想到电话那头，高文奎说，谢谢我们对市里工作的支持，希望尽快写一个方案报过去。

半个月不到，吴邦国就召集市体改办等机关和大飞乐、电真空等企业，开了一个扩大股份制试点的专题会。吴邦国在会上也讲了些话，大意是为何要先小范围试点，因为政治风险小，社会影响小，先看看社会反响；万一出了差错，上海也能挡得住；后面，要等中央的看法和表态。这也就促成了不久以后我们母厂"大飞乐"等企业的股份制改革。

所以说，我们的小飞乐之所以能有幸成为改革开放后中国第一股，母厂大飞乐等上海仪表行业的同行，之所以能冲在股份制改革的前列，并不是靠我们一人打天下，更不在于我个人毛手毛脚的性格，而是取决于国家改革的大氛围，取决于上海这座城市市场经济的人文底蕴和社会环境，取决于市委市府领导的积极行动。我一直讲，我们上海，只要加以充分的调动、挖掘，是干得了大事的。因为不管做什么，上海既能够做得有声有色，又能够做得有规有矩。

第一次分红的风波

然而，小飞乐这第一只公开发行的股票，其命运变化注定不会轻易结束，后面还有许多精彩的篇章。1986年9月26日，"小飞乐"在南京西路1806号中国工商银行上海市信托投资公司静安证券业务部正式挂牌买卖，当天证券业务部门口被围得水泄不通，投资者蜂拥而至，挂牌的"小飞乐"股票不到一个半小时就被抢购一空。作为一只"三无"概念股，"小飞乐"年年都有行情，给投资者带来不菲的回报。

"小飞乐"召开成立大会后，就去工商部门登记。我打算登记为"上海飞乐音响公司"。现在的公司是法人组织，按照当时规定却属于处级以上级别的行政单位，只要带个"公司"，都是需要批的。

上海市工商行政管理局工作人员询问："你们是什么制的？""我们是股份制的。""股份制？所有制中没有股份制！"当时工商登记的表格上只有三种选择：国营、集体和私营。我想，既然不是国营的，也不是私营的，那就登记集体的吧。

没想到登记的集体所有制后来还引发了"小飞乐"第一次分红是否为私分国有财产的争论。那时，企业的公积金和公益金都是属于国家的。

1986年初，"小飞乐"的第一次分红。经股东大会一致同意，每股的分红为35元；而后，股东自己出15元，配售一股，分红和扩股结合起来操作。那次分红方案是中国人民银行上海市分行金融行政管理处指导设计的。我认为，开了股东大会，股份制的机制就开始运行了。

分红结束了，静安区税务局的稽查大队来查账时质问：你们这是私分国有财产！"我们不是国营的。""集体的也是国家的！"稽查大队认为公积金、公益金是不能私分到个人的。更有部门说："你们这是培养食利阶层。"于是，我们后来还写了检讨。但是中国人民银行上海市分行金融管理处却认为这是符合金融管理规定的。但无论如何，我们还是让"小飞乐"按照股份制的形态运作起来了。

谁也没有料到，几年后，1992年的邓小平南方谈话，让股份制改革的浪潮席卷神州。如今，再也不会有人问"股份制是什么所有制"这样的问题了；而买股票分享上市公司成长的成果，已经成为普通市民的重要理财方式。

那时候还没有严格意义上的发行承销商，也没有明确详细的法律法规，我们就这么摸着石头过河。每到关键时刻，总有无形的手在推进，你推一下，他推一下，就这么成了。现在想想，当年参与这件破天荒的"新中国第一股"时，真是无知者无畏，没想到一个摸着石头过河的偶然行动却开了股票重回新中国大地上之先河。

2000年，我从热爱着的、服务了多年的岗位上退休，在家养老。如今过着悠闲的生活，偶尔上街买买菜，也不时地与朋友喝喝茶。我一直关注着股市，但我自己不炒股。岁月从未冲淡我内心深处的那段与股市的不了情，股市能够红红火火、健康发展，这一直是我的心愿。而我能有幸生活在那样一个大时代，有幸参与了这个改革大事件，创立"小飞乐"的这段人生经历，更是珍藏于我心中的光荣和骄傲。

链接：

沪市"老八股"中的"三无"概念股

"三无"概念股是指无国家股、无法人锁定股、无B股（外资股）的股票。一般而言，符合"三无"条件的上市股票其公司股份基本上全部为流通股，股权结构分散，没有具备特别优势的大股东，在收购行动中最容易成为逐猎的目标。

上海证券交易所于1990年12月19日开始营业，沪市"老八股"指最早在上交所上市交易的八只股票，包括飞乐音响、延中实业、爱使股份、申华电工、真空电子、飞乐股份、豫园商城、浙江凤凰。其中，飞乐音响、延中实业、爱使股份和申华电工属于"三无"概念股。

飞乐音响是上海市第一家股份制企业，人们习惯地称之为"小飞乐"，称参与发起组建飞乐音响的飞乐股份为"大飞乐"。爱使股份于1985年1月向社会公众发行股票30万元。延中实业于1985年2月发行股票，这是新中国成立以来的第一次大规模地公开向社会发行股票。延中实业股票发行时形成的个人股90%、单位法人股10%的股本结构为后来连续不断遭遇收购埋下了伏笔。申华电工于1987年3月向社会公开发行股票1万股，每股金额100元，总计金额100万元，是上海市郊区唯一向社会公开发行股票的股份制企业。

"老八股"是一种历史遗产，也是利用或依托资本市场发展来推进我国产权改革的破冰之作。它的历史意义还在于不仅影响了中国股市早期的试点和后来的发展，而且对中国经济体制改革也产生了深远的影响。

——编者撰录

黄贵显，1928年出生，广东南海人。1946年进入当时的外资银行——广东银行上海市分行工作。1949年后就职于中国人民银行上海市分行、中国工商银行上海市分行。20世纪80年代初起，历任中国工商银行上海市信托投资公司静安分公司经理、静安证券业务部经理。1994年起，历任申银证券总经济师、申银万国证券公司顾问等。2016年9月18日病逝。

静安证券营业部是有历史意义的

口述：黄贵显

时间：2007年7月20日上午、2016年3月6日下午

地点：申银万国证券股份有限公司、上海柏年律师事务所

采访：范永进、沈惠民、李济生、陈岱松、严黎丽、魏华文等

整理：魏华文、陈岱松

    我是一个老金融工作者，改革开放后，随着我国证券业的重新创立，由银行业转入到了证券业。作为改革开放后第一代证券从业者，有幸在新中国股市的早年岁月中，和上海这座城市一起见证了股市成长的每一步：第一次代理股票发行、第一个证券交易柜台、第一家推出国库券交易、第一家代理发行B股……现在回想起当年那段披荆斩棘的岁月，仍然感到很兴奋。

银行从业中深谙企业资金短缺之困

我1928年出生，童年是很苦的。我的父亲喜欢赌钱，赌得连老婆、儿子都养不起。小时候经历的切肤之痛使我从小就有一个概念：绝对不赌钱！我一直对子女管教很严，不许抽烟、喝酒，特别是不能赌博。

因为父母早逝，我跟着姐姐长大，基本上是靠别人救济读书，念完初中，在困窘的经济条件下上了中华职业学校商科。到了18岁，经我姐夫介绍，我进入了外商广东银行[1]上海分行工作。这家银行要求严格，强调服务质量，客户到柜台上不能超过几分钟，否则，要么给钱，要么退票。因为来之不易，所以我很卖力，半年之后就从练习生得到提升，开始负责记账和管库，不久又当上柜组负责人。由于我勤奋踏实，在单位里很受重用，而我也利用一切机会学习。当时全国只有广东银行有计算器，当然不像现在这种台式机，那种计算器很大，对于这个新鲜玩意，很多人摸不着头脑，我却能够又快又准地操作。

上海解放后，我工作的广东银行被军管了，香港总行希望我能够到香港发展事业。但我觉得应该为人民服务，就留在了中国人民银行，成了专职信贷员。20世纪50年代，到处都是对苏联模式的学习与模仿，银行要求信贷员必须得有三套本领：懂贷款、懂会计、懂生产。这么一来，我几乎整天下企业，逐渐对所分管的行业有了深入了解，同时也看到了计划经济的弊端：企业必须提前一年上报资金计划，且资金的使用很死板，要专款专用，买醋的钱不能买酱油；财政和银行分工太细，财政只拨给基础建设本金，且从来拨不足；银行是财政的出纳，机制很死。

反正企业很苦，要上什么项目总是缺少资金——这些都给我留下了特别深刻的印象。

---

[1] 广东银行的总行创设于1911年，由旧金山广东银行约集美洲华侨和香港殷实商人共同投资。总行设于香港，为当地首创之华商银行。上海分行成立于1916年5月。1936年夏由国民政府官僚资本加入股份，进行改组，宋子文任董事长。上海解放后沪行因系官僚资本投资，由上海市军管会金融处接管清理。

立下"军令状"发行新中国第一股

可能会有人觉得奇怪，证券有风险，带有投机成分，后来我怎么又搞股票了呢？我认为，证券可以融资，我们管理得好，可以让它不赌博，不投机倒把，只是解决融资问题。就这样，第一步就跨出来了。

20世纪80年代初，为拓宽资金渠道，中国工商银行上海市分行成立了信托投资公司，把传统银行业务以外的业务放到信托投资公司，我担任了静安分公司经理。多年专职信贷员的工作经历，让我深知企业之难，我对企业的感情早就打下了基础，一心想着帮企业做点事。

信托投资公司开始叫中短期贷款组，它最大的作用就是不用国家计划的资金，而是集社会资金为企业服务，服务范围包括委托贷款、租赁等。当时企业有很多富余的劳动力、富余的房子。缺少什么呢？他们没钱，缺少资本的运作。而此时农村集资改革[2]的成效已经显现出来，这给众多企业一个很好的启示，上海市的企业也开始内部发行股票集资。因为利息比银行利息高，很多职工的亲戚也跟进来。我想，既然是利企利民的好事，为什么不能正大光明地面向社会发行呢？1984年，上海飞乐音响公司（俗称"小飞乐"）也正打算向社会公开发行部分股票筹集资金，他们希望静安分公司帮助发行"飞乐音响"股票，这正和我们不谋而合。

我和同事参考南洋兄弟烟草公司[3]的股票，并起草了相关报告文件，申

---

[2]　早在1979年，我国农村就有了以集资入股的社队企业。1984年1月1日发布的《中共中央关于1984年农村工作的通知》明确提出了"鼓励农民向各种企业投资入股"的号召，"允许农民和集体的资金自由地或有组织地流动，不受地区限制。鼓励农民向各种企业投资入股；鼓励集体和农民本着自愿互利的原则，将资金集中起来，联合兴办各种企业，尤其要支持兴办开发性实业"。

[3]　南洋兄弟烟草公司由爱国华侨简照南、简玉阶兄弟二人创办，前身为1905年在香港成立的南洋烟草公司。1909年公司经改组并更名为广东南洋兄弟烟草公司，公司设在香港湾仔道199号。1916年起公司正式在上海设局经营，1918年公司改上海厂为总厂，香港厂为分厂。1919年公司登报招股，扩大改组，宣布在公开市场发行价值1500万元的股票，每股为20元，只对国人发行。1951年2月，公司通过公私合营协议，改名为公私合营南洋兄弟烟草公司。1980年，"南洋"在产权关系上正式归属上海市政府。1981年，上海政府在香港注册设立了全资窗口公司上海实业有限公司（上海实业集团的前身），公司成为上实旗下成员企业。1996年，公司经过重组，其资产进入上海实业控股有限公司。

请代理发行，请求中国人民银行上海市分行金融管理处审批。股市还在草创时期，股票这东西姓"社"姓"资"，那时颇有争议。银行坚决反对："大家都去买股票，存款没有啦，银行就没办法放款了。老黄的做法其实就是挖存款的墙脚，大家都去买股票啦，这么高的利息对国家有什么好处啊？"

为保证"小飞乐"能顺利发行股票，我立下了军令状：第一，绝对不搞复辟旧社会的证券市场；第二，绝不把外国的如数照搬，一定根据自己的情况，走中国自己的路；第三，不内外勾结，不让国家损失，不投机倒把。假如做得好请领导推广，搞不好的话，我承担个人责任，可以批，可以斗。

虽然那时的我不过是一个小小的科级干部，但历史有时候就是由小人物打头阵的。正是这份"军令状"成就了一种新的融资模式，才有了之后"延中实业"股票向社会大规模公开发行。中国证券市场的破冰之旅由此启航。

股票的生命在于流动

股票引发了上海市民通宵排队争购的火爆场面。但热闹过后，投资者却发现这些股票就像一堆"死钱"，因为无法流通。有些股东需要将手中股票变现以解燃眉之急。他们找到我们静安分公司，打听股票能不能转让？怎样转让？情急之下有人说："有女总要出嫁，有儿总要结婚。这样不嫁不婚的，难道只好等着老死吗？"

这话让我感到很受刺激，觉得自己有责任让股票流动起来。代理发行股票的时候，我们就已经考虑到，如果股票不能流通，股票市场就会失去生命力和活力。当然，那时候也有自发交易的，股票的持有者必须自己找转让对象，难度相当大。静安分公司开始向上海市经济体制改革办公室打报告，报告很快到了时任上海市市长的江泽民手中。

1986年8月，江泽民召开会议，听取关于股份制的汇报，静安分公司副总

1986年9月26日，我国第一个证券交易柜台——静安证券营业部，在南京西路1806号正式开张

经理胡瑞荃[4]到会作了《股票的生命在于流动》的发言，反映了市民"有女要出嫁，有儿要结婚"的呼声。这次会议后，中国人民银行上海市分行很快就批转了静安分公司的报告，并批准静安分公司更名为证券业务部，这反而让我们有些措手不及。

1986年9月26日，位于南京西路1806号的静安证券业务部开始接受委托，办理由其代理发行的飞乐音响和延中实业两家股票的代购和代销业务。新中国第一家证券交易柜台就这样诞生了。同年12月1日，静安证券业务部迁入了西康路101号。从首次发行股票，到真正放开股票交易，虽然只有两只股票可供交易，但已是跨时代的突破与进步。虽然前方任重道远，但毫无疑问，这是一个伟大的诞生。

华尔街大佬光顾办理股票过户手续

新中国一个小小的证券柜台，却因美国纽约证券交易所主席约翰·凡尔霖的来访而闻名天下。

1986年11月14日，改革开放的总设计师邓小平送给凡尔霖一张"小飞乐"的股票。凡尔霖是股票专家，看到股票上的名字写的是"周芝石"（时任中国人民银行上海市分行副行长）而不是他，一定要去静安证券业

[4] 胡瑞荃（1927—2011），曾任中国工商银行上海市信托投资公司静安分公司副经理、申银万国证券股份有限公司总裁室顾问，参与创建中国工商银行上海市信托投资公司静安证券业务部。

务部过户。

11月16日，凡尔霖专门花2000美元租借警车开道去静安证券业务部。他当时把夫人和助手也带来了，证券业务部显得有些拥挤。胡瑞荃说："我们刚创办，这个地方太小了。"凡尔霖很风趣："没关系，我看你们这里很不错，在中国大城市里

1986年11月16日，纽约证券交易所主席约翰·凡尔霖在静安证券营业部办理"小飞乐"股票过户手续。左起：黄贵显、李祥瑞、凡尔霖

有这么一间房子，很好啊，还有电话。要知道，美国最早开始股票交易是在华尔街边上的梧桐树下[5]进行的。交易人要受日晒雨淋，你们现在的条件要比他们好多了。"

将近30年过去，我对那天的情景依然记忆犹新。工作人员在"小飞乐"股票上写好凡尔霖的名字，盖好章。凡尔霖幽默地说："该收多少手续费就收多少，别客气。"陪同来的中国人民银行上海市分行行长李祥瑞[6]说，免了吧。凡尔霖笑着说："中国好，不像我们美国，只认钱。不过今后你们买美国股票，要过户，我可不能给你们免费。"

从1984年发行股票，到1990年上海证券交易所成立前，静安证券交易柜台可以说是中国证券市场的风向标和前沿阵地。那里曾经接待过众多政要、

---

[5] 1792年5月17日，美国纽约市的24名证券交易商在华尔街68号门外的一棵梧桐树下签订了一份协议，约定每日在梧桐树下聚会从事证券交易，并订出了交易佣金的最低标准及其他交易条款，被称为"梧桐树协议"（Buttonwood Agreement），成为纽约证券交易所的开端。

[6] 李祥瑞（1928—1997），1949年参加中国人民银行工作。20世纪80年代后，在担任中国人民银行上海市分行副行长、行长兼国家外汇管理局上海分局局长期间，积极组织和推进上海市金融系统的改革与发展，为建立上海金融市场，支持上海经济发展，作出了重要的贡献。1987年至1993年，担任重新组建后的交通银行董事长、总经理、党组书记。1990年初，作为主要领导成员参加筹建上海证券交易所的工作，并担任理事长。

财团及外交使团，可以说，是中国金融改革的一个小小对外窗口。小窗口，却是大舞台。伦敦证券交易所主席尼古拉斯·哥德森[7]赠送了一幅伦敦最早的证券交易所原址的复制画，并在背后题下了老子"合抱之木，生于毫末"的句子，表达了希望他日小小静安证券业务部成长为参天大树的良好祝愿。英女王伊丽莎白二世1986年来中国，指名要求参观静安证券业务部，后来虽然未能成行，但是女王的采访车却来了。

当时国际上，无数双眼睛盯着中国的金融改革，会不会倒退，全面否定？这大概是国际上普遍关心的一个问题。同时，这一敏感地带也反映了中国改革开放的大气候。而中国人，在邓小平的高瞻远瞩下，江泽民同志的果断推动下，以及主管领导李祥瑞的实际支持下，以行动表明了改革开放的坚定决心。

推动国库券上市交易

在所有的创新之举中，最让我觉得满意的是推动国库券上市交易。这件事情符合我的宗旨，就是帮别人做好事，帮国家做好事，一点都没有坏处。

20世纪80年代初，因为不能流通，号称"金边债券"的国库券向社会发行遇到很大麻烦。在那个计划就是法律的年代，国库券硬性摊派到企业，企业完不成这些指标，银行不给贷款，财政不给拨款，报上去的项目得不到审批。我看在眼里，急在心上，这样做不是把企业给逼死了么！而企业向职工推销时，一方面在"支持国家建设"的口号下，动员党员干部带头；一方面还要用福利基金补贴一半，职工再不买就是不爱国，买了又等钱用。于是，当时的上海虬江路市场成为国库券私下买卖的集市，成千上万的老百姓拿着面值百元的国库券以6折价格变现，黄牛则忙着6进7出发点小财。

我觉得国家发行的有价证券，像这样搞太不像话，可一时之间又找不出好的解决方法。此时，在静安证券业务部当顾问的旧上海证券交易所老经纪人林

---

[7]　尼古拉斯·哥德森（Nicholas Goodison，1934— ），曾于1976年至1988年间担任伦敦证券交易所主席。

乐耕[8]、吴仕森、施之敏、魏少庭、龚懋德、王渭熊、穆壮武7个古稀老人的一席话突然让我豁然开朗：为什么不能让国债上市交易？他们还建议国库券上市应该定什么价，在什么时间挂什么牌。我立刻打报告要求做国库券业务。

听说静安证券业务部要搞国库券上市交易，中国人民银行开始质疑："跑遍了大半个中国，没有人敢干，你凭什么干？你有多少资金？你知道我们发了多少债券么？"那时候静安证券业务部就500万元的资本金。7位老人又建议：黄先生，不要紧，我们用价格杠杆，大家卖出多了我们就挂低牌价，买多了就挂高牌价，我们只赚取手续费。虽然发行几亿元，但是不可能几亿元都给你啊。我心想对啊，是这个理。

到了1987年10月，在由上海市首批进行股份制试点的6家股份公司和首家证券业务机构自愿组成的上海股份制企业联合会上，我提出应当开办国库券转让业务。参加会议的《文汇报》记者发了内参，时任中国人民银行行长的陈慕华[9]在这份内参上批示："国库券只有上市流通，才能提高信誉，建议中国人民银行有关部门研究这个问题。"第二年2月，国务院正式批准今后发行国库券可以上市流通，第一批试点在上海和深圳等7个城市进行。但是，财政部又规定："国库券价格不能低于票面！"我很担心：私下买卖是6进7出，黄牛的东西都倒过来怎么办？

1988年4月，国库券开始在静安证券业务部上市交易。刚开始的时候，静安证券业务部都是买进。按照老先生的思路，我们计算出按挂牌价买进国库券一年后的收益率可达22%—25%，并将这一结果予以公布。此举果然吸引了很多市民买入国库券进行投资，外地的国库券也不断流入上海。场内的交易日益红火，场外的黄牛逐渐失去了市场。

---

[8] 林乐耕（1915—2011），1949年前旧上海证券交易所大楼内乐茂证券号创始人。1986年9月被工行上海信托静安证券营业部聘为顾问，曾为上海市金融学会证券研究会顾问。

[9] 陈慕华（1921—2011），女，1982年担任国务院国务委员兼对外经济贸易部部长及部党组书记、中央外事工作领导小组成员，1985年3月后兼中国人民银行行长、党组书记、理事会理事长，并任中央财政经济领导小组成员。

第二年，新国库券发行时，静安证券业务部打报告，提出包下上海的全部国库券，不要再让老百姓摊派。中国人民银行上海市分行觉得我们胃口太大，上海市财政局批给我们3000万元额度，占发行总额的10%，结果五六天就卖光了。国库券，终于成为百姓理财的重要工具，走出了摊派、贱卖的噩梦。

代理发行首只B股

我的另一项杰作，就是首家代理发行B股，即人民币特种股票，供境外投资者以美元认购和买卖，新开辟了一条引进外资的渠道。

那时企业上新项目搞技术改造等，外汇紧缺，而仅靠出口填补不了外汇的缺口。怎么办？我还是一心想要为企业做点实事。

证券界前辈与《中国股市回响丛书》编委合影。前排左起：秦其斌、卢金涛、贺镐圣、龚浩成、黄贵显、李玉琴；后排左起：李济生、陈岱松、范永进、尉文渊、姜国芳、魏华文、朱鑫云

静安证券业务部成立后，港澳台胞来参观的很多，他们也想买股票。我说我们不能卖股票给你们。他们说你知不知道，李鹏总理写的命令，说欢迎我们来投资。我还没看到这个文件，但是我也在琢磨，为什么他们不能买呢？后来，伦敦证券交易所主席尼古拉斯·哥德森访问静安证券业务部时宣传说，证券要搞新的，要搞国际化的，并建议静安证券业务部发行B股、发行可转换债，去香

港设立分公司。驻英国大使馆的冀朝铸[10]也说："黄经理，我告诉你这个情况，英国有很多老华侨很有钱，希望投资到中国，希望你们多发点股票卖给他们，有利润可以，没有利润还本付息也可以。"

一颗颗热情的心让我发行B股的想法越来越强烈。1990年4月，中央决定开发开放浦东。同年5月，朱镕基市长在香港宣布，欢迎外商以股票方式投资上海。机会来了，1987年发行A股尝到甜头的上海真空电子股份有限公司董事长薛文海[11]，希望发行B股，为即将上马的工程筹集外汇资金。他找到了我，我义不容辞地担当起探索发行B股的责任。

当时静安证券业务部已经更名为上海申银证券公司，专门设立了国际部，我担任分管这项业务的副总经理。上海申银证券公司担任了真空电子发行的B股的主承销商。经过艰苦的努力，1991年11月30日，上海市政府为中国首次发行B股举行了隆重的签约仪式；1992年2月21日，这只B股上市交易，成为新中国第一只上市交易的人民币特种股票。

企业也没有出口任何东西，就拿到了外汇。更重要的是，B股市场提升了中国在国际上的影响力，吸引更多外资流入，浦东开发的部分资金就是这样解决的。

1998年，我以70岁高龄超龄退休。后来直到80多岁还继续担任申银万国证券的常年顾问，每周两次到位于常熟路171号的申万大厦坐班，日子过得很踏实坦然。回首过去，我总算做了一些事，留了一些脚印。这些事情能够成功，我很感谢改革开放的好时代，尽管当时挨了不少批评，受了一些委屈，但是都一步步地走过来了；还感谢很多领导、拓荒者和无名英雄的支持。我一直关注着股市，觉得现在股市还有待完善，在概念、思想、人才、组织等

---

[10] 冀朝铸（1929— ），1987—1991年任中国驻英国大使馆大使。

[11] 薛文海（1934—1997），时任上海真空电子器件股份有限公司董事长、总经理。曾任上海无线电一厂副厂长，上海市仪表电讯工业局技术改造办公室主任、基建动力处长、引进办公室主任、仪表电讯修建公司经理，上海电真空器件工业公司经理，上海市体制改革研究会副会长等职。1986年12月率先在上海针对上海灯泡厂等5个全民所有制企业，结合发行股票，组建成资产一体化的股份制多厂型工业企业，探索出一条全民企业向股份制企业变革的路子。

方面还很需要加强。希望上市公司善待投资人，希望市场更稳健地发展，老百姓都能够富起来，不要再吃苦了。

链接：

1986年8月向市长的那次汇报

要让股票流通的愿望一直在我心底萦绕，机会终于来了。

1986年8月中旬的一个星期天早晨，时任上海市市长的江泽民同志和副市长黄菊召开座谈会，我应上海市体改办全志同志的安排也参加了这次会议。在会议室里，我的座位正好在江市长的对面。参加会议的还有体改办的领导贺镐圣和徐家树以及人民银行上海市分行行长李祥瑞。轮到我发言的时候，我就将股票流通的必要性和紧迫性等情况作了汇报，主要内容包括：第一，股票的发行给企业带来的好处；第二，光有一级市场不行，一定要有二级市场；第三，股票的生命在于流通，不流通就会丧失生命力；第四，买卖股票利大于弊，不会有很大的投机；第五，我们已经打了报告……

我把准备好的报告递给江市长，江市长问李祥瑞："李行长，静安说的情况你知道吗？这报告你们批了没有？"李祥瑞说："这件事比较具体，我还不太清楚，回去再查一查。"

散会后，因星期天，李祥瑞行长没有乘专车，便与我一起步行。我们边走边谈，我把建立股票交易柜台的好处，是利国利民的一大创举，又向李行长详细作了汇报。李祥瑞说："这是好事情，不是坏事。你把报告再送一份来。"李祥瑞还和我说了笑话，"我们是瑞字辈，应该相互支持。"

我把报告送上去的第二天，打电话给中国人民银行上海市分行办公室应俊惠，想探探消息："李祥瑞行长有什么动静？"结果对方回答，现在李行长正在召开会议，研究我们的报告。果然，没过两天，中国人民银行上海市分行就把工商银行上海信托投资公司静安分公司，关于要求代理股票买卖的报告批转下发：同意我们开办股票柜台交易业务。

——摘自胡瑞荃：《具有历史意义的静安证券业务部》，载《见证中国股市》，上海三联书店2009年9月版。标题为编者另拟。

贺镐圣，1928年3月出生，浙江象山人。1944年加入中国共产党。1948年到华中解放区接受培训，1949年5月27日分配到上海军管会财委劳工处工作。1959年被选送到中共中央高级党校进修学习，1963年毕业后，调入上海市计划委员会任调研室处长。"文革"结束后，回市计委任经济研究室主任。1980年12月上海经济研究中心成立，任中心常务干事、办公室副主任。1984年5月，上海市经济体制改革领导小组办公室成立，兼市体改办副主任。1986年2月起担任市体改办主任。曾任上海市体制改革研究所所长、《上海改革》编委会主任、市经济学会副会长、市企业管理协会副会长、市技术经济研究会副会长等职务。

上海股份制和股票市场的早年探索

口述：贺镐圣

时间：2007年8月3日上午

地点：贺镐圣上海寓所

采访：范永进、程兆民、陈岱松、魏华文等

整理：陈岱松、魏华文

20世纪70年代末，我开始担任上海市计划委员会经济研究室主任。当时经济体制改革的相关职能由上海市计划委员会承担，并具体由经济研究室负责。为加强经济和体制改革的综合研究，在时任上海市市长汪道涵同志推动下，于1980年12月成立了上海经济研究中心，汪市长兼任中心主任，我担任中心办公室副主任。随着改革形势发展的需要，1984年6月，上海成立了市经济体制改革办公室，我相继担任了副主任、主任职务。可以说，我这一辈子围绕的工作范围都是经济理论和政策研究。改革开放以后，我在上级领导、理论界和企业的支持下，见证、参与、负责了上海的经济体制改革相关工作，在方案的研究设计和组织实施方面做了一些分内的工作，有幸为上海股份制和股票市场早期的发展尽了一份绵薄之力。

年少孤身闯上海 干革命 学理论

我是1928年出生的，祖籍浙江宁波象山。小时候家庭条件很艰苦，我从小就领略了生活的艰辛与困苦。因为家里条件不好，读到高小毕业已经很不容易了，对于早年没有继续上学这件事我还是充满了遗憾。14岁时，我经历了人生中的一次转折。我孤身一人来到了上海，在南京路上一家大型百货公司找了一份工作。一些比我年长的师兄中有许多倾向于革命的人，我在他们的影响下学社会科学、做社会工作。我每天早上5点多钟就起床取报纸，为公司400多名员工服务，风雨无阻；另一方面，在党的影响下，我开始了地下工作。

1944年入党时，我刚过16岁。1948年，组织上根据形势发展的需要，考虑培养一批人才，为接管上海作准备。于是，在党组织的安排下，我到了华中解放区接受培训。我想着，自己对新闻工作很感兴趣，又经常写作练笔，就主动要求去了华中新闻专科学校学习。上海解放后，我被分配到上海军管会财委劳工处工作。由于工作努力，好学上进，没几年，我就被提升为副处长。

1959年到1962年对我来说是重要的4年。1959年，刘少奇提出要培养"红色秀才"，我又幸运地被组织选送到中央党校学了4年政治经济理论，正式获得本科大学文凭。在那里，我通读了《资本论》等一系列经济理论书籍，打下了扎实的理论基础。毕业之后，我回沪在上海市计划委员会经济研究室工作，开始了数十年经济理论研究和体制改革工作的生涯。

政策破冰 股份制探索逐步深入

置身于上海这座美轮美奂的国际化大都市，人们都会为这座中国的经济龙头城市完成从老工业基地脱胎换骨的奇迹而惊叹，上海人更不会忘记它在"文化大革命"后期和转型中曾经历过的艰难处境。

1978年12月，党的十一届三中全会决定把党的工作重心转移到经济建设上来，也由此揭开了中国经济体制改革的序幕。全会提出，要增强国有企业活力和放权让利搞活经济。其实，在这之前，中央领导就曾给上海布置了一个任务，即研究通过哪些措施推进这方面的经济体制改革。我那时是市计委经济研究室主任，根据领导要求，我多次组织上海社会科学院、高等院校等理论界和上海企业界的同志认真研究这个课题，提出了增强企业活力和扩大地方经济管理权限的建议。

那时，企业面临的主要问题是缺乏经营活力和缺少发展资金，单靠财政和银行已很难满足资金需要，而股份制的探讨和出现是解决上述问题的有效途径。1980年，厉以宁[1]率先提出了试点股份制的建议。我也在思考：如果利用股份制搞活企业，把企业职工的钱筹集起来，统一使用、合理经营、自负盈亏、按股分红，还能够调动职工的积极性。这样，既解决了资金的来源问题，又能增强企业活力，真是一举两得。

上海是国有企业最集中的城市，也曾经是中国和远东的金融中心。如何通过经济体制改革来促使企业发展，进而带动整个城市的经济繁荣，重现昔日的风采，成为上海亟待探索和解决的问题。

1984年6月，上海市经济体制改革领导小组办公室成立，后又改称为

---

[1] 厉以宁（1930— ），我国著名经济学家，中国经济学界泰斗。在经济学理论方面著书多部，并发表了大量文章，是我国最早提出股份制改革理论的学者之一。他提出了中国经济发展的非均衡理论，并对"转型"进行理论探讨，这些都对中国经济的改革与发展产生了深远影响。

上海市经济体制改革办公室，简称"上海市体改办"。我担任副主任，不久就升任主任。怎样通过经济体制改革来推动各项工作，是上海市体改办的重点工作。上海市体改办认为，在增强企业活力方面，股份制是一种很好的形式。

20世纪80年代前期，一批早期的股份制企业在中国大地出现，同时也引发了全国范围内的大讨论。当时主要流行三种观点：一是认为，一切股份制姓"私"，是资本主义国家特有的；另一种认为，股份制既不姓"私"，也不姓"公"，它只是一种资本组织形式；还有一种认为，股份制既可姓"私"，也可姓"公"，其性质取决于它的股权结构中权重如何。

1989年3月，上海证券交易所筹建方案研究小组起草的《关于建立上海证券交易所的研究报告》

在理论探索和实践过程中，股份制政策逐渐趋于明朗：1984年5月国家体改委印发《城市经济体制改革试点工作座谈会纪要》，明确允许"职工投资入股、年终分红"；1986年5月，国务院转批国家体改委、商业部等单位《关于1986年商业体制改革的几个问题的报告》，第一次提出试行股份制的问题；1987年2月23日，中国人民银行颁布关于贯彻执行国务院《关于重新组建交通银行的通知》，这是国家首次批准以股份制形式组建银行；1987年10月，党的十三大报告指出"改革中出现的股份制形式，可以继续试行"，以后各地股份制试点企业迅速增多；1989年以后，股份制试点的重点在于完善和提高；1990年5月国务院批转国家体改委的《在治理整顿中深化企业改革的试点》，进一步指明了股份制发展的方向。

上下联动 股份制试点不断深化

尽管政策表明了中央高层支持股份制的态度，但股份制姓"社"姓"资"的争论还是存在的，有时还相当激烈。而在实际工作中，股份制企业、股票的发行和交易行为的陆续出现和发展，也是不容回避的事实。

1983年，时任上海市市长的汪道涵特地召集理论界的学者和企业家就股份制问题先后召开了三次重大的讨论会。此后，汪市长经常推动经济理论界开展调研，要求在承包经营、放权让利之外扩大讨论的范围，可以讨论企业产权组织形式，还特意安排我去了解社会舆论对于股份制的看法。这些都对上海以后股份制的发展产生了积极的影响。

1984年11月18日，上海飞乐音响公司（即"小飞乐"）公开发行了股票，被誉为"新中国第一股"。刚开始谈股票时，汪道涵等市领导都很支持，时任上海市委常委的吴邦国、黄菊同志经常到秦其斌厂子里商议，还参加了股份公司的成立大会。我也跟秦其斌说，股票姓"社"还是姓"资"，我认为应该是通过实践来检验。第二年1月，上海延中实业也公开发行了10万股股票。

"小飞乐"等企业公开发行股票后的一段时间，不断有股民提出要求解决股票转让问题，公司首当其冲面临很大压力。为了解决这个问题，1986年6月，秦其斌和代理发行"小飞乐"股票的中国工商银行上海市信托投资公司静安分公司一起商量对策。静安分公司向上海市体改办打了报告，要求设立交易场所进行股票转让。上海市体改办立即把这个情况向上级反映。时任上海市市长的江泽民开会听取了汇报，指示时任中国人民银行上海市分行行长的李祥瑞负责解决此事。几天后，上海市分行批转下发报告，同意静安分公司开办股票柜台交易业务。9月26日，全国首家股票交易柜台推出，当时代理买卖的仅有"小飞乐"和延中实业两只股票。当"小飞乐"等企业有发行股票的要求和这些股票需要上市买卖交易时，上海市领导都给予了很大的支持和推动。当然，股份制的一步步发展也离不开中央高层领导的关心和推进，我觉得这非常非常重要。

在领导的直接关心和企业的大胆探索下，上海股份制试点也先后经历了从职工内部集资到公开发行股票，从提出股票转让到设立柜台交易，从小型集体企业到国有大中型企业发展等过程。

电真空试点 拉开国企股份制改革序幕

1986年，一方面股份制试点继续在进行，部分城市出现了"股份制热"；另一方面，国企改革也遇到了新问题，推行的承包经营、放权让利等措施出现了明显的局限性。下一步该怎么走？经济学界大都认为应当推行股份制，国家体改委也认同这个思路。在上海，体改办和有关部门也认真地研究了这个问题，认为可以对国有企业进行股份制试点，一些国有企业表现出很大的积极性。经严格筛选，上海永久自行车厂、上海自行车三厂、上海第一印染厂、上海机床厂、上海柴油机厂、上海市电真空器件工业公司、上海市第一百货商店、华联商厦8家企业列入了股份制试点的范围，工商企业都有。经过上海市委、市政府领导同意，上海市体改办专门打报告给国家主管这项工作的国家体改委，提出试点申请。

第二年初，国内形势出现了一些变化，股份制姓"社"姓"资"、姓"公"姓"私"的争论再度成为热点。中央一些部门有些不同看法，主要是：上海提出试点的一些企业都是比较好的国有企业，为什么要把国家赚的钱让给股东去赚呢？这样会影响国家财政收入。

国家体改委很快把这一信息告诉了上海市体改办，要求认真研究这个问题。上海市体改办把这个情况报告给市委、市政府的领导，同时会同有关部门商量怎样适应变化的形势。大家认为这些企业的积极性已经充分调动起来了，方案也都准备好了，最好有个两全方案。

上海市体改办立即向市委、市政府领导请示是否向国家体改委汇报，努力争取一家试点。征得同意后，我立刻到国家体改委，跟他们商量：我们上海要加快改革的步伐，现在搞股份制试点增强国有企业活力，全部不试工作很难，能不能先试一家，步子小一点？国家体改委研究了上海的意见，同意只批准上海市电真空器件工业公司[2]这一家进行股份制改革的试点。

上海真空电子器件股份公司首任董事长兼总经理薛文海

上海市电真空器件工业公司是上海市仪表电讯工业局的下属企业，是全国电真空行业的重点骨干企业，主营电视机显像管。总经理薛文海对于股份制改革有很大的决心。1986年上海决定把股份制试点扩大到国有大中型企业上时，电真空工业公司就积极响应，并且作了充分的准备。在这样的情况下，上海电真空器件工业公司于1987年1月10日改制为上海真空电子器件股份有限公司，1月12日公开发行了10万股股票，成为上海和全国首家实行股份制改造和公开发行股票的大型国有企业，拉开了国有大中型企业股份制试点的序幕，在全国引起了强烈反响。

参加三人小组 筹建上证所

1987年到1989年，股份制和股票交易是在姓"社"姓"资"的争论中一步步走过来的。上海股份制企业已逐步发展到了11家[3]，除了以后在上证所

---

[2]　1986年底，上海市电真空器件工业公司联合上海灯泡厂、上海电子管厂、上海电子管二厂、上海电子管四厂、上海显像管玻璃厂五家单位，根据生产上具有内在紧密联系和相互协调才能有效发展的共同需求，组成了一个紧密联合体，并发行股票，试行股份制，成为我国第一个以国家股为主体的股份制多厂型工业企业，该公司被命名为"上海真空电子器件股份有限公司"。1991年1月，上海真空电子器件股份有限公司率先向境外发行了人民币特种股票（B股），使公司改制成为中外合资的股份制企业。

[3]　这11家企业中，工业4家（真空电子器件股份有限公司、飞乐股份有限公司、延中实业有限公司、爱使电子设备公司），商业、服务业4家（豫园商场股份有限公司、飞乐音响公司、申华电工联合公司、新世界贸易股份有限公司），金融2家（交通银行上海分行、万国证券公司），房产1家（兴业房产股份有限公司）。

里上市的"小飞乐"等7家，还包括交通银行等不上市的4家。由于股份制姓
"社"姓"资"的迷雾一直没有消除，这11家企业也时常遭到责难、批评。
每到这时，我就会召集这11家企业负责人开会，鼓励大家一定要坚定信心，
把股份制试下去，同时积极想方设法消除误解。

那几年，上海不仅一直把此项工作作为经济体制改革的重点加以推进，
而且随着发展开始酝酿考虑筹建证券交易所的问题。1988年，我根据上海市
领导要求专门到香港去考察了香港联合交易所。考察后，我认为，国内建立
证券交易所虽然在法律法规、公司数量等方面尚欠缺条件，但还是应该大胆
地设想，在实践当中不断地创造条件。1989年初，起草了《关于建立上海证
券交易所的初步构想》，为证券交易所的建立做了理论和方案准备。1989年
5月4日，上海市老市长、时任上海市政府顾问的汪道涵召集市体改办、中国
人民银行上海市分行等有关单位的负责干部开会，会议总体意见认为，马上
成立上海证券交易所的条件尚未完全具备，当前的主要工作还是收集相关资
料，了解周边国家和地区交易所的情况，积极创造条件，以便在适当的时机
成立上海证券交易所。

到了1989年末，时任上海市委书记、市长的朱镕基为建立证券交易所又
推进了一大步。12月2
日，上海康平路小礼
堂，我参加了朱镕基召
开的市委常委会，主题
是金融改革，与会的还
有国家体改委副主任刘
鸿儒、交通银行董事长
李祥瑞、中国人民银行
上海市分行行长龚浩成
等。朱镕基认为，上海

2009年1月，上海证券交易所与香港联交所签订更紧
密合作协议

开发浦东 开放浦东

李鹏总理宣布在浦东实行经济技术开发区和某些经济特区的政策

人民日报记者

（一九九〇年四月十八日）

记者萧关根报道：李鹏总理今天在上海大众汽车有限公司成立五周年大会上的讲话中宣布：中共中央、国务院同意上海市加快浦东地区的开发，在浦东实行经济技术开发区和某些经济特区的政策。

李鹏说，这是我们为深化改革、扩大开放作出的又一个重大部署。我们欢迎外国的企业家以及港澳同胞、台湾同胞和海外侨胞投资，参加浦东开发，我们将为此提供优惠的合作条件和日趋完善的投资环境。

李鹏指出，开发浦东、开放浦东，对于上海和全国都是一件具有重要战略意义的事情。中央要给以必要的支持，全国各地也要给予积极的支持，但更主要的是要依靠上海人民的支持和努力。上海有良好的工业基础，有众多的科学技术人才和经营管理人才。有几百万具有光荣革命传统的产业工人，有四通八达的交通网络，又有同国外广泛联系的渠道。依据这些综合优势和中央给予的政策，上海可以有计划有步骤地、扎扎实实地把浦东建设成为一个设施比较配套、齐全、现代化的和外向型的工业基地。

李鹏要求上海的同志进一步坚持四项基本原则，坚持改革开放，

586

1990年4月18日，李鹏宣布中共中央、国务院同意上海市加快浦东地区的开发开放，在浦东实行经济技术开发区和某些经济特区的政策

要加大金融改革的步伐，建立证券交易所是必要的，并承诺："出了事我和刘鸿儒负责！"朱镕基做事雷厉风行，当即授命李祥瑞、龚浩成和我组成三人小组，筹建交易所。三人小组很快投入了工作，草拟了章程，开始了证券交易所的具体筹建。

筹建工作一开始，千头万绪的问题成堆地涌过来：上海证券交易所是采取公司制还是会员制？主要以经营股票为主还是经营国债为主？上海证券交易所的筹备经费从哪里来，管理机构又要如何设置？1990年1月，在召开全国体改会议期间，我专门前往设在北京的"联办"[4]，商谈筹

建证券交易所的有关问题。

1990年4月18日，国务院总理李鹏在上海宣布了开发开放浦东的十大政策，其中之一就是建立上海证券交易所。短短8个月后，即12月19日，上海证券交易所正式开业。这是一件特别值得自豪的事情。我们在组建证券交易所时借鉴了国外一些发达国家的做法，得到了很多启示，但在具体筹建过程

---

[4] 联办的全称是"证券交易所研究设计联合办公室"（STOCK EXCHANGE EXECUTIVE COUNCIL），由中国化工进出口总公司、中国对外经济贸易信托投资公司、中国光大集团有限公司、中国经济开发信托投资公司、中国农村发展信托投资公司、中国国际信托投资公司、中国信息信托投资公司、中国康华发展总公司、中国新技术创业投资公司9家公司单位每家公司各出50万元，于1989年3月15日在"证券交易所研究设计小组"的基础上发起成立，1991年12月25日年改名为"中国证券市场研究设计中心"。

中，最重要的还在于我们敢想敢做，根据我们的情况，设计了上海证券交易所的道路。上证所的成立是股份制试点的一个阶段性成果，同时又促使更多直接融资和生产要素的优化组合，恰逢上海筹划

上海市人民政府浦东开发办公室旧址

开发开放浦东，需要大量建设资金，上证所的推动力生逢其时。

我国股份制改革和股票市场试点是经济体制改革的产物，是为了适应社会化程度的提高和社会主义商品经济发展的要求而出现的。早期，股份制在我国发展一波数折，随着人们不断解放思想，深化认识，反复探索实践，进而成为当代中国社会主义市场经济的重要组织形式。今天，中国经济上的辉煌成就举世瞩目，其中股份制改革和股票市场的发展功不可没。

股份制和股票市场在中国早年的探索，是一个在曲折中不断前行的过程，大家都在这个实践过程中学习、成长、提高。由于历史机遇和个人命运，我与经济体制改革、与股份制和股票市场结下了不解之缘，见证和参与了这段波澜壮阔的历史，经风雨、见世面、历磨练，这是我一生中最难忘的岁月。

链接：

香港联交所的前世今生

香港最早的证券交易可以追溯至1866年。香港第一家证券交易所——香港股票经纪协会于1891年成立，1914年易名为香港证券交易所，1921年，香港又成立了第二家证券交易所——香港证券经纪人协会，1947年，这两家交易所合并为香港证券交易所有限公司。

到20世纪60年代后期，香港原有的一家交易所已满足不了股票市场繁荣和发展的需要，1969年以后相继成立了远东、金银、九龙三家证券交易所，香港证券市场进入四家交易所并存的所谓"四会时代"。

1973—1974年的股市暴跌，充分暴露了香港证券市场四会并存局面所引致的各种弊端，1986年3月27日，四家交易所正式合并组成香港联合交易所。4月2日，香港联交所开业，并开始享有在香港建立、经营和维护证券市场的专营权。

龚浩成，1927年2月出生，江苏常州人。1947年考入国立上海商学院（上海财经大学前身）银行系。1955年自中国人民大学货币流通与信用教研室研究生毕业后，回到上海财经学院任教，后任副院长。1984年后历任中国人民银行上海市分行副行长、行长，兼国家外汇管理局上海市分局副局长、局长。其间参与交通银行的组建工作，并推动建立上海银行业同业拆借市场和上海外汇调剂中心。1989年，作为"三人小组"成员之一负责筹建上海证券交易所，后任上海证券交易所常务理事，长期从事金融证券研究和管理。

摘下资本主义"皇冠"上的"宝石"

口述：龚浩成
时间：2017年10月28日下午
地点：上海东郊中心一村资本有限公司
采访：范永进、沈惠民、陈岱松、李济生、刘晶、魏华文、罗羽琪、毛莲红等
整理：罗羽琪、魏华文

1990年12月19日，经过多方努力和帮助，上海证券交易所正式挂牌成立，这是上海、也是全国改革开放中的一件大事。当时有人说，搞证券交易所，政治意义大过实际意义。我认为，对于证券市场，在没有实践之前，的确有一些问题一时难以说明白。但只要是能促进社会主义市场经济发展的先进东西，

我们都可以借鉴。我们连证券交易所这颗资本主义"皇冠"上的"宝石"都能尝试，这个信号充分表明了中国坚持改革开放的决心不会动摇。

难忘上交所诞生之日

我依然清楚地记得那天，在黄浦江和苏州河的交汇口、上海市外白渡桥的北桥桥东头黄浦路15号门前，汇集了上海市政府的主要领导人和来自各界乃至世界各地的来宾500多人。包括时任上海市市长朱镕基同志、上海市副市长黄菊同志、前市长汪道涵同志、国家体改委副主任刘鸿儒同志、香港贸发局主席邓莲如[1]女士等都参加了上海证券交易所的开业典礼。

1990年12月19日，上海证券交易所正式开业，500多名中外金融界人士参加了开业典礼。龚浩成（中立者）正主持开业仪式

我是当天上海证券交易所开幕式的主持人。朱镕基同志一贯比较严肃，当天也难掩激动的神色，他庄严宣布"上海证券交易所开幕"。随后，上海证券交易所第一任总经理尉文渊同志鸣锣开市，黄菊同志和刘鸿儒同志一起将披在"上海证券交易所"铜牌上的红色绸布揭开，这铜牌和悬挂在大楼上苍劲端庄的"上海证券交易所"七个大字，宣告了新中国第一家证券交易所——上海证券交易所诞生了。朱镕基同志在上海证券交易所开业仪式上发表了讲话，谈到上海证券交易所成立的重大意义时，首先就表明，"它标志着我国坚定不移地继续奉行改革开放的政策"。

新中国的第一个证券交易所由此诞生——上海证券交易所在上海浦江饭店

---

[1] 邓莲如（1940— ），20世纪70年代末至90年代活跃于香港政坛，先后任行政及立法两局首席非官守议员，1989年获授DBE勋衔，成为历史上首位取得英国爵级勋衔的华人女性。1983—1991年任香港贸易发展局主席，向外推广香港贸易。

这座有着150多年历史的欧式建筑内正式挂牌营业。当时的上海证券交易所面积共2000平方米。600平方米的交易大厅内正面悬挂长5米、宽2.5米的彩色电视显像屏幕，大厅内共安放46个席位，标志该大厅内可容纳46家会员。上海证券交易所电脑中心控制室与上海市各家证券机构的电脑终端联网。交易所的

龚浩成（左）和学生尉文渊（上海证券交易所首任总经理）在热烈交谈

交易情况可同时在全市证券交易柜台的电脑屏幕上显示，上海万国、申银证券公司还专门设立固定的场所，可供客户通过公司电脑终端了解行情，以便随时与证券公司取得联系，委托买卖证券。交易所采用了先进的电脑交易系统，使交易指令传输、撮合成交、证券过户、清算交割、信息检索与储存高效运作。当日有30种证券上市，其中，国债5种、企业债券8种、金融债券9种、股票8种。此外，上海证券交易所通过广播和电视等新闻媒介向市民公布行情。

朱镕基拍板建立证券交易所

20世纪80年代中后期，上海市计划开发浦东。要开发浦东，中央说只能给政策支持，而开发预算就是数千亿元。对于自新中国成立后财政收入全部上交中央的上海而言，根本就是天文数字。这时，证券交易所研究设计联合办公室，也就是"联办"的总干事宫著铭[2]给朱镕基同志写了一封信，大致内容是说，要想开发浦东，就要借全国的钱，最好的办法就是建立一个证券交易所。

---

[2] 宫著铭（1946— ），1970年毕业于哈尔滨军事工程学院原子工程系，曾在德国汉堡大学作博士后研究。原国家计委委员，原国家体改委委员，曾任中国人民银行党组成员兼金融体制改革办公室主任、综合计划司司长，国务院经济体制改革方案领导小组成员兼金融改革组负责人等职务。

宫著铭用最简单朴实的语言向他作了解释，这引起了朱镕基同志的重视。

1989年12月2日，时任上海市委书记、市长的朱镕基同志，在上海市康平路市委小礼堂，就如何深化上海金融体制改革的问题召开了市委常委扩大会议。他说，他来上海之后，一直在抓财政，但收效不大。他认为要调整部署，从金融改革抓起，而建立证券交易所是其中关键的一环。我记得朱镕基同志当场点名征求三个人的意见。

第一个征求李祥瑞的意见，李祥瑞当时任交通银行董事长。朱镕基同志征求他的意见问道：老李，你看交易所可不可以建？李祥瑞回答的中心意思就是一句话：交易所建立的政治意义大于经济意义。根据当时的形势，建立交易所的政治意义大，表明中国还是要继续进行改革开放的。从另一方面看，建立交易所在经济上意义并不是很大，因为当时没有几家公司的股票可以上市。所以，李祥瑞的中心意思不是反对，而是感觉有风险。

接下来，朱镕基同志的第二句话就问我：老龚，你怎么认为，你赞成不赞成？我当时的回答是从经济条件上分析了一下，中心意思还是认为建立交易所急了一点，早了一点，最好还要推迟一点。当时我个人认为那时可以上市的公司数量太少，一直说的"老八股"，也不过就8家到10家公司有条件上市。最好有100—200家公司有条件能够上市，其中一半50—100家将成为上市公司，到了这样一个阶段，证券交易所的建立就会水到渠成。现在只有8—10家上市公司就建立一个证券交易所，感觉上公司数量偏少。

此时，朱镕基同志掉过头来就问贺镐圣：老贺，你怎么看？贺镐圣的回答是：不管它了，先建起来再说，在建设中发展壮大。朱镕基同志就征求了我们三人的意见。我们三人的表示都不是反对的，只是总感到当时建立证券交易所的意义主要不在经济上。我记得朱镕基同志当时跟我们讲了这么一句话。他说，老李、老龚你们两个不要担心，真正出了问题的话，我和刘鸿儒负责，你们在第二线上。他们两个当时是部级干部。

最后，朱镕基同志就下了结论，最关键的一条就是证券交易所决定办，尽管有阻力，但还是要办。后来，我遇到朱镕基同志的时候，又提到了康平路会议的事情，朱镕基同志说，邓小平同志不是说过吗？大胆试，试不好，我们再改嘛！

"三人小组"直接对朱镕基负责

在康平路召开的那次上海市委常委会金融改革会议上，决定成立负责筹建上海证券交易所的"三人小组"，负责证券交易所筹建的领导工作，成员分别是李祥瑞、贺镐圣和我。"三人小组"下设了办事机构，放在中国人民银行上海市分行金融管理处。

"三人小组"比较有特色的地方就是三人以个人身份直接对朱镕基负责。当时李祥瑞代表交通银行，贺镐圣代表上海市体改办，而我代表中国人民银行上海市分行。我们这个"三人小组"在组织上是对市委负责，但同时我们以个人的身份对朱镕基同志负责。按照这个原则来组建的"三人小组"，是市委扩大会议最后的结论。

我个人认为这样处理有很大好处。因为我作为中国人民银行上海市分行的代表，按照中国人民银行上海市分行的组织原则，我参与这样重大的问题，如果要拿出意见来需要上报中国人民银行总行。但是中国人民银行上海市分行是党组领导，要党组取得一致意见，我才能做，如果党组没有一个统一意见，我本人没有办法做。在正式上报上海市委之前，因为中国人民银行上海市分行是中央单位，所以我还要上报中国人民银行批准后，才能转到上海市委。李祥瑞与贺镐圣也是如此，要经过党委党组同意才能做。这样一来，程序就比较麻烦，也比较浪费时间。

当时碰到的问题都非常具有时限性，立即就需要表态。如果碰到这些问题，每次都一步步按照程序来实施，时间都要拖很久，这显然不利于上海证券交易所的筹备。因此，"三人小组"直接对朱镕基同志负责最大的好处就是提高了工作的效率。"三人小组"可以边做边报。然而，如果过度关注效率，只看重个人的行动，而忽略了组织的领导，不重视对组织的汇报，也很有可能导致筹建工作出现偏差，甚至导致风险出现，也是很不利的。所以，"三人小组"直接向朱镕基同志负责有这两方面的益处。

上海证券交易所的筹备较为顺利的一个重要因素即在于此，有相当多的事情"三人小组"直接先报朱镕基同志，根据他提出的意见，下面受理亦不需要经过特定部门，这是一般原则所不能代替的。因此，具体实践过程中，"三人小组"抢时间边做边汇报，边做边统一思想。

社会主义国家也可以建交易所

当时，人们观念上障碍重重。股票市场是去是留，股票市场姓"资"姓"社"，导致了建立证券交易所在当时面临着很大的压力。社会上对建立证券交易所有四种说法：

搞股份制，全民所有制企业发行股票，特别是向个人发售股票，是不是分散了公有财产，会不会搞成变相的私有化？这是其一。

发行股票和债券，对储蓄起了分流作用，会影响国家银行吸收资金的主渠道作用。此为其二。

证券买卖有点像赌博，一些人一夜之间就发了大财，一些人则搞得倾家荡产，这会助长投机思想，既不利于社会的安定，也不利于改善社会风气和精神文明建设。这是其三。

开办证券交易所，会不会培育出新一代资产阶级？上海人，特别是上了年纪的人，对旧中国的证券交易所是记忆犹新的。那些活跃在证券交易所里的资本家，贪婪成性，翻手为云，覆手为雨，操纵股票市场，茅盾的《子夜》、周而复的《上海的早晨》中就有生动的描绘。此为其四。

在此之前，深圳证券交易所在1990年12月1日试营业了。一个社会主义国家，建立了一个证券交易所，这是不可思议的事情。那时候，连股份制都是与私有制画等号，更何况大张旗鼓地开办证券交易所。

对于社会上对建立证券交易所的种种说法，我的思考如下：第一，不能仅仅从实物形态上理解国有财产，也有货币形态和证券形态的国有财产。发行股票和债券仅仅是产权的转移，这还有利于产业结构的调整。第二，发行股票和债券是企业筹资的一种方式。从实际情况看，储蓄这块大蛋糕越

1990年11月26日，上海证券交易所成立大会召开；中间一排左起周芝石、罗时林、李祥瑞、龚浩成、程静萍、尉文渊

做越大，尽管前者对储蓄有一定程度上的分流，但是银行储蓄的绝对值是大幅增长的，应当以发展的眼光看"储蓄"。第三，证券买卖是一种机会的选择，与赌博是有区别的；投机和投资必然是同时发生的，国外对二者的划分仅仅是时间的区别。第四，人们对旧中国的证券交易所的印象，只是从小说中得出的结论，不能以艺术形象取代历史，影响现实。

Shanghai Securities Exchange还是Shanghai Stock Exchange?

建立证券交易所本身是一个系统工程，涉及交易规则拟定、网络建设、交易场所的选定。建一个证券交易所有许多活要干，当时又属于摸着石头过河，好在当时有市领导的支持。那时要根电话线都难，交易所里要配50根电话线，要层层审批，这50条电话线还是时任上海市委副书记的吴邦国亲自出面才解决的。

第一，上海证券交易所采用会员制还是公司制？当时，上海可作为会员的证券公司只有3家，申银、万国和海通，必须解决地域限制问题。第二，交易所的经营品种问题。当时比较成型的股份制企业只有11家，能够上市的只有6家，是不是应该先以债券交易为主，再逐步创造条件转向股票交易和债券

交易并重？第三，交易所的筹备经费如何解决，要不要市政府出资？第四，交易方式是现货交易，还是同时允许买空卖空的交易行为？

让我们犯难的不仅是交易所的框架牵扯到现实和长远的矛盾，连名字都关系重大，得反复斟酌。交易所的中文名是"上海证券交易所"，英文翻译成Shanghai Securities Exchange,还是Shanghai Stock Exchange，成为了一个问题。Stock是国际上通用的直指股票的词语，而Securities则泛指证券。但当时有顾虑，称为Stock Exchange会不会遭到某些人士的攻击和批评？

当时社会对于Stock这个词仍比较敏感，总认为是资本主义的东西。再加上交易所成立初期，交易的是八只股票，而国债的交易有十多个品种，叫Securities Exchange，也符合股票少债券多的实际情况。后来我就建议交易所方面，不要称为Stock Exchange，称为Securities Exchange也可以减掉点锋芒。所以一开始的时候证券交易所一直叫Shanghai Securities Exchange，它的简写是SSE。1997年交易所从浦江饭店搬迁到浦东新大楼时，英文名称才改成了Shanghai Stock Exchange，缩写也是SSE。

行走在金融学者与官员之间

回顾我从学生到学者再到官员的各个人生阶段，让我感到庆幸的是，我在学校学到了比较全面的经济学领域的知识，打下了比较坚实的经济和金融理论基础，后来又有幸以研究者或者改革者的身份见证、参与了上海金融业从严格管制到逐步放开再到日益发展的蜕变历程，可谓此生无憾。

我1947年考进了国立上海商学院银行系读本科，1951年毕业后留校教书。1952年到1955年间，我在中国人民大学货币流通与信用教研室读研究生，最大的收获是从头到尾、认认真真地读了两遍马克思的《资本论》，把剩余价值学说掌握得比较清楚。研究生毕业后我回到上海财政经济学院，也就是原国立上海商学院，担任助教讲师，讲货币流通与信用。后续一系列社会运动开始了，我有很长时间待在农村。粉碎"四人帮"之后，我又被借调到上海《文汇报》当编辑，写大批判的文章。1978年下半年，上海财政经济学院恢复招生，我又重新站上了教师岗位。

1984年，中国人民银行为了适应改革开放的需要，将商业银行的职能从中国人民银行中剥离出去。在考虑中国人民银行上海市分行领导班子配备时，总行领导提出一定要配备一名理论界的同志，于是我就被推荐到人行上海市分行当副行长，算是走上了仕途，但是没有完全脱离教学，还带着研究生。1987年，交通银行成立，李祥瑞被任命为交通银行第一任行长，我就接任他，担任了中国人民银行上海市分行行长。

党的十一届三中全会后，我国逐渐确定实行社会主义市场经济。1984年10月召开的党的十二届三中全会通过的《中共中央关于经济体制改革的决定》，大胆提出了中国社会主义是公有制基础上的有计划商品经济的观点，上海也融入了经济体制改革

1990年10月4日，龚浩成（右）接受汇丰银行董事长浦伟士先生递交的汇丰银行上海分行重新登记的申请书

的大潮中。经济建设离不开金融的支持。20世纪80年代，上海的改革方向就要搞金融市场，建立股票市场的出发点或者说基本逻辑就是要完善金融体系。除此之外，中国人民银行上海市分行又一手建成了外汇市场，从外汇交易所的起草设计到人员的培训，花费了很多的精力。

我虽然成了官员，却一直保留着学者的身份。除了行长身份之外，我一直兼任上海财经大学金融学院的名誉院长，同时还是多所大学的兼职教授，上课、带研究生、开讲座，忙得不可开交。1994年6月，上海财经大学依托上

海证券交易所的支持，开办了证券期货学院，我受交易所委派担任董事长兼院长。当时，我国证券市场研究和教学领域一空二白，上海证券期货学院开设大学本科教育的证券期货专业方向，大力拓展证券投资领域的培训和研究工作，在全国属首创。一大批学院的毕业生至今活跃在我国的资本市场上。

我从20世纪50年代开始执教，桃李满天下让我很有成就感，常与学生交流已经成为我的生活方式。有些学生觉得我不像官员，更像是一位真正的老师。对于学者和官员两个头衔，我认为，搞宏观经济的同志，实务和理论关系很密切，你理论有多高，指挥工作就有多大自由。比如说，证券市场理论上

龚浩成（右）出席第十届陆家嘴论坛（2018年）"专场论坛二：上海国际金融中心建设的回首与展望"并演讲

要求公开公平公正，这不是一句空话，要有具体的可操作的实际内容。理论指导实践，这对于宏观机关的领导越发重要。在掌握了一定理论的基础上，官员的身份则给了我推行理论、实施理论的余力，能在指导实际工作上有所创新，实现理论与实践的最好结合。

链接：

新中国股市早期的几次重要研讨会

1986年11月10日至13日，中国人民银行与美国纽约证券交易所在北京联合召开了"中美金融市场研讨会"，这是我国与美国金融界首次举办的大型研讨会。研讨会由中外银行、证券专家、学者和企业家等方面的人士参加。

这次研讨会，开启了我们学习国外经验、发展中国证券市场的大门。

1988年6月21日至23日，"上海股份制理论与实践研讨会"召开。上海的理论界和企业界近百位专家学者和企业家参加了会议。会议总结了之前几年上海试行股份制的经验，主张上海要扩大股份制试点范围，进一步把企业体制改革引向更深层次，在深化企业制度改革方面走在全国前面。

1988年12月8日至12月10日，国家体改委在北京西直门宾馆召开了一次"征求关于国营企业试行股份制的实施方案"的座谈会（即"西直门会议"）。会议分别由国家体改委副主任刘鸿儒、张彦宁和国家体改委经管司司长孙孝良主持。与会人员对"关于国营企业试行股份制的实施方案"进行了原则性讨论，认为中国发展股份制是趋势。

1990年5月28日至30日，来自美、英、法、日等国以及中国各省市、香港地区的近百位金融界人士聚会上海，召开了"发展证券市场国际研讨会"，探讨中国证券市场的发展前景。会议介绍了中国逐步开放证券市场后取得的成就，指出由于中国的金融市场开放时间尚短，还存在一些问题，突出表现在证券市场品种少、不规范、发行方式不尽符合市场要求等问题。

1992年9月23日，中国人民银行深圳分行与深圳证券交易所联合举办了"深圳证券市场九二国际研讨会"，总结了深圳证券市场发展中的经验和教训，共同探讨了今后如何改进市场运行及管理等问题，取得了很好的效果。大会还邀请境外专家对深圳B股发行、上市和交易提出积极建议。

现在，各类研讨会逐渐发展为定期举行，形成了制度化，研讨的问题中心也深化为进一步探讨实践中遇到的问题，以及如何深入发展的问题。如中国证监会和经济合作发展组织（OECD）举办的"中国证券市场国际研讨会""WTO与中国证券市场国际研讨会"等。

——摘自周沧桑、单永：《学术与艺术作品中的中国股市》，载《见证中国股市》，上海三联书店2009年9月版。标题为编者另拟。

王波明，1956年出生，山东昌邑人。毕业于美国哥伦比亚大学国际金融专业，为中国改革开放后最早的一批留学生，曾任美国纽约股票交易所经济研究部分析师。1988年3月，与高西庆等人共同执笔，写成《关于促进中国证券市场法制化和规范化的政策建议》。1989年3月15日，证券交易所研究设计联合办公室成立，任副总干事。"联办"参与了上海证券交易所、深圳证券交易所的筹备设立，建立起STAQ（证券交易自动报价）系统。20世纪90年代初，组织实施许多重大项目的投资，开创多项投融资先例，是中国投资方面资深专家和经济学家。现任中国证券市场设计研究中心（SEEC）总干事、财讯传媒集团董事局主席、中国国债协会理事、《证券市场周刊》社长、《财经》总编辑。2018年12月，入选"中国改革开放海归40年40人"榜单。

几位"海归"将证券交易所引入中国

口述：王波明

时间：2008年1月18日

地点：《财经》杂志社

采访：范永进、张海龙、陆一、彭苏等

整理：彭苏

现在回过头去看，当时对证券市场的制度安排大方向是对的。另外，对于中国改革而言,资本市场的创立突破了"摸着石头过河"的模式。它遵循"拿来主义",借鉴了国外成熟市场的经验,起点很高。好在,当年我们几个"海归"搞的"中国证券市场的白皮书"中,关于资本市场结构的设想,现在基本上都实现了。

留学生的梦想

1980年,我到美国读书,先在纽约皇后学院学习政治和国际关系,后来又考入哥伦比亚大学主修国际金融。学习之余,我在《华侨日报》开设了经济专栏,主要写美国如何看待中国。留美期间,我们发起组织了一个中国旅美商学会,简称CBA。CBA里主要是攻读商科的学生。大伙时常聚会,参政议政意识很强,都希望能为祖国做点事情。

1988年3月,由王波明等人撰写的《关于促进中国证券市场法制化与规范化的政策建议》

当时,北京还有一个青年经济学会,周小川、马凯、楼继伟、宫著铭都是会员。我们认为经济发展有三个要素市场:劳动力、原材料和资本。在中国经济体制改革的初期,资本奇缺,因此,建立资本市场的任务很紧迫。这些青年学者早就对建立证券交易市场跃跃欲试,探讨时一拍即合。我们称自己是"促进中国证券发展委员会",能到场的每月小聚一次,热情畅议建立资本市场。

研究生毕业后,我被纽约股票交易所录用,在经济研究部做分析师。

1988年3月，我和高西庆[1]、王巍[2]执笔，联合李青原[3]、刘二飞[4]、茅桐、王大伟、盛溢，8人合作，写成了《关于促进中国证券市场法制化和规范化的政策建议》。这是我们为建立中国证券市场提出的设想。

可是，20世纪80年代，别说股票，连股份制企业都少见，更别提《证券法》了，整个经济体制改革都还处于拓荒阶段。我们认为，应当考虑三五年后中国经济的开放程度，并未雨绸缪地建立资本市场，为从内资企业参与，到合资企业参与乃至国际企业参与这一必然过程准备条件。

当时，高西庆从美国杜克大学读完法律博士学位后，正在华尔街上有名的Mudge Rose律师事务所做律师。我在华尔街的纽约股票交易所工作。但是，当老板表扬我工作有成绩时，我感到不是很舒服。我心里在想：我在这里干，到底是为了什么？

我觉得还是应当回去，利用所学的知识为国家做些工作。我在纽约股票交易所的老板，时任纽约股票交易所的总经济师罗杰·库巴里奇也对我说："王，回中国去！你的作用将是不可替代的。"

因为知道事业的艰难，我和高西庆都没拿绿卡，自绝后路。

1988年6月，我回到中国。刚开始确实很难，要游说体改委、政改办，还有一些大公司。复印、查资料、开会，高西庆都得自己掏腰包。我们两一人

[1] 高西庆（1953— ），1988年回国后参与创立中国证券市场设计研究中心。先后兼任中国证券监督管理委员会首席律师、发行部主任、中国银行港澳管理处副主任、中银国际副董事长兼执行总裁。现任清华大学法学院教授、博士生导师。

[2] 王巍（1958— ），作为"文革"后首届大学生，从东北财经大学会计专业毕业后，任职中国建设银行、中国银行，后赴美留学。1992年回国后，参与筹建南方证券，曾担任副总裁。1997年创办万盟投资管理有限公司。现为中国金融博物馆理事长。

[3] 李青原1976年毕业于北京外国语学院，1977年在英国曼彻斯特大学攻读。曾在联合国纽约总部担任传译员数年。1988年成为"联办"创始人和研究开发部主任。1990年任国家经济体制改革委员会宏观司副司长。1992—1993年任中国股票发行和交易规则起草小组协调人及内地与香港证券事务联合工作组成员。2002年加入中国证券监督管理委员会，历任规划发展委员会办公室主任、委员会主任及研究中心主任。

[4] 刘二飞（1958— ），1977年考入北京外国语学院英语系。1981年被美国布兰戴斯大学录取。1984年进入罗西尔投资银行工作。1985年进入哈佛商学院攻读MBA。其后在东方惠嘉、摩根、高盛等工作，1999年12月加入美林。

一辆自行车，东骑西骑，四处奔波。幸好是在美国认识了张晓彬，他当时是中国新技术创业投资公司总经理，他赞助了我们10万元。我觉得，人往往是被预期所驱使，开始想难点好，说不定末了事儿就成功了。所以，我俩痛下决心，如果5年以后干不成，他在东边修自行车，我在西边卖包子。

万寿宾馆会议

1988年7月8日，康华副总贾虹生找我，让我第二天跟着他去开一个关于中国金融市场的会。因为我从华尔街回国，他们希望我到康华工作，此前多有接触。

贾虹生让我参加的正是"金融体制改革和北京证券交易所筹备研讨会"。会议在北京万寿宾馆召开，后来被称作"万寿宾馆会议"。这个座谈会囊括了中国经济界最有实权的机构，像中央财经领导小组、计委、体改委、人行、财政部、外经贸部、国务院发展研究中心等。此外，更为积极的是官办却又资本味道十足的中创、中农信、康华等公司。

座谈会由时任中农信总经理的王岐山和时任中创总经理的张晓彬发起，时任人行计划司司长的宫著铭，大家称他"大宫"，由他主持。时任人行副行长的刘鸿儒参加，他当时主持金融体制改革。

当时，纽约股票交易所董事长约

1988年7月9日，中国人民银行在万寿宾馆召开证券市场座谈会，中央财经领导小组、国家计委、财政部、中国人民银行、国务院发展研究中心等部门参加了会议。会议决定由中国人民银行牵头组成证券交易所研究设计小组

翰·凡尔霖访华，邓小平接见了他，还对他说，你们有个纽约股票交易所，我们中国也可以试试嘛。

等刘鸿儒来的时候，大宫拿着一份《人民日报》，读了一下邓小平的这段话。他说，现在有一份"设立北京证券交易所"的方案，今天大家就来议一下。

这份方案是中农信的王岐山和中创的张晓彬发起，其他几大信托投资公司参与起草的。张晓彬念了一下这个方案。客观地说，方案是粗线条的，大致是说随着金融体制改革深化，设立北京股票交易所的时机已经成熟。

当时中国人还不懂股票，大家从马克思"如果没有股份制，就无法想像美国南北大铁路能建设起来"的论述寻找理论依据。此后很多年，大家还在苦于、忙于为在中国建立股票市场寻找理论依据。

最后，他们让我谈谈想法。因为我在留学时就编写过前面提到的设想。我从专业角度说明了，资本市场应该建立了，又谈了建立资本市场的意义，因为资本市场是牵一发动全身的，一搞资本市场，企业制度改革、投融资体制改革、税收体制改革、会计制度改革等相关改革都会被带动起来。我还介绍了一下证券监管体制。

中国人民银行体改办蔡仲直博士是从德国回来的，接受的是德国全能银行的思想，还就监管问题和我发生了一些争论。

最后，刘鸿儒作了总结。他说，资本市场一定要开始研究了，但是，此事非常重大，建设证券市场因为存在理论障碍而显得特别敏感，此事在国际上将引起密切关注。他说，此事中国人民银行也做不了主，需要上报中央。他建议我们写一份更详尽的报告，上报中央，由中央决定。

可以说，创建中国证券市场的序幕就从万寿宾馆会议正式拉开了。

撰写"白皮书"

散会后，极其敏锐的王岐山意识到此事意义重大，值得花大力气推动。

当时，交易所建在何处，也是一个争论的话题。一拨人建议设在北京，因为20世纪80年代，上海的发展相当滞缓，而北京是政治、经济中心，也可以建成金融中心。建在北京是主流的意见。

接下来就议到由谁来写报告的问题。王岐山就坐在我旁边，他向贾虹生建议："别让波明去康华了，让他参与起草建立证券市场的设想吧。"他说的就是《中国证券市场创办与管理的设想》，后来被称为"白皮书"。

编写工作涉及经费、场所等问题，张晓彬表示，这一切都由他们来负责解决。

接下来，我们就日夜兼程、快马加鞭地起草"白皮书"了。

"白皮书"包括《筹建北京证券交易所的设想和可行性报告》《建立国家证券管理委员会的建议》《建立证券管理法的基本设想》等，等于设计了一个关于中国证券业的整体框架。

张晓彬专门派许小胜为大家提供交通、资料、经费等方面的服务，把大家照顾得很好。同时，我们继续游说高层，阐述建立证券市场的必要性。后来，周小川也加入到我们的工作中来。

1988年10月，证券交易所设计小组起草的《中国证券市场创办与管理的设想》，人称"白皮书"

编写这份"白皮书"，我们共花了一个多月时间。我参与了编写工作，并负责从技术操作层面作出论证。我们还列举了建立证券市场应具备的其他硬件条件。我还在家里画了一张证券交易体系、程序的说明图。

走进中南海汇报证交所设想

我们的"白皮书"通过中创公司总经理张晓彬，转给了国务院研究中心副总干事吴明瑜，后来由吴明瑜提交到中央高层。批示很快就下来了，大意是，希望财经领导小组开会听取我们汇报。

1988年11月9日早上9点，在国务院第三会议室，时任中央政治局常委、国务院副总理兼中央财经领导小组副组长的姚依林，和时任中顾委常委兼中央财经领导小组秘书长的张劲夫共同主持了汇报会。参加会议的还有当时的中央财经领导小组顾问周建南，国家经委主任吕东，体改委副主任安志文、高尚全，财政部副部长项怀诚，央行金融管理司司长金建栋等30多人。

参与作汇报的是张晓彬、高西庆、我和周小川。会议一直开到中午12点10分。其间，各位领导分别就股票上市向我们提出种种问题。

张劲夫开头说："党中央让依林同志和我听取有关证券交易所的研讨汇报，看看条件是否成熟，提交到中央财经领导小组议一议。股份有限公司股票上市要什么条件？应要国家管理机构审批，管理要严格。"

周建南询问中小企业股票上市情况，我就介绍了美国中小企业的股票上市情况。张劲夫又问："你们有没有研究过资本主义有哪些可以为我们所用？我国理论界有人提出社会主义不能搞期货交易，只能搞现货。"周小川回答说："期货有稳定的作用，期货运用好可以促进市场。"项怀诚也说："期货可以分担风险，有利稳定。"

吕东问："公有制为基础的企业与私有制为基础的企业，股票上市有何区别？"高西庆用以色列国营企业上市的法律规定与具体做法作了解答。

姚依林问："还有一个问题，即股份制与股票市场的关系。我赞成股份制，但要弄清实行股份制的企业与现有企业的关系，这里有什么问题需要探讨？企业不透明的话，股份制实现不了，需要评估才能上市。"对此，张晓彬作了回答。

周小川提出："市场管理与组织具有一定的独立性，要分开。对于管理，中国人民银行本身出面不合适。"

高尚全说："年轻人花了大量时间进行研究，是很有必要的。我同意证券交易所是深化改革的配套措施。它具有一定的复杂性。在公有制情况下，怎样搞交易所？我们基础工作差，市场发育差，竞争不充分，价格不合理，管理水平不高，要加强基础工作。搞交易所可能产生问题，如投机、市场波动等。总之，到底会产生什么问题，我们心里没底。要积极筹备，根据条件逐步发展。国家证券交易委员会领导小组，要不要成立？是由体改委牵头还是由人民银行牵头？"

张劲夫说："我们这些中青年同志，都是搞证券市场的积极分子。（姚依林此时插话说：我也是积极分子。）我多年思索是公有制怎么个公有法，现在全民不如大集体，要改革财产所有权的问题，用什么方式解决。股份制本身是核心问题，要探讨，我报名做一个志愿兵。体改委为主，我参与，要赶快搞出来。"姚依林紧接着说："要紧锣密鼓地搞。"

最后，姚依林说："我对股份制一直是支持的。资本主义搞股份制是规范的，是商品经济发达的产物。我以前多次讲股份制问题，都让人给抹掉了。不管有什么困难，要奋斗，搞出来，是公有制的股份制。这样，经济的灵活性可以大大增加，这个问题我很赞成。"他表示，此事现在看来不成熟，但看来又是不得不干。

会议气氛是很活跃的，大家畅所欲言。我记得，就其牵头部门一事，金建栋希望由人行牵头。姚依林打断他说，人行负责的事太多了，还是由体改委牵头。金建栋仍有异议，但再次被姚依林打断。这时，项怀诚发言说，非常同意由体改委牵头，并认为这样较公正。这样，姚依林拍板，有关证券市场的研究和筹划工作归口到体改委。

姚依林还采纳了张劲夫的建议：先由基层自发研究，然后变为国家有组织地研究和筹划。这在后来被称为"民间推动，政府支持"。这对我们来说，相当于拿到了尚方宝剑。

联办与上海合作筹建证券市场

1989年1月15日，中创的张晓彬和中农信的王岐山等在北京饭店召集了一

1989年3月15日，北京证券交易所研究设计联合办公室在京成立

些大信托投资公司、产业公司的负责人开会，讨论中国证券市场的筹备工作。

会议最后确定，与会的9家公司，每家公司各出50万元人民币，组建一个民间机构，来推动证券市场的建立。这家机构就是"北京证券交易所研究设计联合办公室"，简称"联办"，后来改名为"中国证券市场研究设计中心"。

本来，我们是打算把股票交易所设在北京，因为股票交易所最好设在金融中心。当时中国没有资本市场，只有银行。银行总部都在北京。后来，由于很多原因，选择了上海。

原因之一，就是当时上海市市长朱镕基筹划开发浦东，开发预算是几千亿元，对于新中国成立以来收入大部分上交中央的上海而言，这简直就是天文数字。

"联办"的宫著铭向朱市长写信建议说：要想开发浦东，就要借全国的钱。当时，银行资金流动限得很死，要搞个股票交易所才行。

他用简单朴实的语言向朱镕基介绍了资本市场，引起了朱镕基的重视，并表示同意。问题是，要建股票交易所，上哪儿找懂行的人呢？"联办"理事长经叔平 [5] 告诉朱镕基："我们这儿有拨年轻人，就是搞证券交易所的。"

---

[5] 经叔平（1918—2009），时任中国国际信托投资公司执行董事、中国国际经济咨询公司董事长，"联办"理事长。曾任民建上海市委秘书长，上海市工商联副秘书长，上海市政协副秘书长。1992年任上海爱建股份有限公司副董事长，董事会顾问。后任全国工商联主席、中国民生银行董事长、第九届全国政协副主席等。

朱镕基很爽快地说，"好啊，那把他们请来，我给他们解决户口问题。"

1990年初，"联办"就投入到上海证券交易所的筹办中。建立股票交易所是一个系统工程，涉及法律、会计、投资人、交易场所的选择。好在即使在当时的背景下，也没有人给这个工程设限。

1990年12月5日，STAQ系统在京开业

上海市政府决定，筹建上海股票交易所的三人小组成立，他们分别是时任上海交通银行董事长的李祥瑞、时任人行上海分行行长的龚浩成、时任上海体改办主任的贺镐圣。而后，三人小组给朱市长的报告中，建议成立上海证券交易所筹备小组，由上海人行的王定甫任组长，联办的章知方为副组长，我还清楚地记得，在报告中，三人小组建议，由上海市牵头，请"联办"的同志协助，朱市长还专门把协助两字划掉，改成合作。

1990年12月19日和1991年7月3日，上海证券交易所和深圳证券交易所分别举行开业典礼。

在帮助上海、深圳筹建交易所的空余时间里，"联办"又以美国NASDAQ计算机联网交易为蓝本，设计建立了"STAQ"（证券交易自动报价系统）。该系统于1990年4月25日向国家体改委提交报告，当年11月就实现了国内6个城市18家公司通信联网。

1990年底，以上海证券交易所、深圳证券交易所和北京"联办"申请的STAQ相继投入运营。至此，以"两所一网"为标志，中国证券市场就此建立起来。

链接：

破例参加了一次高层讨论会

1979年，李青原考取了联合国译员，成为新中国恢复联合国席位后首批进入联合国的工作人员。回国后，李青原考取了中国人民大学吴大锟教授的博士生，主攻方向是美国经济。在美国，她与高西庆、王波明、刘二飞等一批留学生在资本市场的见识上意气相投，后来，他们回国后成立了"联办"（挂靠在体改委），并开始初建中国的证券市场。

成立中国证监会的时候，有许多波折。有一次关于这个问题要开一个会，会议通知，一名部长带一名司局级的干部。"体改委就我一个人在弄这个事，我是处长啊，这下把我排除在外了。"谁知司局级的领导恰好不在，主任就破例让李青原去。部长们都在前排就坐，李青原和其他司局长坐在后排。"领导说完以后，让大家评论吧。没人敢发言。"这样的结果几乎宣判了证监会的死刑。"领导最后说，没人说，咱们是不是就这样啦？我就不管三七二十一，咣咣说起来。"这一说，原本寂静的会场炸了锅。"我说完以后，对面后排的司局长就开始跟我舌战。跟我说，美国怎么样，德国怎么样，我说，甭跟我说美国德国，美国德国是什么什么，实在是吵得不可开交。最后，领导说，这个事情既然没有达成共识，就先放一放。"这一放才促成了中国证监会后来的诞生。

从起草《关于中国证券市场法制化与规范化的政策建议》，到中国证监会的筹备和成立，以及国内第一家基金山东淄博基金的诞生、国债发行体制的转变等，李青原参与了中国证券市场成立之初的几乎所有工作。

——摘自马朝阳：《李青原：尽心做事 纯心做人》，载《见证中国股市》，上海三联书店2009年9月版。标题为编者另拟。

汪道涵，1915年3月出生，安徽嘉山县（今明光市）人。1933年加入中国共产党。曾先后就读于上海交通大学、光华大学。1980年任上海市代市长，1981年当选上海市市长，1987年当选为中共中央顾问委员会委员，1991年12月16日海峡两岸关系协会在京成立，汪道涵被推举为会长。1993年4月，与辜振甫在新加坡举行会谈，为两岸关系的发展作出了贡献。

金融证券与上海发展

口述：汪道涵
时间：2003年内多次采访
地点：道涵藏书馆
采访：范建伟、陈加英、范永进、陈跃、鲍幸鸷
整理：程史、鲍幸鸷

20世纪80年代初，在邓小平同志亲自关心下，陈国栋、胡立教和我由京来沪赴任，与一些新老同志组成了新一届上海市委、市政府领导班子。中央嘱托，新的领导集体要团结一致，积极进取，带领全市广大人民群众尽全力完成中央交给上海的各项任务。我曾在经济领域工作，也在上海生活过多年，对上海的情况是有了解的。对上海和全国大局的关系，我感到：上海是全国的上海。上海的同志，到北京讲上海话，是为了争取全国人民对上海的

支持；在上海讲北京话，是鼓励上海人民为全国多做贡献。改革开放以来，面对中国经济体制、运行结构和资源配置的变化，南方改革风气之先的影响，东南亚经济的快速发展和金融风波的震荡，以及经济全球化的浪潮，下一个"五年计划"上海怎么办？跨世纪的上海怎么办？这些问题非常重要，上海必须走出一条符合自己特点的路子来，才能在自我发展的同时，承载起对国家发展战略的贡献。

金融突破对经济发展和民生稳定有重要作用

20世纪80年代初起，随着经济体制从计划经济向社会主义市场经济转变，金融对经济发展和民生稳定的作用越来越突出。市政府研究提出要实施财税和金融的分业管理和配套改革，金融和财税机构分离。这段时期，工商银行、建设银行、中国银行和农业银行也逐步与中国人民银行职能分离，分别从事各自专业金融业务。1983年经国务院批准，中国人民银行开始专门行使中央银行职能。1984年底上海首批放宽了东亚银行、汇丰银行、华侨银行、标准渣打（麦加利）银行4家外资银行分行的业务范围，逐步向国际金融界展示了上海开发、开放的胸怀和设想。

在80年代末90年代初，我感到财务制度也必须要改革，要和国际接轨，这样有利于我们事业的发展，我通过上海财经大学邀请了国际著名会计专家郑丁旺来沪讲学。改革开放初始，上海有一批新兴的股份制企业出于扩大生产而筹集资金的需要，开始发行企业债券和内部职工股票。短短两年时间就有1500余家企业通过资产评估，累计发行企业债券和股票价值约2.5亿元。这其中以上海飞乐音响公司和上海延中实业公司向社会公开发行550万元股票为标志，证券发行市场开始启动。以后，又有一批大中型国有企业先后进入证券市场，如上海锦江联营公司、30万吨乙烯工程分别向社会公开发行债券5000万元和1.4亿元。至1987年底，共有1700家企业发行股票、债券约17亿元。为配合证券市场的发行，证券的交易市场也开始活跃，上海各个金融机构纷纷设立证券交易柜台，推出债券交易指数等，由此开始进入现代化证券市场的萌芽状态。

经济与金融发展是互相支持、共生共荣的。自1980起中国人民保险公司上海分公司恢复保险业务，在很短时间内建立起一支国内、国际保险经验比较丰富的专业人才队伍，迅速打开市场，保险业务和保险准备金显著增长，极大增长了公司应付自然灾害和意外事故的赔付能力，为上海经济发展和民生稳定做出了贡献。对此，市长办公会议也专门强调保险作为金融业一部分的重要性，对保险公司的业务拓展要给以鼓励。

1981年7月，上海市投资信托公司（简称上投公司）成立。这是第一家由市政府直接投资和管理的非银行金融性机构。1989年1月国务院为了加强对外举债的管理，在全国批准了10个对外举债的窗口，上投公司是其中之一。上投公司的诞生、建立和发展意义很重大，我在上海工作期间，几乎年年参加上投公司的董事

1986年10月13日，国务院在《关于上海市城市总体规划方案的批复》中指出：当前要有计划地建设和改造浦东地区

会。对资本金的划拨、业务发展方向的确立、领导班子的配备等方面，上投公司遇到的问题，市有关方面都尽量协调解决，使之在上海经济社会建设方面发挥更大作用。后来，上海爱建金融信托投资公司、中信上海公司、中外合资财务公司、租赁公司等也相继成立。知名的爱国工商界人士、上海市工商界爱国建设公司主要创始人、董事长兼总经理刘靖基是上投公司第一任董事长，又是爱建金融信托投资公司董事长。我也经常找时间与这些金融企业的领导同

志会面交流，他们对金融和经济发展提了不少好的建议，并付诸实施。

上海发展金融业，但几大国有银行的总行都设在北京，我感到上海也应有银行总部的设立。1986年7月24日，经上海向中央提议，作为金融改革的试点，国务院批准重新组建交通银行，具体事宜由副市长裴先白负责实施。1987年4月1日，重新组建后的交通银行正式对外营业，成为新中国第一家全国性的国有股份制商业银行，总行设在上海。

交通银行在上海的发展有着它的特殊意义。交通银行始建于1908年（光绪三十四年），是中国早期四大银行之一，也是中国早期的发钞行之一。1958年，除香港分行仍继续营业外，交通银行国内业务分别并入当地中国人民银行和在交通银行基础上组建起来的中国人民建设银行。作为新中国首家全国性股份制商业银行，它既是百年民族金融品牌的继承者，又是中国金融体制改革的先行者。

1988年6月，中信实业银行上海分行开业。这是中信总行下设的首家分行。当年，中信上海公司与中信上海分行联袂在上海展览中心举行盛大开业招待会，时任上海市委书记江泽民同志和我，以及中信公司董事长荣毅仁先生都出席了招待会。在1988年这一年，上海申银证券公司、万国证券公司、海通证券公司和上海财政证券公司等一批证券发行、交易代理机构相继成立。

当年，这些创新型金融机构的设立和金融产品的开发，对当时的上海发展发挥了举足轻重的作用，同时还为日后上海逐步成为区域性金融中心奠定了坚实的组织、人才、技术和资源基础。

在世界经济大背景下筹划浦东开发和证券市场

当年，我和几位老领导商议，历经上万人次的调研，数十易其稿，几上北京，形成了《关于上海经济发展战略的汇报提纲》和《上海城市总体规划方案》，上报中央。

汇报提纲得到了中央肯定，总体规划方案经中央批准，成为事关上海跨世纪经济社会发展的战略性决策。同时，中央在1985年批复《关于上海经济发展战略的汇报提纲》和《上海城市总体规划方案》的文件中，首次确定了"开发开放浦东""成立交通银行"和"积极发展金

1986年8月，汪道涵在旧金山与美国著名桥梁专家林同炎就开发浦东的设想听取意见和建议；图为汪道涵与林同炎（右一）出席会议

融证券市场"的大政方针。如果浦东的开发开放为上海的发展这出戏扩大了展示舞台的话，那么金融证券市场的蓬勃兴起则是为它带来了精气神。

1985年后，我已转任市政府顾问，也更有时间去关注国际金融对中国经济改革开放的可能影响。当时，由于东南亚金融危机的影响，国际金融市场上巨量的流动资金正在寻找新的出路，而中国的经济发展恰巧需要大量资金。那么如何既吸引国际资金，又防范金融危机对于中国的影响呢？1985年下半年，我在和老朋友、美籍华人、桥梁专家林同炎先生会面时，谈到浦东开发的话题。开发浦东需要巨量资金，如何筹措、如何偿还是必须要谋划解决的。

1989年，上海市长国际企业家咨询会议的执行主席、美国国际集团公司董事长格林勃格先生对我说，上海经济发展战略的主要思想就是要搞金融中心，首先宣布要在上海开放外资银行。这是向全世界发出的一个重要信号：中国将要进一步开放，中国改革开放的脚步不会停。这样才可以鼓励更多的外国企业到上海来投资。

我在一次座谈会上提出，上海是否要形成金融中心要由中央来决定，能不能形成金融中心要看客观形势的发展。那么在这种情况下，我们是不是首

1988年5月2日，汪道涵（右）在浦东新区开发国际研讨会上表示，现在开发浦东的天时、地利、人和三者基本具备，建设世界一流新市区的时机正在逐步成熟

先在"深化改革，发展上海的金融事业，把上海的金融搞活"这个题目上面来做做文章，并且把它做深做透？上海金融市场发展的一个重要任务，就是要在上海筹建全国性的证券交易所。

中央领导同志在1988年10月8日《上海体改研究》16期《上海股份制研讨会纪要》上批示："同意上海股份制可以搞快些，抓紧些。上海可以先制定一个试行办法，报国家体改委和国务院财经小组，一边上报，一边可以扩大试点。"在谈到北京有人提出筹建证券交易市场时，中央领导同志说："要搞只能在上海搞。"讨论后初步考虑在两三个城市试办，面向全国。还有，在组织讨论筹建证券交易所方案时，姚依林、张劲夫同志的意见是，这项工作由国家体改委牵头搞，可以在上海等地搞筹建方案，等等。

1990年1月，中共上海市委、市政府在向党中央、国务院报送的《关于开发浦东新区的请示》中说，开发浦东新区是上海人民的长期愿望，也是扩大对外开

1998年5月28日，汪道涵（前排中）出席在深圳举办的国际金融调研座谈会

放的一项重大战略措施。新区发展规划如果能够实施，将给人民看到上海最终走出困境的希望，并由此而产生新的凝聚力，同时也将对长江三角洲和长江流域的经济发展产生积极的影响。在金融改革和金融政策方面，"为适应上海外向型经济发展需要，建议国务院同意并经人民银行总行批准，有计划有控制地逐步开放外资银行、开设中外合资财务公司；允许香港中资银行设立分支机构。对外资、侨资银行的管理，在国家尚未正式颁布有关法规之前，授权上海根据国家有关规定，参照国务院颁布的《经济特区外资银行、中外合资银行管理条

1990年12月19日，上海证券交易所在浦江饭店内开业，所名题字为汪道涵书写

例》，制定地方暂行管理办法。并允许上海在现有的债券、股票现货交易业务的基础上，试行中外合资企业股份制，扩大股份制企业试点，试办股票市场和证券市场。"

1990年下半年，党中央、国务院领导批示同意将证券交易所正式设在上海。应朱镕基市长要求，我为上海证券交易所题写了招牌。1990年12月19日，上海证券交易所正式挂牌。

在党中央、国务院的直接领导下，我国金融证券市场、新兴的浦东新区，无论在发展广度和实践深度方面都已经远远地超过了当时的一些设想。

链接：

成立证券交易所的"国务院汇报会"

到了上世纪 80 年代后期，各地的股份制试点企业日益增多，有的自行印发股票，进行店台交易，导致无序运行。深圳因靠近香港，更是出现了"股票热"。客观情况已给我们提出了建立证券交易所二级股票市场的迫切要求。

按照邓小平同志的指示，对改革开放中出现的新事物，要采取"热情关怀，因势利导，存利去弊"的方针，加以支持引导。恰在此时，中信等9个单位的同志提出了联合设计证券交易所的方案。国务院和中央财经领导小组指定姚依林和我主持一个会议，邀请这几个单位的同志到中南海来汇报。

会议于1988年11月4日上午召开，并通知中央财经领导小组成员安志文、杜润生（因事未到），顾问吕东、杜星垣、周建南、李东冶等同志以及计委、体改委、人民银行、财政部、工商局、国务院经济研究发展中心等有关部门的负责同志参加。

会议主要由张晓彬同志汇报"关于开办证券交易所问题研讨情况"。汇报的主要内容有三个方面：

1. 关于开办证券交易所的必要性和时机。汇报认为，实行股份制的最终目标，应是通过股票市场将企业置于投资者的评估和监督之下，使企业形成自我约束机制，端正企业行为，促进管理规范化，提高企业经营情况的透明度。如果没有股票市场机制，很难使企业股份制进入规范化轨道。这就要求证券交易市场与企业股份化同步进行。现代化经济发展中的证券交易市场不是自然形成的，不能放任不管，而是有组织地发展起来的。交易市场有严格的管理制度。当前股份制正在进行逐步试点，证券交易市场的设计、组织管理、法规等，也应当及早进行研究制定，使股票市场能够在科学的管理下顺利发展，把证券交易市场的风险控制在社会所能接受的范围内。

2. 关于证券交易所管理体系的形成与市场的组织。汇报认为，形成正常的市场，要有统一的立法、执法和协调的政府管理系统，即证券管理委员会，还要有以一个主要交易所为中心的市场体系。市场体系主要包括三部分：一是组织货源，即选择一部分能够上市的企业；二是组织购买力，使国家、企业、私人的资金有组织地进入市场；三是组织市场交易，这是十分复杂的。证券市场的经营者主要应由现有的信托投资公司、证券公司等参加，商业银行不宜进入股票市场。

3. 关于对开展证券交易所筹建工作的建议。汇报建议，组织专门协调管理机构，先由体改委牵头，计委、财政、中国人民银行等有关部门以及金融界代表参加，组成国家证券管理领导小组，今后在适当的时候成立国家证券管理委员会。汇报还对证券交易所设立的地点提出了建议。

整个讨论过程中，气氛十分热烈，最后形成以下几点共识：

1. 从总体上看，建立证券交易所，目前条件尚不具备，但从今后改革发展趋势来看，这是必然的。有的同志概括为一句话："条件不具备，但非搞不可。"为此，要紧锣密鼓地抓紧进行设计。对一批青年同志自发地研究设计，会议表示赞赏，希望在一年内提出设计方案，并称此做法为"民间发起，政府支持"。

2. 要抓紧立法。可以先拟订条例，经过一段实践再起草有关法律，报请人大批准立法。市场经济当然要有资本市场，但资本市场的准入、运行、管理等必须有法可依，不能无序运行。

3. 对股份制企业，要参考国际会计审计制度，务必将资产负债等财务情况透明化，以便让国家管理部门和股民审定其是否符合入市条件。

4. 抓紧培训人才。从业人员在正规大学毕业后，还要对其进行专业培训。

5. 交易所地点，要考虑其经济条件、金融条件、信息条件、人才条件等来选定。

6. 国务院各部委由体改委牵头，组成国家证券管理领导小组，并指定我参加。我当时说，要组织一支志愿兵队伍，我愿报名当一名志愿兵。

这次会议被称为对"我国资本市场的第一次推动"。此后，1990年国务院决定在上海、深圳两市建立证券交易所，国务院成立"证券监管委员会"。北京证券交易所研究设计联合办公室（简称"联办"）的青年同志还创办了一份刊物——《证券市场周刊》，并以我的名义写了发刊词。

——摘自张劲夫：《股份制和证券市场的由来》，载《财会月刊》2001年第2期，第4—8页。标题为编者另拟。

庄晓天，1932年10月出生，浙江镇海（今宁波）人。1988年4月至1993年2月任上海市副市长，分管财贸与金融工作。曾任上海市禽蛋联合加工厂副科长，上海市禽蛋公司党委副书记、副经理，上海市第二商业局副局长、党委书记，上海市第一商业局党委书记，中共上海市委财贸工作委员会书记。1993年1月出任上海浦发银行首任董事长、上海银行首任董事长。

面对上海资本市场，无愧当年

口述：庄晓天

时间：2018年10月27日下午

地点：庄晓天上海寓所

采访：范永进、王世豪、王海波、何单、李晔、鲍幸骜

整理：何单、李晔

记得1990年12月19日11时，北外滩的浦江饭店，远东曾经最大的玻璃天棚舞厅内，显示屏上瞬间翻出交易数据，随后，铜锣声响起。那是新中国成立以来内地第一家证券交易所——上海证券交易所的开市锣声，是中国资本市场发展史上非比寻常的声音。那一天，我作为分管财贸与金融工作的副市长，身临其境，也亲身参与了整个过程，一直很忙，也顾不上感慨。但如今，让我来回忆当年的改革历程，当初也曾站在风口浪尖，有着"一万年太久，只争朝夕"的干劲，也经历过许多惊心动魄，现在应该算是能够无愧地

回想往事了。

别无选择的改革

20世纪80年代末，我担任上海主管财贸金融的副市长，记得朱镕基同志1988年2月6日到任上海时的情形：早晨下火车，下午就听取市财政局汇报，因为"要是不会理财，市长没法当"。但是，在把上海经济排摸一遍后，朱镕基讲了四个字——千疮百孔。

那时，广东"三来一补"[1]的加工业已起蓬头、"苏南模式"活力也引发关注，把"计划经济大本营"的上海夹在当中，上海地方财政收入连年滑坡。即便国务院同意上海自1988年3月起享受上缴基数为105亿元的"基数包干"[2]政策，依旧颓势难挡。1989年12月2日，朱镕基在市委常委会上感叹："我现在是一天一天感到捉襟见肘啊！"

正是这次会上，朱镕基提及设立上海证券交易所。他说："金融搞活了，可以促进企业的经营管理能力、生产能力、生存能力的提高……我看还是要大胆试点……"

我记得，也是在这次会议上，"金融中心"这个略显敏感的词汇被提出来。朱镕基在会上还特地"避嫌"说，上海发展的战略思想是搞金融中心，这是香港日本劝业角丸证券（亚洲）有限公司总经理毛玉亭和上海市市长国际企业家咨询会议主席格林伯格[3]率先提出的。

当时，上海重大建设项目资金，都由上海市政府计委平衡。时任上海

---

[1]　"三来一补"指来料加工、来样加工、来件装配和补偿贸易的加工贸易模式。1978年7月15日国务院颁布《开展对外加工装配业务试行办法》，允许广东、福建等地试行"三来一补"。同年9月15日，广东东莞太平手袋厂获得国家工商总局颁发的第一个牌照，成为全国首家"三来一补"企业。

[2]　"基数包干"最早是"上交利润基数包干、超收分成"的企业承包经营责任制之一种形式，其特点是国家财政收入有基数保障，超收部分双方均可多得，有利于调动企业积极性。1988年3月，此形式被用于上海地方对中央财政的上缴政策。

[3]　莫利斯·格林伯格（1925—　），出生于美国纽约。1969—2006年，担任美国国际集团（AIG）首席执行官。于1990年应当时上海市市长朱镕基的邀请，出任上海市市长国际企业家咨询会议的首任主席。

市计委副主任的裴静之是具体操作者。然而，巧妇难为无米之炊，财政连年滑坡的窘境下，哪来的钱解决城市建设？当年我们想方设法，建议实施电话初装费和煤气初装费这两个"名堂"，来解决电信和燃气建设资金不足的难题。但是，何处不愁钱？哪里等得起？

1980年，48岁的裴静之[4]曾跟随我国当代颇具影响的会计学家娄尔行远赴美国，开展中美比较会计研究。他们考察了美国的超市、高速公路、ATM机等，看得目瞪口呆，就在那时，从"负债建设"加快城市建设速度的理念中受到启发，恍然大悟。1988年12月，上海南浦大桥的批文尚在"半路"，靠着从亚洲开发银行借来的8.2亿元贷款，工程便争分夺秒开工了。

我们明白证券交易所是市场经济标志之一，也是资金的蓄水池，利用发行股票向全社会融资，就可筹集建设资金，用于高架、集装箱码头等大型基础设施的建设。因此当朱镕基最后拍板"上海抓金融的步子要大一点"时，我们恨不得举双脚赞成。

"拍板"后，时任上海市委副书记、常务副市长黄菊指定我、裴静之，以及当时上海体改办党组书记、副主任蒋铁柱和中国人民银行上海分

1990年12月12日，龚浩成向上海市副市长庄晓天汇报上海证券交易所开业准备情况。后立者右起：理事长李祥瑞、总经理尉文渊、监事长周芝石

---

[4] 裴静之（1932— ），毕业于上海财经学院，1979年5月至1981年7月任上海涂料工业公司财务科副科长、科长，后历任上海市经委副主任、市计委副主任、上海证券管理委员会副主任兼办公室主任、上海浦东发展银行行长等职。

行副行长周芝石等人成立上海证券管理委员会。

一场几乎别无选择的改革，就这样拉开序幕。

超前的思维

其实，证券交易对上海而言并不陌生。

20世纪80年代初，上海涌现大量新办集体企业，它们一出生就处于国家"计划外"，向职工和社会集资便成为这类企业的生存之道。1984年11月，经中国人民银行上海分行批准，上海飞乐音响股份有限公司向社会公众及职工发行股票，成为"新中国第一股"。投资者有了股票后又提出要转让，故而1986年9月，工商银行上海市信托投资公司在南京西路建立国内首家专营股票交易的营业柜台，挂牌"飞乐音响"和1985年发行的"延中实业"2只股票。

1986年11月，美国纽约证交所主席约翰·凡尔霖到访中国，向邓小平赠送了纽约证交所一枚所徽。邓小平则将一张50元面值的"飞乐音响"股票回赠给凡尔霖。那位认真的老外几天后到了上海，办理过户手续。

到了1989年，上海股份制企业已有多家，老百姓渐渐对柜台交易速度不满，希望成立一家专门买卖股票的场所，且提供更多上市股票。

1990年5月，朱镕基借出访香港、新加坡的机会，向记者宣布上海证券交易所将在年内成立。

此前，李祥瑞、裴静之、尉文渊等人已经去过香港证券交易所考察。考察团回沪后，他们很兴奋地谈到，港交所里有好几个上海人，是解放前十里洋场里的证券"练习生"，数十年磨练后，他们都成了港交所中高层。

至于选址，有人说新建，有人提改建，最后敲定黄浦路15号的浦江饭店。这里曾在1882年亮起过中国第一盏电灯，曾在1901年接通过中国第一部电话，这幢欧式建筑虽已破旧，但有老上海人爱去的舞池。我也赞成这个选址，因为这里令人勾起回忆，将证券交易所设在这里，也是恢复上海金融传统的一个标志。

关于交易方式，无非两种：一是纽约证券交易所用的，打手势配合高声喊价，动静很大，像菜市场，很闹猛；另一种则是无声的计算机交易。记得，当时仅延中实业、真空电子等8只股票上市流通，俗称"老八股"，有人担心交易冷清，建议采用华尔街模式，至少能营造点现场气氛。但我认为需超前思维，当时预计，上海证券交易所的交易量或许有朝一日会成为亚洲第一，因此权衡再三，我拍板索性一步到位，用计算机交易，现在看来，这条路走对了，我还是很欣慰的。

还有一个问题是要不要筹集外国资金。当年，不少华侨和在沪外籍人士也提出想买上海股票，但购买股票需凭本地身份证。既不能打击外资参与积极性，又要谨防投机，筹办者想出办法，同一家企业，设A股向境内居民发行，设B股向境外发行，A、B股间设立"三八线"，这又是上海首创。紧接着开业的深圳证券交易所也如法炮制。

上海自行审批企业上市

1990年12月19日，中国股市历史性变革的一天。开市锣声一响，场内"红马甲"即刻爆发"手指战争"，他们接听电话，并迅速将客户价格敲入交易主机，撮合买卖双方。

就此，集中交易和"价格优先、时间优先"原则，成为中国股市新的游戏规则。

但开创性课题接踵而至。

当时，由我担任上海证券交易监管委员会主任，裴静之担任管委会办公室主任，当务之急是推动上市公司扩容——不能让"老八股"唱独角戏，形成僧多粥少的局面，更要解决大量优质企业急需上市融资解决生产的燃眉之急。但当年，中国证监会尚未成立，所有上海拟上市企业，全凭上海自己说了算，这赋予证管会极大的权力和挑战。

什么样的企业能上市？我们反复思虑，在纸上写下3条：一，企业产品有市场，有发展后劲；二，企业效益良好有连续3年盈利；三，企业领导班子、总会计师人员素质优秀。当年上海定的调子是："发行证券宁肯慢一点，但要稳一点，搞乱了，出了大一点的问题，就搞臭了。"但企业依然争抢上市。我们这些负责同志一合计，索性下放事权，由各系统自行挑选急迫上市的企业，证管部门负责审批和监管。

机不可失啊！几乎每个系统推荐上来的企业股票发行量，都是额度的2倍。最后，我们心有不忍，又多番努力，把中国人民银行和国家计划委员会[5]给予的4亿元额度，争取到了6亿多元。如今回想，真是倍感骄傲。那6亿多元股票，实际能融到100亿元左右的资金，分到几十家企业头上，生产资金基本能翻番。事实上，当年那些企业，池子里都已穷得发慌，通过先上市，拿到了资金，才真正迎来大发展，如"第一百货"上市后，才造起了东楼。

我印象最深刻的当属"豫园商城"。豫园曾被朱镕基批评"不要拿着金饭碗讨饭吃"。曾经一段时期，人们只要步入豫园，第一眼就会看见"万国旗"——商场楼上，居民把内衣内裤、小孩尿布全都晾晒在窗外，这让陪同外宾的上海领导很是尴尬。当年，南市区[6]干部反反复复在我面前念叨："豫园宏图难展，没钱，老百姓的动迁改造全都免谈！"

上海召开上市公司工作会议

[5] 国家计划委员会是中华人民共和国国家发展和改革委员会的前身，是国务院的职能机构。

[6] 南市区曾经是上海市的一个市辖区，范围包括上海老城厢的全部及现在的陆家浜地区、浦东上南地区等，它也是上海历史最悠久的城区。2000年，上海市政府宣布取消南市区，将南市区黄浦江西岸地区并入黄浦区，而原南市区黄浦江东岸地区早在浦东新区建区后不久的1993年3月已经并入浦东新区。自此南市区从上海市行政区划中消失。

1992年5月，重组后的上海豫园旅游商城股份有限公司股票上市发行，共募集到6.2亿元资金，豫园人企盼已久的改造规划迅即启动，豫园从此扯下"万国旗"，并在1994年一跃成为"全国百家最大规模商业企业"第三名。

上市给了上海一大批企业千载难逢的机会，不过，当年我们自己手头一张股票也没有。因为当时严格规定，处级以上干部不能买股票，像我们这些搞证券工作的，更是碰都不能碰。我至今保存着的"老八股"，只是股票复制的样张而已，聊以纪念那段波澜壮阔的岁月。

绝密的"价格放开"

设想很大胆，试验很小心，这是上海证券交易所的最初写照。

交易规则曾被不断修改——开业第一周，交易所对二级市场价格实行涨停板和流量控制制度，即规定每个交易日的股价为5%的涨跌封顶，开业第二周，涨跌停板幅度又改为1%。所谓流量控制，就是当成交股数累计达到或超过发行总量3‰时，价格才能翻牌。

眼见这些小心翼翼，当时我们挺着急的，国际上不是这样操作的，市场应有的波动也被人为限制了，股价若长期受涨停板约束、扭曲，股票交易就会被憋死啊！

市场的确出现了平淡。1992年2月14日，上海证券交易所指数为319.02点，比1月底仅上升5.61点。为改变这种状况，交易所决定：2月18日起，对延中、飞乐2只股票放开价格，随行就市。当天，延中股票每股收盘价比开盘价上升70元左右，每股飞乐股份上升500多元。

静悄悄的改革，也已在更高层酝酿。当年，上海方面持续不懈地请示国务院，强烈希望对市场放开价格。5月16日，时任市长黄菊突然告诉我，股票价格要放开了。当时徐匡迪副市长正在北京开会，黄菊让我打电话给徐匡迪，请徐匡迪再次请示已是国务院副总理的朱镕基是否同意。我们紧张得要命，专门用机关里的机密电话，打给徐匡迪。半小时后，收到回复，朱镕基同意。这一晚，我们辗转难眠，严守机密。

1992年5月20日下午4时半召开新闻发布会，熬到下午4时，我们拟好"统发稿"，让打字员打出来。4时半，会上一公布价格完全放开的消息，证券公司老总们惊呆了。

第二天，1992年5月21日，后来被称为"中国股市真正诞生的一天"。这天起到23日，股价一飞冲天，3天内暴涨570%。这个月，股票和债券地位发生大逆转，原本每日交易额中债券占据80%，但这个大头，迅速被股票取代。

股票"火"起来了，买卖难的"吐槽"很快多起来。

1992年6月11日的《解放日报》上就刊登了一篇《解决证券买卖难刻不容缓》的文章，说的是上海拥有101个证券交易网点，但交易网点和吞吐量的增长速度跟不上参加交易者的增长速度。这年，上海开立股票账户的人数已达20万人，平均每个网点每天要拥集2000人之多，但每个网点每天只能接受委托买卖者千人不到，一些散户、小户欲抛无门，想买无路。

消息传到我这里，我比较忧心。当年，上海出现了成千上万人认购股票导致堵塞交通的极端场面，于是我支持开辟文化广场、虹口体育场、静安体育馆和黄浦工人体育场等大型交易市场，但仍无济于事，更出现发行新股前提前2天就有二三十万人排队的胜景。至今想来依然后怕，铁门也被挤破，所幸无人死亡。可是

1992年12月，上海文化广场"股票大卖场"，成千上万的股民。当时上海股民30多万，交易点只有32家，无法满足股民买卖需求。当年6月初，许多证券公司进入此地，增设临时柜台营业。这个中国特色的"股票大卖场"，在当年底被迫关闭（雍和摄影）

这年，十余个新股计划发行，如何确保不出乱子？我和裴静之、蒋铁柱、周芝石等人反复商量，决定采用发行认购证的办法来解决股民排队争购新股的问题。

核心在于认购证的价格，定低了，引起抢购；定高了，没人买。市场化语境下的管理，考验改革者的智慧。我们

1993年，上海茂名南路银行门口，市民在观望股票认购证的发行。1992年上海开始发行股票认购证，起先并不被人看好（雍和摄影）

反复平衡，参照20%左右的得率（股票发行量和认购证发行比例），最后定价30元一份。这年，认购证共发行了207万份，扣除印刷和成本，约6000万元的收入全部捐献给了社会福利机构。

发行股票认购证的防患于未然很快被验证。当年，深圳发生了"8·10事件"，一些地方官员被调职。但除了安全之外，我们独创认购证的另一个好处，在于直接催生了上海股市的第一代"大户"——1992年，股份制改造提速，当年发行的股票从原定十余个增至近50个，认购证"洛阳纸贵"，一大批人通过股票认购证完成了资本的原始积累。

改革的"米道"

1993年初，我退下来，转而又去筹建上海浦发银行[7]并力促其上市。

此前，中国证监会成立，上海证券交易监管委员会自动解散。在那个承上启下的时代，能够平稳度过，我想我对得起社会了。曾经，很多人还评论：改革哪有坦途？我们这些人，有时还被人指着鼻子骂"你搞资本主

---

[7] 上海浦东发展银行于1992年8月28日经中国人民银行批准设立、1993年1月9日开业、1999年在上海证券交易所挂牌上市，是全国性股份制商业银行，总行设在上海。

义"、"社会主义要葬送在你们手里了"……

上海证券交易所成立两年后,邓小平同志发表著名的南方谈话,这样说道:"证券、股市,这些东西究竟好不好,有没有危险,是不是资本主义独有的东西,社会主义能不能用?允许看,但要坚决地试。"

而在之前,改革者顶着压力,"斗争"了三四年。最尴尬时,北京来人,我们得事先打听,他是偏市场还是偏计划,是姓社还是姓资,根据不同偏好,我们准备不同版本的稿子来汇报。但我们内心丝毫没有动摇过。

我们都是工作了几十年的人了,尤其是十年"文革",十年浪费,好不容易将工作重心转到经济建设上来,总希望做点事情。何况,证券交易所开业时,我虚岁59了,即便犯了啥错,大不了就撤职……改革嘛,首先要戒除个人患得患失的想法,说到底,就是要跟旧东西、旧思想做斗争,假若前怕狼后怕虎的,改革还能推进吗?

当时,国家要求,从计划走向市场,而证券市场就是市场经济的一部分,无论如何,我感到方向错不了。改革之所以能干成,关键在于"班子的素质"和"靠人去做",但首要是"思想统一",为什么要做这件事,必须把底交代清楚,只要我们一心为公,对老百姓有利,心中坦荡,改革就没有顾虑!

记得,那时去港交所学习,对方虽客气,但内心肯定看不起我们。为什么呢?我们当年才8个股票,人家怎能看得起我们?可后来,上海证券交易所的交易量,令香港乃至伦敦都侧目。

伟大基业,无法忘却。我想说一句:"改革的米道[8],蛮好额!"

---

[8] 上海方言,意为味道。

链接：

证券交易所如何落户上海

根据时任上海市市长朱镕基同志的意见，我向联办的同志传达了希望他们帮助上海筹建交易所的意愿，我个人感觉，他们对于帮助上海建立交易所的兴趣不大，他们希望在北京建立交易所。

我从联办回来后，联办的董事长——经叔平同志来了上海三四次。他曾是荣毅仁的助手，后来接替荣毅仁，担任全国工商业联合会主席。他和朱镕基同志关系比较好，来上海主要谈论了一个问题——证券交易所建在上海还是北京？我本人反反复复坚持，要办证券交易所就在上海。三四次谈下来，让经叔平感觉到在上海设立证券交易所是不可能改变的，所以后来他也慢慢接受了这一点。但是我个人认为，起到更大作用的是李鹏总理的一句话。

当时，北京除了成为全国政治中心以外，也有雄心成为经济中心。国内有舆论认为，现代经济中心和政治中心绝大部分是在同一个城市，比如日本东京、英国伦敦。所以，普遍观点认为北京也应既是政治中心，又是经济中心。但李鹏总理曾经公开讲过，北京是政治中心、文化中心，就不要再搞经济中心了，还是让给上海建设，由上海来作为中国的经济中心。1990年4月18日，李鹏总理在上海宣布了开发开放浦东的十大政策，其中之一就是建立上海证券交易所。最后，经叔平明确表态证券交易所就由上海筹建。

——摘自龚浩成：《上海证券交易所的筹备》，载《上海金融改革往事》，中西书局2013年2月版。标题为编者另拟。

尉文渊，1955年12月出生，山西孝义人。1970年至1975年，在新疆服兵役。1983年从上海财经大学毕业后赴京，曾在国家审计署任处长。1989年至1990年，任中国人民银行上海市分行金融行政管理处处长。1990年筹建并担任上海证券交易所首任总经理。

敲响上证所第一锣

口述：尉文渊

时间：2018年8月14日下午

地点：上海大众大厦

采访：徐建刚、范永进、谢黎萍、沈惠民、唐旻红、王璐、鲍幸鸷、沈霞

整理：王璐

1978年，党的十一届三中全会开启了我国的改革进程，弹指一挥间，中国的改革事业已经走过了40年的光辉岁月。40年的发展，我们的社会和经济发生了翻天覆地的变化，其中一个重中之重的变化，就是资本市场从无到有、从小到大，到今天已经拥有世界第二大规模。

我是上海证券交易所的第一任总经理。作为一名改革的亲历者和积极实践者，我觉得中国证券市场的发展历史可以说是中国改革开放历史的缩影。证券市场的出现和发展，是中国经济逐渐从计划体制向市场体制转型过程中

最为重要的成就之一，而证券市场改革和发展的经验，也是中国经济改革宝贵经验的重要组成部分。

虽然我离开上交所已经很多年了，那段工作经历也曾经对媒体介绍过很多次。但今年正值改革开放40周年，我觉得再次还原中国证券交易所的诞生始末，对当年的一些事情进行回顾和总结，这对未来资本市场的不断探索创新或仍将具有一定的借鉴意义。

一种偶然 一种命运

1989年"政治风波"后，西方七国集团对中国实行了经济制裁，但党中央改革开放的决心没有变，非常希望采取适当的市场和政府行为来向世界证明，树立中国改革进程继续推进的国家形象和国际形象。

1989年12月2日，时任上海市委书记、市长朱镕基召开市委常委会，听取了刘鸿儒等专家的建议后拍板决定，上海要加大金融改革的步子，重现金融中心的风采，其中的首要工作是开放外资银行进入和建立证券交易所，这是上海金融体制改革的两个最迫切的问题。这次会议上，成立了筹建上海证券交易所的三人小组，这三人分别是李祥瑞、龚浩成和贺镐圣，李祥瑞为组长。

彼时，我刚回到上海工作没多久。

我出身于军人家庭，15岁初中还没毕业就去新疆伊犁当兵，住地窝子，在冰天雪地中经受了艰苦的锻炼。5年的军旅生活让我深刻理解了一个概念，就是做什么事情都要不怕苦、能吃苦。恢复高考后，我顺利考入上海财经大学，毕业后婉拒了母校的挽留，到正在组建中的国家审计署工作，不久便当上副处长。32岁时，由于工作出色又被提拔为审计署人教司处长，成为一名正处级干部。

不可否认，对一个30岁出头的年轻人来说，我的仕途顺利，当时被不少人羡慕。但实际上我内心总想做一点竞争性、挑战性更强的工作，而不是在那样一根轨道上按部就班地前行。当时我的老师、原上海财大副院长、时任人民银行上海分行行长龚浩成对我十分赏识。于是，1989年的11月，我35岁的时候，被调到人行上海分行金融行政管理处当了正处级的副处长。现在回想起来，这次调动成就了我后来的资本市场开拓之路。所以说，冥冥中是一种偶然、一种命运。

少不更事 主动请缨

1990年初，为了向世界表明中国改革开放不会走回头路的决心，上海积极酝酿建立上海证券交易所。中国人民银行上海分行成立了筹备小组，由金管处处长牵头。在当时的条件下，筹办证券交易所谈何容易，老处长出去筹办了一阵，进展不大。这也难怪，谁也不知道这个交易所该怎么筹办，所以绝不是个轻松的工作。

1990年6月，在海外访问的朱镕基在香港一个记者招待会上向全世界宣布，

上海证券交易所将于年内开业。事后来看，此举倒逼了证券交易所的成立。朱镕基宣布这个时间，是因为1990年12月，香港贸发局的主席邓莲如女士将率一个大型香港贸易代表团来上海访问，所以决定尽量争取在那个时间点开业。

1990年11月26日，上海证券交易所召开成立大会。图中发言者为首任总经理尉文渊

消息一出，仅剩半年的时间表让国内负责筹备工作的同志措手不及，顿时紧张起来，因为截至那个时间点筹备工作还是空白，尚无头绪。这时候，我感觉到老处长有意重回金管处，于是我主动向领导提出："让我试一试！"龚浩成同意了。而我自己那时的理解则是刚到银行工作，作为新人，应该多做一点艰

苦的工作，为将来的发展多打点基础。

1990年7月3日，我受命到上海证券交易所筹备组报到，承担起上交所在年底前按时开业的任务。就这样，国家大局与我个人处境微妙地纠缠在了一起，不经意间改变了我的人生道路。而此后这条道路上的跌宕起伏，完全出乎我当时的预料和想象。

走马上任 事必躬亲

到了筹备组后，从哪儿入手，我们心里根本没数，因为一切都是零，大家都是股盲。由于解放前的上海曾经是远东的金融中心，为了学习和了解什么是证券交易所，我找来几位曾参与旧上海证券市场的老人座谈。但由于在战乱中，旧上海的证券市场也没有很好地运作，且这些老人只是一般参与者或工作人员，虽然热情很高，却也说不出个所以然来。调研了一圈，仍一头雾水，停留在原地。

好在有一件事让我感觉踏实了一点，就是先要找个交易场所。这是件很具体的事情，我一下子感觉到整个事情有了抓手，不再那么茫然无绪。

证券交易所的房子，应该是什么样的呢？我曾经在一本书的封面上看到过一张香港联交所交易大厅的照片，于是就一心想找这样一个大厅。其实我每天坐着公交车到处找大厅的时候，心里仍然不清楚这个大厅该派什么用处，席位的含义到底是什么。我找过汉口路旧上海交易所的旧址，黄浦江和苏州河沿岸的旧仓库，其

1990年12月19日到1997年12月18日，位于上海市黄浦路15号的上海证券交易所办公大楼

至还看了北京东路的火车站售票大厅和金陵东路的船票售票大厅，都失望而归。

绝望之中，有人告诉我说北外滩的浦江饭店有个大厅。已经不抱希望的我顶着中午的酷日步行来到浦江饭店。这个饭店建于1846年，是一幢已有150年历史的欧式建筑，以前叫礼查饭店，虽然已很破旧，但那气势还在。

看到礼查饭店那一刻我眼前一亮，心想"就是这里了！"就这样，这栋位于上海黄浦路15号的有着年代感的欧式建筑就成了上海证券交易所最初所在地。

有了房子，就要装修。当时，具体到交易大厅的色调、交易柜台的位置、显示屏的安装等，我都是事必躬亲，千头万绪，忙乱不堪。就拿交易大厅里著名的红黄马甲的由来来说，也都有故事。

记得那时因为交易所大厅的色彩为冷色调，如果交易人员穿红色，那么整个市场的色彩比较鲜艳，气氛就显得比较有活力，所以决定采用红色。结果负责服装的同志去买布做马甲的时候，看黄颜色比红颜色好，就擅自决定买了黄布。这下我急了，原来就是因为颜色太冷才用红的，这么一改，不整个把事搞反了吗？结果我跟她说黄布放一边，必须重新买了红布做马甲。而交易所开业时，因为已经做了几件黄马甲，所以就临时决定管理人员穿黄马甲，其余人员穿红马甲。于是全世界的证券交易所里，只有中国有红黄马甲之分。

另外，在筹建过程中感触比较深的一点是，一些现在看来很容易弄到的物资，计划经济时代想弄到就很烦琐。上交所在筹备过程中，需要50门电话，申请报告从电话局一直打到时任市委书记、市长朱镕基那里，最后得到市长批示，才得以协调解决。

那段时间，我白天在外面奔忙，晚上回到筹备组办公室与吴雅伦等筹备组的人员讨论交易所章程、交易规则、上市规则等文件。另外，会员和席位的明确、交易员的培训、交易清算的程序、上市公司的准备等等，都在同步进行。按照原定的日程，交易所应该在12月14日左右开业，但我记得，12月3日朱镕基来视察时，交易大厅门外基建工地仍一片狼藉。下了车，朱镕基脸色铁青，但当他走进大厅时，脸色舒缓了下来，大厅里已经布置就绪。

我记得当时他问我有什么困难需要解决的，我说装饰包厢的圆拱形玻璃配不到。朱镕基立刻说，你找耀华皮尔金顿，就说是我朱镕基说的，叫他们马上定做。后来朱镕基又对我说，你敢不敢大胆管理？我说，敢！

朱镕基视察过后，地方部门对交易所筹建工作的配合力度更大。开业前一天晚上，区里的市政、绿化、环卫等部门施工队伍齐集现场，统一指挥，分批鱼贯进场施工。一夜之间，浦江饭店门外的马路和环境焕然一新，就像变戏法一样。

勇于尝试 大胆试水

证券交易所有了，那股票从哪来？今天的股民已很难想象，"老八股"是一帮矮子里拔将军的公司，可以说起点相当低，小飞乐、延中、申华，都是小盘股。彼时大中型国企基本是禁区，仅有真空电子一家；而上海豫园前身是老城隍庙商场，是一家集体企业；爱使电子小到只有40万股，还不如一个中户投资者的资金实力。这些企业几乎没有什么主导产业，大多是为了给返城"知青"等安排就业的街道企业。初上市时，发行规模小得可怜，8只股票的发行总量按面值计算仅2.6亿元，流通股总额不足7000万元。

"老八股"中，外地的浙江凤凰是第八家，流通股只有510万股，但意义重大。那个时候，我坚持把浙江凤凰放进来就是想打破地域界限。因为交易所要面向全国，包括一开始就面向外地证券公司、信托公司。

"老八股"局面维持将近一年，直到1992年初上海扩大试点，才新增了三十几家上市公司，1993年才全面扩大到全国。

有了股票，该如何交易呢？我从一些资料中了解到，国际上发达国家的交易所主要是口头竞价交易。中国人熟悉的茅盾小说《子夜》里描述的就是口头竞价，打手势配合高声喊价。所以当时我们选择交易方式时，很多人都赞成口头竞价模式，因为就那么几只股票，交易会很冷清，口头竞价能够满足需要，还能造点气氛。

但我觉得，高科技发展那么快，难道我们在20世纪90年代新建的交易所，还要重复那种古老的方法吗？于是，我从向中国人民银行借的500万元筹备金中挤出100万元，决定尝试计算机交易系统。当然，也没有完全放弃口头竞价交易方式的准备，还请了在美国华尔街工作过的"海归"来帮助设计口头竞价的方式。但搞了一段时间后，那些手势根本来不及学会，只能全部押在电子交易上。

用电脑交易的想法要追溯到我刚进中国人民银行，在我主管金管处的工作时，其中一项工作就是管理国库券的柜台交易，每个月做月报，统计交易额。由于全部采用手工操作，统计一次非常麻烦，一个月一共才统计几亿元的交易额，人却累得要命。因为这件事，我问"能不能开发一个统计系统，让计算机来做"。正好我的母校上海财经大学有一个信息系，我就向财大提出，请信息系帮我开发一个统计软件。这时候，谢玮，现在上海证交所任副总经理，当年从华师大数学专业毕业，到财大信息系做助教。他的妻子是复旦大学计算机毕业，也是这个系的老师。他们就带着一组人过来了，其中还有一个叫周定真的，是从美国学计算机回来的硕士。按今天的话来讲，就是开发一个很简单的加减乘除的软件。

可以说，这是一种极其大胆的、跨越式的发展，如果成功一下子就可进入电子交易领域，但谁也不敢保证此事能够成功。因为当时我们连交易所的交易规则是怎么样的都搞不太清楚，要在这个基础上编写电脑软件和程序，确实是一个极其困难的任务。

当时我把谢玮和周定真招来谈了自己的想法。周定真说："不可能，不行。"谢玮说："行吧，试试看。"就这样，谢玮以财大教师的身份参加了上交所的筹备工作。可见有时超前的想法，跟内行的人谈，不一定能干成，但跟半懂行的人谈反而能做成。谢玮团队在交易所的交易规则都没怎么搞清楚的情况下，就开始编写电脑软件和程序。

从1990年8月开始，我和谢玮两个人实际上组成了上证所技术系统的攻关组，我做决策，谢玮具体负责建设，当时采纳了深圳黎明电子工业公司提出的用PC网络系统实现证券自动交易和行情传送的方案。我们纯粹是学院派，按照相关理论准则来推导，实盘演练。这真是一个很痛苦的创造过程，我们根本不知道自己

交易所早期机房内景

设想得对不对，也不敢提出国考察，因为当时出国考察是敏感的事情，也是一件大事。所以到11月份，筹建小组才第一次到香港进行考察。有一个细节是，当时我很害怕，怕到了香港发现我们搞的不是交易所。在香港联交所考察的第一天，我根本看不懂，也听不懂，心想糟了，我们搞的和香港联交所的完全不是一回事嘛，怎么办？可是到了第二天我恍然大悟，原来我们已经走到了联交所交易系统的前面。

有趣的是，一直到今天，我很少碰电脑，几乎不上网，看到键盘就头晕，但是搞电脑交易系统我当时是最坚持的，因为这是一种对市场趋势的理解，一种对技术发展的眼光。

于是，上交所在证券交易中首先引进网络技术，建立了具有国际先进水平的电子交易撮合系统和行情显示系统。但其实一直到开业前五天，还是两套交易方式备用，因为当时系统还没有完全调试完。但我拍板摒弃国外沿用百年的人工撮合交易，用了电子交易系统，于是开业的第一笔交易就跨入了电子交易时代。可以很负责任地讲，中国证券市场能在短短的十几年走过发达国家上百年的路，电子交易系统的建立是一个坚实的基础，功不可没。

现在我经常会跟人说，其实中国的电子商务发展得最早的、最健全的就

是证券交易所。无纸化、电子信息化，所有电子交易的形态，当时能够利用的信息技术全部利用上去了，想法只有一个，就是如果不是一开始就搞电子化交易，市场大了就难搞了，所以从一开始就比较注重信息技术这块。

开业锣声 顺利敲响

1990年11月26日，经国务院授权，由中国人民银行批准建立的上海证券交易所正式成立，这是中华人民共和国成立以来内地的第一家证券交易所。时年35岁的我，成了世界上最年轻的证交所总经理。

1990年12月19日上交所开业，但怎么举行开业仪式，谁都不知道。一天我在刷牙时考虑这个问题，突然想起电视报道过，纽约证券交易所就是弄个小钟敲一下，很有仪式感，于是决定借鉴，上交所用敲锣来开市。

开市铜锣是跑遍上海滩觅来的。一开始找来的是锣鼓队用的那种锣，脸盆那么大、又很单薄，敲上去的声音龇牙咧嘴的都没法听。后来，在城隍庙福佑路小商品市场，花600元找到的那个铜锣直径七八十厘米、中间的部分鼓出来很大一个疙瘩，往上一敲声音嗡嗡的，挺浑厚。它就成为中国股市第一锣了，我在开市那天便敲响了它。

12月18日最后冲刺那天，忙乱不堪。凌晨3时，我、孙大淳（时任会员部负责人）、李济生（时任中国《金融时报》上海记者站记者），我们三个人来到上交所门口，眼望黄浦江长舒一口气后，就回到凌乱不堪的房间内睡觉。5时左右，我痛苦的叫声惊醒了孙大淳和李济生。他们起来一看，我的脚肿得像个馒头。他们赶紧想尽各种办法，都无济于事。天无绝人之路，后来找来针灸大师虞雅琴，一针扎下去，我顿时好转，可以站立起来了。但我起床后发现，脚肿得根本穿不上鞋，只好向人借了一只大号鞋。穿着一只大一只小的皮鞋，由人背着来到现场，一瘸一拐地在现场做最后的布置，然后倚着墙迎接贵宾。

12月19日上午，交易所举行开业典礼。新中国第一家证券交易所——上海证券交易所，在浦江饭店孔雀厅正式挂牌成立。当时的上海市市长朱镕基出席了开业典礼，香港贸发局主席邓莲如女士也率领代表团来了。来自上海、山东、江西、安徽、浙江、海南、辽宁等地的25家证券经营机构成为交易所会员，分专业经纪商、专业自营商、监管经纪商和自营商几种。

按照原定程序，上午11时正式开始交易，由交通银行董事长、也是交易所的理事长李祥瑞授权我鸣锣开市。11时整，兴奋的来宾们还在议论着参观着，未能全部进入仪式现场，而显示屏已经开始显示交易数据。情急之下，我敲响了上海证券交易所的第一声开市锣声。事后发的新闻稿中写道："经过李祥瑞授权，尉文渊鸣锣开市。"

然后我去参加午宴，没吃几口，送走来宾后，就一头倒在了床上，此时高烧已达40度左右，当晚被送进医院。在医院我待了一个月，才被允许出院。后来有人问我开市第一天的感觉，其实没有感觉。第一天是怎么交易、怎么收市的我都不知道。

无纸交易 世界领先

在发展证券市场的过程中，由于年轻无畏，我大胆创新了很多业务模式。除了电子化交易，股票无纸化交易也是其中很精彩的一笔，具有世界领先意义。

1990年11月上海证券交易所成立后，股票交易采用的是实物券交收，交收时间规定是T+3，也就是今天成交、第三天你才能交收。尽管开始只有八只股票，交易却空前活跃，街头上出现了倒卖股票的"黄牛"。当时，交易所设立了清算部，负责交易过户等事务。每天闭市后，人们带着大量实物股票来办转让过户手续。一开始，他们还是用手提箱装实物股票，后来发展到每天1万多笔交易，来办过户手续的投资者只能用麻袋装实物股票。而为了应付庞大的交易量，上交所不得不每天忙到下半夜，最夸张的时候，完成一笔交易竟然需要半个多月之久。好在当时仅仅是在上海本地交易，如果像现在这样异地交易怎么办？简直不可想象。

考虑到未来股民的数量，和交易品种会越来越多，时任上交所电脑工程部经理的徐士敏向所里提议，能否试行一种记账式的股票存管方式，即上交所为每个股民开设账户，股民将其所持股票存入其中，然后根据成交记录来增减持有量。这样一来，股票交易就不必实物交割了。这一方案立即得到了我的许可，并被命名为"股票账户"。当时，同意设立"股票账户"还来自另一个启发，即银行卡。银行卡不就是电子货币吗，不用拿现金就可以进行交易。同理，股票账户也是一样的，你的股票和钱数量都可以记录在里面，买进卖出，应该也可行。

另外那时还有个问题是，我们在搞涨跌停板限制，不让股票价格上涨过快。这样，场外交易即黑市就开始形成了。黑市一形成，完全突破了场内的价格，到了一发不可收的地步，场内50元，场外竟然150元。这两个问题一冲，马上反映到了1991年3月份上海市召开的"两会"上，就有代表批评股市投机倒把，扰乱市场秩序。

所以说，为了交割方便，更为了打击当时猖獗的黑市交易，我们着手设计无纸化交易，将股票实物转化成"电子股票"，在交易所电子交易系统中集中存放、统一划转，黑市交易就会失去市场。

从1991年5月开始，上交所尝试一边回收纸质股票，一边为股民开设账户。然而，这一举措却遭遇了巨大的阻力。一方面，老股民为求心里踏实，都希望把实物凭证拿在手里，证券印刷厂也不愿因此失去印刷股票的大生意，而另一方面上交所的这一做法，其实并不符合当时的相关规定。根据当时上海《关于发行股票的暂行管理办法》的规定，发行股票是需要给投资者实物凭证的。尽管如此，上交所还是坚持推行下去。

上交所明确规定，没有账户的股民即使持有股票，也不能在交易所里交易。于是，不久之后由于股市上扬，许多急于交易的股民都匆匆上交了纸质股票，存入了股票账户。就这样，上交所成功地回收了99%的实物股票证，并正式开始实施股票账户制度，成交后电脑完成自动过户；创建了100%非实物性存管与交收，上市证券基本实行集中登记的存管模式；实行T+1的交收办法和股票无纸化作业；股票卖出申报经电脑确认后即可撮合成交。

1994年，纽约证券交易所董事长兼执行总裁威廉·唐纳森（左）造访上海证券交易所

有趣的是，直到1992年我才知道，我们推行的这件事叫做"无纸化"。"无纸化"在国际上十分受推崇，但是还没有能够实现，而上交所竟在无意中实现了全世界交易所百年来的梦想，所用的时间还不到一年。

首办刊物 《上海证券》

除了无纸化，还有一个首创之举就是交易所创办全中国第一张证券报纸的故事。那个年代，股票交易靠的就是信息，而信息必得借助媒体平台。1990年初夏，上海证券交易所还在筹建之时，我就先去了一趟上海《新闻报》的办公室，提出想尽快办一份证券报。然而，那时候若想要办报纸，取得刊号很难，更不用说是敏感的证券类报纸了。因此，当时《新闻报》的采访部主任贺宛男建议我，先在现有的报纸上开辟证券专栏。

就这样，当年7月，国内第一个证券专栏在上海《新闻报》诞生了。专栏虽然已经启动，对我来说却远远不够，我觉得交易所必须有自己的报纸。所以，经过一年的筹备，1991年4月，上交所终于创办了内刊《上海证券》，也就是《上海证券报》的前身。

那时候《上海证券》是每周一期的对开大报，首期印了5000份，结果星期六清晨一出版，就被股民们一扫而光，短短几个月后发行量就超过了10万份。

股民们最看重的是《上海证券》的头版头条，第四版的《市场一周专栏》。编辑们通常是在每周五股市收市后，开始讨论头版文章的内容，而最终的题目，大都是由我亲自拍板决定的。由此，股民们就能通过报纸获悉交易所一线管理层的声音。

而对于仅有千字篇幅的市场一周，股民们也是仔细地研读，还会用红蓝笔在上面作出各种记号。用今天的话来说，这份刊物的阅读率很高，往往一份报纸有多个人阅读。《上海证券》的巨大影响力，使它在很长一段时间里成为了交易所信息披露和市场管理者调节稳定市场的重要工具。

大刀阔斧　推市场化

1992年，我的主要精力放在了推进市场化进程上。年初我到美国去，在芝加哥一个农户家里体验生活三天。女主人大概30岁左右，是个大学生，有三个孩子。丈夫是会计，帮人做账。我就和女主人聊天，聊教义，聊圣经。有一天她突然问我，你的目标是什么？她问我这句话，我想了半天也不知道怎么说，后来憋出一句：让上海证券交易所超过香港的联交所。女主人听了很诧异，说："香港算什么！香港也是刚刚发展起来的一个地区，我不认可这是你合适的目标。"

后来，我渐渐体会到这个目标太小了，而一个成功且成熟的市场最关键是两点，一是开放，二是竞争。刚好这年春天，邓小平发表南方谈话，股份制改革一下子掀起热潮。而此时，上交所只有8只股票在交易，人称"老八股"。于是，我开始大刀阔斧地推进市场发展。

第一步，放开股价。当时，交易所实施涨跌停板制度和流量控制，使得交易十分清淡。迫不得已，我自作主张放开股价。在这之前，我给上海市领导写了一封信，说明为什么要放开股价，并义无反顾地表示："如果出了问题，请把我这个总经理撤职。"放开股价是逐步推进的，先放开一定的比例，再根据市场情况作出相应调整。市场价格放开后，交易明显活跃了。于是，有关部门宣布"5月21日，股价全面放开"，这就是令很多早期投资者一夜暴富的"5·21"井喷行情。

第二步，增设营业网点。股价放开后交易火爆，但投资者却苦于交易网点不足，"跑道"不畅，无法交易。我提出在公开、公正、公平的"三公"原则下，投资者买不到卖不出股票怎么行？但营业网点的扩建并非朝夕所为，我就在文化广场搞了个超大型营业网点，100多家证券公司设摊。从当年6月到12月，文化广场这个"超级营业部"大大缓解了交易网点不足的矛盾。

第三步，上市公司大扩容。这是早期市场的第一次扩容高潮，从年初的"老八股"到年底沪深两市近60家上市公司，股票供应量大大增加。当然，供求关系的急剧变化也造成上证指数从6月的1500点一路下跌至300多点，这就是中国股市的第一次"大熊市"。

回忆当年"壮举"，我对自己的"冒险"很坦然，毕竟，自己必须面对这些历史发展中非常重要的坎，也愿意承担这些"冒险"带来的结果。

"327国债期货事件" 改写人生

从负责筹建上海证券交易所开始，我在证券市场上敢想敢闯、勇于创新，凭借着强烈的使命感发展市场，虽然有时也会被指责为不尊重领导，但"拼命三郎"的工作态度还是赢得了大家的肯定。

1992年，我们推出一项极其大胆的金融工具创新：国债期货。

1990年以前，国库券一直是靠行政分配方式发行的。1992年年底，国库券的转让大幅跌破面值，5年期券标价只有80多元。1992年12月28日，为了促使国债一级市场发行顺利和二级市场交易活跃，首次设计和推出了12个品种的国债期货合约。这种金融工具创新，大大活跃了国债市场，极大地促进了当时让政府揪心的国债发行难问题的解决，也是资本市场深化发展的一次勇敢探索。

1993年10月25日，上交所国债期货交易向社会公众开放，北京商品交易所在期货交易所中率先推出国债期货交易。1994年10月以后，中国人民银行提高3年期以上储蓄存款利率和恢复存款保值贴补，国库券利率也同样保值贴补。保值贴补率的不确定性为炒作国债期货提供了空间，大量机构投资者由股市转入债市，国债期货市场行情火爆。1994年全国国债期货市场总成交量达2.8万亿元，占上海证券市场全部证券成交额的74.6%。1994年至1995年春节前，全国开设国债期货的交易场所陡然增至14家，成交总额达28000亿元。这种态势一直延续到1995年，与全国股票市场的低迷形成鲜明对照。

形势似乎一片大好，但问题出在327国债期货合约上。327是国债期货合约的代号，对应1992年发行、1995年6月到期兑付的3年期国库券，每百元债券到期应兑付132元，该券发行总量是240亿元人民币。

与当时的银行存款利息和通货膨胀率相比，327国债的回报太低了。于是有市场传闻，财政部可能要提高327国债的利率，到时会以148元的面值兑付。但上海三大证券公司之一万国证券的总裁管金生[1]不这样看。他认为高层正狠抓宏观调控，财政部不会再从国库里割肉往外掏出16亿元来补贴327国债。于是，管金生率领万国证券做空。

1995年2月，327国债期货合约的价格一直在147.80元至148.30元徘徊。23日，提高327国债利率的传言得到证实，百元面值的327国债将按148.50元兑付。这时候，一直在327品种上与万国证券联手做空的辽国发突然倒戈，改做多头。327国债期货合约在1分钟内竟上涨了2元，10分钟后共涨了3.77元。327国债期货合约每上涨1元，万国证券就要赔进十几亿元。按照它的持仓量和现行价位，一旦到期交割，它将要拿出60亿元资金。毫无疑问，万国证券没有这个能力。管金生铤而走险，16时22分13秒突然发难，砸出1056万口卖单，把价位从151.30元打到147.50元，使当日开仓的多头全线爆仓。这个行动令整个市场都目瞪口呆，若以收盘时的价格来计算，这一天做多的机构，包括像辽国发这样空翻多的机构都将血本无归，而万国证券不仅能够摆脱掉危机，并且还可以

---

[1] 管金生（1947— ），1988年创办万国证券，与原君安证券的张国庆、原申银证券的阚治东，并称为中国证券市场的"中国证券教父"。

赚到42亿元。

当时我做梦都没有想到贴息，美联储调息时都是0.25%地调，咱们一下子竟然就是5个百分点。当天下午，我正好陪中国证监会期货部主任耿亮在场内。耿亮说国债期货管理办法修改完了，准备发布。我正在为此高兴，

327国债期货协议平仓在上海证券交易所员工食堂进行

突然发现市场上气氛不对劲，各地国债市场都是向上的突破性行情，327国债期货合约价格大幅下跌，交易量突然放大了许多。出事了！

夜里11时，我正式下令宣布23日16时22分13秒之后的所有327品种的交易异常，是无效的，该部分不计入当日结算价、成交量和持仓量的范围。经过此调整，当日国债期货合约成交额为5400亿元，327品种的收盘价为违规前最后签定的一笔交易价格151.30元。

上交所没有公布管金生和万国证券的名字，但是万国证券在劫难逃，如果按照上交所定的收盘价到期交割，万国证券赔60亿元人民币；如果按管金生自己弄出的局面算，万国证券赚42亿元；如果按照151.30元平仓，万国证券亏16亿元。

5月17日，中国证监会鉴于中国当时不具备开展国债期货交易的基本条件，发出《关于暂停全国范围内国债期货交易试点的紧急通知》，开市仅两年零六个月的国债期货无奈地画上了句号。中国第一个金融期货品种宣告夭折。

"327国债期货事件"殃及了许多人，其中也包括我自己。1995年9月15日，我承担了对"327国债期货事件"的监管不严之责，辞职离开上交所，结束了一段极其艰辛却极具成就感的人生旅程。

时隔20多年后，再回首往事，尽管上交所的成立，更多是基于政治因素

的推动，标志着中国金融业开放的证券交易所是重要的组成部分。但对我个人来说，当年创建交易所那样的舞台、那种挑战，在现有的体制内是找不到的，是绝无仅有的。

链接：

江泽民在上海证券交易所成立前一个月的明确表态

关于股票市场要不要继续试验，各方面特别是高层领导看法不一致，来自社会各界的分歧很大，政府主管部门的看法也不一致，市场的存废处于危急关头。

1990年11月深圳和珠海经济特区举行10周年庆典，时任国家主席的江泽民参加庆典期间，对股票市场问题做了调查，听取了各种不同的意见，广东的同志特别是深圳的同志都是积极主张推进改革试验的。

在回北京的飞机上，江泽民和刘鸿儒围绕着股市进行了长达两个多小时的谈话。江泽民最后明确表示，可以把上海、深圳这两个试验点保留下来，继续试验不能撤，但是暂不扩大，谨慎进行，摸索经验。

——摘自南焱：《20年证券市场：五位证监会主席改变中国历史》，载《中国经济周刊》2010年12月21日。

刘鸿儒，1930年11月出生，吉林榆树人。1959年苏联莫斯科大学经济系研究生毕业，获经济学副博士学位，回国后长期在中国人民银行工作。1979年至1980年，参与组建中国农业银行并担任副行长；1980年至1989年，任中国人民银行常务副行长，主管中国金融体制改革，创立中国人民银行研究生部，并一直担任学位委员会主席、教授、博士生导师。1987年，创办中国金融学院，并担任院长至1992年。1990年至1992年，任国家经济体制改革委员会副主任，主管金融改革、股份制改革和住房制度改革。1992年至1995年，创建中国证监会并担任首任主席。1992年至2002年，担任全国政协经济委员会副主任。

中国证监会成立前后

口述：刘鸿儒

时间：2000年5月25日

地点：《财经》杂志社

采访：范永进、杨华、陆一、柴进等

整理：柴进

1992年10月，中国证监会成立，我担任第一任主席。我常常回忆起中国证监会的诞生和成长。作为奠基者，我们第一届的任务就是开荒、修路、铺轨道，前人没有走过，我们开了荒，修了路，铺上轨道后，后来人就可以开快车了，所以很辛苦也很幸福。把这些事情做起来，任务就算完成了……其他的，后人来做。

朱镕基要我"出山"

出任中国证监会主席之前，我在国家体改委工作了两年多，在住房制度、医疗制度改革方面做了一些工作，但主要精力还是放在了金融改革尤其是证券市场建立方面。另外从20世纪80年代初开始，我在中国人民银行干了10年副行长，主要抓金融体制改革。可以说其他方面都有框架了，唯独证券市场特别是资本市场还没有闯出一条路来，所以我决心把这项工作做好。

1990年"股票热"最盛的时候，到底该不该搞、该怎么搞证券市场的问题争论得相当激烈，中央对此也重视起来。国务院决定由我牵头做组长，组织了国家体改委、中国人民银行等部委的人，到深圳和上海作了三次调查。为此，我也曾多次向国务院作过汇报，所以这些方面情况比较熟悉一些。后来急着成立证监会，在确定主席人选时，很多人包括当时一些年轻人等建议让我来出任。

不久，朱镕基找到我，要我"出山"，做新成立的中国证监会主席和国务院证券委[1]的副主任。朱镕基在上海当市长时，我调查研究证券市场，曾找他共同研究过许多问题。后来在其他一些事情上我也作过"参谋"，相互比较熟悉。他找我谈了几次。尽管我当时感到有一定压力，但成立证监会的事情比较急迫，最后就答应了下来。

---

[1]　1992年10月12日，国务院办公厅下发《国务院办公厅关于成立国务院证券委员会的通知》（国办发[1992]54号），决定成立国务院证券委员会，撤销原国务院证券管理办公会议。国务院证券委主任由国务院副总理朱镕基兼任，副主任为刘鸿儒、周道炯，由13个部委（包括最高人民检察院、最高人民法院）的部门负责人担任委员。同时，国务院决定成立中国证监会，受国务院证券委的指导、监督检查和归口管理，刘鸿儒任主席。1998年3月，国务院证券委被撤销，其工作由中国证监会承担。

当年的证券市场状态

中国证券市场的诞生和发展，有一个自发的过程。

1984年我担任金融体制改革研究小组[2]的负责人，主持整个金融改革方案的制定。最初，我们设计的改革方案主要是关于银行方面的。由于金融市场特别是证券市场非常敏感，也没有经验，争论一直比较多，有很大的理论"禁区"，所以一直没有作为改革的重点。

但是当时我们已经面临着一种客观现实，这就是随着市场经济的发展，过去都是纵向进行分配的物资，开始变成了一种横向的流动。相应地，原来通过银行纵向往下分配的资金，也需要变为横向流动。于是，解决资金市场的问题就变得很迫切。这时，一些地方自发地通过市场募集资金的活动也开始出现，比如有的企业搞股份公司改革，小范围地发行股票和企业债券等。此外，国债市场也已经恢复了。

到1985年中央讨论"七五"计划建议，其中关于金融改革的内容中提到了资金市场的问题。1986年，我们选择了5个中等城市——沈阳、大连、常州、重庆、广州进行金融改革的试点，主要就是看如何让当地的金融市场活起来。当然，当时的实验主要是针对资金拆借市场，证券市场仍然没有作为重点。

这时候，一些地方已经开始出现自发的债券和股票的二级市场。比如沈阳市信托投资公司[3]就开办了股票、债券的窗口交易，规模很小，既无法规可循，也未经审批。中国工商银行上海静安区办也有了柜台交易，非常原始，交易价格都是写在黑板上。

---

［2］ 1984年10月20日，党的十二届三中全会通过了《中共中央关于经济体制改革的决定》，不久后，国务院决定成立金融体制改革研究小组，专门研究金融体制改革的问题，由刘鸿儒任组长，并请财政部的老部长谢明和年轻学者周小川、楼继伟、宫著铭参加，此外还吸收刘鸿儒的学生吴晓灵、李弘等参加。1984年12月底研究小组提出了一份包括四大目标、八大重点的深化改革方案，上报给国务院。

［3］ 1986年8月5日，沈阳市信托投资公司率先开展了债券买卖业务，成为最早开展企业债券柜台交易的公司。

　　为了推动证券市场的发展，中国人民银行决定成立一批证券公司，专门做经营和中介业务，以有组织地推动这项改革。证券公司的经营品种主要是国债，也包括一部分企业债券和企业自发的股票。中国人民银行还为此拨了一笔资本金，大约30亿元。1987年，全国第一家证券公司——深圳经济特区证券公司[4]成立。1988年，在中国人民银行牵头下，各省的证券公司纷纷成立。它们对于推动证券市场的发展起到了非常重要的作用。现在所说的"中国第一代证券人"，主要是在那个时候出现的。之后一直到1990年深圳市窗口交易引发热潮[5]，可以说是达到了一个顶峰，引出了"中国的股票市场要不要保留"的问题。后来，在江泽民同志的决断下，中国的证券市场还是保留了下来。

1992年6月23日，《人民日报》整版刊登刘鸿儒的文章《关于我国试行股份制的几个问题》

　　由于当时股票发行的量已经很大，股票市场的资金也到了一定规模，于是有人提出：应该有一个专门的机构来负责管理。我记得有一年的人代会，16位人大代表提交了一个议案，建议成立专门的证券监管机构。但后来这个建议没有被采纳。

　　在这一阶段，股票市场的发展问题还大都属于金融方面，由中国人民银行归口管理，下设金融机构管理司

　　[4]　深圳经济特区证券公司注册成立于1987年11月14日，中国证监会于2002年3月13日以《关于深圳经济特区证券公司更名的批复》（证监机构字［2002］67号）同意深圳经济特区证券公司名称变更为巨田证券有限责任公司。

　　[5]　深圳市股票市场在1990年5月突然出现了股票热。根据中国人民银行的调查，股票热主要表现在三个方面：一是股票价格上涨过猛，股票价格与实际价值严重脱离；二是非法的场外活动猖獗；三是场内股票成交量增长过猛。

具体负责。但是，由于股份公司的试点是国家体改委在抓，涉及国家计划项目、资金总量的盘子等等是由国家计委统一规划，当时的上市公司主要集中在沪、深两地，两个交易所也都是由地方政府管理，于是形成了多头管理的局面。其实主要原因还是当时没有把股票市场作为重要的问题来解决，也没有作为改革的重点。

设计一个符合国情的统一监管机构

成立国务院证券委和中国证监会的根本原因，是证券市场的迅猛发展对加强统一管理提出了内在要求，中央决定要有组织地推动这项改革。而直接原因，应当说是1992年发生了著名的深圳"8·10事件"[6]，震动了各有关部门，冲击了人们的思想，各主管部门在认识上清醒了，中央和国务院领导也感到了问题的紧迫性，于是就采取了特殊的办法，加快了研究建立统一监管机构的步伐。

"8·10事件"的关键是技术问题没有处理好，结果导致了政治问题，对中央的震动非常大。事件平息后，中央立即作出决定，成立专门的证券监管部门，以改变时而多头管理、时而无人管理的状态。

决定作出后，紧接着的问题便是建立一个什么样的监管机构。当时朱镕基副总理分管这方面的工作，他找了很多人去研究。我们也详细了解了其他国家和地区监管体制的情况，

1992年10月，中国证券监督管理委员会成立

[6] "8·10事件"指1992年8月10日，深圳市发售新股抽签表方案出现了偏差，结果引发大量人群排队抢购，进而造成了政治问题和社会安定问题。

大体可以分为三种类型。

第一种是"美国模式",特点是监管机构高度集中统一,权力比较大。但它又不是政府,而是直接归国会管,类似于中央银行。它集所有资本市场的监管职能于一身,既有政府职能,也有法律部门的执法权力,其他部门都不参与。第二种是"英国模式",以自律监管为主,比较松散。第三种是"香港模式",即设立一个准政府机构,不列入政府序列,不作为政府组成部门,但执行政府职能。为此我专门到香港考察过,发现这样设计主要是因为证券监管部门的专业性很强,特别需要高级的专门人才,待遇要高于一般公务员。而进入政府序列,待遇问题解决不了,吸收高级专家就有困难。但是与美国一样,香港证监会的管理职能也是高度统一的,政府在这方面的监管职能全由它来承担。它的资金来源是收取的监管费,即交易所将交易费用的一半上缴证监会。

经过反复研究以后,中央认为"香港模式"值得借鉴,于是决定新成立的证监会是一个准政府机构,也称事业单位,但是执行政府职能,同时也考虑到今后要能吸收一大批专家。

最后,国务院设计了一个中国证券市场的四层监管体系上报中央,并得到了批准。

根据设计,这个体系的第一层是社会监管体系,主要指的是中介机构,包括注册会计师、律师等。他们要对公开发行股票的股份公司的招股说明书、财务报告、资产评估报告和法律意见书等进行审核、签证,承担法律责任。

第二层是证券交易所和证券经营机构组织的证券业协会,属于自律性监管体系。这是国际通行的做法,主要对扰乱股票市场、妨碍稳定和健康运作等主要来自从业机构内部的因素进行监管。所有国家都把自律监管的制度作为一个对付不法行为、防止市场混乱的重要防线。

第三层就是准政府性质的证券监督管理委员会。政府赋予监管委员会有关证券市场监管的权力,它的人员由有证券方面知识和经验的人士以及有关专家组成——他们不能同时在其他政府机构和营利机构任职;主席和委员由国务院任命。

第四个层次是政府管理机构,这是我们专门加的一个层次。考虑到政出多门,各部门矛盾也比较多,所以中央设立了国务院证券委员会来统一协调股票、债券和国债的有关政策,负责宏观管理和指导、监督证监会的工作。这可以说是由中国国情决定的。

国务院证券委员会当时的主任是朱镕基,委员由13个部委[7]的负责人组成,负责重大问题的协调和决策。中国证监会则负责具体的监管工作。

证券监管机构的设立,在解决统一监管方面应该说大大迈进了一步。由于当时建立一个统一的监管机构的工作十分紧迫,许多问题一下子调整和规避有困难,也遗留了一些问题没有解决。例如,当时的证券经营机构还是归中国人民银行管理;沪深两地的交易所行政上归地方政府管,业务方面归证监会管,两者存在矛盾;证券委下设了办公室,其工作和证监会基本重复;等等。从实践发展来看,这些问题后来都逐步得到了解决:沪深两地交易所由中国证监会统一管理,国务院证券委1998年与中国证监会合并,办公室也随即并到中国证监会。另外,证券经营机构和投资基金的管理也由中国人民银行移交中国证监会。至此,多头管理的状态得到了改变。

中国证监会"开门七件事"

具体的工作,还是要从零做起。

首先,我们找了一个临时的办公地点,租了保利大厦的两层作办公室。筹备人员主要有来自国家体改委的,来自中国证券市场研究设计中心(简称"联办")的,还有来自中国人民银行的。后来又从有关部门陆续调进了一

---

[7] 13个部委包括中国人民银行、国家体改委、国家计委、财政部、经贸办、监察部、最高法、最高检、经贸部、国家工商局、国家税务局、国家国有资产局、国家外汇局。

批人。

其次，是解决缺少开办经费的问题。财政部拨的款显然不够用，我们就向联办和另一家公司借了两笔钱。后来收费制度明确后，中国证监会靠收取的监管费用很快还了这两笔钱。

中国证监会的部门设置也参照了美国和香港的经验，主要有发行部、交易部、证券机构部、上市公司监管部、法律部、研究和信息部、国际合作部、海外上市部等。设立首席律师、首席会计师借鉴了美国的做法。为了体现依靠社会力量强化监管的思路，还专门成立了发行审核委员会，由社会各界的专家学者组成，负责审查、决定公司能否上市。本来还想搞一个咨询委员会，后来由于其他原因没有实现。

根据朱镕基的意见，中国证监会的人要少而精。当时是100人的编制，我在任期间始终控制在这个规模以内。我们没有搞后勤队伍，不搞自己的食堂，也没有车队。人少的同时强调一个"精"字，当时的核心思想是"专家治市，廉政为本"。

我曾对大家说过，我们现在做的事是在证券市场上开荒、修路、铺轨道，必然会非常辛苦。中国证监会的工作是最敏感的工作，犹如坐在火山口，大家要做好思想准备。简单地说，股票价格猛涨，上面会有意见，担心出事；股票价格猛跌，下面会有意见，老百姓不干；不涨不跌，所有人都会有意见，因为你搞的就不是市场了。但是，大家不要害怕各种责难，要有为事业奋斗的精神，严格依法监管，勇于开创局面。

在如何建设和发展中国的证券市场问题上，应当说当时主要面临两大难点：一是在指导思想上要探索出一条路，既要搞证券市场特别是股票市场，同时又要保留社会主义的性质。海外的经验固然很好，我们要学，但还有如何与国情相结合的问题。二是当时社会上对股票市场还不太理解。有一次我在中央开会，领导层讨论金融市场特别是资本市场的问题，有的人就说："资本市场不就是茅盾写的小说《子夜》里描写的'冒险家的乐园'，会造成家破人亡！"很多人把资本市场简单地看成了一个纯粹投机的市场，而不是一个投资的市场。另外"8·10事件"在当时带来的负面

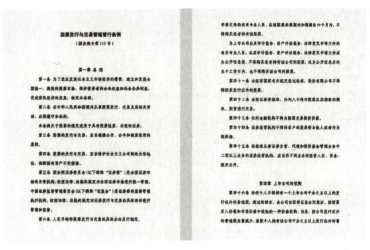

1993年4月22日，国务院发布《股票发行与交易管理暂行条例》

影响很大，对这个市场究竟是姓"资"姓"社"，理论上没有完全突破。同时，社会上对股票市场缺乏了解，也导致了风险意识的缺乏。对卖股票的一方（企业）来说，似乎只要发股票就能圈到钱；对买股票的一方（股民）来说，似乎只要一买到股票就能发大财。

于是，我们的想法是首先坚持一个核心思想：探索出一条具有中国特色社会主义的证券市场的道路；其次，坚持一个原则，即"在发展中规范，在规范中发展"。我认为，如果不发展，规范的目的就达不到；如果不注意规范，盲目发展也不行。这是一对辩证统一的关系。

中国证监会成立后，我们首先做的事情是"请进来"，尽量从各方面招募了一些专家和学者；其次是"走出去"，从中国证监会筹备时期开始，我就与证券专家进行了多次座谈，主要是向香港和台湾有经验的专家请教，看他们在证券市场出现问题时是怎么做的。但具体从哪里搞起？当时，我抓了三件事——

第一件事是研究、借鉴国外防范风险的经验和教训。我在海外专家的帮助下，分析了从1929年至1933年美国经济大危机开始至今出现过的全球性

和局部地区的股灾，研究其发生的原因、变化和采取的解决措施。1993年春天，在天津召开了第一次全国性证券会议[8]，我作了上任后的首次正式报告，谈的就是"股票市场的风险与管理"，核心思想是股票市场是一个高风险的市场，如何防范风险、保护投资者利益是一个大问题。证券市场要在防范风险中发展。我强调，这不仅是全体监管人员必须明确的，也要让全社会意识到这一点。后来《人民日报》用一个整版刊登了这篇报告的部分内容。

第二件事情就是抓法规建设。各国的经验表明，高风险的市场必须加强透明度，必须依法监管。在证监会成立前，中国的证券市场只有上海和深圳的地方政府颁布了一些法规，它们显然难以适应全国的需要。法规建设的主要成果是颁布了《股票发行与交易管理暂行条例》。在《证券法》出台前，这个条例起到了规范市场的主要作用。另外，我们相应地搞了几十个配套的法规，让市场初步可以依照一个统一的准则来运行和监管。

第三，中国证监会对人才队伍的建设和培养非常重视，组织了各种相关专业知识的培训，对监管人员加强反腐败的教育

1991年，中国人民银行研究生部十年校庆时，刘鸿儒（前排左三）与第一届、第二届部分校友合影

---

[8] 1993年3月28日至4月1日，中国证监会在天津举办了"1993年股票公开发行研讨会"。各地主管证券的政府官员、股份制企业负责人、证券承销机构的负责人以及参与企业股票发行和上市的会计师事务所、律师事务所和资产评估机构的专业人士共800余人参加了这次会议。

和廉政建设，管理十分严格。同时，证监会在成立之初便分别与司法部和财政部联合研究制定了认证标准，对从事证券业的律师和会计师的资格进行审定。

1995年我65岁，那年我从中国证监会主席的位置上退了下来。担任中国证监会主席是我承担的庄严的历史使命，这是光荣的任务，但也是十分严肃而又复杂的任务，这种活任何人都无法久干，只能干一段时间。这也是我开始担任主席一职时就已经有了打算的。

离开中国证监会后，我的时间比较充裕。我除了担任全国政协经济委员会副主任外，还创立了中国资本市场研究会并担任会长。较之从前，我现在的精力更多地用在了学术研究上。除了在中国人民银行金融研究所和香港两所大学授课并带研究生，我还是北京大学、清华大学等多所高校的兼职教授。从一线监管者到学者，虽然身份发生了变化，但对中国证券市场发展的关注和感情却未减分毫。

链接：

高层决策内情

其实早在1992年深圳"8·10事件"发生后的第二天，时任国务院总理李鹏已经明确表示，拟成立国务院证券委、组建中国证监会。

1992年深圳"8·10事件"发生时，国务院正在京召开部分省市负责人参加的股票市场试点工作座谈会。8月11日晚上10时，会议组织方召集各省市领导召开紧急会议，原定第二天的会议取消。

翌日通知到中南海继续开会。下午2时30分，中南海第一会议室，李鹏、朱镕基、田纪云、李铁映、李贵鲜等国务院领导走进了房间。3时正式开会，先是朱镕基讲了一个小时，之后李鹏讲话，批评深圳的问题，还特别讲了

《身份证法》的规定。最后他说，要成立国务院证券委，组建中国证监会。这次国务院领导的接见，总体表达了支持股份制试点，同时严格股票市场管理，不能再出问题的态度。

1992年9月的一天下午，楼继伟、李剑阁、朱利聚在楼的办公室。刚刚得到指令是，由他们三位着手起草一份关于成立国务院证券委、组建中国证监会的请示报告。

在朱利的印象之中，这份报告的体量只有一页纸，提出了成立证券委、组建证监会、发挥行业自律组织和中介机构作用的多层次监管安排。由于包括三人在内的研究者已经对各主要市场的监管体系进行了多年研究，准备比较充分，报告的起草在一个下午的时间中一气呵成。

10月12日，也就是一个月之后，国办发出54号文，决定组建证监会。

很多史料都将证监会诞生的直接原因定位于1992年发生在深圳的"8·10事件"，按照这个认识，证监会的组建颇有些"计划赶不上变化"的意味——在早期的经济体制改革实践中，在新旧体制剧烈碰撞交锋的环境下，这类情况反复发生，其实并不新鲜。

同时，证监会的组建也并不意外。"组建证监会是中国资本市场发展的题中应有之义"，朱利回忆说，对股票市场监管工作的研究，早在1986年美国发生股灾时，体改委等部门即已着手；1989年由刘鸿儒等主持的金融改革调研活动中，对发展资本市场的研讨也已经涉及监管问题；此后，有关部委和民间机构就监管问题开展了长时间研究，美国、英国、日本、中国香港等监管模式均被一一解剖。

但他也承认，对于组建宏观的、统一的、专门的监管机构，"到了'8·10事件'，就成为必须马上解决的事情"。

——摘自周翀：《证监会的青葱岁月》，载《资本大时代》，中信出版社2011年4月版。

范永进，1961年2月出生，山东临沂人。先后在空军二预校、四航校飞行专业、华东政法大学国际经济法专业及中欧国际工商学院工商管理专业学习。1980年11月起，先后在上海市委办公厅招待处瑞金宾馆、上海国际经贸研究所、上海市外国投资工作委员会工作。1993年12月起，任上海市证券期货管理办公室上市公司处副处长。1999年6月，任上海上市公司资产重组领导小组办公室主任。2002年9月，任上海市金融服务办公室副主任。

2007年5月，当选市工商联第十二届副主席。2012年5月，任上海爱建股份有限公司党委书记、董事长。现任上海爱建集团股份有限公司党委书记、副董事长；上海工商界爱国建设特种基金会理事长；上海金融文化促进中心理事长。

1992，中国股市奠基与跃进的一年

口述：范永进

时间：2015年10月8日

地点：上海柏年律师事务所

采访：荣华、罗羽琪、魏华文、刘晶、郝丁丁

整理：荣华

1992年是中国股市发展史上极为重要的一年。这一年，发生了至少十件影响中国股市的大事。这十件大事，或宏观，或微观，在此后很长的一段时

间内对中国股市持续产生着重要而深刻的影响。我作为参与者，有幸亲身经历和感受了这些具有重要历史意义的事件。以后20余年来，又长期从事股市管理工作，深感这一年，堪称中国股市奠基与跃进的一年。

邓小平南方谈话肯定股市

在1992年之前的相当长一段时间，其至可以说自1949年新中国建立起，社会主义国家要不要发展以及如何发展证券市场，一直都是非常敏感的问题，涉及的理论禁区也比较多。虽然1984年上海率先推出飞乐音响股票，1986年开办静安股票交易营业部，直至1990年底上海证券交易所、1991年初深圳证券交易所先后成立，但对于取消还是保留证券市场的争论依然很大。1990年6、7月间，《人民日报》一篇题为《深圳股市狂热，潜在问题堪忧》的内参报送中央领导，反映深圳股票市场炒股狂热达到了万人空巷的地步，机关干部、群众不去上班，都去炒股，暴利极高，连香港红灯区的老鸨都不做了，改去深圳炒股。结果有五位中央领导同志分别作了批示。有的主张，股票这种东西是资本主义的东西，不能在中国泛滥下去，应该立刻关掉；也有的主张制止不规范的股票集资；有的则平缓一些，认为要加强调查研究。可见当时对证券的争议之大。

1992年春节前后，面对当时包括证券市场在内的经济领域及其他领域出现的一些重大问题，邓小平在视察南方期间发表了对中国未来产生重大影响的谈话。"证券、股市这些东西究竟好不好，有没有危险，是不是资本主义独有的东西，社会主义能不能用？允许看，但要坚决地试。看对了，搞一两年对了，放开；错了，纠正，关了就是了。关，也可以快关，也可以慢关，也可以留一点尾巴。怕什么，坚持这种态度就不要紧，就不会犯大错误。""改革开放胆子要大一些，敢于试验，不能像小脚女人一样，看准了的，就大胆地试，大胆地闯。"邓小平的这番重要谈话，结束了社会主义国家该不该有证券市场的争论，对股份制和证券市场进行了肯定，解决了长期争论不休的"姓资姓社"的问题。这极大地鼓舞了证券界人士的信心，空前地促进了证券市场的迅猛发展。中国证监会首任主席刘鸿儒在回忆起邓小平南方谈话时说："这是决定中国资本市场命运的谈话，只有亲身经历，才能切身体会。邓小平南方谈话，最终决定了中国资本市场的命运。我们彻底没有顾虑了，终于可以放开手脚去做，干劲更大了。"

1992年2月，在邓小平南方谈话后，国家体改委旋即在深圳召开全国股份制企业试点工作座谈会，肯定了股份制试点的重要意义，指出"坚决试，不求多，务求好，不能乱"。3月，李鹏总理代表国务院在七届全国人大五次会议上所作的《政府工作报告》中对股份制改革提出了中央决策性意见："实行股份制是筹集建设资金和监督企业管理的一种有效方式，并有利于促进企业机制的转变。要积极进行发行股票和证券交易市场的试点工作，抓紧人员培训，完善规章制度，健全交易秩序，使股份制经济为社会主义建设服务。"

上海推出股票认购证

20世纪90年代初的股票供应严重不足，投资者对新股的认购异常踊跃。1991年兴业房产发行股票，发行方式为每个居民凭身份证可以领取预约券，然后根据预约券进行编号抽签，这种预约券也是股票认购证的雏形。但投资者认购实在太踊跃，导致偌大的上海江湾体育场挤满了领取预约券的人，最后秩序大乱，在场的工作人员，包括警察，纷纷后撤，落荒而逃，最终还有人员受伤。此次波折深深触动了管理部门。为了保证安全地发行股票，当时在主管上海证券市场的中国人民银行上海市分行等，共同商量决定了30元1份股票认购证的发行方案。

1992年1月13日，管理部门推出了新股发行办法，当年股票发行实行认购证摇号中签购股，认购证每份收费30元，有效期1年，单位和个人均可按规定时间到银行办证。在这个发行办法中，有两点确保了股票的安全发行：第一是在长达一个月的时间内各大银行网点随时可以购买；第二是无限量发售，有多少需求就供给多少。这样就避免了类似江湾体育场人潮汹涌的局面，避免了治安上的隐患。

1992年的股票认购证印制精美，封面烫金，封底印着"股市有风险，入市需谨慎"的字样，内有一式四联的可复写凭证，要求投资者填写自己的姓名和身份证号码，并注明1992年度全年的股票发行就靠认购证，认购证发行所得的资金将全部捐给上海福利事业。从兴业房产股票发行的无成本领取预约券，到30元1份的股票认购证。这种方式吓退了一大批盲目购买股票的投资者，导致认购证的发行出现了困难，银行除了在柜台网点零售外，还派信贷员到自己对口的工矿企业去推销，即使这样，销售情况仍很冷淡。到2月2日发售结束，共发售1992上海股票认股证207.6万份，这207万股票认购证成了封闭的摇号范围。原定全年发行10只股票，但由于股份制改革的力度加大，1992年全年发行的股票多达53只。这样中签率将会很高，股票认购证一下子成了香饽饽，在黑市里被狂炒，30元1份的股票认购证被炒到了600—1000元，当时万国证券公司黄浦营业部门前成为黑市股票认购证的集散地，每天都聚集着众多的黄牛。从1992年股票认购证发行完毕一直到当年30多只股票发行完毕，股票认购证的黑市交易始终在进行着。那些最初买了股票认购证的人，很多一不小心成了百万富翁。有一位老太太到银行存钱，被工作人员劝说买了200份认购证，结果被家里人责怪，等到股票认购证发行结束，老太

1992年，上海举行的股票认购证摇号仪式

太意外成了百万富婆，老太太的媳妇为了这200份股票认购证的归属，最后和老太太走上了法庭。类似这种因为股票认购证而产生的悲喜剧，还有很多。

朱镕基批评上海思想不够解放

1992年3月全国"两会"召开，朱镕基在全国人大七届五次全会上海代表团会议上讲话，批评了上海的思想还不够解放："我最近研究了下股份制，找了深圳和上海两家证券交易所的理事长和总经理来座谈。我本来认为上海的证券交易所建在深圳之前，可能要比深圳的更好，结果得出相反的结论，还是深圳走在前面。"当时朱镕基已经不是上海市市长，而是主管全国经济的副总理，当时相传他在会上发脾气了，要求上海加快股份制工作。朱镕基说："这里面是不是反映出一个问题？就是上海自己的思想还不够解放。我总结了上海和深圳的股票市场的差距：第一，深圳发行股票是33亿股，现在总市值是100亿元，上海只发行了3.49亿股，与深圳相差10倍。第二，上海上市的公司没有几家是有名的企业。还是1986年搞的那几家公司。第二批上来的有几个像样的了，如上海第二纺织机械厂、嘉丰棉纺厂、凤凰自行车厂等，但经验还没有创造出来。第三，上海的股票价格只有两家公司放开，深圳的股票价格是全放开的。放开就有风险，我们还没有经历过这个风险。第四，深圳的股票经过大起大落，人民群众的风险意识和金融意识得到了锻炼，上海现在还一个劲儿往上升，还没有真正下来过呢，谁知道下来是什么结果啊！听说最近股价稍微下来一点点，马上就有几十个人到市政府上访。这些人还不知道什么叫股票，认为社会主义的股票是只准升、不准降的，风险都在国家，那怎么了得！……深圳股价去年最高的时候超过发行价的120倍，发行的1元钱股票，后来卖到120多元，现在已经下来了。不仅下来了，而且还稳住了，这说明它经过了一次考验，将来还会有多次的考验，上海是一次考验还没有经过，你们会有睡不着觉的时候……所以我个人意见，要让他们大胆地试、大胆地闯，不要限制过多。我不是说你们不要按上级的规定做，我的意见是上级应该让试点的单位大胆地去做，大胆地去闯。束缚过多，就始终建立不起风险意识和市场来。还是要放手一点，让他们去闯。"朱镕基对上海证券市场的批评震动了上海市的主要领导，他们立即着手加快进行相关工作及行动。

上海股份制大发展

被朱镕基批评后，上海明显加快了股票发行的进程。当时中纺机只花了一个星期左右的时间就开始发股票了，招股书也非常简单，在报纸上就半个版面。1992年5月下旬以后，上海以高效率的方式发行了34家公司的股票，并于6月底完成了全部验收交款工作。发行总额达55.98亿元，其中向社会法人招股5.2亿元，向个人招股3.96亿元。7月底发行市场又开始摇号招股，继续发行8亿元的股票。截至年底，包括爱建公司在内共发行新股53只。当年一共发了7批，上海南京路上的一大批国企，比如第一百货、华联百货、食品一店、服装一店……都是那时发行股票的。

这一年，上海还推出了电真空等B股，因为港澳台居民和海外华人都很想买内地的股票，但是没有身份证买不了，另外企业也很需要外汇资金，所以就推出了面向境外居民的B股。中国证监会成立后主要开始推H股，沪深两地搞的B股就基本停下来了。

当时发行股票的过程中，上海还做了许多创新，我也亲身经历了当时的管理决策过程。当时，中央给了上海4亿元人民币的A股的额度和1亿美元的B股额度。但是当时规定A股和B股不能低于公司总股本的一定比例，当年上海发了53家公司的股票，A股和B股的额度是完全不够用的，所以总股本盘子不能太大。于是，我们变通了一下，对股份做了区分，对于国家股，也就是原来国有企业资产评估后全部折成的股份，一股不按一块钱算，否则整个公司的总股本盘子太大了。我们把一股按数元钱算，这样股份数就小下来了。比如，一家公司资产评估下来是5000万元，国家股就是1000万股，五块钱变成一股，股份就小下来了。外面市场上对个人发行的股票，一种是A股；还有一种是有条件的，需要对境外募资的公司可以发B股，因为额度紧张，一般允许发A股的公司暂时就不允许发B股了。

另外，上海还设计了法人股。这个是我们自己的独创，法人股就是由法人单位买的股。当时既要通过股票市场来筹措资金，又要坚持公有制为主导，所以要国家或者全民、集体所有制企业法人持有主要股份。A股和B股是个人买的股，和国家股、法人股是相对的。但是当时法人股出来后，一些腐败现象也跟着出现了，买个人股是要认购证的，认购证则是要摇号的。法人股是单位购买的，门槛比个人股低很多，很多股民买不到股票，就出现了一些变相的法人股，以单位的名义买股票，但实际上钱都是个人集资的。当时，主管金融的上海市副市长庄晓天回忆："我们很担心这个问题，为了防止国有资产流失和保持控制权，最终决定法人股不能上市。其实，当时只是一个临时性措施，没想到影响到了股市，甚至影响延续至今。"法人股直到2005年股改后才解决上市流通问题。

上海放开股价与交易所创新

上海证券交易所1990年12月19日正式营业，上市股票仅有8种，俗称"老八股"〔即延中实业、真空电子、飞乐音响（"小飞乐"）、爱使股份、申华实业、豫园商城、飞乐股份（"大飞乐"）、浙江凤凰〕，能流通的面值不足8000万元，造成1991年供求关系严重失衡，股价空涨。

上海证券交易所最早实施的是涨跌停板制度。从1990年12月19日到26日，涨跌停的幅度为5%，由于"老八股"连续涨停，股票供不应求，为控制市场风险，从12月27日起，涨跌停幅度调整为1%；1991年1月7日起上海证券交易所进一步把涨跌停幅度调整为0.5%，并一直实施到1991年4月26日。此后，又恢复1%的涨跌停幅度，直至1992年上海证券交易所着手放开股价。在实施1%和0.5%涨跌幅的那段时间，上海证券市场交易量极小，有的股票甚至连续几天没有交易。深圳证券交易所早期的涨跌停板制度与上海证券交易所基本相同，但自1991年下半年起，深圳证券交易所已逐步取消了涨跌停板制度。

1992年3月，朱镕基在厦门召集上海、深圳两地领导人汇报证券市场工作，批评了上海的不足。上海方面很快开始着手解决上海股市发展的问题。其中的重要一步就是放开股价，取消涨跌停板。放开股价的意义在于尊重市场，充分利用市场规律调节市场。

其实，从1992年2月5日起，管理层已经开始逐步放开股价。2月18日，先放开延中实业、大飞乐两家公司的股价。结果两股价格大幅飙升。延中涨幅达到70%，大飞乐涨幅为46%。4月13日，又放开小飞乐、真空电子、浙江凤凰的股价涨跌幅至5%。5月21日，上海股市全面放开股票价格。饱受涨幅控制的上市新股突然爆发，成倍上涨。上证指数从20日的616点涨到21日收市的1265点，涨幅达105%。到5月25日，上证指数已飙升至1420点。上证指数及个股，不论绝对涨幅还是相对涨幅，都创下了股市空前的纪录。

当时的上海证券交易所总经理尉文渊是做了不少事情的。尉文渊1990年担任上海证券交易所首任总经理，当时上海证券交易所是中国人民银行上海市分行下面的一个处级单位，尉文渊也自嘲自己是全国最大的处长。但是中国人民银行在很多具体事情上对交易所的限制比较多，后来经过市里面协商，交易所被划到计划委员会下面，计委管得比较宽松，尉文渊很多事能自作主张了。尉文渊后来回忆："我花了很长时间做有关部门的工作，但阻力很大。最后迫不得已，我自主作了全面放开股价的决定，经过几个步骤，到1992年5月21日实现全部放开。当时那么做不少人有意见，有些人还提出要撤我的职。我也知道擅自'闯关'，个人可能要付出代价，在给市领导写信时也坦言准备被'撤职'。不过这一步总算走出来了。"

此外，在1991年股份制试点范围很小的情况下，上海股市关门练内功，建立以电脑自动交易无纸化中央结算为核心的业务技术体系，这也是尉文渊的功劳。他1990年境外学习考察回来以后要搞无纸化，所以后来1992年交易所上市的股票就没有纸质的了，就是在系统里登记一下。我1994年到新加坡学习考察时，他们的股票还是纸质的，1993年到纽约证券交易所考察股票也是纸质的，包括香港也是纸质的。所以，尉文渊的做法当时是很超前的，这套体系在全球证券市场上也是相当先进的自主创新和技术创新。可以说，如果没有当时建立起来的一套先进业务和技术体系，中国股市要发展到今天的规模，运行效率和成本都将是很大的问题。

全国性证券营业网点开始形成

1992年初，上海的证券营业网点只有几十个，而股民却有几十万，股市的火爆导致开市时间几乎所有营业网点都门庭若市，散户们排队挤得浑身湿透也不一定能抢到理想的买卖股票委托。在紧邻上海证券交易所的爱建金融信托公司营业部，许多股民扛着躺椅和被子通宵排队领委托单，原因是营业部太少，交易所席位不足，一个营业部一天只能完成几十笔交易，电话也没有，不得不限量发放委托单，导致很多投资者特别是中小投资者、散户无法买卖，当股价上涨投资者获利抛售时，众多拥挤在网点大厅里的股民往往抛不出去。按规定一块钱的委托单，黑市卖到200多元一张。许多股民纷纷要求增设证券营业网点。

按照当时的金融规定，金融机构是不可以异地设置机构开展业务的。但上海证券交易所大胆试、大胆闯，开始大规模吸收全国各地的证券经营机构作为会员，大幅增设场内交易席位，从最初25个扩大到1992年底的500多个席位。

中国人民银行上海市分行1992年下半年对证券网点开始给予大力支持，允许外地银行下属的信托公司在上海设立业务部，业务部成为交易所的会员，然后业务部下面可以设一个或多个证券营业部。这样全国股民就可以互相买卖股票，市场被打通了，上海的股市通过外地证券营业部的联接真正成了全国性的市场。

文化广场大摆摊

　　虽然外地证券经营机构可以在上海开设营业部了，但是营业部的设立，需要选址、装修、人员、设备、走程序，要正式开业尚需时日。由于证券营业部不属于证券交易所的管辖范围，一些外地的会员公司把营业部装修好了按规定就是不能开业，要走程序的。交易所和投资者都很着急，于是上海证券交易所根据一封投资者来信建议，在文化广场搞了一个超大型的证券营业部，文化广场当时可以容纳上万人在那里看表演，可以缓解由于证券营业网点不足造成的大量散户挤不进交易跑道的问题。尉文渊对此回忆说："其实文化广场的超级营业部从6月起到当年12月关闭，是违反规定开设的，那一年我做了不少这一类的违规的事情。"

　　1992年6月1日，在文化广场的证券营业部第一次开门，当天来了4万人左右，完全出乎交易所意料，文化广场装不下这么多人了。因为安全问题，准备不足，尉文渊不得不宣布临时关闭，弄得上海全市沸沸扬扬。考虑到当时确实有增设证券营业部的现实需要，在上海市政府有关部门的协调下，6月9日，重新布置安排的文化广场证券营业市场再度开业、恢复交易。数十家证券公司陆续进场，最多时有100余家。各公司一字排开，摆摊设点，每家有两部电话直通交易所。当时文化广场上经常出现这样的奇观：股价上涨，广

1992年6月至年底，文化广场内聚集了大批券商和投资者，场内股票交易火爆

场上一片掌声；股价下跌，广场上一阵叹息。大众的情绪在这个广场上被加倍放大，而在宽敞而开放的场所进行的自由交流，也使广大股民及证券从业人员接受了最直接、最通俗的股票及投资知识普及教育。上海本地早年的相当一大批股民、上海证券交易所会员中相当大的一部分，都从文化广场走出来，经历了文化广场证券大摆摊。开业之初，文化广场只接受卖单委托，主要先解决散户抛单难的问题，直到8月份，才开始受理买单委托。这一特殊历史条件下的"大摆摊"，一时也大大缓解了当时证券交易网点、设施不足的矛盾。

随着上海更多的证券机构如雨后春笋般地出现，文化广场交易点失去了存在的意义，管理层决定在12月23日后予以撤销，大型集中的散户市场完成了其历史使命。

深圳"8·10事件"

1992年8月10日，深圳发生了百万人抢购新股认购抽签表的风波。1992年8月7日，中国人民银行深圳市分行等联合发布1992年度《新股认购抽签表发售公告》，宣布发行社会公众股5亿股，发售抽签表500万张，一次性抽出50万张有效中签表，中签率为10%，每张抽签表可认购1000股。消息见报后，马上就有人在一些发售网点排起队伍。各地大量人群涌入深圳。深圳某邮局收到一个重达17.5公斤的包裹，里面竟然是2800张河南洛阳某乡乡民的身份证。而且当时进深圳要有特区通行证，很多人是开不到通行证的，深圳农民早已形成一条龙服务，带路钻铁丝网，每位40元。从8月7日下午开始，全市300多个发售点前就排起了长龙，排队者不分男女老少、已婚未婚，前胸贴后背地紧紧拥抱在一起，这样才能防止别人插队。8月9日凌晨，数十条长龙出现在深圳街头，少的几百人，多的几万人。尤其是深南路与红岭路交界的十字路口，左边的金融大厦排队人数达5万名，而右边的红岭大厦也有2万人，相隔不远的发展大厦也不低于1.2万人。仅深南路十公里沿线，排队的人就超过了

1992年8月10日，新股认购抽签表发售结束后的情景

15万，而人数不断增长，远超过官方预计的60万人。

8月9日上午8时，深圳市303个网点同时开始发售抽签表，但怪相频生。有的发售点仅开门营业没多少时间，便宣布抽签表卖光；有的数千人的排队队伍中，只有30多人买到抽签表；还有的发售点刚刚宣布卖完，便有"黄牛"手握数以百计的抽签表登台亮相，以每张500元至800元的高价四处兜售。晚上9时左右，所有的抽签表被宣布售完。上百万人兴冲冲而来，两天两夜苦候，却没有几人买到了抽签表。由于缺乏经验、组织工作不严密，再加上利用关系走后门等不正之风和舞弊行为，新中国股市历史上的第一个恶性事件在猝不及防中爆发。当天晚上，大量股民走上街头，打出"反对贪污，要求公开"、"反对欺骗，公平惩办营私舞弊者"等横幅，到市政府门前请愿游行。市中心各大马路全部瘫痪，商店被砸，警车被烧。8月10日晚11时，深圳市市长助理出面，会见请愿者，宣布了市政府的五项通告，决定再增发50万张抽签表以缓解抽签压力，但是人群仍未散去。至12时，警察与示威者开始发生冲突。深圳警方拘捕了12名"闹事分子"。8月11日下午2时，新增发的50万张抽签表兑换券开始发售，次日全部售完，秩序良好。当晚深圳市市长郑良玉发表电视讲话，号召市民识大体、顾大局，珍惜深圳经济特区来之不易的安定团结局面，事态才渐渐平息下去。事件导致深圳市委书记和市长均被调走。市委书记李灏是1987年从北京来的，"8·10事件"后调回北京，市长郑良玉则被调往江西。后来，上海市副市长庄晓天到北京开会的时候，朱镕基说："还是你们办得好。"

深圳"8·10事件"生动地展现出中国早期股市灰色的一面，并直接促成了全国统一的证券管理机构的诞生。

国务院证券委和中国证监会成立

在中国证监会成立前，股票市场由中国人民银行归口管理，下设金融机构管理司具体负责。但是当时股份公司的试点是由国家体改委管理，涉及国家计划项目、资金总量的事情则是由国家计委管理。此外，当时上市公司主要集中在上海、深圳，上海证券交易所和深圳证券交易所也都是由地方政府管理，但是股民却是全国的。这样的管理体制容易导致股票市场时而多头管理，时而无人管理的局面。

深圳"8·10事件"的爆发凸显了上述股票监管体制的弊端，由于技术问题没有处理好，结果导致了政治问题，这对中央的震动非常大。事件平息后，国务院决定成立专门的证券监管机构，1992年10月26日，由13个部委负责人组成的国务院证券委员会和负责对证券市场日常监管及执行决定的中国证监会成立。国务院副总理朱镕基兼任国务院证券委员会主任，刘鸿儒担任中国证监会首任主席。中国证监会的设立参考了香港的模式，即设立一个准政府机构，不属于政府部门，但执行政府职能。这样设计的原因在于证券监管的专业性很强，需要吸收专门人才，待遇要高于一般公务员。如果设立为政府部门的话，无法解决待遇问题。所以，中国证监会至今仍是事业单位。

中国证监会的成立标志着在统一监管方面的巨大进步，但成立之初还有一些遗留问题，比如证券经营机构仍归中国人民银行管理，上海证券交易所和深圳证券交易所在行政上归地方政府管理，但业务方面归中国证监会管理；国务院证券委员会下设了办公室，工作和中国证监会基本重复等。后来这些问题都逐步得到了解决，证券经营机构的管理由中国人民银行移交中国证监会，上海证券交易所和深圳证券交易所由中国证监会统一管理，1998年国务院证券委员会与中国证监会合并，办公室也并入中国证监会。

暴涨暴跌与政府救市

1992年5月21日，上海证券交易所全面放开股价，当天发生了"股市大爆炸"，上证指数从616.64点暴涨至1265.979点，各股平均涨幅达105%，新上市的二纺机等5只股票则分别上涨192%—470%。5月25日，上证指数继续向高峰挺进，指数达到1420.79点。其中豫园商城在5月21日、22日两天内完成了从7000元、8000元到9000元的三级跳，并最终于5月25日达到令人咋舌的10009元，成为一只天价万元股。5月29日，沪市平均市盈率达到疯狂的250.06倍。

物极必反，此后股指一路下滑，熊态初显。8月7日，上证指数跌至1005.95点，险些跌破1000点大关。8月9日周日，《新闻报》刊登了上海市体改委副主任蒋铁柱的讲话："最近上海15种股票的平均价格是面值的数十倍，若在此时，我们抛售一部分股，就能赚进数十倍的现金，对于平抑目前过高的股价也有积极作用。"8月10日周一，《上海证券报》又刊登了当日将举行第4次认购证摇号的消息。上午开盘后，股价即以排山倒海之势连续三天狂泻，最低跌至580点。

此轮大跌中，一些可以自营的证券机构受令进场托盘，一度起到了一点作用，使股市止跌回稳，但最终无济于事。上海某证券公司顾问后来谈及此事时说："8月5日左右，就开会通知，机构可以入市，做股票的自营，后来又增加了两家外地公司。但我们是独立核算自负盈亏的，面对这样的市场条件，怎敢冒托盘亏损的风险？8月10日上午，我们证券公司虽然按要求吃进了一点，但根本无济于事。"一位"红马甲"说："早些时候机构就试图托盘了，但没有成功。这些机构流露出这种想法：与其不死不活托不上去，还不如按市场规律行事，加速股价回复，到它所能承受的支撑点上去。"

当时上海市也采取一些措施即法人股不许上市，新股节奏放慢等等试图救市。当时也是因为股市不好，主管上海证券交易所的中国人民银行上海市副行长周芝石还受到人身攻击甚至威胁。《上海证券报》上"股市有风险，投资须谨慎"的标语，就是那时候由上海证券交易所首任理事长李祥瑞提出来的。

1992年10月12日，党的十四大召开，上海的新闻界评论"上海股市突飞猛进"，一改以往宣称"股市过热"的论调。报纸还称赞华夏、国泰、南方三大证券公司的建立，说这将对股价起到杠杆调节作用，给股民们带来将有托盘资金注入的希望。但反应平平。10月26日，上海参加第4批摇号的7家公司开始办理认购缴款手续，当日股市大跌，个股平均跌幅都在10%，10月27日，股市收于450点，再创新低。至11月13日，上证指数一度跌至393点，创下熊市以来最低点。就在此时，出现了两条利好消息：一是电真空、爱使、申华将拆细为每股面值1元；二是江泽民总书记将在中国证监会主席陪同下来上海考察。上海股市迎来了转机。11月23日，三只将拆细的老股电真空、爱使、申华与新股联农、冰箱压缩上涨，带动股指启动，截至11月30日，上证指数以724点收市，比10月底的507点上涨了42.8%。

1992年的股市特征与历史意义

回顾1992年的中国股市，可以发现其具有以下几个鲜明的特征：一是规模化。上市公司的数量、股票的数量、股民的人数、营业部、中介机构的数量都有了大幅的增长，并由上海地方向全国扩展。二是市场化。股价放开就是当时推进市场化的一项重要举措。直到1996年又套上了枷锁，上下涨跌停板幅度10%。三是法制化。当时的证券市场还有很多漏洞，很多制度也是从那时候起逐渐建立起来的。比如，当时证券营业部是可以挪用股民资金的，股市从1500点跌到300多点的时候，很多挪用股民资金的案子爆发出来，也因此抓了很多人，后来才规定了证券账户和资金账户分离的制度。四是国际化。我们一开始搞B股实际上也就是国际化，H股是1993年以后中国证监会搞的，当时我们做了很多创新。

1992年的股市发展进程对我国证券市场的发展乃至对我国经济的发展所产生的影响是极其深远的，它的历史意义至少表现在以下三个方面：

第一，它冲破了长达数十年的传统计划经济体制及意识形态的禁锢，在改革开放政策的推动下，出现了一批"吃螃蟹的人"。正是由于有了这些敢于改革、敢冒风险的人顶着巨大压力的大胆探索，才有了证券市场绝迹多年后的重新出现，也才有了此后我国证券市场超越常规的发展。

第二，这一年的证券市场在其发展过程中积累了大量的经验教训，从而为后来的大发展提供了许多极有价值的借鉴。比如，在法律法规的完善方面、证券监管体制的设计方面、股票发行方式的试验方面、证券交易所规则的制定方面等，这一年所暴露出来的问题和缺陷为后来的不断完善提供了不少鲜活的素材。

第三，股票市场大发展所透露出来的中国改革开放的坚强决心在国际上引起了强烈反响，也给国内民众以进一步坚定改革开放的信息。

1992年，是之前中国股市探索和积累到一定阶段后一个总的爆发、奠基和跃进的一年，具有深远的历史意义。

链接：

1992年开排的股票题材话剧和电影

1992年，上海青年话剧团排演了大型通俗话剧《OK，股票》，编剧赵化南，导演陈明正，任广智、徐凤、刘婉玲等主演。话剧展现了主角阿奈从下岗失业到炒股发财，从安分守己、唯唯诺诺到踌躇满志、大显身手，甚至下决心投资改制自己原来工作过的企业，使之起死回生；退休工人王伯伯购买认购证后的患得患失，怕吃亏，却又偏偏吃了亏，惶惶不可终日的心态，流露出典型的上海小市民意识；女强人陈纯的感情迷茫与事业成功、物质富裕的矛盾；小青年王发自始至终的投机钻营；大宝夫妇的小乐惠；李教授的书呆子气——这些住在上海石库门里有名有姓不同身份的人物，都被裹挟进了股市大潮，演绎出了一台妙趣横生的通俗生活话剧。

　　同年，由香港艺能电影有限公司、潇湘电影制片厂合作拍摄，潘虹、刘青云、王汝刚主演的剧情片《股疯》开拍，1993年陆续在全国上映。电影讲述了20世纪90年代初上海股市大潮刚刚兴起时，人们对于炒股达到近乎疯狂的程度，而由此引发的一系列具有搞笑风格的故事。影片中的莉莉是个相当泼辣的上海女人，阿伦是个香港炒股高手，到上海主要是想摸清行情，准备大捞一笔，两个不相识的人在一次偶遇中相识。在阿伦的帮助下，曾经的公交车售票员莉莉顷刻间成为上海股市里的"股神"。两个人炒股极其顺利，资产迅速增长了几十倍，不过两个人尽管赚了不少钱，但在感情方面都出现了问题。阿伦因为炒股冷落了女友，感情有了裂痕，而莉莉也因为炒股冷落了丈夫和家庭，家里的气氛跌至冰点。两人经过努力，不管在事业上还是感情方面，后来都取得了丰收，结局皆大欢喜。

　　"如果你要玩这游戏/请你一定得要想清楚/身份地位权势名利/一切都会因此而改变/有时飞啊飞上天/也有时摔得一翻两瞪眼/就像大海浪潮/涨涨跌跌/永不歇……"这首由孙楠演唱的《股疯》主题曲《浮沉人世间》，不仅唱出了股市的起起落落、人生的喜怒哀愁，也使得刚出道的孙楠在这一年正式加盟香港艺能动音有限公司。1993年10月，艺能为其制作了第2张个人专辑《我们都是伤心人》，收入此主题曲。

　　——编者撰录

第 **02** 编
市场主体谋发展

　　破茧而出，化蛹为蝶。新中国股市从无到有，在争论中艰难起步，在探索中跌宕起伏，是依靠眼光、信心、勇气和智慧，才能孕育出股市早年市场主体的一个个拓荒者。这些企业和个人艰难而曲折的奋斗史、成长史，共同构建了股市发展的重要历程。

杨铨谟，1931年1月出生，江苏镇江人。原任上海第十七棉纺织厂厂长兼总工程师。1988年8月起任上海市工商界爱国建设公司党组副书记、副总经理，怡荣公司首任董事长，上海爱建股份有限公司副董事长、常务董事、执行董事，爱建特种基金会副理事长，上海市老年基金会副理事长，中国企业家协会副会长，上海市第八届政协委员。曾荣获上海市先进生产者、上海市劳动模范称号。

爱建公司与股市往事

口述：杨铨谟

时间： 2019年1月22日下午

地点：杨铨谟上海寓所

采访：范永进、方蕾、沈霞

整理：沈霞

中国证券博物馆一楼展厅的玻璃柜内，陈列着一张20世纪90年代初上海爱建金融信托投资公司开具的证券成交凭证。这张凭证背后，反映的是中国改革开放后首家民营企业爱建公司与中国股市30年来的不解情缘。

大胆求新创设认款制

新中国第一股飞乐音响的董事长秦其斌曾在被问起是怎么想到利用股份

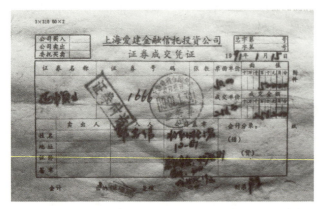

陈列于中国证券博物馆的20世纪90年代初上海爱建金融信托投资公司证券成交凭证

制搞活企业时，他就说："我在一次长宁区工商联组织的会议上，结识了一些老工商业者，听他们讲述了老工商业者集资筹建爱建公司的事情，作为大家集资的'爱建'公司，被倾注了许多的工作热情，经营得很是红

红火火，这启发了我，我也想到了我们公司需要扩大生产、但急需现金的事情……后来便提出了效仿爱建实行股份制的构想。"

我还听说新中国第一家证券交易柜台——静安证券营业部经理黄贵显在回顾中国证券市场发展时特别提道："爱建公司是改革开放后首家集资创办的民营企业，集资办公司的做法给股份制提供了启蒙。"

早在1979年，改革开放政策宣布后的第二年元月，邓小平同志发出对原工商业者"钱要用起来，人要用起来"的号召。随着党的十一届三中全会后对原工商业者落实政策，和其"社会主义社会自食其力的劳动者"身份的确立，广大原工商业者普遍感到欢欣鼓舞，激情高涨，纷纷表示要响应邓小平同志的号召，以实际行动投身经济建设，报效祖国。刘靖基、唐君远等老一辈工商业者迅速响应，他们从"实业救国"、"民主建国"中走来，在迎来改革开放后，又义无反顾地投身到"爱国建设"中去，积极倡议成立爱建公司，为报效国家，为祖国的现代化建设贡献力量。

作为"勇吃螃蟹"的第一人，爱建公司创建时，无法可依，无章可循，只能按照具体情况摸着石头过河。首要问题是爱建公司以什么方式组建并定位何种性质？由于当时处于意识形态十分敏感的氛围下，经过反复酝酿，老工商业者们决定不用"股份制""股东"的名称，而大胆求新用"认款制""认款人"名称，并将公司性质定位为集资经营的社会主义性质的企业。

认款人代表参加公司成立大会

这一大胆创新，打消了原工商业者及其亲属们的思想顾虑，集资认款工作意想不到的顺利。1979年9月22日，以刘靖基、唐君远为代表的上海市老一辈工商业者和部分海外人士1000余人共同集资5700余万元，在上海展览中心友谊电影院召开成立大会暨第一次认款人大会，创建了上海市工商界爱国建设公司。

爱建公司的认款资金全部来自民间自有资金，赋予了爱建民营企业的性质，这在当年计划经济体制下国有企业"一统天下"中是绝无仅有的，距日后民营经济蓬勃兴起的时代，爱建起码超前了10年以上。

同时，爱建公司的认款资金中含有23%的境外资金，这是极为特殊的。爱建筹资过程中，境外工商业者纷纷认款，香港中华总商会会长王宽诚认款570万元，香港实业家丁午寿、丁鹤寿昆仲认款288万元，荣毅仁胞弟、侨居澳洲的荣鸿仁认款100万元……爱建创建过程中含有境外资金成分，成为爱建的一个鲜明特色。1992年爱建改制上市，国家有关部门特许爱建境外持股人折股持有爱建A股股票，爱建一度成为绝无仅有的含有境外股东的A股上市公司。

今天看来，爱建公司实行的认款制与股份制企业筹集和吸收社会资金的形式和功能是一致的，且公司成立之初就按照现代企业制度通过了《公司章程》《董事会组织规则》《监事会组织规则》《执行机构组织规则》等，由认款人大会选举产生董事会、监事会，在公司内部构建起了既权责分明、又有监督制约的企业治理结构。但鉴于当时的特殊环境，认款制在分配方式的设计上另辟蹊径，约定认款人按照中国人民银行5年定期存款利率计算，只拿利息，不分股利，并且每隔5年可以收回认款，公司的盈余用于不断扩大再生产，继续发展祖国的社会主义现代化建设事业。

可见，爱建公司创设的认款制，是老一辈工商业者在吸收现代企业制度精华的基础上，通过糅合政治智慧而设计的一项符合时代需求的企业制度。在当时的企业制度环境下，爱建在企业制度上的突破创新是一个创举。它保障着爱建事业的稳步健康发展。同时，它的诞生和多年实践，为80年代上海股份制的破壳而出提供了有益的参考和积极的启示，也为国内企业实行现代企业制度的改造树立了标杆。

从认款制到股份制

爱建公司自1979年创办后，刘靖基等老一辈工商业者以"报国之日苦短、报国之心倍切"的热情，带领公司开疆扩土，不断壮大，房地产业、对外贸易、实业投资、金融信托四大板块全面发力，经营效益不断增长。

但随着一批批企业普遍向规范化、市场化方向发展，以及爱建公司业务的迅速拓展，爱建"认款制"中资金短期性和经营业务需要长期性之间的矛盾越来越突出。如何按照国家政策，在兼顾公司和认款人两者关系的前提下，研究深化企业体制改革，扩大资金来源，寻求可持续发展之路，"股份制"被提上重要的议事日程。

20世纪80年代中后期，随着上海飞乐音响等股份制企业的兴起，股份制这一形式受到了政府和市场的共同关注。虽然当时成立的一些股份制企业规模都不大，效益也有好有差，股份制的优越性尚未明显体现，但爱建老一辈工商业者早已睿智地意识到，实行股份制是公司改革的必然选择。

80年代末90年代初，董事长刘靖基多次向市领导汇报公司改制股份制的要求，得到了时任上海市市长朱镕基、副市长黄菊的同意、鼓励和支持，并委派副市长庄晓天具体联系、指导。

在推进改制的过程中，第一步是在自愿的基础上，将"认款"正式转为"认股"，将"认款人"转为"股东"。第二步是要妥善处理公司历年来累积的自有资金。经反复研究，并经市政府批准同意后，以自有资金成立了上海工商界爱国建设特种基金会，作为爱建股份公司的大股东。第三步是明确爱建股份公司和上海工商界爱国建设特种基金共同传承发扬公司创业时"爱国建设"的精神，继续为上海的繁荣振兴、为祖国的现代化建设事业贡献力量。

1992年7月2日，上海市工商界爱国建设公司改制为上海爱建股份有限公司的申请正式获批，批复明确同意，对原认款人转股按原金额换成等额股份，在公司成立两年内不得转让；公司在境外的原认股人特许与境内认股人同样折股，特许境外个人股股东持有A股等。同年8月4日公司发行新股，共募集资金3.15亿元，连同原认股转为股份金额1.05亿元，合计4.2亿元。

发行新股顺利完成后，1992年9月22日，上海爱建股份有限公司在上海友谊会堂电影院召开成立大会暨第一次股东代表大会，标志着爱建股份公司正式诞生，并于1993年4月26日在上海证券交易所上市，成为了一家颇具知名度的综合类上市公司，先后入选"道琼斯中国88指数""上证30指数"等样本股。

爱建信托参与资本市场建设

爱建公司从20世纪80年代中期便积极参与推动上海金融改革开放，并在上海证券交易所诞生前后就参与到了资本市场的建设发展中。

1986年7月26日，中国人民银行总行发出了一张特殊的经营金融业务许可证——"银证字第0408号"，批准爱建公司全额投资创办的子公司——上海爱建金融信托投资公司[1]为金融机构。1986年8月26日，新中国首家民营非银行金融机构由此诞生。爱建信托成立后成功发行了国内首个规范的资金信

---

[1]　现上海爱建信托有限公司。

1986年8月26日，新中国首家民营非银行金融机构——上海爱建金融信托投资公司在上海市香港路59号诞生

托产品——上海外环隧道项目集合资金信托计划，参与东方明珠电视塔财团专项融资，为上海企业设备更新、技术改造、出口创汇筹款，在一系列"第一"中展现了民营金融机构的活力，也有力地支持了上海的经济发展。

时任中国人民银行上海分行行长龚浩成曾特别提到，"80年代，中央要求同时打开南北两边的金融局面，同时从西方学习信托投资公司经验，将信托引入中国市场。不得不说，爱建信托的设立正是顺应了当时改革开放的需要。当时，中国人民银行总行领导十分关注与支持爱建的发展，要求我做好爱建的工作。1987年，中国人民银行总行行长陈慕华来到上海，除考察金融工作以外，到爱建考察，还亲自去到刘靖基家里。"

1987年2月，上海爱建金融信托投资公司证券部在香港路59号成立，是上海证券交易所首批发起会员之一和深圳证券交易所会员之一。证券部从1987年起经营各年国库券、保值公债、金融债券、国家重点建设债券、企业债券及地方政府债券，代理发行企业短期融资券和普通股票。

1989年4月，爱建信托公司在黄浦路53号[2]设立证券营业部，主要从事债券业务。1990年12月19日，上海证券交易所在黄浦路15号成立开张。位于金山路与黄浦路交叉口，和上海证券交易所仅一路之隔的爱建黄浦路营业

[2] 现海湾大厦。

部主营业务从债券业务转为股票业务。得益于得天独厚的地理位置，爱建黄浦路营业部见证了中国股市的发轫与快速成长。

上海爱建金融信托投资公司黄浦路证券营业部

党和国家领导人江泽民、杨尚昆、李鹏、朱镕基等视察上交所后，都曾经过爱建黄浦路营业部；新中国第一代证券交易员都知道上交所旁有一家叫爱建的证券营业部；新中国第一代投资者"杨百万"[3]等都曾在爱建黄浦路营业部从事过国债、股票交易。

在上海市黄浦路上，股民用望远镜看爱建黄浦路营业部内股票行情。这也是在前网络时代股票市场常见的景象

由于当时证券网点数量很少，爱建黄浦路营业部又具备地理优势，营业部的人气很旺，排队办理业务、观望行情的股民络绎不绝。一度有许多股民扛着躺椅和被子通宵排队领委托单，就连时任上交所总经理尉文渊也经常会到该营业部观察股市行情、调研股民情况等。还有一位股民留下了一张在黄浦路路边用望远镜看爱建黄浦路营业部股市行情的老照片，成为了反映股市早年岁月的经典影像。爱建黄浦路营业部也给新中国老一代证券从业者、投资者都留下了无法抹去的记忆。

90年代初，上海的证券公司仅有申银、万国、海通三家，但各信托公司

---

[3]　　即杨怀定。

下属的证券部都可以从事证券业务。爱建信托公司凭借自身实力，积极参与资本市场发展。

1991年8月，爱建信托公司第一次开展承销发行业务，与申银证券共同承销发行了新中国第一股"小飞乐"及"老八股"之一"爱使"新股。当时，小飞乐与爱使分别增发16.5万股和10.65万股社会公众股，股票面值为50元，溢价分别为70元和60元，但是当时上交所已挂牌的小飞乐成交价为571元、爱使为477元（面值为100元）。巨大的差价给火爆的股市火上浇油，股民买股票的心态几近疯狂。

杨铨谟接受采访后合影，左起沈霞、杨铨谟、范永进、方蕾

为了应对股票热，防止拥堵发生，爱建信托与申银证券共同商定，放弃原先在各自营业网点开展发行工作的设想，决定租用虹口体育场，利用体育场宽阔的场地和众多的进出口通道来保证安全高效地完成发行工作。这一想法得到了虹口公安分局和虹口体育场领导的赞赏和大力支持。事后，发行的火爆场面也证实了这个决定是非常正确及时的。这一有预见性的周密决定令发行工作获得圆满成功。通过这次发行工作的检验，爱建公司整体形象和员工队伍在社会上和业内都赢得了广泛的好评和认可，此后证券业务收入连年增长，经济效益大幅提升。爱建信托成为了当时仅有的25家有一定影响力的证券金融机构会员之一，排名第5位。

2002年，根据信证分离的政策要求，证券业务从信托公司分离，爱建证券公司正式成立，旗下业务不断扩展，走出上海，布点全国，成为了一家全国性的证券公司。

回望资本市场波澜壮阔的发展历程，爱建公司在启发股份制的诞生、建立与完善法人治理结构、妥处境外股东持股问题、外资企业重组境内企业、参与促进资本市场发展等许多方面作出了积极探索与试验。爱建这个特例为推动公司制度的建立和完善、促进证券市场的发展与繁荣，贡献了智慧和力量。

链接：

为何爱建公司没能成为第一批股份制企业？

上海市工商界爱国建设公司在筹建过程中遇到了一个普遍存在的问题：大家一方面愿意拿钱参加建设，另一方面又怕被看成进行剥削，怕当资本家。所以，在酝酿章程的过程中，大家反对用股东的名称，主张用认款人的名称，甚至是否叫"公司"，设不设"董事""监事"，在开始时也有不同意见，主要是怕企业被误认为是资本主义企业。特别在认款利息方面，反对分配红利，否则又是在进行剥削了。经过多次反复研究，我们对这些问题，都在章程中做了相应规定，明确提出公司是"集资经营的社会主义性质的企业"。

明确这个性质不仅是为了顺利筹集款项，还主要是由它的具体情况和具有的特点决定的。首先，从经营的目的来看，章程明确"本公司以爱国建设为唯一宗旨，不以私人盈利为目的。根据自愿的原则，筹集上海市原工商业者的多余款项，为祖国的社会主义现代化建设事业贡献力量"。其次，从经营获得利润的分配来看，章程明确"本公司经营业务所获得的利润，除依法缴纳国家税金外，全部作为公积金，继续用于发展祖国的社会主义现代化建设事业"。"提供资金的利息，每五年结算发付一次，按照中国人民银行规定的五年定期存款利率计算。"

——摘自宗之琥：《对爱建公司性质的一些看法》，载《同舟梦 爱建情——企业纵横看爱建》，中西书局2016年7月版。标题为编者另拟。

顾培柱，1947年9月出生，上海人。曾任上海电子管二厂副厂长，上海电子管六厂厂长，上海灯泡厂厂长，上海真空电子器件股份有限公司常务副总经理、副董事长、董事长，上海仪电控股（集团）公司人事部经理、组织部部长，上海广电（集团）有限公司副总裁、上海广电（集团）有限公司总裁、上海广电电子股份有限公司董事长。为电真空股份制改革的亲历者，A股、B股发行的直接参与者。

胡之奎，1965年5月出生，上海人。1986年7月大学毕业后，先后担任上海科技大学、上海交通大学教师、上海真空电子器件股份有限公司董事会秘书（中国大陆第一批董事会秘书之一）、上海市资产重组领导小组办公室工作主任科员、上海开诚投资有限公司副总经理。现任上海华鑫股份有限公司董事会秘书。

"真空电子"——证券市场国企改革的开拓者

口述：顾培柱、胡之奎

时间：2019年6月18日上午

地点：中国证券博物馆

采访：范永进、唐旻红等

整理：唐旻红

说起"老八股"的龙头——上海真空电子器件股份有限公司[1]，老股民们耳熟能详。它是新中国上市公司中最年长的一员，是国内首批发行B股和大中型国企发行A股的上市公司，是国企改革的开拓者和先行者。它伴随着中国的证券市场走过了30多年的风风雨雨，经

2019年6月18日，小飞乐原董事长秦其斌（前排左三）、爱使原总经理秦国樑（前排右三）、电真空原董事长顾培柱（前排左二）、申华原副总经理杨焕凤（前排右二）等"老八股"创始人，及股市早年资深参与者、爱建集团党委书记范永进（前排中）和股市见证记录者陆一（后排右四）等，在中国证券博物馆交流座谈后合影

历了改革开放大潮的洗礼。作为电真空股份制改革的亲历者，A股、B股发行的直接参与者，回忆20多年前电真空股份制改革的那段时光，依然记忆犹新。

大中型国企，A股上市第一家

"真空电子"系由原上海市仪表电讯工业局下属的上海市电真空器件工业公司改制而成，主要生产显像管和电光源两大类产品，当年是全国电真空行业的重点骨干企业，员工达18000余人。为了适应我国彩电工业发展的需要，1986年，电子工业部和国家计委批准上海建设一个年产100万只18英寸彩色显像管项目。这一项目至少需要5亿多元投资，根据中外合资法的规定，注

---

[1] A股代码:600602;B股代码900901。

册资本不得低于总投资的三分之一，且"真空电子"在合资企业的股权比重为75%，因此公司自筹资金必须达到12500万元。当时电真空公司下属工厂没有一家有能力单独搞这么大的项目。经上海市政府有关部门与公司的共同探讨研究，决定以其中5个工厂为基础，组成资产经营一体化的经济实体，同时公开向社会发行A股股票，募集项目所需的部分资金计5000多万元人民币。

1986年12月25日，经上海市人民政府经济体制改革办公室、上海市经济委员会、上海市财政局以沪体改（86）第8号文批准，电真空公司以其所属的上海灯泡厂、上海电子管厂、上海电子管二厂、上海电子管四厂、上海显像管玻璃厂和电真空公司本部为基础，组建上海真空电子器件股份有限公司，这是新中国国有大中型企业改制为股份制企业的第一家，此举开创了中国国有企业改革的先河。

1987年1月10日，公司经上海市静安区工商行政管理局登记注册设立，注册资本人民币14,244万元。12日，中国人民银行上海市分行金融行政管理处以（87）沪人金股字第25号文批准公司发行股票，每股面值100元，总额为2亿元。其中除原组成公司的各厂资产折合的国家股份金额为14,244万元外，并批定依据项目用款进度，分期发行单位股（即法人股）和个人股（即自然人股）共5,756万元，分批向社会发行。

1987年1月，公司第一批发行自然人股1,450万元。1988年4月第二批发行股票2,096万元，其中向法人发行199万元，向自然人发行1,250万元，同时上海电真空器件研究所和上海电子管三厂重估清查资产加入折合国家股647万元增加国家股份金额。1989年第三批发行自然人股2,210万元。发行结束后公司注册资本增至人民币20,000万元。 1990年12月19日公司A股股票在上海证券交易所挂牌交易，股票名称"真空电子"，股票代码"600602"，成为上海证券交易所第一批8家上市公司之一，成为史称"老八股"的"龙头股"，以51.09万的流通股，每股面额100元，占整个上海证券交易所股票流通总量的60%以上，当时被称为证券市场的"航空母舰"。

"真空电子"的发展史是中国国有企业在改革开放进程中的缩影，是国有企业在改革开放进程中勇敢的开拓者。她的命运与中国大陆证券市场的成长紧密相连。

20世纪80年代末90年代初，伴随着我国国民经济的发展和人民生活水平的提高，黑白电视机虽已相当普及，但并不能满足人们对彩色电视机的渴求。"真空电子"抓住机遇，用首次发行A股募集资金，投资建设了当年市1号工程的上海永新彩色显像管有限公司项目，使其得以快速成长，很快发展为全国高新技术百强企业之一，改变了国内彩管严重依赖进口的局面，实现了从黑白向彩色显像管的产业升级，同时经营规模也有了突飞猛进的扩张。

"真空电子"以自己的努力开拓，开启了大中型国企在中国资本市场一马当先的篇章！

率先发行B股，开启引资新路

梳理公司B股发行的历程，也有一些重要节点。

1991年11月29日，上海市人民政府新闻处在国际贸易中心举行中外记者新闻发布会，正式宣布上海首次向海外发行新中国第一批人民币特种股票。经中国人民银行批准，上海真空电子器件股份有限公司溢价发行1亿元金额、计100万股的B种股票。每股面额为100元，每股以净价400元发行。

12月30日，时任上海市市长黄菊、国家体改委副主任刘鸿儒、上海市副市长庄晓天、交行董事长李祥瑞、工行副行长张庆寿、国务院生产办公室秘书长石万鹏等，参加公司股票发行签字仪式。公司董事长、总经理薛文海与上海申银证券公司总经理阚治东签订了B股总包销协议，并由瑞士银行、美国所罗门兄弟国际有限公司和香港新鸿基投资服务有限公司在境外分销80%，上海海通、万国证券公司境内发行20%。承销协议签字后，公司总资产中的外资比例已达到33%，上海市外资委和市工商局当场为公司颁发了中外合资有限公司的证书，以及营业执照。

真空电子发行B股的消息在《上海证券报》发布后，引起巨大反响

1992年1月4日，公司作为中外合资股份制企业宣告正式开业，并在本市主要媒体上刊登了企业法人登记开业公告。2月21日，电真空B股上市即赢得开门红，股价从71美元一路上升至92美元以上，受到境内外投资者的青睐。

公司成功发行B股，被当时境内外媒体称为我国经济金融体制改革和企业股份制试点的重大突破，开启了中国企业利用股权形式引进外资的帷幕，为国有企业股份制改革提供了可复制的路径和经验。

公司B股发行是继1986年率先成为国有大中型股份制上市企业之后，又一次担当国企改革的"弄潮儿"。这种"敢为天下先"的气魄和勇气，其背后的支撑是我国改革开放和企业股份制试点的政策，是各级政府、社会各界的支持和帮助，还有公司领导敢于创新的胆识和智慧。

1990年6月，时任上海市市长的朱镕基在访问香港后，提出用股票吸引外资的设想，而电真空也想对彩色显像管的主要部件玻壳生产线进行投资。也正是这时，我被指派专门负责彩色显像管玻壳生产线项目。

改革往往是外部环境和内在需要合力促成的。1991年初，已经发行A股的电真空想对玻壳生产进行升级换代，需要外汇资金来投资永新彩管配套的玻壳项目。当时以薛文海为总经理的公司经营班子，在A股成功发行之后，目光又盯上了国际资本市场，把其作为下一轮筹集资金的目标。薛文海与时任上海申银公司总经济师黄贵显在发行B股的想法上一拍即合，并有了公开发行B股的基本构思。薛文海把发行B股的想法在党政班子会上提了出来，大家均表示了赞同。公司班子经过研究后决定，委托上海仪表电子经济事务所和申银证券公司对公司发行B股展开可行性研究。此后，公司抽调人手，搭建了一个由薛文海为总负责、我作为协助的工作班子。

公司一直是搞生产经营的，干部当中鲜有懂金融的人才，而且国家当时对外资实行管制，如何到境外发行股票，通过资本市场把外资引入进来，对此我们既缺乏理论知识，也没有现成的样板、案例可供学习，只能是摸着石头过河，边学边做。经过几个月的努力，公司先后拟定了《发行B股吸引外资，改制为中外合资股份有限公司的方案》《上海真空电子器件股份有限公司（中外合资）章程》等文件，为B股的发行做好了比较充足的准备。我可以自豪地说，即便以今天的标准来衡量，公司发行B股提交的"招股说明书"也算得上是相当规范的。

1991年6月，中国人民银行上海分行开始起草《上海市人民币特种股票管理办法》及其《实施细则》，在听取了上交所及万国、申银、海通等证券公司和有关部门的意见后，经过14次修改，于11月22日和25日正式定稿。而电真空发行B股的方案于1991年7月上报，11月得到批准，获准发行B股1亿股，共计募集到了6700万美元，相当于4.2亿元人民币的外汇。

从1992年到1997年的6年间，国内B股市场每年以十几家的速度增长，其间的1993年，上市的B股达到了22家的历史最高纪录。电真空作为国企股份制改革"吃螃蟹"的人，不仅是开了B股上市的先河，为企业引进外资探索出了一条新的途径，也给其他企业发行B股提供了许多可以借鉴的经验。

上有鼎力支持，外引管理模式

"好风凭借力，送我上青天"。我一再强调，公司成功发行B股，离不开我国改革开放、金融体制改革、上海证券市场发展，以及国企股份制改革的大背景。领导和政府部门向我们提供了许多政策支持和操作指导。

时任国务院副总理的吴邦国同志，一直非常关心公司改革和发展工作，多次指示有关部门要认真研究和协助解决电真空B股发行中遇到的各类问题。

时任上海市市长黄菊对公司发行B股用于生产发展和技术改造，给予了充分肯定。当时的上海市副市长庄晓天亲自关心和督办公司B股上市的有关事项。

黄菊同志在出席公司B股签约仪式上指出，人民币特种股票的发行是我们改革开放过程中的一件大喜事，它标志着我国改革开放在筹措海外资金方面探索的又一种新形式；标志着我国举办中外合资企业在合资形式方面又进行了一种股权投资的探索；也标志着我国按照计划经济和市场调节相结合的运行机制又有了一种新的实践。我们希望通过这次发行B种股票，将会推动上海证券市场进一步走向世界，并在全国发挥更大作用。

国家体改委副主任刘鸿儒高度评价公司发行B股这一举动。他说，在我国采取股本融资，发展证券市场，不仅有助于把一部分社会闲散资金转化为长期稳定的建设资金，促进储蓄有效地转化为投资，而且会对经济体制改革，特别是企业体制、投资体制、资产管理体制的改革都将产生深远的影响。

按照国际惯例，各国对B种股票的发行一般都相当重视和谨慎。而我国证券市场起步晚，这方面可以借鉴的经验不多，各项工作都要从头摸索。尤其是规范B股的相关法律比较少，这就使得B股上市过程相当复杂。但值得庆幸的是，我们的上市工作始终得到了国务院、上海市政府等各级政府部门的大力支持。政府有关部门经过研究决定，电真空B股上市，暂时套用香港现有的金融、证券法规，从而为B股上市扫除了法律障碍。

公司B股从酝酿、设计、报批、谈判、签订协议，一直到正式上市，能在一个相对较短的时期内完成，这是政府、领导和社会各界，以及公司共同努力的结果。此外，负责境外销售的外方承销公司也表现出了相当高的热情予以配合，使公司B股顺利发行工作有了好的基础，并出现了认购爆满的火爆景象。可以说，这既是海外投资者对电真空的认可，更是对中国改革开放和经济建设充满了信心。

事实证明，我们的改革决心经过实践证明是非常正确的。电真空实施股份制改革，不仅推动了电视机显像管的两次产业升级，而且国有资产也有了大幅度的增长，还不断提高了对其他资本的控制力。公司发行股票筹措资金成立的永新股份，11年时间的产出已经超过了当时投入时的11倍。

1991年11月30日，上海真空电子器件股份有限公司举行人民币特种股票（B股）首次发行签约仪式

发行B股不仅吸引了国际资本，还扩大了海外影响，并让内地公司与境外公司接轨，推动完善公司治理。公司在发行B股之后及时完善了法人治理结构，根据招股说明书的承诺，引进了独立董事，形成了国有股权代表、外资股权代表、社会经济学家和职工代表共同组成的董事会。这比2001年8月中国证监会颁布的《关于在上市公司建立独立董事制度的指导意见》中规定所有上市公司在2002年6月30日前，董事会成员中应当至少包括2名独立董事的要求，整整早了10年时间。

此外，公司还按照中外合资企业的做法，从分配经营机制入手，对企业内部进行了一系列改革。在分配制度上，当年公司定了一个浮动工资奖金制度，将职工利益完全和企业利益挂钩，这在今天看来没什么新意，但在当时是一件开拓创新的事情。

从引进外资的角度来看，发行B股探索了在当年国家急需外汇时，除中外合资、中外合作等形式外，筹措海外资金的一种新形式。电真空通过发行B股募集回来的外资，既解决了为彩管玻壳生产线建设的部分资金问题，也迈出了中国资本市场国际化的第一步，B股发行架设了一座连通世界经济的桥梁。

增发新股方案，引入"战略投资者"

"真空电子"第一次产业升级发的是A股，第二次想做大屏幕彩管，发了B股，是向海外发行的。第三次公司想做更升级的产品，后来还投资做液晶面板。这样的话，投资量就大。当时公司想把产业升级，一下子用的钱量又大，为什么不配股呢？因为A、B股审计标准是不一样的，B股用的是IAS境外审计标准，一家公司AB股的审计差异较大。如果要配股的话，按净资产属低原则，不少A+B股的公司就不达标。那怎么办呢？

公司1999年就搞增发新股，当时采用了一个新模式，即老股东10配4，再引进战略投资者。当时市场对增发行为还不太认同，一下子要在短时间内去找那么多的战略投资者很难，这时靠的就是平时的一些朋友。当时我陪董事长一家一家跑，如江南重工、申能股份、上海汽车、上海实业等公司。平时我们之间就有比较多的交流，他们也比较了解公司各方面的情况，所以都愿意成为公司战略投资者。这从一个侧面也显示出投资者关系管理的重要性。

90年代中期以前，是"真空电子"以黑白显像管为主导产业的阶段。在这一时期，公司的技术研发机构主要从事电子真空器件的研究及显像管相关技术的开发。公司下属企业以黑白显像管为主导产品，技术部门主要为显像管系列产品提供生产技术支持。然而，黑白显像管行业市场的急剧下滑使公司的经济效益也陷入困难的境地，而此时"真空电子"的第一次产业升级已从酝酿走向实施。

90年代中后期是"真空电子"以彩色显像管为主导产业的阶段。在这一时期，公司的彩色显像管产业得到了迅速发展。上海永新彩管、上海旭电子玻璃、上海新芝等"真空电子"在20世纪80年代末至90年代初投资建立起来的项目，经过不断地投资、改造，已经开始取得了较好的收益。彩色显像管产业逐步成为公司新的支柱产业和重要收入来源。此外，公司还与国外大公司合资建设了松下微波炉、松下磁控管和索广映像等合资公司。20世纪90年代末，公司紧紧抓住产业调整、升级这一主线，积极摆脱计划经济时代留下的观念束缚，在组织结构的重组、经营机制的探索、分配机制的改革和突破等方面走出了一条以市场为导向、符合现代企业制度要求的、面向国际的企业管理创新之路。公司按照"清理整顿，加强管理，盘活存量，持续发展"的目标，开始对一批已不适应市场要求的以黑白显像管产业为代表的企业进行了调整与重组。

在发展彩色显像管产业的同时，"真空电子"的眼光还投向公司中期发展战略的制定与实施工作。为此，公司专门成立专业小组，根据自身行业特点，对未来的产品发展方向进行了广泛的市场调研和可行性研究。1998年，形成了"长短结合、全面跟踪、重点突破"的发展方针，并确定将新型平板显示器件作为公司今后的重点发展产业。

1999年11月25日，上海真空电子器件股份有限公司经中国证监会批准，在《上海证券报》刊登增发新股招股意向书。本次共公开发行1.29亿股新股，A股，其中，64,093,230股（约49.7%）向原有A股流通股股东按照10∶4的比例配售，64,906,770股（约50.3%）向机构投资者，即战略投资者和证券投资基金网下配售。每股面额1元，发行价10.18元/股。1999年12月8日，增发新股（A股）圆满完成，共募集资金12.78亿元。募集资金主要投资PDP、LCD和VFD等新型平板显示器件项目，为公司主业向新型平板显示产业的升级奠定了基础。

"真空电子"此次增发新股选择大比例的战略投资者有着对自身长远发展的考虑。面向证券投资基金配售，则是对一种成熟的机构投资者队伍的政策倾斜，是与市场的一种结合。而向社会公众股老股东按比例配售，也是对老股东利益的一种保护。"真空电子"增发新股方案作出这样的设计，也是对完善新股增发方式的一种有益尝试。

"真空电子"在选择战略投资者上的深刻用意，首先在于看重长期战略伙伴关系，选择与自己有紧密业务联系的企业作股东。他们都与"真空电子"有着不同形式的战略合作关系，或是投资、业务合作伙伴，或是原料、能源的供应商，或是产品的经销商。这样有利于加强发行人和业务关联人之间已有的战略合作关系，提高相互间的认知程度和利益相关性，更好地协调今后相互间的往来业务，促进双方共同发展。而且，由于战略投资者对"真空电子"的认知和影响，不易为一时的股价波动而产生短期的市场行为，相反会督促、帮助"真空电子"保持资产运作素质的稳步提高，从中获取长期稳定的投资回报。

其次，"真空电子"寻找到一种维持股票波动稳定、保证股票价值真实体现的支持力量：战略投资者持股期限虽然不得少于半年，但也存在到期抛售股票的可能。一旦这种行为发生，容易加剧发行人股票的波幅。"真空电子"这种方式，在发行人和战略投资者之间建立起一个更为平衡的利益约束关系。6个月的时间并不长，选择这样的战略投资者，对"真空电子"来说才是长期性的，才是最有价值的。

"真空电子"引入"战略投资者"的做法，给了证券市场一个重要的新启示。2001年6月，"真空电子"更名为"广电电子"，2012年6月更名为"仪电电子"，2016年6月更名为"云赛智联"。"真空电子"踏上了继续创业之路，和其他上市公司一起共绘中国证券市场新的蓝图。

链接：

人民币特种股票（B股）的诞生

20世纪80年代后期，上海市外资委、上海市体改办、中国人民银行上海市分行等部门就开始研究如何通过发行股票筹集外资的问题。那时，一些"三资"企业需要追加投资时，中方经常因为缺少资金陷于被动，但是又不想降低在企业中的持股比例。于是，中、外双方就考虑发行股票解决资金问题，以保证各自的持股比例不变。中美合资上海施贵宝制药有限公司就曾计划发行股票给海外投资者吸引外资。一些港澳台同胞、海外华人和外国人也希望突破传统的"三资"形式，通过购买中国企业发行的股票进行投资。

与此同时，理论界也一直对通过发行股票筹集外资的设想和思路进行探讨，为此还召开了许多研讨会。1990年4月18日，李鹏总理在上海宣布开发开放浦东，包括建立上海证券交易所的政策后，在需要大量引入外汇资金的背景下，研究如何通过发行人民币特种股票（简称"B股"）引入外资的课题提上了工作日程。1990年6月，时任上海市市长的朱镕基在香港考察时，提出以股票形式吸引外国投资者到上海投资将是一条利用外资却不用举借外债的思路。

于是，一些国内企业闻风而动，对发行股票吸引外资跃跃欲试，积极性最高的是"电真空"。一些著名的海外投资机构对共同发行中国B股表示了极大的兴趣，希望能够参与其中。

时任电真空董事长兼总经理薛文海
在相关浦东开发与资金筹措会上发言

进入1991年11月，"电真空"在发行B股的工作上加快了进度，发行方案明朗化。上海申银证券公司也先后与近20家国际知名的具有实力的证券投资公司接触，并就发行价格、会计报表制度和行销协议等问题与它们展开了一轮轮的谈判，很快启动发行程序。

1992年2月21日，"电真空"B股在上海证券交易所挂牌交易。几天后，深圳南玻B股在深圳证券交易所上市交易。在这以后，上海、深圳两地又有许多企业发行了B股。外国投资者可以分别通过美元、港币在上交所和深交所自由买卖B股，实现其对中国企业的投资。

人民币特种股票（B股）的诞生是股份制试点的一项开拓性的工作，是我国以"三资"形式吸引外资后，运用股权投资形式引进外资的新尝试。至此，中国证券市场开始迈出与国际证券市场接轨的步伐。

——摘自魏华文同名文章，载《中国股市早年岁月（1984—1992）》，上海人民出版社2007年12月版。

杨国平，1956年4月出生，上海人。曾在上海市杨树浦煤气厂、市公用事业管理局办公室、市出租汽车公司等部门和企业担任负责人。现任大众交通（集团）股份有限公司董事长兼总经理、上海大众公用事业（集团）股份有限公司董事长、上海交大昂立股份有限公司董事长、上海大众燃气有限公司董事长、中国出租汽车暨汽车租赁协会副会长、上海小额贷款公司协会会长。1994年当选上海首届十大杰出青年，1995年当选全国第五届十大杰出青年企业家。

"东西大众"与证券市场同成长

口述：杨国平

时间：2018年8月14日下午

地点：上海大众大厦

采访：范永进、谢黎萍、沈惠民、唐旻红等

整理：沈惠民

今年是改革开放40周年，在这样的时间节点，回顾中国股市的发展历程，探寻股份制的发展轨迹，对于我们继续发扬开拓创新精神，规范上市公司运作，加速我国证券市场国际化进程，很有现实意义。我本人既是中国早年股市的见证者，又是"大众科创"和"大众交通"（简称"东西大众"[1]）这

---

[1]　"大众科创"位于上海浦东，"大众交通"位于上海浦西，故又合称"东西大众"。

两家公司的参与者和建设者。在企业股份制运作的探索与实践中，"东西大众"较好地、有效地利用上市公司在证券市场中的筹资功能，迅速扩大了企业的经营规模，并通过资本市场优化资源配置，提高企业资产经营和资本运作的能力，资产规模逐年扩大，净资产利润率平均保持在10%以上；同时推进了企业制度创新、组织创新及经营创新，实现了企业超常规发展。伴随着我国证券市场一起发展壮大，"东西大众"成为股份制试点的排头兵。

贷款组建"大众"刮起"红色旋风"

"东西大众"的成立都处在我国计划经济向市场经济转轨的历史时期，处于我国证券市场刚刚起步的阶段，这就注定它们的发展从一开始就具有复杂性和挑战性。

作为企业的经营者，我的体会是，一方面要学会以新的思维方式和运作方法，应对企业在向市场经济转轨中出现的各种问题，善于分析判断并能迅速作出反应，使企业在激烈的市场竞争中保持优势地位；另一方面要克服股份制试点初期，由于法规的不完善及市场的不成熟给企业运作带来的阻力，在探索中求生存，在规范中求发展。我们始终坚持了这样一条原则：只要有利于企业发展的事，我们就要争取做；不去做，那就什么都不会成功。

"大众科创"，即原浦东大众，于1991年12月发起设立，是继"老八股"后，在浦东新区发行的第一只股票，是全国出租汽车行业中第一家股份制企业。"大众交通"，原大众出租，于1992年5月改制并向境内外发行股票，是全国出租汽车行业中首家发行A、B股的上市公司。

回顾"东西大众"这些年来所走过的路，值得骄傲的是，在改革开放方针指引下，我们能够坚定信念、抓住机遇、踏准节拍、勇于开拓，努力取得了好成绩。其中最大的收获是，在股份制运作的探索与实践中，使我们学到了许多书本上学不到的知识；也品尝到在股份制探索过程中的酸甜苦辣及成功的喜悦。

上海市大众出租汽车公司挂牌

1988年，为整顿上海出租车市场，改善上海投资环境，根据中共上海市委和市政府的决定，新组建的上海市大众出租汽车公司贷款6000万元，以首批500辆出租车的规模穿梭在大街小巷。在服务上也是高标准、严要求，在上海出租汽车行业刮起了一股"红色旋风"，受到了社会广泛好评，时任上海市市长朱镕基称赞为"为出租汽车行业树立了一面红旗"。

与此同时，企业在体制、机制上的弊端却制约了企业的发展。例如，在分配制度上，由于受传统的"消费基金"的限制，新公司的"大前方，小后方"的精干组织结构和奖勤罚懒的分配方案受到了严峻挑战。另外，上海出租汽车行业当时仍处在供不应求状态，企业要增加车辆，又受到资金限制，靠向银行贷款购车，企业的发展跟不上市场的发展。为此，公司决定探索一条不同于国有企业的发展新路。

"浦东大众"引出"股票认购证"

1991年初，我请当时上海市体改办企业处处长蒋铁柱、上海申华实业股份董事长瞿建国，还有田雨霖、水行川等专家一起来我们公司指导。当时公司条件很差，总部设在宁波路、四川中路上一幢即将拆除的楼房里。就在这幢楼里，我们一起讨论股份制究竟还能不能试等问题。当时最大的压力，来自社会上对股份制所谓姓"资"、姓"社"的争论；甚至把搞股份制和股票市场说成是"资本主义的尾巴"，引起了社会上许多人思想上的困惑。蒋铁柱是上海股份制试点的积极推行者，他听了我的汇报后，表示要向国家有关部门反映，征得上级部门同意后，可以恢复试点。

1991年的3月，经蒋铁柱联络，请来了当时任国家体改委企业司和国家工商管理总局的有关领导，与我们在海鸥饭店12楼会议室进行了专题讨论。企业司最后表态，可以组建"浦东大众"作为恢复股份制试点单位，但股份规模搞得小一点，因为有争论，随时有再次停止的可能。当时再三强调，只能试，但不要公开宣传。

在政府有关部门的支持下，1991年12月，由大众出租汽车公司牵头，联合上海市煤气公司、浦东交通银行、申华实业四家单位发起，组建成立了上海市浦东大众出租汽车股份有限公司，成为浦东新区发行的第一只股票。发行总量1400万股，其中发起人800万股，社会个人股600万股。当时采用"保证金全额存入法"发售方式，投资人按中签号码换取"换股凭证"，每人凭身份证限购500股，中签比例为20%。

当年上海滩发行新股票堪称是一道风景线。购股票往往都是一"票"难求，需连夜排队，"浦东大众"股票发行也是这样的情景。

"浦东大众"股票发行公告确定1991年12月8日。当天是星期天，上午8点开始发放购股券，凭购股券按认购方法申购股票。从星期六晚上开始，就有人在虹口体育场、江湾体育场、七宝体育场等几处地方排队。由于马路比较窄，而排队人数却越来越多，分管副市长庄晓天带队巡视后当即决定，必须在天亮前发完，不然可能要出大问题。当时江湾体育场的铁门被挤倒了，还有人受了伤。

"浦东大众"股票发行成功，一方面说明股份制有利于企业建立多元投资的规范的法人治理结构；另一方面说明民间有强大的投资能力，关键是政府部门要引导好民间投资。当时面对的问题是，再发股票，肯定会有更多的人排队，怎么办？当时负责股票发行工作的，是中国人民银行上海市分行。他们经过研究后，提出了过渡的解决方案，即发行股票认购证——先以30元买一份认购证，然后摇号，再凭中签的认购证来购买股票。这个办法一直延续到1992年底，直到现在，还有人保存着当年的股票认购证。

"大众出租"准备整体上市

当"浦东大众"新体制、新机制运行取得成功时，"大众出租"也跃跃欲试做好整体上市准备，过程却并不顺利。

1992年5月5日，在上海市建委四楼会议室，时任市建委主任吴祥明听取了建委系统拟上市的公司情况汇报。当时共有6家企业：陆家嘴、金桥、外高桥、原水、凌桥和大众。大众排在最后，前三家是浦东开发的需要，原水、凌桥是长江引水和浦东供水的需要，而"大众出租"被市建委认为是可上可不上的。上午会议的时间已接近11时半，总算给了我10分钟进行汇报。由于我们公司上市的准备工作做得较好，吴主任同意我们公司上市。因额度不够，想从金桥公司的额度中调拨一部分。会后，我与金桥公司的几位老总商量，能否帮帮忙，他们答应回去商量后再给我回音。后来，市建委企管处向市体改办进行了汇报，时任上海市体改办副主任蒋铁柱与有关部门研究，决定追加给建委2500万股B股额度，定向给"大众出租"，此事总算得以解决。

经上海市建委1992年5月19日批复，同意大众出租汽车公司进行股份制试点，改制为上海市大众出租汽车股份有限公司，发行社会个人股500万股，向社会法人募集500万股，B股2500万股，公司总股本为8590万股。其中，外资股的比例为29.1％。公司B股上市时间为1992年7月22日，A股上市时间为1992年8月7日。

1992年上市的公司，大部分有法人股。由于种种原因，法人股一直未能流通，法人股股东的利益受到影响。"大众法人股"为此率先转换为B股。

法人股转B股一波三折

实施法人股转B股方案，我们主要基于两个目的：一是给法人股找出路。由于法人股不能上市流通，使法人股股东的资金处于长期沉淀的状态，不仅严重挫伤了法人股股东的投资信心，违背了同股同权的原则，而且也影响了公司的配股工作。二是公司需要扩大B股盘子，满足境外投资人的需求。对于大众B股，境外投资人比较关心，也比较看好，一般每天约有一到二批的客人访问公司。其中有美国万利投资公司、德国DWS银行、英国霸菱证券公司等，还有一些国外的基金经理及机构投资人。他们都有同样的感觉，大众B股总量太小，不宜境外机构运作。因此，我们设想把法人股转换成B股，再配售给境外机构投资者，这样能一举两得。

1994年初，我们与申银证券公司总经理阚治东、国际部经理陆文清等专家专题研究：能否让法人股转换给B股投资者。首先，我们找B股中大股东，询问是否有受让的愿望，他们对有稳定收入来源的"大众出租"表示有信心。然后，我们征求上海证券交易所意见，当时的总经理尉文渊表示同意试试，但要按法律程序办。

我们按程序召开董事会、股东大会，就此事进行审议、表决，并按规定在《上海证券报》刊登公告。由于我们事先没有向中国证监会汇报，中国证监会在第二天的新闻发布会上，认为法人股转B股是正在研究中的事，在中国证监会没有明确意见的情况下，暂时不能转让。这下可糟了。

当时，我与上海市体改办蒋铁柱副主任正在澳大利亚，考察上市公司法人治理结构的做法。蒋副主任打电话给中国证监会主席刘鸿儒，他首先代我向刘主席作检查，同时请刘主席放心，我们一定会把这件事办好。回国后，我马上去北京，向中国证监会研究室主任徐雅萍汇报。徐主任对股份制很有研究，对我们工作提出了许多好的意见。回到上海，我们一边做有关转让的准备工作，一边等待北京的批文。6月18日，批文终于下达。我们在6月30日完成了转让工作，成为第一家成功实施法人股转换为B股方案的上市公司。公司的54家法人单位，1000万股法人股全部"解放"，并以两倍于成本价获利套现。

B股市场价是公司成功实施法人股转B股方案的重要因素。当时，大众B股价在1.17美元，约折人民币10元左右，而法人股的成本价在人民币4.32元左右，如按两者差价的中间价为交易价，双方都有一个获利空间。这次转让最后确定的价格为人民币每股8.77元。

公司法人股转换为B股方案，引起了社会各界的强烈反响，海内外许多报刊都发表有关评论文章。许多人认为"大众出租"的转让方案独树一帜，开创了中国上市公司法人股向境外转让的先河，是一件有利于证券市场健康发展的事情，既找到了一条解决法人股流通的途径，又对开拓上市公司资产运作思路很有启迪。继"大众出租"法人股转换为B股方案获得成功后，"上柴股份""上菱股份"等几家上市公司也进行了仿效。

临"变"不惧赢得国际承销商

大众B股的首次配股成功，当时也引起境内外证券界和机构投资人的广泛关注：纽约EMEIC公司、摩根士丹利投资管理公司、日本野村投资管理公

1993年，上海大众出租汽车股份有限公司举行法人股转B股承销协议签约仪式

司等25家国际著名券商和投资公司，都成为大众B股的股东。这又是敢开先河的举措，当然也因此遇到一些棘手事情。事实上，从1993年公司第一次配股工作开始后，我们就一次次碰到棘手的事情。

配股是上市公司发售新股的一种形式，是上市公司

根据企业发展需要，依据有关规定和相应程序，向原有股东发售新股、募集资金的行为。"大众出租"是国内拥有A、B股的上市公司中唯一成功实施三次配股的公司，共筹措人民币5.32亿元。

由于B股市场长期以来一直低迷，B股上市公司配股工作面临三方面的不利因素：一是A、B股市场价差价大，根据同股同权，配股价的确定只能按孰低原则，造成上市公司不愿配股；二是境外投资人对配股不感兴趣，除非业绩好的公司，股东大会议案表决时，弃权的比较多，他们希望上市公司能每年分股利；三是境外承销商为防范风险，在股市低迷的时候，不愿意当承销商。

1993年5月5日，"大众出租"股东大会通过了10送1配9的方案。其后，正逢上海及深圳两地的B股市场一路走低，大部分B股跌进了发行价，大众B股也一度跌至0.50美元附近。已准备了两个多月承销工作的国际承销商"渣打证券"，为了自身利益，在临近签约时，突然提出退出合作。

面对突如其来的变化，我们一开始确实感到十分沮丧。但我们并没有气馁，而是鼓起信心，相信公司的业绩一定能赢得海外投资者。连续几个晚上，我们与负责B股配股的申银证券公司国际业务部经理陆文清，以及好几家境外承销商进行洽谈，最后赢得了英国布朗兄弟基金和美国米勒基金的认购承诺。他们能在这么短时间内作出承诺，此举非同小可。尽管米勒基金的资本金总额高达260亿美元，但在其决定投资大众B股之前是很慎重的。他们在上海华亭宾馆一住就是一个多月，对"大众出租"进行了多方面的考察了解。随后，我公司企管办主任王振国与香港著名证券公司百富勤融资有限公司总经理梁伯韬，在虹桥机场进行谈判。梁先生经常来大陆，是香港证券界里的"大陆通"，他了解"大众出租"的品质，对我公司的投资项目充满信心，因此果断地拍板，成为大众B股配股的国际承销商。

几经周折，大众B股终于在1993年7月28日签署了配股承销协议，9月6日配售新股上市。由于公司的良好业绩及推介工作的顺利进行，更多境外投资人对公司有了进一步了解，除权后的B股价从每股0.53美元[2]上升到0.84美元[3]，成为当时上海B股市场中涨幅最大、价位最高的股票。

为了增强国内和境外投资者的信心，我们公司除聘请立信会计师事务所作审计外，还是国内B股上市公司中首家聘请国际著名会计师事务所的，安达信公司每年对我公司进行审计。严格的审计，反过来也促进公司加强管理、规范经营。事实证明，B股上市公司要获得配股成功，不仅要有良好的经营业绩，还要有规范的管理。

"一班人"带头认购"转配股"

我国的上市公司大部分由国企改制，带有浓厚的中国特色，产生了国家股、发起人法人股、社会法人股、转配股等。其中的转配股，是国家股和法人股将其配股权转让给社会公众股东，由社会公众股东出资认购的股份，更是充满风险与机遇。对我们公司来说，当时员工们考虑的不是对转配股敢不敢买的问题，而是对公司的发展前景有没有信心的问题。大众人争相自愿出资认购转配股余额，正是因为对公司的发展前景充满信心。

转配股最早产生于1994年初。因为它属于国家股和法人股的增量部分，1994年10月27日，中国证监会作出这部分股票暂不上市流通的规定。直到2000年3月14日，中国证监会做出决定：转配股从2000年4月开始，用24个月左右的时间逐步安排上市流通。这也表明了中国证监会从保护投资者利益出发，在维护证券市场稳定的前提下，实事求是地处理历史遗留问题。这一决定对我们大众人来说，还有另外的特殊意义，那就是它明确了这样一个事实：在公司配股最困难时，大众人以自己的信心，在公司领导带动下自愿出资，认购了转配股余额，顺利完成了公司配股工作，如今获得了丰厚的回报。

"大众出租"曾实施过两次转配股，一次是1994年底，方案为10配3转

---

[2] 大众B股配股价为0.383美元。

[3] 1993年9月24日收盘价。

16；另一次是1996年9月，方案为10配3转5.8。"大众出租"转配股比例较高的原因，主要是公司股权结构中A股流通股的比例特别低，转配股上市前A股流通股为3380

整装待发的大众车队

万股，只占公司总股本的5.97%，两次转配股共达7567.34万股，占公司总股本的13.4%。转配部分是流通部分的2.24倍，在上市公司中属转配比例较高的。

由于第一次配股时，转配部分不能上市流通，使公司第二次的配股工作更加困难。国家股因无资金参与配股，将配股权有偿转让给社会公众股股东，配股转让费每股0.35元。中国证监会还明确规定，如前次募集资金不到位，就要取消下次配股资格。面临"大众出租"1000多万股的转配股余额，公司领导当即表态："别人不相信我们，难道我们自己不相信自己吗？"公司领导班子带头，每人认购2万股。员工们看到领导班子这么有信心，也纷纷出资认购，很快使公司的配股资金足额到位。

我们曾经考虑这样的问题：如果知道今天转配股能上市，就不会有人放弃转配股，那么这1000多万股的转配股也轮不到公司员工认购；如果公司领导班子也没有信心，恐怕这1000多万股的转配股，公司员工中认购的人也不会多。

职工持股形成"三连环"特色

"东西大众"的职工持股会，引起了许多上市公司同行的兴趣，其中不少公司都想搞职工持股会。

其实，员工持股在国外已非常普遍，劳动者除了获得一份工资收入外，还可通过资本投入，获取投资收益。员工们持股后，为了获取这部分投资收益，希望公司走持续发展之路，成为长命企业。

1998年11月22日，《证券时报》对大众出租及其总经理杨国平的报道

"东西大众"是从1994年开始探索成立职工持股会的，我们曾两次向国家有关部门提出方案，设想能否通过转让部分国家股，解决职工持股会的股份来源问题，同时也解决国有股的流通、兑现问题。由于当时社会上有把国有股的转让、兑现视为国有资产流失的说法，此事也就不了了之。

国有股的转让行不通，我们把思路转向了法人股，如果将"大众出租"持有"浦东大众"的法人股转让给职工持股会，就可解决职工持股会的股份来源问题。这虽然比较间接，但也终究能达到目的。具体操作办法是，先由"大众出租"和"浦东大众"两个公司的职工联合出资，成立大众职工持股会；再由大众职工持股会发起组建大众企业管理有限责任公司，员工持有该公司的股份，最后由该公司受让"大众出租"持有"浦东大众"的部分法人股2600万股。这样，就形成三连环——大众职工持股会持股95%，控股大众企业管理有限责任公司；

大众企业管理有限责任公司持股20%，控股"浦东大众"；"浦东大众"持股24%，控股"大众出租"。1999年通过"大众交通"向"大众科创"定向增发了14000万股法人股，使"大众科创"持有"大众交通"24%的股份，为第一大股东。

职工持股会作为公司投资主体，将职工个人利益和企业利益紧密结合，增加职工投资收益，作为职工退休养老金的补充，对优化公司股权结构、完善公司法人治理结构发挥了积极作用。

根据大众职工持股会规定，职工持股可在内部按上年年底的每股净资产价格转让。现在的实际情况是：只有员工要买入，没有员工肯卖出，持股会股份供不应求，许多职工希望持股会能增资扩股，以满足大家的需求。

根据上海客运市场的供求矛盾，上海市政府从1997年起停止投放上海出租车牌照。两个公司为了增强主营业务的竞争力，扩大市场份额，通过收购兼并及出租车牌照拍卖，增加营业车数达2700余辆，使出租车总量达到6200辆，占上海出租汽车市场15%的份额。1999年，通过"大众出租"向"浦东大众"定向增发法人股，"浦东大众"以出租车实物资产认购法人股，实施了两公司的业务整合。重组后，"大众出租"以交通运输业为主，企业更名为"大众交通"；"浦东大众"注重于生物医药、环境保护等高科技产业，企业更名为"大众科创"。

两个公司重组后，各自的主营业务趋于明晰，"大众交通"重点发展交通产业；"大众科创"重点发展高科技。对不同产业且经营较好的公司可以通过参股投资，向较好产业企业渗透，并获取较高投资收益。例如，对交大昂立的参股，对大众保险公

2015年3月13日，杨国平参加首届中国（上海）上市公司企业社会责任峰会系列活动并接受访谈

司的参股，对海通、申银万国、国泰君安和兴业等证券公司的参股，都获得了较高投资收益。我们还对企业内部组织机构进行重组，不断探索适应市场经济环境的企业经营运行程序和企业组织构架。

当然，股份制并不是万能的，股份制对每个企业的机会都是平等的，它只是向企业提供了一种较为科学的企业组织形式，其本身并不代表成功，成功的关键还是要看企业如何去运用、如何去把握。

链接：

上海滩上的"红色旋风"

1993年10月23日。上海。在"世界第一斜拉桥"——杨浦大桥通车典礼上，中共中央政治局常委、国务院副总理朱镕基见到杨国平时，握着他的手高兴地说："你们搞得很不错。要再接再厉，把服务搞得更好。"

然而，就在5年前，当时任上海市市长的朱镕基曾经为一封越洋投诉信拍案而起：一位海外客商在上海坐出租车，十几公里竟被收了100美元。"上海的出租车已到了非整顿不可的地步了！"朱镕基斩钉截铁地说。

这封信还进一步引发了市委、市政府领导对改善上海投资环境的深层次思考，并形成一个重大决策：组建一支严格管理、优质服务、起好表率作用的新的出租汽车公司。1988年12月24日，"上海大众出租汽车股份有限公司"正式成立。执掌帅印的董事长兼总经理，就是32岁的杨国平。

性格沉稳的杨国平天庭宽阔、饱满，过早的谢顶更显出他的学者风度。这之前，他是上海市出租汽车公司的党委书记。如今奉命于危难之际，自然是困难重重："没有钱，没有办公场地，没有出租车，仅有市政府同意我们贷款买车的批文。朱市长说，石头底下拱的笋，才有生命力。"

然而，急需借的是高达1亿多元的巨款！怎样去借，向谁借？

经过无数次碰壁，杨国平他们终于看到柳暗花明，一家公司慨然允诺借贷，条件是"大众"若不能按期还贷，对方有权不经同意就卖出"大众"的车辆。杨国平知道，自己完全是背水一战！他几乎是噙着泪水在协议上签字。靠这些贷款，"大众"总算有了200辆桑塔纳出租车的"家当"。尽管当时没有办公用房，没有停车场地，杨国平却咬着牙，让每辆车花200美元装上了进口的计价器。这在全国还是第一家。"我总觉得，出租车代表的是国家、城市的形象。因此，'大众'从一开始，就应跳过资本原始积累的野蛮经营，走一条高层次定位、深层次改革、规范化服务、跳跃式发展的道路。"杨国平深谋远虑地说。

当一辆辆红色桑塔纳出租车行驶在上海街头时，人们骤然感到耳目一新：几十年来，要"打的"只有到站点去上车；如今，只要在路旁扬手一招就行。而且，"大众"规定的是"上车问路"。与计价器联动的是规范用语报话器，用普通话和英语提醒乘客注意自己随身所带的物品。全新的服务方式，使"大众"声誉鹊起。满城争坐"大众"车，上海滩上刮起了一股"红色旋风"。

——摘自沈惠民：《杨国平：坚信梦的力量》，载《我们走过的路——〈岁月 人生 思考〉专辑（下册）》第918—919页。标题为编者另拟。

秦国樑，1949年8月生于上海。1969年至1979年为黑龙江生产建设兵团56团下乡知青。1979年5月至1985年担任上海延中复印工业公司副经理。1985年1月至2009年先后担任上海延中实业有限公司监事、副经理、董事、总经理，其中1996年至2002年先后兼任上海爱使股份有限公司董事长、副董事长。亲历了改革开放后在资本市场发展史上具有深远意义的一些开拓性事件，见证了中国股市及资本市场收购的起步及发展。

亲历延中上市与五次收购

口述：秦国樑

时间：2018年8月26日

地点：上海柏年律师事务所

采访：范永进、唐旻红、沈霞、荣华、郝丁丁

整理：荣华

　　如今，新中国证券市场已走过30多年。这期间的证券市场实践，使市场的参与者都已熟悉了收购、兼并、资产重组这类行为了。但身临其境地遭遇收购，尤其是7年内连续经历了5次来自二级市场的收购，这在我国证券市场上可以说是比较少见的。历史就给了我这样的幸运。

　　从20世纪80年代进入延中工作，1990年12月延中在上海证券交易所首批

上市后，我先后在延中、爱使两家"老八股"上市公司中担任领导职务，不仅有幸经历了新中国股市第一例通过二级市场购并的"宝延风波"，而且也有幸参与了延中收购爱使的实际操作。直到明天集团入主爱使，我才退出了这两家当时在证券市场上非常热门、非常受关注的上市公司。这里，我想分别介绍一下我在早年证券市场中经历的延中第一次发行股票，以及5次收购与反收购事件中所发生的一些故事，包括一些鲜为人知的细节。

延中发行股票：街道工厂发股票搞开奖

先从延中发股票说起吧。用句时髦的话讲，延中发行股票是第一批"吃螃蟹者"。

延中的发起人是上海延中复印工业公司，它的前身是上海市静安区延安中路街道的一家集体事业管理机构，管理着十几个由家庭妇女和残疾青年组成的里弄生产组。1978年，由于大批回沪知青纷纷进入街道里弄工厂，为了解决广大青年的生计问题，扩大街道里弄工厂的经营范围和规模的要求日益强烈。延中复印工业公司就是在这种情况下诞生的。公司在广大员工的共同

1985年1月，上海延中实业有限公司首次向社会发行股票500万元。图为股票发行现场，认购者正在交款认购

延中实业股票

努力下，规模迅速扩大，到1984年，已经拥有十几个子企业，销售网点300多处，遍布全国。

但是，随着公司业务的发展，资金短缺的矛盾日益突出，于是，向社会发行股票筹集资金的想法应运而生。在那个时候，提出这样的办法，必然会引起激烈的争论。不过，公司主要领导顶住了压力，在有关部门的支持下，发行股票、改制为股份公司的想法终于变成了现实。

1985年1月14日，投资者汇集在上海江宁路上的延中实业有限公司认股处门前

1985年1月13日，股票发行的前一天晚上，忙碌了一整天准备工作的周鑫荣，延中第一任董事长，和我睡在公司的办公室内，两人都辗转难眠。老周问我，股票会有人要吗？500万股股票能发售出去吗？说实话，我们的心里忐忑不安、焦虑万分。第二天，天寒地冻，北风凛冽。然而从凌晨3点起，就有人在排队等候购买延中股票。天亮后，排队者上升到万人以上。

不过，不少人都是冲着买股票可中奖而来的。原来，为了鼓励个人持股，公司拟提取2%的分红基金作为个人持股的奖励，每年年初进行一次开奖活动，特等奖是一套住房。这在今天的投资者看来，这样的奖励措施不仅相当不妥当，可能也是很好笑的。第二年，由于当时的主管部门发文禁止发股票搞开奖，所以这一开奖活动只搞了一次。上海衬衫二厂的一位女同志得到了沪市证券历史上这唯一的一套奖励住房。

当时由于个人购股相当踊跃，最后只得从原计划卖给单位的股票中拨出3万股（每股面值50元），以满足个人购股者的需要。这也无意中为后面的购并大战埋下了伏笔。为了纪念这个日子，我当天也买了股票，并留下了延中实业001号股票，珍藏至今。

延中大规模地公开向社会发行股票，这是新中国成立以来的第一次，因而在海内外引起强烈反响。十多家海外新闻媒体都在显著位置对此做了报道，远比国内新闻界热闹。有些国外媒体把这看成是中国改革开放资本市场的萌芽。

股票发行后，为了满足股票持有人变现的需求，1986年9月，中国工商银行上海市信托投资公司静安证券业务部在全国率先开办了股票的柜台交易业务，代理延中和飞乐音响股票的代购和代销业务，接受投资人买卖股票的委托。只不过，由于愿意卖股的人少，在热闹了十来天后，成交逐渐趋冷，甚至没有交易。直到1990年底，上海证券交易所成立，延中成了上证所第一批挂牌的"老八股"之一，股票代码600601。

宝安入主延中：打响购并第一枪

延中股票发行时形成的个人股90%、单位法人股10%的股本结构，为后来连续不断遭遇收购埋下了伏笔。但在上市最初的两年中，延中并没有这方面的担忧。那时候对公司的理解就是一切都是公家的，即使延中变成了股份公司也是如此。谁还敢来抢公家的东西？何况1993年9月之前，法人股股东是禁止进入二级市场的，所以也不可能有人来收购。因此，当深圳宝安集团[1]上海公司在二级市场向法人开放的第一个月，就通过上海证券交易所电脑系统向证券市场公告拥有5%以上的股票时，当时我们心里的震动可想而知，延中当时的管理者内心的激烈反应也就不难理解了。

时任延中董事长的周鑫荣说，他是在毫无防备的情况下，获知宝安大规

---

[1] 中国宝安集团股份有限公司是一个综合类股份制集团公司，成立于1983年7月。公司成立以来，以"敢为天下先"的胆略和气魄，曾连创"新中国第一家股份制企业、发行新中国第一张股票、第一张可转换债券、第一张中长期认股权证、成功策划武汉商场成为深交所第一家异地上市公司、首次通过证券二级市场控股上市公司上海延中实业、开办新中国第一个财务顾问公司安信财务，协助川盐化、甘长风等二十多家国企改制上市"等多项新中国第一。

模吃进延中股票这一消息的。他很遗憾宝安没有与延中事先沟通、协调。延中需要友善资金的加入，但敌意收购会引起老股东的抵触情绪，挫伤管理人员的积极性。这一突然袭击，甚至严重影响了延中当时正常的经营，一些项目的签约与新产品的专利申请都被延缓。

对于宝安的行为，延中方面当时相当气愤。延中召开了董事会，认为"此次宝安集团上海公司利用大量资金采取的'收购'行为，是一种弱肉强食、大鱼吃小鱼的行为，是钻了股份制试点及证券法的空子，轻易夺取他人改革成果，而决不是所谓'优胜劣汰，使资金达到合理配置'，这种行为不符合公平竞争的原则。'延中'是一个先例，如任其发展，将会出现第二个、第三个及更多的'延中'，它必将造成股市的混乱。"

尽管现在看来，延中人的反应有些幼稚，过于感情化，可却是当时极其真实的感情流露。想来也是，延中的创业者吃了多少苦、冒了多少风险、顶住了多大压力，才将延中从一个里弄生产组搞成那时的规模，个中滋味只有那些经历了艰难

1993年10月6日，上海延中实业举行中外记者新闻发布会

创业的人才能知道。宝安就凭你有些钱，说拿走就拿走？何况你还有违规之处，这就更使老延中人不能不气愤。我们与宝安方面的人就是在这样互负很深敌意的情况下见面的。

根据当时的真实情况，毋庸说以现在的法律法规评判，即使从当时的标准出发，宝安控股延中的过程也是相当不规范的。1993年9月30日之前，宝安持有延中的股票已达延中总股本的4.56%，而在9月30日一下子就跳到15.98%，这显然是违规的。延中认为，宝安的行为存在联手操作的可能，

是故意闯"红灯"。一方面，为保护公司和股东利益，当时延中向有关法院提起了诉讼，并将公司所掌握的证据呈报给了前来调查的国家证券监管部门。另一方面，公司也积极进行准备，打算运用经济手段进行反收购，并聘请在这方面颇有经验的香港宝源投资公司的有关专家作为反收购顾问。

由于对宝安的收购行为存有诸多疑问，公司没有同意宝安方面提出的召开临时股东大会、改选延中董事会的要求。

事实上，宝延风波一开始，不仅延中对证券市场的购并问题缺乏正确认识，整个市场的业内人士也几乎都对此缺乏了解。当时的一个有趣的现象就很能说明问题。之前早已颁布、并在此后相当长的时间内对证券管理发挥重要作用的《股票发行与交易管理暂行条例》第四章专门规定了"上市公司的收购"，此前，几乎没有人去读，相关规定没有几个人能说得清楚。宝延风波之后，这一节变成了热门读物，业内人士争相学习。可以说，宝延风波给整个证券市场上了一堂生动且实用的资本市场运作课。

宝延风波事件的了结是在证券监管部门的调查、处理、处罚下，并经双方反复的斗争和谈判后才完成的。在我看来，所遵循的思路就是"方向肯定、操作违规、法规操作性不强、希望调解"。宝安的违规行为受到了有关方面的严厉查处，延中放弃了起诉和反收购，双方经过协商，决定接受中国证监会的处罚，并决定，宝安方面所持延中股份的55%的表决权在本届董事会期间由双方指定人员行使。在适当的时间召开延中实业股东大会改选董事会。

宝延风波对证券市场所产生的影响直到今天看来仍相当巨大。当时，在差不多一个月左右的时间里，国内外证券媒体争相报道，宝延之争几乎占据了每天证券类报刊的重要版位。大家不仅仅谈宝延之争本身，更多的是讨论宝延风波对证券市场规范发展的重要意义。宝延风波还是一个启蒙，它不仅直接引发了此后万科举牌申华、天极举牌飞乐音响等一系列的同类事件，更为重要的是，通过对它的讨论，培养了一批研究资本市场运作规律的人才。人们那时才知道，资本市场原来是可以这样运作的。我本人也因此开始关心、研究起资本市场来。这些经历使我积累了很多的经验。直到今天，有关方面的人士还一直在说，秦国樑是个证券市场老手，对收购兼并有丰富的经验及实战手段。

宝延风波给市场监管提出的课题是多方面的，除了上面提到的以外，还有如何界定关联企业的间接持股、何为联手操纵市场、持股满5%时及以后如何披露信息、应该披露什么等等，这些都成了中国证券市场规范发展的宝贵财富。

延中入主爱使：成本最低的一次控股

宝安成了延中第一大股东并控制了董事会后，在帮助延中发展方面做了一些工作，也搞了一些项目，如今看来，成功的并不多。但宝安的进入，以及宝延风波最后的成功解决，都使延中得到了一笔巨大的精神财富：对证券二级市场规律日益熟悉和把握。这不仅使延中在此后几年内在证券市场上大量获利，支撑了公司几年来大部分的盈利，而且直接触发了延中3年后控制爱使的行动。可以说，这也是宝安入主延中后，延中所做成的一笔获利最丰的买卖。

正如上面提到的，与3年前不同，1996年的延中对资本市场的熟悉已不可同日而语，整个证券市场对举牌、控股等二级市场行为的认识、理解和接纳也更为宽松。与此同时，有关的法律法规已相当完善，市场监管也更严密。因此，我们的市场操作完全是在规范的前提下进行的。正是因为我们行为规范，又熟悉证券市场运作规律，整个市场也讲究依法办事，所以尽管期间我们遇到了一些意外情况，但最后还是成功地入主了爱使。

控股爱使的想法最早是在1995年下半年萌发的。当时整个二级市场较为低迷。但我们分析后认为，这个时候从二级市场收购股票并控制一家上市公司也许是成本最低的时候。经过分析，我们认为，与延中同属"三无概念"的爱使（股票代码600652）是比较理想的目标。

当时的爱使，在经历了"辽国发事件"[2]后，一直没有什么大的投资者入主。而其"三无概念"的特性又注定它日后必然会受到市场重视。于是，我们从1995年下半年起开始陆续购进爱使股票。按当时的情况，我们估计，大约3000万元左右的资金就可实现目标。到1995年底，我们虽然只购进了爱使不到2%的股份，却已是爱使的第一大股东了，只是与其他前十名股东的差距没有拉开。接受"宝延风波"的教训，在适当的时候，我们就开始与爱使管理层接触，爱使方面没有激烈反对，而是表示理解和接纳。到爱使宣布即将召开股东大会时，我们的持股比例已接近5%了。当时我们分析认为，这点股份足够控制爱使了，因而没有进一步购入，也就没有举牌。

但是，事情到后来出现了一个不大不小的插曲。另一家公司在爱使宣布即将召开股东大会时也看中了爱使，其持股量在股权登记日到来时与我们相当。这一情况令我们有点吃惊。不过，我们并没有慌张。我们知道，在这种旗鼓相当的情况下，对爱使这种股权分散的公司来讲，争取其他中小股东的支持是最重要的。在与中小股东打交道这方面，我们有经验。毕竟，我们延中就是这样的公司。

但对方似乎并不熟悉证券市场运作，他们也许以为那点股份已足够了，可以实现入主爱使的目标了，却没想到延中也是志在必得。等他们发现这一点时，股权登记日已经过去。

此后发生的事情，让我们稍感遗憾。也许是受到了来自某些方面的压力，就在爱使股权登记日之后、股东大会召开之前，爱使突然宣布更改股权登记日，相应推迟20天召开股东大会。这样一来，就有可能为我们的对手提供增持股份的机会。我们当然坚决反对。后来的事实也确实如此。对方后来增持了股份，持有量甚至超过了我们20股。

---

[2] 辽国发事件指1994年6月，辽宁国发集团宣布与辽宁东方证券公司、国泰证券有限公司沈阳分公司等共同持有爱使股份总股本5.2%的股份，经过数次举牌后，持股比例增至11.2%。"327国债期货事件"过后，辽国发从爱使股份前十大股东名单中消失。

那时，上海法学界的专家还专门就此事召开了一次讨论会，就股东资格基准日是否可以更改进行讨论。现在看来，这样的讨论当然没有必要，因为按照国际惯例和我国现有规定，股东大会召开的时间可以因故推迟，但股权登记日一经确定就不能更改。但当时，确实有人有不同意见。经历这次事件后，证券市场对此应该说达成了共识，有关监管部门也作了明确的规定。

由于有了上面的插曲，爱使股东大会召开的那天，我们对对方是否有"暗仓"还有点吃不准。但当大会一宣布与会者的总股数时，我们一下子就放心了，知道我们肯定赢了。当时还有些小故事。我们的对手为争夺中小股东的投票权，会前也向一些中小股东做过争取工作。其中有几位其实已经站在我们这一边了。对方不知道这些情况，并可能已将这些我方掌握的投票权算在了他们这一边。我们当然是清楚的。

那天的股东大会开得特别乱，中途又是休会，又是停电，闹哄哄的。不过最后，我们还是依法取得了胜利。我本人也在随后的董事会上当选为爱使公司的董事长。这次控股爱使，原计划用3000万元左右的资金就够了，由于发生了上述"意外"，最后花了4000万元左右。尽管如此，这也算得上是一次代价最低的从二级市场控股上市公司的案例了。

方正入主延中：品牌效应起最大作用

在宝安控股延中约4年半后，1998年上半年，延中的历史又掀开了新的一页。这一页不同于以往，是脱胎换骨的一页。

1998年春节之后，延中的股价开始了不同寻常的上涨。凭我这些年的证券市场经验，我预感到延中命运有可能又要发生一次变化了。一边是宝安不断地减持延中股份，一边是延中的股价扶摇直上。宝安的退出看来是不可改变，那么，来的又将会是谁呢?

那时候，市场已经开始出现一些传闻。北大方正这个我们早就知晓的公司和品牌开始隐隐约约传入我们的耳中。不过，由于这场谈判和较量是在宝安和北大方正这两家新老股东之间进行的，我作为延中的管理者，并不清楚谈判的过程。只是根据我多年的经验，根据延中股价的涨涨跌跌，我隐约意识到，他们的谈判并不是一帆风顺的。但到北大方正公开举牌时，我知道，谈判肯定已经成了，北大方正的入主看来不可阻挡。

1998年9月27日，《证券时报》刊登采访延中总经理兼爱使董事长秦国樑的报道

虽然改选董事会的股东大会召开时，北大方正仍不过是第二大股东，但没有胜券他们是不会举牌的。

在我看来，宝安退出延中是有一定市场背景的。1993年，宝安集团入主延中后，由于宝安集团以房地产开发为主，不能给延中注入优质资产，带来新的业务，因而不能使延中实业创造可观的经营业绩。1995年后，房地产业不景气，加上投资范围太大，宝安集团面临资金压力，集团为了重组，收缩战线，解决资金困难，需要变现所持有的延中股份。这为北大方正集团入主延中提供了市场机遇。

北大方正集团是北京大学创建的高新技术企业，经过十多年的发展，已成为中国电子信息产业综合实力最强的骨干企业之一，成为"中国500家大工业企业"、"中国120家大型企业集团"之一，其在中文电子出版系统、计算机应用软件开发、计算机硬件设备制造、信息系统集成、指纹自动识别系统等方面具有相当的竞争优势。后来了解到，北大方正入主延中是其进一步融资和配置资源、发展信息产业以及扩大市场份额的需要。

现在回过头去看，北大方正集团控股延中股份虽然不多，但却能赢得很多股东的支持，顺利进入延中，其高科技形象、品牌优势是决定性因素。当时有投资者就说，宝安控制的延中股票市价只有10元不到，北大方正来了可以涨到30元以上，我为什么不支持北大方正？这就是证券市场的规律。事实上，北大方正入主延中是我所经历的几次收购案中控制权交接最顺利的。我当时作为延中的总经理清楚地认识到，我们无需反对，因为我们没有反对的理由。北大方正品牌在股东心目中的号召力是任何人都无法抹杀的。因此，我们在这件事上一直都是顺势而为。

为了服从北大方正集团的总体战略，在上证所挂牌了8年、凝聚着众多延中创业者心血、成就了无数投资者事业和财富、托起了一大批人梦想的"延中实业"这一证券市场上的著名品牌，从上海证券交易所的行情板上撤了下来，换上的是"方正科技"这一信息经济时代的宠儿。我不能说"延中实业"、"方正科技"这两个名称哪一个更好，这是两个意义完全不同的名称。对于"方正科技"，我没有排斥心理。但作为一个在延中奋斗了十多年的"老延中人"，对"延中实业"在感情上的确难以割舍。改名的那天，很多以前不大来开会的延中老股东也从大老远跑来了，他们也都和我一样，感情很复杂。

北大方正入主延中后，一开始我还担任着延中的副董事长、总经理，但随着延中主营方向向计算机软硬件产业转变，这样的职务显然已不再适合我了。我的工作重点开始转向已转到爱使名下的"延中水"的发展。我很清楚，离开延中只是早晚的事，当这一天来临的时候，我已经有了充分的思想准备。当然，这是后话。因为在这之前，作为爱使的董事长，我还与大港"打"了一场"章程之争"的收购与反收购仗。

大港入主爱使：政府协调是关键

延中入主爱使之后，我们花了很大的力气梳理爱使的资产、产业，重新确立了爱使的主营业务方向。经过努力，1996年、1997年连续两年，爱使的净资产收益率达到了10%以上。再过一年，爱使就可以恢复在证券市场上的融资功能了。

对"三无概念"的公司来说，搞得不好时无人理睬，公司搞好了就会有人打主意。这就像一个人家的女儿长大了、长漂亮了，一定会有男孩子追求一样。对于这一点，我们可以说早就有思想准备。我们无法用抽象的道德标准来评价它。这就是证券市场。事实上，有人想收购爱使，对我们也不是一件坏事，毕竟，这说明我们在入主爱使后所做的工作是有成效的。有人要，而且抢着要，总比无人理睬强。何况，如果我们退出，我们的投资也得到了很大的增值。这时候，我们经历的收购与反收购已经不少了，因此，从内心里，我们并不反对收购。我们的任务是保证我们延中的利益不受损害，保证爱使能得到可持续发展。

1998年中期，这一天终于来了。来的是一家颇有名气的外地大型国有企业——大港油田[3]及其关联企业。

在这一天到来之前，我们虽然有被收购的思想准备，但不能说拿走就拿走。证券市场上针对"三无概念"来去匆匆的例子实在太多了。如果来的人只是炒一把就

1998年7月21日，《上海证券报》刊登关于爱使章程是否规范的讨论

走，作为爱使的董事长，我无法向爱使公司交待，也无法向长期投资爱使的股东交待，作为爱使当时的第一大股东延中的利益也难以得到保证。于是，我们在律师的帮助下，对爱使公司的章程作了一些适当的修改。主要是在董事、监事的提名方式和程序方面增加了4项条款，以提高爱使公司的反收购能力。比如规定"由董事会在听取股东意见的基础上提出董事、监事候选人名单"，"持股10%以上股东，如要推派代表进入董事会、监事会，需持股半

---

[3] 大港油田集团有限责任公司的总部位于天津，是一家大型国有企业集团。

年以上"，"任期届满需要换届时，新的董事、监事人数不超过董事会、监事会组成人数的二分之一"，"由董事会审查、讨论、确定新的董事、监事候选人名单"，等等。

大港举牌后，公司章程成了大港入主爱使的首道屏障。各方面众说纷纭，各执一词，引起了法律界、新闻界、政府部门、证券监管机构、立法部门、司法部门和当事者等各方面的关注。不同的法学家对此提出了不同的看法。有人认为上述条款不合法，同时也有人认为是合法的、有效的。在激烈的争论之下，在有关证券监管部门的干预下，爱使公司按法定程序修改了上述规定。不过，对这个问题，至今还有不同看法，世界各国的法律规定也各不相同。

但是，即使爱使修改了上述条款，如果没有有关方面的大力协调，大港一时也很难进入爱使的董事会，或者在董事会中难以占到多数。因为当时的爱使董事会并没有到换届选举的时候。根据《公司法》的规定，上市公司董事任职期间不得无故解除其职务。当时的爱使董事会是由13人组成的，即使按《公司法》可增选到19人，如果爱使董事会其他成员不肯辞职，大港最多也只能有6人当选。6∶13，大港当然无法达到控股爱使的目的。这时候，政府的协调起了关键性的作用。

1998年8月1日，上海市有关领导会见了大港油田集团董事长一行，从贯彻落实上海市政府扩大对内开放"24条"政策，加快建设"一个龙头，三个中心"大上海的战略高度，表示欢迎大港油田这样的异地特大型企业集团投资上海，进驻上海，并提请有关部门做好协调工作，有关各方要依法规范运作。其间，大港油田与北大方正集团及延中实业也进行了多次接触和协商谈判，上海市有关领导也会见了北大方正和延中实业的领导。9月1日，北大方正集团领导公开表示，北大方正对大港油田收购爱使股份乐见其成。其后，在上海证管办等有关方面的积极协调下，大港油田所属企业和北大方正集团、延中实业等有关各方进行了多轮艰苦协商，有关各方在权衡各自利益的基础上，最终在大港油田入主爱使股份这一重大问题上达成共识，取得一致。此后，已改名为"方正科技"的延中逐步退出了爱使，大港方面的人当选了爱使董事长，并担任了爱使总经理。大港与延中之争告一段落。

明天入主爱使：意料之外的收购

大港入主爱使后，我虽然仍然担任着爱使公司副董事长之职，但由于对爱使将要从事的主营业务并不熟悉，因此，事实上开始逐渐远离决策中心。所以，对很多人来说突如其来的北京明天控股公司及其所属企业举牌爱使一事的真实过程我并不了解。与很多人一样，在某种程度上，我只是作为一个旁观者，静观大港与明天之争。

实事求是地讲，大港入主爱使后，为使爱使公司能得到发展，注入了一块优质资产，整合了存量资产，使资产质量有了提高。另外，在抓内部管理、培养爱使前景更好的新的主营业务方面也做了大量卓有成效的工作。2000年对爱使来说是准备起飞的一年，这一年，公司顺利完成了配股，找到了天津宽带网、上海清洁能源等有前途的项目。大家的合作也很愉快。不过，与很多人认为的一样，我也觉得此时大港对爱使是有控制力的。由于大港的持股比例约在8%左右，其他人要想进入难度较大，除非大港有意相让。应该说，两年来，大港投资爱使是有很大收获的，光是股票的升值就相当可观。可对爱使的梳理刚刚明朗，随着爱使主业的逐步确立起来，更大的收获还在后面，大港又凭什么要退出爱使呢？事实上，从我参加的爱使董事会，观察到的管理层的工作情况看，我得不出大港要退出爱使的结论。何况，大港得以入主爱使，主要是有关政府部门协调的结果，进来短短两年就要退出，大港又如何向倾力支持他们的有关部门解释呢？

但是，不管怎么说，明天控股进入爱使看来已是不可阻挡。为了成全新的股东进入爱使董事会，使爱使公司有更大发展，我本人权衡之下，要求辞去爱使副董事长、董事的职务。在我经历到第5次收购举牌之后，我终于走出了延中、爱使这两家受到证券市场特别关爱的上市公司。我终于有时间、也有心情来客观审视这些年来我所经历的这5次收购、举牌案。

回过头来看，我认为，延中、爱使作为股份制试点的产物，经过最初几年的探索，为股份制企业以及资本市场的运作提供了大量有价值的经验。围绕着延中、爱使搞股份制的各种争论，以及延中、爱使这5次收购中不断向证券市场提出的新课题、新挑战，对我国证券市场的规范化发展、对上市公司规范运作水平的提高，都起到了极大的推动作用。可以说，后来的证券市场监管，上市公司运作方面的很多法规、政策都是在上述争论、争斗的推动下出台的。然而，也应当看到，当资本市场、股份制公司发展到今天，当上市公司肩负起更加重要的支撑国民经济大发展的新使命时，证券市场要全面地真正走向现代化时，老延中、老爱使的历史使命已经完成了。脱胎换骨、重塑形象既是时代的需要，也是延中、爱使持续发展的需要。因此，我个人最终离开这两家公司也是历史的必然。

然而，令我非常欣慰的是，三十多年前延中、爱使这两家不起眼的街道小厂、工厂"三产"，由于有了证券市场的支持，成了证券市场上的两大"宠儿"。这些年来，有这么多大公司争相看中，最终为上海引进了两家国内知名的大企业——北大方正、大港油田。这在其他情况下是非常困难的。政府部门多年来一直在不断完善投资环境，制定优惠政策，努力扩大对内开放，引进国内著名大企业来上海投资，花了很大的力量，延中、爱使轻而易举地办到了。这完全应归功于证券市场的特殊魅力。另外，令我非常欣慰的是，在我负责管理经营的二十多年里，不管是投资延中还是爱使这两家公司的股东，无论什么时候买进股票，无论谁来入主，最后都赚了钱。当然，收购、举牌者也都赚了大钱，其中开收购之先河的宝安是赚得最多的。可以说，实现了国家、企业、股东三方得益。历史表明，谁较早认识资本市场，谁最有勇气在这个市场上创新，谁就会赢得财富女神的青睐。

链接1：

《股票发行与交易管理暂行条例》第四章
"上市公司的收购"

第四十六条　任何个人不得持有一个上市公司千分之五以上的发行在外的普通股；超过的部分，由公司在征得证监会同意后，按照原买入价格和市场价格较低的一种价格收购。但是，因公司发行在外的普通股总量减少，致使个人持有该公司千分之五以上发行在外的普通股的，超过的部分在合理期限内不予收购。

外国和香港、澳门、台湾地区的个人持有的公司发行的人民币特种股票和在境外发行的股票，不受前款规定的千分之五的限制。

第四十七条　任何法人直接或者间接持有一个上市公司发行在外的普通股达到百分之五时，应当自该事实发生之日起三个工作日内，向该公司、证券交易场所和证监会作出书面报告并公告。但是，因公司发行在外的普通股总量减少，致使法人持有该公司百分之五以上发行在外的普通股的，在合理期限内不受上述限制。

任何法人持有一个上市公司百分之五以上的发行在外的普通股后，其持有该种股票的增减变化每达到该种股票发行在外总额的百分之二时，应当自该事实发生之日起三个工作日内，向该公司、证券交易场所和证监会作出书面报告并公告。

法人在依照前两款规定作出报告并公告之日起二个工作日内和作出报告前，不得再行直接或者间接买入或者卖出该种股票。

第四十八条　发起人以外的任何法人直接或者间接持有一个上市公司发行在外的普通股达到百分之三十时，应当自该事实发生之日起四十五个工作日内，向该公司所有股票持有人发出收购要约，按照下列价格中较高的一种价格，以货币付款方式购买股票：

（一）在收购要约发出前十二个月内收购要约人购买该种股票所支付的最高价格；

（二）在收购要约发出前三十个工作日内该种股票的平均市场价格。

前款持有人发出收购要约前，不得再行购买该种股票。

第四十九条 收购要约人在发出收购要约前应当向证监会作出有关书面报告；在发出收购要约的同时应当向受要约人、证券交易场所提供本身情况的说明和与该要约有关的全部信息，并保证材料真实、准确、完整，不产生误导。

收购要约的有效期不得少于三十个工作日，自收购要约发出之日起计算。自收购要约发出之日起三十个工作日内，收购要约人不得撤回其收购要约。

第五十条 收购要约的全部条件适用于同种股票的所有持有人。

第五十一条 收购要约期满，收购要约人持有的普通股未达到该公司发行在外的普通股总数的百分之五十的，为收购失败；收购要约人除发出新的收购要约外，其以后每年购买该公司发行在外的普通股，不得超过该公司发行在外的普通股总数的百分之五。

收购要约期满，收购要约人持有的普通股达到该公司发行在外的普通股总数的百分之七十五以上的，该公司应当在证券交易所终止交易。

收购要约人要约购买股票的总数低于预受要约的总数时，收购要约人应当按照比例从所有预受收购要约的受要约人中购买该股票。

第五十二条 收购要约发出后，主要要约条件改变的，收购要约人应当立即通知所有受要约人。通知可以采用新闻发布会、登报或者其他传播形式。

收购要约人在要约期内及要约期满后三十个工作日内。不得以要约规定以外的任何条件，购买该种股票。

预受收购要约的受要约人有权在收购要约失效前撤回对该要约的预受。

链接2：

万人排队买股票

一九八五年一月十四日凌晨，严寒笼罩着上海城。可在江宁路南京西路口一带，却是一派热气腾腾的景象：数不清的人群，黑压压地排一条长队，冒着凛冽的北风，守着静安区体育俱乐部的门口，等候买上海延中实业有限公司的股票。该公司这次计划发行股票十万股，每股五十元，其中个人股为百分之六十，凡认购者除能得到相当于一年期储蓄率的股息外，还能作为股东，按参股比例分配红利。同时，每年还将提取百分之二左右的红利，用于股票开奖活动，奖品除彩电和放录机等高档用品外，还有住房一套，因此，股票吸引了来自全市各个角落的居民，甚至郊县农民，他纷纷骑着自行车，带着小凳子，默默地加入了认股者的行列。

早晨七时三十分，面对着人声鼎沸、不断庞大的认股者队伍，工作人员决定提前半小时发放股票认股书，人群顿时沸腾起来了。排在最前面的都是半夜三点赶来此地的，其中第一个中年男子首先认了四十股，紧接着的是一位白发苍苍的老太太，她惊人地一下子认购二百股，整整一万元。当时针指向上午九时的时候，认购股票的热情出现了新的高峰。随着全市四面八方跟风赶来的人流不断增大，队伍已经是一眼望不到边了，长长地行列秩序井然地从俱乐部门口一直延伸到北京西路，再绕到陕西北路，然后又拐回到北京路上。在这里无论男女老少，个个兴致勃勃，面带喜色，队伍中不仅有双目失明的盲人，还有不少拄着拐杖的残疾人。面对着这股热流冲击，里面的认购书发放点从九个增加到十多个，发放速度几乎同卖报一样快，可队伍始终保持在二万人左右，你就是只想认一股，至少也得排上三个多小时。

纵观一下这些未来的股东，其中认购万元的不乏其人，最多的一个，一下子认购了四百股，足足二万元人民币。当然，出现在那里的也并不都是腰缠万贯的投资者，也有不少只认了一股的热心人，一个认了万元的中年人对我说，他之所以认购那么多，一是因为股息加上红利要比银行利息高，二是因为信赖发行股票的单位，将来随着公司的发展，自己作为股东也必定能得到更大的好处。一个青年人乐滋滋地告诉我，他不知道当股东是什么滋味，只是因为感到新鲜才认了股，不过，要是能侥幸中奖得到那套住房，那真是喜从天降了。

在川流不息的人流中，我找到了延中实业有限公司的副经理秦国荣，他对我说，这次发行股票，主要是为了更快地集中资金，扩大经营的规模和影响，如果向银行贷款，月息只需六厘，而现在这样从社会筹资，却要增大到一分五厘，但这样做由于建立了许多股东关系，发展了多层次的横向关系，可以使更多的人来关心和帮助本企业加快建设步伐，这里的好处，是无法用数字来表达的。我想，对于增加企业的活力来说，这确实是很有战略意义的一招啊！

下午三时计划认购的六万股已告一空了，但人流仍像旋风似地一阵阵压来。工作人员关了几次门都未能成功，认购数又一千、一千地往上跳，眼看就要跳到七万股了总算关上了大门。那些被关在门外的虽然感到失望，但很快就融入了那些捷足先登者的旋涡中，带着羡慕的眼光，分享这种快乐的余波。还有许多青年人留在那里，好奇地向上了年纪的人询问有关股票的知识。这次大规模的发行股票，在全市还属首次，其影响之大，反应之强烈，实在是出乎许多人意外。我想，发行股票，对于企业有益，又于个人有利，那该不会只是风靡一时，恐怕不久就要风行整个上海城了。

——摘自《解放日报》1985年1月19日钱吉利同名报道

瞿建国，1954年1月出生，上海人。"老八股"之一申华实业创始人。1983年，领导村办企业实现产值千万元、利润超百万而闻名全国。1985年任副乡长。1987年向社会公募招股，创立中国最早的上市公司之一———申华实业。1993年后涉足慈善事业，是上海市建国社会公益基金会创始人。开能健康科技集团董事长、原能细胞科技集团董事长。

申华——从浦东乡镇走出的资本市场"宠儿"

口述：瞿建国

时间：2018年10月23日上午

地点：上海爱建金融大厦

采访：范永进、杨焕凤、庄乾坤、沈惠民、王家骏、徐进、鲍幸鹜等

整理：王家骏、徐进

我出生于1954年，改革开放改变了我们这一代人的命运。1985年的时候，我发起成立了一个横向经济联合体，后来依托这个联合体，就有了申华实业最初的样子。1990年12月19日，上海证券交易所开业第一天，申华实业是最早上市的八家上市公司之一，市场上把这八家企业称为"老八股"，成了研究新中国早期股份制和股市的一个样板。

告别体制，领导给我留后路

我本来是体制内的人，1973年小木匠的我和同村的一些年轻人创办了川

沙桥弄木器厂，我是厂长，也是销售员、办事员，经常往上海市区里跑，也有了一些见识。1979年前后，也就是改革开放刚刚起来的时候，我当上了村里的工业大队长，当时我的看法是：农村里地越来越少，人越来越多，怎么办？要鼓励大家去创业。

当时的创业，就是办工厂，我是工业大队长，主要就是抓落实。后来，村里的经济上去了，我也接触到了更高的平台，当时还有人民公社，我就被调到孙桥人民公社，担任副社长，还是抓工业兼任工业公司总经理，抓经济工作。又过了几年，人民公社撤销了，我成了孙桥乡的副乡长，仍然负责工业这一块。

我的文化程度不高，但我也知道，决定了方向后，制定能激动人心的目标非常重要。我的目标就是，把乡里工业的各项经济指标搞上去，把农民生活的方方面面改善好。1985年底，上海只有两个亿元乡，其中一个就是我们孙桥乡，经济指标在全国的亿元乡排名里，还排进了前十，开了不少表彰会，风光得不得了，市里奖给我们拖拉机、交通牌卡车，有一次还奖了一辆消防车。

集体荣誉是一个方面，20世纪80年代初上海市大约有18万台电话机，我们桥弄村里家家户户已通了电话，农民哪里有那么多电话打，但就是觉得出人头地，像城里人了。不过，当时在我们农村的那些工业企业，做的大多是上海老大哥不想做的产品，工作环境一塌糊涂，污染也非常严重，工作效率非常低，工人非常辛苦，算算到年终也没有挣多少钱。长期这样下去，是没有出路的。

根子还在体制上。当时我就一直强调，上海农村发展工业有上海的特点，既不能像"苏南模式"那样，把所有的农村经济合起来构成一个大的集体，也不能像"温州模式"那样，鼓励个人去搞小型企业。我觉得我们要真正去创办一些有一定规模、有一定实力、有一定生命力的，真正具有市场竞争力的法人结构体系的企业。

就这样，有了申华公司，当时我们叫上海申华电工联合公司，横向联合了三省一市18个乡镇企业，华西村也是其中之一，确实是打破了地区、打破了所有制的限制。然而，这次改革因为种种原因，还是失败了，亏损了40万元。在1986年，40万元可是一笔巨款。我说，我是负责人，这个责任由我承担。

那时我担任两个职务，一个是申华公司总经理，一个是孙桥乡工业公司总经理。正好遇到政治体制改革，当时我们有11个名额可以转为国家干部，我也是其中一个，但做了国家干部就不能办企业。申华公司的40万元亏损一直是我心里过不去的坎，我还想打翻身仗。想来想去，我就对领导说，我不转了，我留在申华实业，继续做企业。

当时农村干部转国家干部，是一件大事，说不想转，那是假的。但和铁饭碗比，我觉得申华公司更适合我，我也是想趁着年轻，做点事业。我给乡党委写了辞职报告，党委不肯批，很多人都说我着了魔。当时的川沙县委书记孟建柱[1]和我谈了三次，了解了我的想法，给予了我非常大的支持。

县委县政府也为我这个事情召开了内部讨论会，后来还是达成了"瞿建国要搞股份制，我们还是让他下海去试点"的观点。孟建柱书记给我留了一条后路，说出去下海搞改革风险还是很大的，先办个停薪留职吧，万一失败了，留条路你可再回来。

说实话，失败了，我也没脸回去，但孟建柱书记呵护企业家、关爱创业人，我是非常感动的。我就这样告别了体制，下海经商去了，一开始连创办企业的基础都没有，办公场所和自己住的房子都没有，一个好朋友把自己的家免费借给我、支持我，我一直很感激。

农村也该有股份制试点

申华公司就这样办起来了，很多人都说我是头破血流地办企业。

---

[1] 孟建柱（1947— ），1986—1990年担任上海市川沙县委书记。1993年后历任上海市副市长、市委常委、市委副书记，江西省委书记、省人大常委会主任，公安部部长、党委书记，中央政法委副书记、书记，国务委员、国务院党组成员等。

离开体制下海的前5年，我没有任何声音。其实，我一直在思考，在学习，在默默地做事情。当时上海已经有一些股份制改革的苗头，但争议很大，有人甚至说要把上海的股份制企业都关掉，我还记得一位级别很高的老领导曾经语重心长地对我说：小瞿啊，下海了有三样东西一定不能碰，社会主义制度下绝对禁止的，一个是赌场，一个是妓院，还有一个就是股份制发行股票什么的。

有人把股票看成洪水猛兽，我却把股票看成源头活水。那时候，市体改办、人行上海市分行金融管理处、市工商局等地方我成了常客，连门卫都和我成了好朋友。我不能不来，我来是据理力争，让市里给我一个名额，办股份制企业。我说，当时市里已经有好几家股份制企业了，但农村一家都没有，农村也要积极参与改革开放，我是农村来的，希望农村也能有试点。

当时的申华公司，算上我只有36个员工，又是农村企业，即便是拿到了试点资格，到社会上去发行股票，能不能卖出去，能不能得到认可，都不好说。不过，我是个犟脾气，认准的道路，就要走下去，走还不行，要跑下去，只有跑起来，才能领先一步。

我知道一个消息，当时在上海锦江小礼堂召开了"股份制试点方案论证会"。时任上海市委书记芮杏文[2]、市长江泽民在会议上责成上海市体改办牵头，与有关单位协商，确定试点单位。大家当时都信心满满，要跳出原来承包制、经济责任制这些简单的扩权模式，进行深层次的改革。

当时确定的试点条件有三条：一是产品符合国内外市场的要求，经济生产力是有前景的；二是经营管理水平比较高，企业素质和经济效益相对比较好；三是企业产品结构、技术结构符合上海发展的战略。根据试点条件，在各行业筛选出的试点企业，首先是要以生产名牌优质产品的骨干企业为主体，是产品有销路、想要进一步发展但资金不足的，就优先考虑。其次，还

---

[2] 芮杏文（1927—2005），新中国成立后，历任重工业部大连工程公司第一副经理、国家计委副主任等职。1985年6月调任中共上海市委书记。1987年当选为中央书记处书记。1991年5月任国家计委副主任。

要结合行政性公司改革。

根据这三个条件，上海市体改办、经委、商委筛选了一批股份制试点的名单。这份名单几易其稿，据说第一批定了8家单位，最后只留下1家，而且还要在工业、农业、国有、集体、服务业中搞普选。我一听就知道，机会来了。农村的这一家试点，最后就落在了我们申华公司身上。

后来很多人对我说，申华公司的规模很小，根本不算什么，但申华公司的负责人瞿建国积极性很高，再加上确实要求农村要有一家试点，就确定了申华。

龚浩成为申华股票发行做主

在申华股票发行前，上海市工商银行信托投资公司静安分公司经理黄贵显、副经理胡瑞荃都来到川沙县城，我把他们带到我家里，就是朋友借给我暂住的那个地方。两个领导说，条件很艰苦啊，我笑笑。两个领导也没有架子，一个坐在木凳上，一人坐在床沿，和我聊政策、找不足、谈发展。我知道，他们是真的对我好，对申华实业关心。

根据安排，申华实业是在1987年3月20日发行股票，但这一年的2月份，国家发行国库券，要求国库券未发行结束前，任何债权集资、股票都应停止。人行上海分行金融管理处给我打了几个电话打招呼。

我当时着急啊，我手里也有一个人民银行的批文，上面白纸黑字写得明白：自批准之日三个月内，不发行股票，此批文即无效。这个批文是1987年1月9日发的，也就是说，4月9日前不发行股票，我就要去重新走流程。申华实业经不起这样的折腾。

我连夜去找经济学家、复旦大学教授毛泽生和文汇报理论部主任周勇闯。毛教授很关心这件事，当时就表态，小瞿你别着急，我带你去找龚浩成。龚浩成是当时中国人民银行上海市分行的行长，和毛教授是邻居，就这样毛教授在晚上9时多，把我带到了龚浩成的家里。我说了国库券的事，还反映了一个情况，当时上海已经发行了三家公司的股票，分别是飞乐音响、延中实业、爱使电子，都是城市工业企业，由工行信托静安分公司承销发行，而我们申华是乡镇企业，金融业务归农业银行，农行从未委托发行过股票，我担心在政策方面会有限制。

龚行长听完我的汇报，当时就说：如果这100万元股票发行不出去，对申华公司来说是致命的，对股份制试点改革也是不利的。龚行长的思考是全局性的，他以金融家的改革胆识，以共产党员的责任担当，郑重其事地说："这件事，我给你们申华公司做主了，你回去抓紧安排股票发行。"

第二天下午，龚行长召集工行、农行和人行上海市分行金融管理处等开会。就这样，申华的股票发行重新亮起绿灯。人民银行开了口子，农业银行又犹豫起来，提出股票面向农村，全部放在川沙县，低调发行。我一听就急了，后来和农行及市里相关部门洽谈多次，我最终接受了折中方案：50万元留在川沙发行，50万元放到外滩发行。

乡镇企业变身股份制公司

事实证明，我的担心并没有错。在外滩发行的50万元申华股票，短短两天就全部卖出，川沙这边就不行。我当时是川沙县经济协会的副会长，对协会说了这件事，会员们都表示支持，但是需要拿钱出来的时候，又都说没有钱。后来经过多方努力，孙桥乡、桥弄村、洋泾乡仁和工业公司等认购了26万元法人股，剩下的24万元股票中的16万元经协调，调拨至外滩销售，还有8万元股票，要自己想办法。

我和妻子商量借钱凑足1万元，又发动父母、弟妹、

申华电工股票

朋友，还包括我们申华36个员工里的16个员工，七七八八地帮衬，8万元的窟窿算是填上了。我很感动，我要带着他们一起致富，他们的情谊不能辜负。

申华作为上海第一家乡镇股份制企业，第一份股东名单就这样出来了，孙桥乡、桥弄村、洋泾乡仁和工业公司等购入法人股，占26%，社会个人和16位公司职工所持的个人股占74%。1987年4月12日下午2时，申华公司召开了第一次股东大会，通过了公司章程，选举产生了董事会，确定了公司发展的重大事项。我当选公司的董事长，并被董事会聘任为公司总经理，一肩担起公司决策与经营的双重要职。

申华从乡镇企业变成股份制公司，我信心很足。信心的来源，第一是领导关心。1988年11月至12月，时任上海市委书记江泽民同志视察了万国证券、工行信托静安证券业务部、飞乐公司以及电真空公司。当时他也有前往申华调研的打算，但因为申华的办公条件不达标，最后变成了我去市委办公厅，参加上海市委召开的股份制企业调研会，向江泽民同志当面做汇报。他认真地听，认真地记，时不时还提出问题，最后表态："瞿建国的事情，就是我们市委、市政府的事情，有什么困难，可直接来找我。"

第二是政策的鼓舞。1990年，邓小平指出："上海是我们的王牌，把上海搞起来是一条捷径。"邓小平又说："我们说上海开发晚了，要努力干啊！"就这样，浦东开发开放，就轰轰烈烈地搞起来了。我看准了时机，发展客运业，成立出租车队，成立房产公司，在张桥建客运中心，在川沙建申华大酒店。外面人都说我们申华公司不得了，我说真正不得了的，是资本市场的力量。

上市流通前的挣扎

虽然当时各种环境都很好，但老百姓的胆子却是小的。虽然申华的股票每年都在分红，但股东们最关心的，是股票什么时候能上市流通，可以变现，赚大钱。这一点，我无法回答，一拖就是两年，很多股东跑到川沙来问我，还吵着要退股。我当时把募集来的100万元，全投在客运等相关行业上，没有钱退给他们。他们就吵就闹，还把我办公室里的茶杯都砸了。我向人行上海分行金融管理处求救，他们的回答，特别官方："我们不能对此作出具体的答复，还是由你们公司自己视情况决定吧。这个情况我们已经知道了。"

我发动所有职工，一起学习当时的证券金融方面的法规条文，但没有一条可以匹配"退股"。就这样，靠着我们几个老职工又是借又是凑，总算是把这些"退股"内部消化了，就在我们办公室的墙上挂了块黑板，交易全在财务室里操作，这才熬到了1990年3月1日上市交易的那一天。

当时也没有几个股票，静安证券业务部编制公布的静安平均股价指数，这是新中国证券市场第一次编制股票指数，当时一直在100点左右波动，到了7月突然暴涨，12月上交所成立时已跃过400点大关。退股的人，后悔死了，而持股的人，更是牢牢屏住，股价抬升，资本涌入，这正是我希望看到的。可以说，资本市场又一次拯救了我们申华。

1990年12月中旬，申华公司进行股票折细，把一股拆成十股，每股面值10元，同时以每股15元的价格发行了40万股面额10元的股票。1993年3月和1994年4月，又相继完成了两次配股。从资本市场上募集到的资金，全部用于企业的发展，到1994年末，申华公司已逐步形成了以客运业为基础，房地产业、酒店旅游业和工贸业等并举的经营格局，股东权益从1987年发行股票时的100万元，增至29484万元，增值近300倍。

可以说，没有资本市场，也就没有申华。

在购并中前行

资本市场一次次为申华力挽狂澜，但资本市场是个什么样子，说实话，一开始我看得还不是很清楚，由于缺乏经验，一些关系我也没有理顺。不过，我一直以来都有这样的看法，公司上市就意味着已经成为一个在市场上挂牌代售的商品，其本质上已经构成一个公开出售的要约，由市场决定价格，要随时准备被人收购。

但资本市场可以力挽狂澜，也会饿虎扑食。1993年，深宝安通过二级市场成功收购延中实业的股票，成为第一大股东。这是新中国证券史上第一起并购案。

当时很多人问我的看法，我不方便点评，但也表了个态度：申华欢迎大股东入主。话音未落，万科就来了。王石先生等一批万科高层还是很友善的，通过中间人和我联系，当面沟通，交换意见。万科方面说，参股申华只是因为两者业务结构的相似，以及希望由此发展万科本身在上海的业务。我还是那个态度：只要对申华有利的，申华欢迎大股东入主。

1993年11月10日，万科发公告称，万科及其子公司合计持有申华实业5%股份。当时资本市场对这起收购的定义是："中国首宗以善意方式通过二级市场达到参股并参与经营的成功案例。"这本来是件好事，但万科的大股东似乎有其他想法，就有了1994年3月31日刊登在

"万申事件"的两位主角：王石（左）和瞿建国

中国证券报上的《改革倡议——告万科企业股份有限公司全体股东书》，对万科参股申华进行了批评。王石虽然在内部角力时又重获大股东的信任，但申华被放弃了。

对于我来说，这很棘手，处理不好是要出社会问题的。这和市场预期有很大的落差，申华的股价在滞涨后，大幅回落。在申华的股东大会上，有散户激动地喊："王石下课，万科滚蛋"，而之前万科初来的时候，他们中的很多人在上交所高喊"欢迎王石，欢迎万科"。后来还是我让人报警，来了几十个警察把王石他们几个万科股东保护离开了股东大会现场。资本市场就

是这样残酷。

1994年9月2日，万科大量抛售申华股票，一天之内减持2%，主动交出了申华公司第一大股东的座椅。1995年2月，万科退出申华董事会。资本市场潮起潮落，

在"申华事件"的过程中，申华实业公司召开了1996年年度会议，试图解决内部纠纷

万科走了，广州三新公司又来了，这件事在证券行业的早期也影响很大，有位作家还专门写了一本《申华事变》，说的就是这起收购。

当时我人在加拿大处理一些私人事情，并主要负责申华的加拿大业务，上海的业务委托给了当时的常务副董事长。直到有一天，我突然收到传真，才得知广州三新公司已收购了申华实业5%的股份。我急匆匆赶回来，去广州调研了三新公司。三新公司的管理班子年轻有事业心，但我不觉得三新公司可以让申华更上一个台阶。不过，申华的11名董事中有6名并不同意我的看法，他们认为三新公司是一个合格的大股东。在投票的时候，我第一次感到了成为一个少数派的无奈和彷徨。

当然，我还是很有斗争精神的，对内要求团结，对外寻求支援，还通过法律途径，保护申华实业的股东权益。后来，君安举牌公告，以持有申华7.063%股权的微弱优势压倒三新公司的7.038%股份，入主申华。君安投资取得控股权后，继续增持申华实业的股票，1996年底共持有公司15.19%的股份。作为一个公司的董事长，到底是代表大股东的利益，还是代表公司的利益，我觉得应该是后者。这也意味着当大股东的利益与公司的利益发生冲突时，董事长和董事应维护公司的利益，也就是真正意义上全体股东的利益。

在这一事件中，我们为其他公司做出了依法规范地行使权力的榜样和范例。从那时候起，各大上市公司的董事们开始关注自己的权利和义务，思考自己的行为可能承担的法律责任。有人告诉我，那一段时间，从上市公司

1999年3月31日，《证券时报》刊登对申华实业董事长瞿建国的采访报道

到政府部门，从公司董事到管理人员，甚至股东、员工，还有法律界、学术界的专家，都纷纷翻出《公司法》重新研读、认真讨论，可以说有些意外地掀起了《公司法》的学习热。

君安入主申华后，我还是董事长，但我主动离开了管理第一线。

1999年4月19日，我从汉口路340号黄浦体育馆的申华公司股东大会现场出来，若有所失。从这一天起，我不再是申华实业董事长了，但我仍是申华实业的股东，我仍关注申华的成长和未来。

不久，"申华实业"更名为华晨集团，数年后又变回"上海申华控股股份有限公司"，历经风雨。而我退出申华实业后，又在2001年创办了开能环保设备有限公司，2011年在深圳创业板上市。我这个在改革开放中成长起来的创业老兵，又有了一段新的创业人生。

很多人都说，我这个"老八股"之一申华实业创始人，是改革开放中第一批富起来的。其实，只有经历过才知道其中的艰辛，一些当时的内幕消息，现在仍在市场上传播着，有一些还言过其实了。我是亲历者，也是见证者，我希望我的一些回忆，能够对于未来的研究者有所帮助、有所参考、有所借鉴。

链接：

20世纪80年代的两种农村经济发展模式

苏南模式：通常是指苏南的苏州、无锡和常州通过发展乡镇企业实现非农化发展的方式。由费孝通先生在20世纪80年代初率先提出。其主要特征是：农民依靠自己的力量发展乡镇企业；乡镇企业的所有制结构以集体经济为主；乡镇政府主导乡镇企业的发展；市场调节为主要手段。

温州模式："温州模式"这一名词最早出现在1985年《解放日报》。温州模式是指浙江省东南部的温州地区以家庭工业和专业化市场的方式发展非农产业，从而形成小商品、大市场的发展格局。小商品是指生产规模、技术含量和运输成本都较低的商品。大市场是指温州人在全国建立的市场网络。该模式是一种放手发展民营经济，发展市场经济，政府在经济发展中"无为"的模式。进入21世纪，温州模式呈现四大新特点：一是资本流动跨区域化；二是家族企业现代化；三是企业发展国际化；四是经济发展自律化。

——编者撰录

蔡来兴，1942年6月出生，浙江瑞安人。1978年进入上海市计划委员会，先后在综合处和市计划经济研究所工作。1991年6月至1992年8月，担任市计划委员会副主任兼浦东开发办副主任。1992年8月至1995年9月，担任市政府副秘书长兼市政府研究室主任，1994年12月至1995年4月任市委副秘书长。1995年5月至2008年4月，担任上海实业（集团）有限公司董事长，兼任总裁、党委书记等职。任职期间，按照上海市委、市政府的要求，推动上实集团在香港"红筹上市"，并实现跨越式发展。2008年退休后，受聘国务院参事室，从事宏观战略研究工作。

穿越于沪港两地资本市场

口述：蔡来兴

时间：2018年8月31日下午

地点：明天广场JW万豪酒店

采访：范永进、乔依德、鲍幸骜、沈霞

整理：尚实

20世纪90年代以来，我国经济和社会都在经历着历史性的巨变。1995年，堪称是我人生经历中的一次重大转折，就在这年5月，上海市领导委派我接掌市政府驻香港的窗口公司——上海实业集团公司。

上海实业1981年在香港成立，注册资本200万港元，主要资产是南洋烟厂、天厨味精和永发印务，也就是经常所说的从"一包香烟，一本挂历，一袋味精"起家。1995年，上海实业整个家底也不过50亿港元左右，在香港实力不强，也不是太出名。当时，我感到压力非常大，毕竟之前没有做过企业，只是一名在政府部门工作了18年的官员，现在就这么一下子被推到香港这个深海中去扑腾，心中确实没有底。但既然市里面决定由我来挑这副担子，我想还是尽自己最大的努力把上海实业做强做大。

1995年到香港后，令我感到非常震撼的是李嘉诚先生一个人一年赚的钱和上海1300万人差不多。我在政府干了18年，知道上海人很艰辛，天天都在那里拼命地干，这是什么原因呢？接下来我们组织力量对这一现象进行了深入研究，其中一个方向就是研究全球500强，后来这些研究成果汇编成《全球500强》一书。研究下来之后，我觉得最大的区别就在于我们一直搞的是生产经营，他们在生产经营的基础上再搞了资产经营。一个搞资产经营，一个搞生产经营，其实在无形中就进行了分工，他们站在高层次，我们处在低层次。打个不是很恰当的比喻，我们是餐馆里面洗菜的，他们是配菜的，也就是说整个资源是由他们来配置。我深深感到，上海实业不能再走以前生产经营的老路，也应当搞资产经营，而且要把生产经营和资产经营有机地结合起来。

掀起香港资本市场的"红筹旋风"

就在我到香港不久，红筹股在香港资本市场开始活跃，上实班子成员一致认为这是集团实施资本经营战略比较好的机遇，必须把企业的资产尽快拿出来上市。现在回想上实控股在香港资本市场上市及后来一连串的资本运作，有这么几个时点，我至今还清楚地记得。

第一个是1996年5月30日，上实控股在香港联合交易所上市。要上市先要进行企业资产的重组，这项工作1996年年初就正式启动。我们将集团在港的两家下属企业——南洋兄弟烟草股份有限公司、永发印务有限公司以及在上海投资的两家企业——上海家化有限公司、上海三维制药有限公司进行了重组，成立了上海实业控股有限公司。其中，南洋兄弟烟草股份有限公司、永发印务有限公司的利润贡献率大概占90%，另外的10%来自两家上海企业，上实控股共投资2.4亿元人民币，各持51%的股份。

上实控股此次把香港的资产和境内的资产组合起来在香港上市，在香港市场上还是首次，堪称是重大的金融创新。上实控股融资13.79亿港元，在当时已经是个不小的数目。第一次融资就这么成功，确实很激动。当时整个内地建设急需资金，上海也非常缺钱，如果能在香港上市发行股票融资，不仅筹资成本低，而且没有还债压力，这个观念在内地得到普遍认同，对香港及国际投资者来说同样求之不得，因为内地经济特别是上海持续快速增长，它们可以通过投资拥有内地业务的上市公司股票，分享内地经济快速增长的成果。

上实控股在香港联交所挂牌上市，引起了香港市场极大的关注，因为它是第一家真正意义上的"上海概念股"，产生的巨大轰动效应对我们讲也是始料未及。香港媒体的评论说："上海实业扭转了香港红筹股的颓势，开创了把内地资产注入香港中资窗口公司、实现两个市场对接的先河，引领了回归前后的红筹高潮。"虽是溢美之辞，却也佐证了上海实业那一刻的辉煌。上实控股的上市成为集团拓展香港及国际资本市场的重要里程碑，也标志着上海实业走上了生产经营与资本经营相结合的新路。

第二个是1996年11月22日，我们将上海其他六项业务，通过股权转让的方式注入上实控股，包括上海汇众汽车、延安路高架、上实交通电器、上海光明乳业，上海东方商厦、上海霞飞化妆品。这样一来，上实控股的业务组合就更趋合理。此次配股上实控股

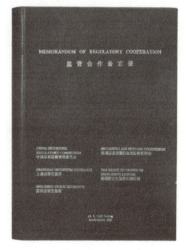

1993年6月19日，中国证监会、上海证券交易所、深圳证券交易所与香港证监会、香港联交所在北京签订监管合作备忘录。图为备忘录文本

集资32亿港元，且不到两小时就获得近10倍的超额认购，可见香港市场当时对上实控股的注资和配股是十分追捧的。上海这边更沸腾了，想不到上海沉淀了这么多年的资产在香港国际资本市场还这么值钱。

第三个是1997年4月9日，我们又通过配股方式将上海内环线高架和南北高架35%的股权注入到上实控股，这次配股集资高达46亿港元，并由上实控股将全部收购资金交给中方的合作伙伴——上海城市建设投资公司。

第四个是1998年第四季度，集团对上实控股实施第三次注资，共计7.68亿港元，用于收购杭州正大青春宝、上海三维生物技术、上海光通信发展及上海通信技术中心。通过上市及三次实施大规模注资、配股等资产经营活动，上实控股总共集资近百亿港元，其中大部分投入了上海及国内的建设项目，而且经营范围和资产规模都得到了迅速扩张。

第五个是上实控股在经过一系列强化核心业务的整合，特别是收购了上海城开集团后，公司价值得到了明显提升。2007年7月16日，上实控股以每股31.20港元的价格成功配售9690万股，募集资金约30.23亿港元。此举为上实控股进军房地产业务，并尽快将其打造为核心业务奠定了坚实的基础。

上实控股自1996年上市后，业绩蒸蒸日上，确实表现不俗，没有让香港投资者失望。1998年1月，上实控股被恒生指数服务公司晋升为恒指成分股（蓝筹股），随后又在伦敦证券市场挂牌交易；1999年10月，上实控股获选为标准普尔亚太指数100家成分股之一；其后又分别获选为新华富时中国25指数成分股、MSCI中国自由指数成分股，成为香港最具地方代表性的红筹股之一。

"医药的丹丸"是这样炼成的

上实集团从1995年收购上海三维制药有限公司开始涉足医药产业。集团医药产业从零起步，不断发展壮大，到现在成为核心产业，自始至终与香港和境内两地资本市场联系在一起。1999年12月，上实控股分拆上海家化和杭州正大青春宝等组建上实医药科技，在香港创业板首批挂牌上市，获得国际配售超额认购57倍，公开招股超额认购495倍，国际配售及公开招股共计冻结资金额达261亿港元，创1997年金融风暴以后最高超额认购倍数，被列为香港当时有史以来十大股票超额认购纪录。

上实医药科技上市后业绩骄人，2003年底获《资本杂志》颁发"最佳生物科技公司奖"及《德勤·关黄陈方会计师行》评选的"德勤2003年度亚太地区高科技高成长五百强项目"奖。但由于香港创业板长期低迷，上实医药科技尽管业绩优良，但基本无法进行再融资，集团要发展壮大医药产业，只能另外开辟战场。

当时，我们将目光转向了A股市场。现在上实集团旗下的A股上市公司"上实医药"前身是"上实联合"，而"上实联合"前身又是以纺织业为主营的"联合实业"，很多人可能都对此已经淡忘了。其实，它是上海市第一家中外合资股份制公司，成立于1991年1月，1992年3月在上海证券交易所上市，在上海还算是很有影响的中外合资企业。1997年被我们收购后，我们着手对上实联合进行资产重组，剥离掉传统毛纺业的微利资产，保留了保持部分精品毛纺业务。

2000年上半年，上实联合顺利完成增资发行5000万股A股，募集资金8.26亿元人民币，实现了企业规模和实力的实质性扩张。在实力有较大增强的基础上，上实联合开始步入医药行业，第一单并购的是投资科华生物技术有限公司和上海医疗器械股份有限公司；第二单在2003年3月，继上实联合在控股收购常州药业后，我们又出资7000多万元完成收购赤峰蒙欣药业和艾克制药。这两大收购动作完成后，公司向医药行业全面转型的步伐开始加大。

随着上实联合开始进军医药产业，集团就面临了上实控股、上海实业医药科技（集团）有限公司（简称"上实医药"）和上实联合三家公司都从事医药业务的格局。为切实解决同业竞争、业务分散等市场关注的问题，我们开始了有序的医药业务整合。

证券时报 2002年7月28日星期日 10

重金收购康泰生物股权 全力出击乙肝疫苗市场
上实联合倾力打造生物医药产业

2002年7月28日,《证券时报》关于上实联合打造生物医药产业的报道

从2003年5月开始,上实控股启动总金额超过13亿港元、私有化在香港创业板上市的上实医药科技,收购上实联合控制性股权。此次医药板块重组涉及沪港两地三家上市公司,是上实成立以来规模最大的一次股权和业务重组活动,现在回想起来仍令人兴奋不已。上实控股通过全资附属公司YKB购入上实联合前五大股东所持有的上实联合非流通股份,合计占上实联合已发行股本的56.63%,总交易金额约为8.17亿港元。交易完成后,上实控股就成为了上实联合的控股母公司。同年9月,上实控股进一步对在香港创业板上市的子公司上实医药进行全部流通股回购,花费资金约5.18亿港元,将上实医药私有化。私有化完成之后,上实医药从香港创业板市场摘牌,股权100%为上实控股持有,成为其全资子公司。2004年12月,上实联合从传统毛纺业务正式退出,将该部分的相关资产转让给上实集团,而这也标志着上实联合已经完全剥离了毛纺织资产。同年,上实联合进一步增持了上海医疗器械股份公司的控股权等,控股了上海云湖医药等医药企业,逐步吸收优质的医药资产。

真正将上实集团医药资源整合到一个平台上,还是2007年5月9日,上实医药宣布以每股14.13元增发不超过10722万股、总计15.15亿元收购控股股东上实控股下属的医药资产,包括正大青春宝55%股权、胡庆余堂药业51.0069%股权、厦门中药厂61%股权、辽宁好护士55%股权、胡庆余堂国药号

29%股权。这5家企业净资产5.07亿元，2006年净利润1.16亿元。通过这次定向增发的实施，实现了将医药业务板块注入到一个战略平台上的设想，也实现集团医药核心资产在A股整体上市的目的。

"浦东不锈"的脱胎换骨

2001年11月，上实通过受让了原上海三钢有限责任公司和上海宝钢集团公司所持有的上市公司上海浦东不锈薄板股份有限公司共计4.3亿股的国有法人股和国家股，占总股本的73.28%。其后，上实集团对原浦东不锈进行重大资产重组，在2002年底获得国家财政部和证监会批准，2003年2月正式重组成立上实发展，成功完成了中国证券市场开业以来最大的一次资产整体置换案例。

当然，这次大重组的背后是有我们战略意图的。当时浦东不锈主营业务是热轧薄板、冷轧不锈薄板、煤气销售，其中热轧板产品占到其主营收入60%以上。由于公司主营产品技术含量跟不上市场要求等原因，业绩不如人意，1999年、2000年每股收益分别是0.04元和0.02元。更为重要的是，

余力（左）、杨雄（中）、范永进在"浦东不锈"重组成功庆祝仪式上

浦东不锈的热轧技术还是20世纪60年代的叠轧技术，这种技术的成材率非常低。根据当时冶金部的规定，这些生产线在两年内也就是在2003年前必须关闭。所以，根据浦东不锈的当时的状况，资产重组势在必行。

但从另一个方面看，尽管浦东不锈的经营状况每况愈下，但作为一个"壳"公司来说，浦东不锈却有不少"优势"。记得2000年，浦东不锈年报上有这么几个数字：总资产12.14亿元，净资产10亿元，负债率15%左右。也就

是说，买下"壳"公司不会为了控股而承担太多的连带债务责任，这为入主企业的资产剥离提供了便利。当时曾有投资银行计算过，重组浦东不锈的成本仅为1亿元左右。也就是说，尽管浦东不锈不是一家好公司，但它是一个好"壳"。

而从上实方面来讲，经过多年在房地产领域的经营和拓展，上海实业已经在房地产开发经营中有了一定的基础，而且已经确定要把房地产业作为上实未来发展的核心产业来培育。在对浦东不锈收购完毕之后，我们注入的资产主要有：上海淀山湖新城发展有限公司86.67%股权、上实大厦部分物业产权、上海实业发展有限公司32.27%的出资额及相关权益以及浦东银行3100万股国有法人股，上海金钟商业发展有限公司所有上海金钟广场的部分物业产权，上海上实投资发展有限公司所有上海高阳商务中心房产和上实大厦房产。置换后，我们将"浦东不锈"更名为如今的"上实发展"，公司业务也由主营黑色金属冶炼及压延加工变为一家房地产开发公司。这次借壳成功，使得上实实现了房产业务与境内资本市场的成功对接。

"上实发展"完成重组后，境内证券市场陷入长期熊市，资本市场的平台作用一度难以发挥，但这些并没有影响到我们拓展和整合地产业务的决心。这些年，集团地产业务取得了长足发展，在2006年、2007年"中国房地产百强企业研究成果发布会"上，"上实地产"两度名列"成长性TOP10"第一位，"规模性TOP10"从第三位升至第二位。由于有良好的地产业务基础，加之受益于股权分置改革后资本市场的基础环境，"上实发展"已经具备条件充当境内资本市场的战略平台。

2007年8月，我们再接再厉，将上实旗下大部分房地产业务悉数注入到上实发展，向其控股股东上海上实及上海上实投资定向发行不超过1.6亿股股票，每股22.81元。此次非公开发行股票暨重大资产购买完成后，上实发展在上海、青岛、成都、湖州、北京等城市增加200万平方米以上的土地储备。此外，还增加逾5.6万平方米的商业地产以用于出租，上实地产的综合实力与可持续发展能力进一步增强，在国内房地产行业的市场地位也进一步得到巩固和加强。

"分拆上市"续写资本市场神奇

与此同时，上实集团抓住境内外资本市场发展机遇，推动下属投资企业分拆或独立上市。

上海家化在1998至2000年3年间，净利润增幅达117%；净资产从1998年的2.28亿元人民币大幅增加到2001年上半年的10.68亿元人民币，基本具备了在国内A股市场上市的条件。2001年3月，我们推动上海家化在上海证券交易所A股市场上市，上市之日获超额认购410倍，集资约7.34亿元人民币，为上实医药集团带来约1.5亿港元的特殊收益。2002年，上海家化荣登首届上海100强企业榜，并入选上证180指数。

2005年10月31日，我们再悉数出售所持有的上海家化28.15%股权，由上海家化自己来回购，这是内地首家A股上市公司以回购方式处理股改中涉及的外资法人股问题，应该说是国内资本市场的一个重要创新。此次出售上海家化的股份，国内外媒体上有不同评论，但我们主要是为了配合上海家化即将进行的股权分置改革，同时也是为了贯彻整个集团减持非核心业务的发展策略。

2002年8月28日，上实旗下的上海光明乳业股份有限公司（简称"光明乳业"）在上海证券交易所正式上市交易，成为核准制以来中外合资企业上市第一股。此次，光明乳业在国内A股市场上市，通过二级市场配售，公开发售1.5亿股A股，每股作价6.5元人民币，集资9.75亿元。2003年12月，即获上海证券交易所选为"上证50指数"成分股之一。

2003年6月27日，上实联合的重要参股企业——联华超市在香港主板市场挂牌上市，成为第一家上海本地国企和第一家内地零售连锁企业在港发行H股。联华超市发行价格为每股3.875港元，募集资金5.81亿港元，在市场获得良好反响。历经10多天、分别在香港、新加坡、英国及法国总共举行了74场投资者见面会，约见基金经理413人次。投资者普遍看好中国经济发展的巨大潜力，特别是中国零售业的未来发展空间及中国投资环境。联华超市也以这次H股上市为契机，依托已经形成的多元业态联动互补的竞争优势，逐步确立了在中国零售市场的卓越地位。

集团积极推动作为单一最大股东的中芯国际上市。中芯国际是中国第一家生产8英寸、线宽0.18微米以下芯片的加工厂。2003年9月，中芯国际顺利完成增资工作，并与摩托罗拉建立了策略代工关系，进一步扩张产能。2004年3月，中芯顺利在纽约和香港两地挂牌上市，以招股价上限2.69港元定价，香港公开发售超额认购270倍，国际配售超额认购20倍，总募集资金达18亿美元，并为集团带来数亿特殊收益。

金融风暴事件与高架道路事件

这十几年里面，我们在资本市场打拼，但也不是一帆风顺的。我们一次一次被市场的狂飙推向风口浪尖，其间经历了太多的磨难。2005年，我在出版的专著《商海凝思》自序中这样写道："回顾十年商海苦旅，潮起又潮落，上海实业有过意气风发、豪情万丈、气势磅礴的时刻，也有过腹背受敌、身陷囹圄、困难重重之时。"这确实是我们的真实写照，我想在这里讲这么两件事。

当中最大的考验是亚洲金融风暴。金融风暴来时，我们的情况还很好，外面天翻地覆，我们风平浪静。香港1997年7月回归后的第二天，也就是7月2日，泰铢就贬值了，香港的股指当天跌了1000多点。但到了广信和粤海出事以后，情况就不一样了。它们向地方政府借了很多钱，地方政府说对这个钱不负责任。这样，银行就觉得中资企业没有信用，在港的中资企业都普遍面临"三信"（信任、信用、信心）危机和银行纷纷抽资的严峻形势，上实集团也不可避免地受到了严重冲击。

但我们遇到最大困难的时候是在1999年，那时金融风暴已基本结束，我们同时面临支付到期2亿美元和因银行抽回资金而需提前支付3亿美元的巨大还本付息压力。与此同时，集团发行的4.5亿美元可交换债券，由于股价大跌，远低于原设定债转股的价位，无法再用股票进行兑换，最终变为集团需要用现金偿还的债务。平常三五亿美元融资很方便，但当时的情况是要借钱却借不到，都得要抵押和担保，真的是一种生死考验。当时，我们就提出来上海实业要把诚信作为自己的生命，5亿美元"一分不少、一天不拖"地要还掉。当然，这句话讲起来容易，做起来可不是那么简单。我们采取了一系列非常措施，到9月份，我们5亿美元"一分不少、一天不拖"全部还光，这个当时在香港是非常轰动的，我们讲诚信的"金字"招牌自此更亮了。

金融风暴事件刚刚结束，接下来就是高架道路事件。我们在上海斥巨资投资了三条高架道路，当时的回报差不多每年六七亿元人民币，占了上实控股盈利的60%。但是，2003年国家出台了一个新规定，国务院办公厅也同时下发文，要求清理外资固定回报项目。这样一清理，上实控股一下子就少了7亿元盈利。说实话，这次清理对我们而言，确实是"天塌下来般"的巨大风险。当时，因高架道路项目影响到集团多达6笔的银团贷款，这个数目远大于金融风暴时的还款规模，给集团现金流带来了沉重压力。资本市场对上实的前景也表示严重焦虑和不安。我记得当时有媒体说，上海实业金融风暴算是闯过去了，这一关恐怕是在劫难逃了。

由于银团贷款项目的重大资产变动必须得到银团2/3以上成员的同意，这6笔银团贷款于我们而言，不啻6座大山。然而，在上海市委、市政府领导的关心和市有关部门的支持下，我们首先争取银团支持，化解了系统风险。我们先从上实控股2亿美元贷款入手，积极主动与汇丰、恒生等6家主要银团参与行联系沟通，取得大部分银团参与行的支持，成功获得银团贷款豁免函，消除了一大系统风险。在市领导的关心支持下，集团不仅收回高架道路项目的账面余额7.02亿美元，还及时获得了市政府给予的3亿元人民币的税后补偿。这场考验前后历时10个月，经过20多轮艰苦的谈判和比较，最终使这个最棘手的难题得到了圆满解决，现在想起来还是惊心动魄。

多年来，上实集团始终把生产经营和资本经营有机结合起来，在沪港两地资本市场中磨练，发展成为以地产、医药等为主导产业板块、众多其他产业共同发展的综合性企业集团，在境内外拥有多家上市公司和直属企业。目前，公司正在以崭新的面貌走向未来。

链接：

"红筹之父" 梁伯韬

1992年，邓小平南方谈话一下子点燃了投资人的信心，在香港市场引发了热潮，也催热了红筹股。招商局海虹成为第一只通过IPO登陆香港股票市场的红筹股。随后，港中旅、中国海外、越秀也都加入了红筹股的行列，而这些都是梁伯韬一手操办的，"红筹之父"的名号渐渐地传开了。

人称"红筹之父"的梁伯韬

梁伯韬解释说："红筹股和H股的差别何在？红筹股的上市主体是在香港本地注册的公司，而注册在内地的公司到香港上市被称为H股。早期还是红筹股比较受欢迎，因为很多红筹股公司是香港有经营，有资产。到了1997年香港回归之际，红筹股迎来了高潮，被炒得很热，尤其是上海实业和北京控股的上市。北京控股获得了1200倍的超额认购。"

20多年来，众多内地的企业到香港以H股或红筹股的方式融资，将香港推到了国际融资中心的位置，目前H股和红筹股在恒生指数中已占据半壁江山。

——摘自《爱建视界》第21期高翔同名文章。

李玉琴，1928年出生，上海人。1950年进入上海工商行政管理局工作，1954年调入上海纺织工业局，1970年下放南京梅山劳动。1976年重回上海纺织工业局，后任上海联合实业股份有限公司襄理。

首家中外合资企业的创立与上市之路

口述：李玉琴

时间：2010年10月15日

地点：今日出版社

采访：范永进、虞卉、沈霞等

整理：虞卉、沈霞

改革开放不仅仅放开了中国的市场，更解放了中国人的思想，引领中国经济进入了飞速发展的快车道。改革开放40年来取得的成就是过去几代人想都不敢想的，而我作为赶上改革开放大潮的一代，无疑是幸运的。更为幸运的是，我最早参与了首家中外合资企业——上海联合毛纺织有限公司的创建，并助推公司成功上市。中外合资企业从联合毛纺开始在大陆的大地上遍地开花，源源不断地为大陆经济注入资金、技术和活力，成为中国经济腾飞一股重要力量。

亲历纺织行业从计划到市场

1928年，我出生于浙江温州的一户家庭，由于家庭经济条件良好，我获得了接受教育的机会。然而，当温州经历了日本人3次大扫荡之后，我家就没落了，无法供我继续念大学。当时我已是大夏大学的学生，我不想放弃学业，于是半工半读，靠一份在报馆打工的收入辛苦地支撑了2年。

新中国成立后，我开始参加工作。从1950年开始到1997年退休，整整47个春秋，我始终在纺织系统工作。 1950年的上海，工商业还处在半瘫痪状态中，我的第一份工作就是在当时统管上海工商企业的工商行政管理局，帮助毛纺行业恢复生产。1954年，上海市政府按行业成立了上海纺织工业局后，我随即调入上海纺织工业局工作。"文化大革命"中，干部下放劳动，1970年我被派到南京梅山劳动了5年，回上海后，我又在基层单位工作了一年多。时任纺织工业局副局长的何正璋得知我回上海的消息后，希望我回局里工作。

1976年，我回到上海纺织工业局，被安排在计划处工作。当时，在计划经济背景下的上海纺织工业局只管生产，产品外销由外贸部下属的纺织品总公司负责，内销则由商业局统一管理，纺织工业局完全与市场脱节。对此，我一直抱有一个想法，"希望工厂能真正参与市场，切身了解市场情况"，这也是当时局里许多同志的共同心愿。

转机出现在1978年。党的第十一届三中全会确立的改革开放政策，为中国的发展揭开了新的篇章，各行各业开始积极筹划、探索对外合作的新途径。上海纺织工业局抓住机遇，希望借此打破与市场隔绝的局面。

在引进外资发展经济的方针指引下，上海纺织工业局紧锣密鼓地开展了一些与外方合作的项目，我参与了这些项目的实施。刚开始的时候，同外方合作是以开展来料加工，补偿贸易为主。后来又向日方引进了2套与丝绸产品相关的设备。

合资企业的配额困境

1979年10月，时任纺织工业局局长的张惠发与副局长王金麟一同接待了率代表团来沪访问的香港工商总会主席唐翔千[1]先生。我当时任科长，也参与其中。唐先生表示愿意为祖国的发展建设出力，推进上海毛纺业产品升级换代，引进国外先进技术来填补当时国内的空白，为中国产品进入国际市场作出自己的贡献。因此，唐先生提出了希望能合作建厂的想法。而纺织局的两位领导也希望能利用外资引进一些先进设备，提高产品档次，工厂直接参与到市场竞争当中去。

经过商谈，双方最终确立合资建立一个年产羊毛衫25万打的毛纺织工厂的意向。1980年1月，沪港双方就合资建厂的具体问题进一步达成协议：合资企业注册资本600万美元，沪方出资360万美元，占60%（其中，上海爱建公司占10%），港方出资240万美元，占40%（其中，香港华润公司占10%）。关于合资建厂，我是非常赞同的，搞来料加工、补偿贸易这些只是利用外资的初级阶段。只有合资办厂，产品自主经营，企业才能走向国际市场。

李玉琴记录的《上海联合实业股份有限公司发展史大事记》

然而，接下来的工作并不顺利，当时正值改革开放初期，各种对外合作的具体法规还不完善。虽然国家已经颁布了《中外合资经营企业法》，但

---

[1] 唐翔千（1923—2018），香港知名实业家，纺织业大亨，曾任全国政协常委。

许多条款与细则并不明确，这给合资建厂带来了巨大困难。从工厂使用水、电、气的费用到美元兑人民币的折价汇率，从原料的价格到企业是否拥有产品的自主定价权等。问题层出不穷，几乎每个环节都有些不大不小的难题。然而，在这些难题当中，影响最大的就是突如其来的配额问题。

天有不测风云，就在双方就合资建厂达成进一步协议的2个月后，美国单方面宣布对我国羊毛衫出口实行配额制度。当时配额由外经贸部统一掌握分配，主要用于国有企业的出口外销，对尚无先例的合资企业不予照顾。这个消息，对于原本并不顺利的合资建厂工作来说，无疑是雪上加霜。当时，利用外资，主要就是想打入国际市场，没有配额，没法出口，那还怎么搞呢！没办法，我就只能跑北京了。

我前往北京，向当时的国家进出口委和纺织品总公司反映情况，要求给予合资企业一定照顾。这不仅仅关系到一家企业的生存，也是为今后更多吸引外资创造条件。经过再三努力，北京方面终于同意给予3000打的意大利配额，并建议我与上海当地掌握配额的有关部门商量，试试能否再多争取一些配额。

我心里明白，合资建厂直接参与市场竞争，就成为了外贸专业公司的竞争对手，要从竞争对手那里获得配额的希望十分渺茫。但是，情况紧急，哪怕只有一丝希望，我都要一试。回到上海后，我直接赶往上海纺织品进出口

上海首家沪港合资企业——上海联合毛纺织有限公司

公司，经多次沟通，获得了外贸专业公司让出2000打美国配额的口头承诺。但是，这离原先计划年产量25万打，并以出口为主，打开国际市场的目标相差太远。迫于无奈，我将问题汇报

给了合资双方领导，唐翔千先生（外方）提出了是否可以逐步打开国外市场的构想。

合资、控股、上市的市场化逻辑

1980年10月，围绕产品出口问题，中外双方展开了新一轮的协商。在国家出口配额有限的情况下，双方一致同意，争取多向非配额地区出口，并结合一定比例的内销市场。毛衫的产量由建厂初期的年产10万打，以后逐年增加，最终达成年产毛衫25万打的目标。此外，在香港设立办事处，以便于及时掌握国际情况和品种变化。1981年5月，经国家外资委正式批准，上海第一家中外合资企业——上海联合毛纺织有限公司成立。这样，中外合资企业首次登上了上海的历史舞台。

自1981年成立至1985年底，在各级领导的支持和联合毛纺全体职工的共同努力下，联合毛纺累计获利达到650万美元，折合成人民币2039万元。除去历年中外双方分红外，其余均用于向境内与香港再投资，由此新建了4个中外合资企业，3个门市部和1个餐厅。联合毛纺的经营范围已超越了合同的规定，并且涉及商业服务性行业和对外投资。

在这种情况下，唐翔千先生在联合毛纺第五届和第六届董事会上多次提出，将联合毛纺正式发展成为控股集团公司，进一步扩大对外投资，加强对各投资单位管理和协调的想法。为此，上海纺织局于1985年至1987年期间派我多次向国家经贸部和上海外经贸委提出相关申请。因当时缺乏控股公司的相关规定，申请并未得到批准。然而探索与发展的脚步并未就此停止。经过各方面的努力，1987年，联合毛纺成功改制成为控股集团公司，1990年，改名为上海联合实业股份有限公司（以下简称"联合实业"）。在这个过程中，我多次奔走于上海北京之间。虽然历经艰辛，但最终我们获得了成功，我感到一切真的来得很不容易，不过都是值得的。

控股公司成立之后，公司的效益一直很好，遂萌生了扩大投资，发展上市的想法。彼时，1990年，正逢浦东发展之机，按照浦东开发的规划，联合实业的厂址需要搬迁。为了能更好参与浦东开发，联合实业计划利用原厂地址建设约3万平方米的联合综合大楼用于展销高档服装。由于这个项目需要大量的资金，公司董事会决定听取唐翔千先生的意见，将公司改组成股份制企业，公开发行股票，向社会筹集资金。这项改制任务，交到了我手中，我当时是公司襄理，具体负责改制实施。无疑，这又是一项艰巨的任务。由于联合实业是第一家中外合资企业，前无"古人"可以效仿。没有现成的路，就只能靠自己一步一步去探索。

率先上市一波三折

1992年2月，上海联合纺织实业获得增发B股并改制的批复

首先，中外合资企业其改制试点是否允许；其次，应上报哪个部门审批，具体方案如何编制等，都是我要一一面对的问题。开创先例的过程总是艰辛的。我当时没有办法，我也不知道到哪里去搞上市！只能给市政府打了份报告，汇报我们的情况，好在当时的领导对这件事情很重视。

时任上海市市长的朱镕基同志，对此事相当关心，了解清楚后当即指出此事由上海体改办负责。同年10月，上海市体改办批复，同意联合实业作为中外合资企业改制成为第一

个股份制试点企业。公司当时注册资本已增加到1500万美元，计划改制后向社会发行500万美元股票，分为两期进行，第一期向境内发行200万美元A股，按当时汇率折为人民币1100万元。第二期向境外发行300万美元的B股。公司根据领导部门的意见，参照国际通行办法准备了一切必需的

1992年2月2日，上海联合纺织实业与申银证券公司签订增发B股承销协议。后排右起：刘吉、沙麟、唐翔千、张承宗等

材料，并委托上海市大华会计师事务所进行资产评估。不过，这个方案被退了回来。

当时上海外资委不同意，坚持要公司按照原中外双方投资比例同比发行A、B股。当时，有关B股发行的政策法规均未出台，上海尚没有企业发行B股。发行B股的时机尚未成熟，董事会决定先发A股比较合适。而且，根据合资法规定，外方投资比例不能低于25%，即使公司先发A股200万美元后，其外方投资比例仍然占33%，完全符合规定。由于外资委一再坚持，联合实业只能再次按A、B股同比发行重新编制方案上报。另外，在上海市体改办的带领下，有关部门共同商讨，初步制定了一套B股的法规，"电真空"（即上海真空电子器件股份有限公司）和联合实业两家申请发行B股的公司报告一起，于1990年12月上报北京。

然而，1991年7月，中央有关部门最终只同意"电真空"一家作为发行B股试点。当时，为庆祝联合实业成立10周年来沪的唐翔千先生得知此事后，感到非常吃惊，8月底直接上书中央与市政府反映情况。时任上海市委统战部部长的毛经权主持召开会议，与有关单位进行协调，并于9月6号提出先发A股，有

关B股的发行可再去北京争取的建议。市外资委也表示同意联合实业先发A股。

于是，同年10月，我与市外资委有关领导一起到北京向中国人民银行金融司和外经贸部汇报，最终答应联合实业作为第二家试点企业增发B股。

1992年2月24日，经中国人民银行上海分行批准，1100万A股股票发行，1992年2月27日批准上市，每股面值为人民币1元，每股发行价为4.3元。历经3次波折，联合实业作为上海第一家合资企业率先在上海证券交易所上市。[2]

及时化解起火事件

1992年6月11日的晚上，联合实业二纺车间发生火灾，此时距离股票上市还未满4个月。我接到工厂电话后立刻随同董事长张惠发赶到现场，了解情况。原来是二纺车间内有一套设备起火。当晚《新民晚报》已有记者到场，第二天报上已经刊登出了有关火灾的报道，并误将联合实业二车间报为联合纺织实业股份公司毛纺厂大火。第二天，广大股民不安情绪非常严重，纷纷聚集到上海证券交易所门口闹事。我记得当时情况十分紧急，时任上交所总经理的尉文渊来电说要停牌。

由于中方人员对处理此事缺乏经验，我随即打电话向香港唐翔千先生请示。唐先生说："李大姐（当时唐先生对我的称呼），通知交易所千万不能停牌，如果停牌，股民闹事一切后果由他们负责。要立刻召开记者招待会，把事情真相说个清楚。还有，火灾的现场千万不能动啊！马上通知太平洋保险公司让他们来查看。"

在接到唐先生的指示后，我立刻向尉文渊转达了唐先生的话，并召开了记者招待会说明实情，各报也先后作了修正报道。交易所的领导也来到交易所大门口向股民解释，股民情绪终于有所缓和。当时，联合实业的进口设备均按原值向太平洋保险公司投保。经过保险公司三个多月的调查核实，最后获得了

---

[2] 1991年12月，原公司经批准改制为上海市第一家中外合资股份制试点企业。1992年3月17日，公司向社会个人公开发行1100万元人民币面值的股票，3月27日公司股票在上海证券交易所挂牌上市。

395万美元和1400万元人民币的保险赔偿。火灾并没有给公司造成直接损失。

为了吸取经验教训，学习外方经验，上海纺织局领导组织各大国资企业在联合实业召开现场会议，全面推广企业财产原值投保。这次的火灾虽然对公司的股价造成较大影响，股价曾跌至发行价，但并没有给联合实业带来巨大的损失，主要得益于外方在处理这类事故中的丰富经验。通过这次的火灾，也让中方人员学到了很多并从中获得启发，为将来预防及处理相关事故提供了宝贵的经验。

探索股民对话机制

彼时，股份制和股市在国内刚刚起步，具体规章并不具体也不规范，一切还处在探索阶段，这难免会使早期的上市公司与社会股东之间产生一些不理解，甚至发生矛盾。

1993年3月，1992年度股东大会召开了，会议中讨论了公司1992年工作和利润分配方案。董事会根据当时上市公司已公布的分配方案和公平公正同股同利的原则，在股东大会上提出的分配预案为以10∶3比例向全体股东送红股，其中资本公积金转增2股，以利润送1股并每股派发现金红利0.11元。

然而，这样的分配方案并未通过。社会股东强烈要求10股送4股，即将0.11元现金红利改为送1股，并建议发起人股东可以按照公司现有分配预案执行。外方股东则坚持同股同利的原则。矛盾使社会股东的情绪非常激动。公司不得不宣布股东大会休会，暂时缓解大家的情绪。事后，我多次主持召开社会股东座谈会，解释公司坚持按照国际惯例，全体股东同股同利的原则。终于取得了社会股东的理解。同年4月，股东大会复会，并顺利通过了原分配方案。

通过这次股东大会上出现的问题，公司领导进一步认识到，改制后，要面对的不仅有来自产品市场的压力，更要面对来自社会股东的监督。因此，建立与社会股东沟通的桥梁是非常必要的。此后，公司决定，定期召开与社会股东对话的例会，汇报公司的经营状况，讨论遇到的难题。

由于产业升级和股市并购的兴起，1997年下半年，上海实业入主"联合实业"后，公司的发展开始了新的征程。并购交接后，我便退休了。

回忆我参建三个第一，即上海第一家中外合资企业，第一家控股集团公司到发展成为第一家中外合资上市公司的历程，真的十分感慨。这个过程，是我国改革开放以来对外合作不断成熟的进程。现在，中外合资在我们眼中看来，已经是很平常的公司模式。在两千多家上市公司当中，中外合资已超过200家。谁又会想到当年，中外合资走进中国，跨入股市时的艰难曲折。这一切的成功，离不开改革开放方针政策的指引，离不开中外投资者的共同努力，离不并各级部门领导的关心与支持。对于我们第一批"吃螃蟹者"来说，看到今天中国的证券市场不断壮大，以及那些股市中活跃的合资上市公司为中国经济发展所作的贡献，感到欣慰和骄傲。

链接：

唐翔千：情系内地 梦圆合资

1979年3月11日，张承宗率上海工商界经济代表团访问香港，副团长刘靖基以及同行的唐君远、郭秀珍、杨延修等后来成为爱建公司的主要创始人。唐翔千到启德机场迎接，并设晚宴招待大家。席间气氛热烈，唐翔千试探着向张承宗提出，能不能让大家晚上住到香港的亲戚家里去？没想到张承宗稍作考虑后答应了这个请求。唐翔千对共产党的政策和党对待工商界人士的宽阔胸襟更多了一份感激。

1979年10月20日，唐翔千又带香港代表团回访上海。他牢牢记住了父亲唐君远的嘱托，要带头到大陆投资办点企业，为国家作贡献，为家乡做点事情。特别是父亲还说："如果蚀本了，就当是孝敬我了。"1980年8月31日，他和上海纺织局正式签署了成立合资公司的合同和章程，选址浦东陆家嘴，利用原上海麻纺厂的人员和厂房，从国外引进先进设备，着手筹建新厂。浦东当时尚未开放，唐翔千无疑又当上了"第一个吃螃蟹的人"。

1981年7月26日，唐翔千领取了具有历史意义的中华人民共和国国家工商行政管理局颁发的工商企合沪字第00001号营业执照，正式成立沪港合资的上海联合毛纺织有限公司。"联合毛纺"成为第一家沪港合资经营、第一家落户浦东开发区的合资企业，并发展成为第一家中外合资的集团性公司、第一家中外合资的上市股份公司，是上海改革开放的先驱。

"联合毛纺"1981年正式开业，1982年已经扭亏为盈，1984年全部收回投资，1991年固定资产增加10倍。一时新颖的"联合"牌高级毛衫畅销大江南北，遍及世界各地。在内地赚的钱，唐翔千一分也没有带回香港，而是将此投入扩大再生产，相继又成立了10家毛纺、制衣企业。

1984年6月22日，邓小平在人民大会堂接见了时任香港工业总工会主席唐翔千、香港总商会主席唐骥千、中华厂商联合会会长倪少杰一行8人。邓小平握住唐翔千的手，笑呵呵地说："我知道，你就是香港来内地投资的'001号'！"唐翔千回答说："惭愧，惭愧！十分感谢邓主席的接见。看到您红光满面，身体这么好，从心底里感到高兴，相信香港人也都和我一样的心思——祈望您身体健康，长命百岁！"这场会面，唐翔千亲耳聆听了邓小平对香港回归和"一国两制"的构想以及"50年不变"的承诺，特别是临别时，邓小平握着唐翔千的手，再次强调："放心吧，50年不变——不会变的！"

1984年11月和1985年2月，上海沪港经济发展协会和香港沪港经济发展协会相继成立，张承宗担任名誉会长，刘靖基出任上海协会会长，唐翔千出任香港协会会长。此后，唐翔千在会长的任上干了15年，为促进沪港经济合作作出了巨大贡献。

——作者鲍幸鹜，摘自《爱建视界》第25期。

张志雄，1966年出生于上海。1991年进入上海证券交易所，任《上海证券报》编委和专题部主任。1998年后，历任华夏证券研究所副所长、上海有线电视台财经频道总监、《财经时报》副总编。2002年创办《科学与财富》（value），专注读书与投资。著有《放量——中国股市事变亲历记》《学习学习再学习——生活中的投资经典》《游走在时空边缘——我的环球文化之旅》《长线价值——艺术品市场大势》等著作。

早年股市中的民营企业

口述：张志雄

时间：2018年8月26日

地点：上海柏年律师事务所

采访：范永进、邱根发、钟家龙、单永、江冰、周佩、李佳等

整理：李佳

1997年之前，民营企业在内地股市上还是很少见的。1992年，深华源作为第一家民营企业在深圳证券交易所上市，到1996年年底止，沪深两地市场上只有40家民营上市公司。1997年开始，民营上市企业数目逐年递增，1999年以来则是高速发展，截至2004年年底，沪深两市共有336家民营上市公司。

早期民营企业上市的三条路径

从地区分布上看，广东和浙江两省的民营上市公司分别以44家和43家遥遥领先于其他省份，处于第二集团的是上海、江苏和四川三省市，数量分别是32家、30家和25家。来自粤、浙、沪、苏、川的民营企业占了沪深两市上市民企的半壁江山，是与这些地区经济市场化和民营化程度相吻合的。

从行业分布特征看，从事制造业的公司占了整个民营上市公司的58%，这符合中国作为制造业大国的实情，也与非民营制造业上市公司比重相似（沪市非民营制造业上市公司的比例是55%）。如果再细分一下，截至2004年年底，沪深市场中，有50家民营上市公司属于机械设备仪表行业，36家属于医药生物制品，36家综合类，32家信息技术业和27家石油化学塑胶等。

民营企业在内地市场上市有三种方式——新股发行（IPO）、管理层收购（MBO）和买壳上市。新股发行当然是最为直接而规范的方式，而且还能获得较大规模的融资额。但众所周知的是，内地股市的新股发行过程耗时较长、难度较高而且具有不确定性，于是买壳上市成为民营企业进入股市的一条重要途径。企业通过购买已上市公司的股权，进行资产重组，跻身上市公司行列，从而间接实现上市目标。买壳上市不需要发行审核过程，耗时不多，又可以利用当时内地股市股权分置的机会，收购价格较低的非流通股，对企业而言是很有吸引力的。

至于MBO上市，是指国

2004年2月，全国证券期货监管工作会议在北京召开。会议强调，"国九条"是根据我国经济体制改革和金融市场协调发展的需要作出的重大战略部署，全国证券期货系统要深入学习并组织贯彻落实，不断推进我国资本市场的持续稳定健康发展

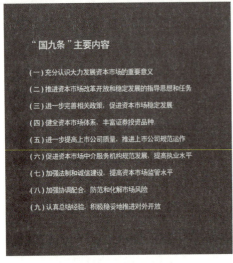

"国九条"主要内容

（一）充分认识大力发展资本市场的重要意义

（二）推进资本市场改革开放和稳定发展的指导思想和任务

（三）进一步完善相关政策，促进资本市场稳定发展

（四）健全资本市场体系，丰富证券投资品种

（五）进一步提高上市公司质量，推进上市公司规范运作

（六）促进资本市场中介服务机构规范发展，提高执业水平

（七）加强法制和诚信建设，提高资本市场监管水平

（八）加强协调配合，防范和化解市场风险

（九）认真总结经验，积极稳妥地推进对外开放

"国九条"的主要内容

有企业管理层通过自有或者借贷资本来收购公司股权，达到控制企业的目的，从而成为民营上市公司的一员。由于2005年4月14日国资委、财政部正式公布了《企业国有产权向管理层转让暂行规定》，上市公司的MBO在此后一个阶段内实际上已成为不可能。但曾热闹过一阵子的上市公司MBO仍会"死灰复燃"，种种的曲线MBO也层出不穷。

可以这么说，上市公司的不少混乱源头都出在买壳上市上，我们从民营上市公司的业绩统计结果就可以得出这一结论。沪市102家以IPO方式上市的民营企业2004年加权平均净资产收益率为4.68%，每股收益为0.13元，是民营上市公司中表现最好的。可是，沪市97家通过买壳方式上市的民营企业加权平均净资产收益率竟然是–3.35%，每股收益为–0.06元，也就是说，买壳上市民营企业总体上是亏损的。

早年科龙的幸存与衰败

科龙公司1984年创立于广东顺德容奇镇，由镇政府投资9万元按当时汇率计算约为3万美元，总经理潘宁则是当地的一位干部。潘宁与另一位创始人王国端起先对电冰箱一无所知，后者要求他的香港亲戚给他们带来两台电冰箱，他们进行了拆解，以了解冰箱是怎么工作的。

1998年我曾赴广东容奇镇采访潘宁，听他讲述了那个很多人都知道的故事：科龙的第一台电冰箱是手工制造的，工厂没有设备生产外壳，工人一块一块地将铁皮捶打成型。为了检验冰箱的质量，工人们将可乐放在里边，第二天中午，所有的瓶子都裂开了，他们这才知道成功了。

潘宁等人的企业家精神是人们一直称颂的科龙最宝贵的资产，但也为后来与容奇镇政府的冲突留下了隐患。事实上，正如《改革时期的外国直接投资》一书作者黄亚生所言，没有容奇镇的关键性支持，科龙是无法开工的。除了安排了400万元的贷款外，政府还为这家企业提供了政治保护。在20世纪80年代中期，绝对不允许私人成立工业企业。在确保所有权的前提下，当地政府允许科龙作为一家私人企业进行运作，又让其具有集体企业的政治合法性。

21世纪的中国人已很难想象，二三十年前一家纯粹的私营企业受到的歧视是多么的严重。

容奇镇还为科龙做了一件决定其命运的事情——千方百计获得了生产冰箱的许可证。2004年中央政府进行宏观调控时，把一家民营钢铁企业铁本作为对象进行整顿。在计划经济者的脑袋中，他们自以为是相马的伯乐，能够看出哪些企业是应该存在的，哪些企业是应该淘汰的。这就好比古希腊的斯巴达人，相传他们丢弃那些体质羸弱的婴儿，以保持城邦的战斗力。1985年，中国电冰箱制造商的数量从1978年的20家上升为115家，国务院认为太多了，采取的办法并不是让他们在竞争中优胜劣汰，而是下令将115家削减为41家，而且全是国有企业。但在容奇镇、顺德区与广东省各级政府的努力下，科龙奇迹般地成了第42家，是唯一一家非国有企业。科龙是幸运的，我们相信在其他被消灭的冰箱厂中，一定有类似科龙这样具备企业家精神的公司。

6年后的1991年，科龙成为中国最大的电冰箱制造商，占了市场

2004年6月25日，首批中小企业板8家上市公司代表在深圳证券交易所一起敲钟，标志着中小企业板正式开市

10.3%的份额，到2000年时，它的两个品牌的市场占有率达25%。1992年，容奇镇将科龙20%的股份给予公司的管理层和员工，这在当时是极为开明的做法。

1996年，科龙以H股的形式在港交所上市，由于出色的财经公关和相对灵活的经营机制，让科龙在香港市场上赢得不少赞誉。1999年，科龙A股在深圳证券交易所上市，由容奇镇政府全资所有的广东科龙（容声）集团控有34.1%的股份，公司雇员占8.5%的股份，其他为香港和内地的股东所有。而在这一年，潘宁离开了科龙，2001年，另一位创业者王国端也退出公司，4名公司副总裁也被更换，公司的CEO由容奇镇镇长徐铁峰担任。

在20世纪90年代的大部分时间里，科龙的管理团队受到了充分的激励，除了授予小部分股权之外，5名主管仅在1996年就获得880万元的奖励，相当于他们工资的2.5倍。要知道，到了2003年年初，四川的绵阳市政府为了激励复出的劳苦功高的家电龙头长虹集团CEO倪润峰[1]，才一次性给予奖励120万元，倪润峰的年薪也就在25万元至28万元。应当承认，倪润峰的局面要比潘宁做得大很多。

但到了20世纪90年代后期，当容奇镇所在的广东顺德成为全国中小国有、集体企业进行民营化的发源地时，科龙却无法"转制"，无法让潘宁的创业团队进行管理层收购。当时的一句口号是"靓女先嫁"，也就是先把政府拥有的最好资产卖掉。理由是，趁好的资产还没有"烂"掉，早卖早好。可时任容奇镇党委书记的陈伟有自己的看法，他认为应该把政府所有的小企业拍卖掉，中型企业"转制"，像科龙这样的大型企业应该留在政府的手中。陈伟盘算，尽管科龙可以卖四五十亿元，还掉六七亿元的贷款，容奇镇三五年内日子会很好过，但今后怎么办？

潘宁等人当然不答应这样选择。这批久经沙场的管理团队离开了之后，科龙在竞争激烈的国内家电市场上举步维艰。屋漏偏逢连夜雨，政府又把一

---

[1] 倪润峰（1944— ），山东荣成人，1988年6月起担任四川长虹电器股份有限公司董事长兼总经理、教授级高级工程师；曾是中共十四大代表、十五届中央候补委员。

家同在顺德有着财务困难的华宝空调转让给科龙。2000年，科龙从上年盈利6亿元变成报亏8亿元，次年报亏12亿元。到了2001年12月，大股东容声集团欠了科龙12.6亿元，这种关联交易实质上是挪用上市公司资金的违法行为。一个疑问是，科龙的业绩"变脸"为何如此迅速？潘宁只离开了公司一年啊。1999年上市时的业绩真的那么出色？这一切还是个谜，但它可能是造成科龙2001年11月被卖掉的一个原因吧。

佛山照明的"曲线MBO"

从20世纪90年代中后期开始，国有企业从一些竞争性的与国家战略无关的行业中退出，由民营企业接收。其中，把国有企业的所有权转让给私人的过程，被美国管理大师彼得·德鲁克定义为"私有化"。1993年，民企数量只有9万户，2003年已发展到300万户，增长了33倍之多，这其中就包括国企的私有化和民营化企业。

早年，佛山照明的规模和绩效都名列中国电光源行业的第一名，1993年10月在深交所上市，到2007年时就已经向投资者派发红利13.01亿元，比企业向市场的各种融资总额还多出1500万元。这在国际市场上是司空见惯的，可在中国内地上市公司几乎个个都是圈钱动物的情况下，佛山照明以其稀缺性赢得了投资者的尊重。

2002年年底，佛山照明的CEO钟信才等5位高管向佛山市政府提出，以管理层收购（MBO）的方式将国资委的23.97%的股份转让给他们，如果不能的话，让管理层和业务骨干持股15%以上，或者把佛山照明的商标转让给管理层。当时人们都认为这个计划可行，因为钟信才1964年进入公司，又当了25年的CEO，佛山照明能从一个地方小厂发展成后来的"中国灯王"，钟信才居功至伟。而且公司所属的照明行业可以"国退民进"，另两家业绩不错的粤美的和佛塑股份上市公司已在佛山市政府的支持下完成了MBO。

但是佛山照明的MBO却没有成功。2003年3月，财政部要求暂停内地企业

MBO。2003年10月间，佛山照明公开拍卖国有股，有17家企业应标。拍卖很快有了结果，由西门子集团下属的公司，全球两大照明产品制造商之一的欧司朗，与名不见经传的香港佑昌灯光器材有限公司入选。2005年5月30日，佛山市国资委出让13.47%的股权给欧司朗佑昌，出让10.5%给香港佑昌。这两个买家均为外资公司，欧司朗是德国西门子的全资子公司，而欧司朗佑昌控股有限公司是欧司朗与香港佑昌共同成立的公司，其中欧司朗持股60.14%，香港佑昌持股39.86%。事实上，德国欧司朗只持股佛山照明的8.1%，香港佑昌反而直接和间接持股15.87%。

香港佑昌又是家什么公司呢？它早在1980年就与佛山照明是合作伙伴，1989年，双方成立了一家合资公司。后来香港佑昌的出口销售有50%以上是佛山照明的产品。香港佑昌的董事长庄坚毅2003年年初是佛山照明的副董事长，香港佑昌与佛山照明高管的关系不言而喻。因此，转让价仅每股7.9元，佛山照明的每股净资产5.97元，远低于当时的A股流通股每股14元左右。人们把这种关系叫"曲线MBO"。

佛山照明使外资成为上市公司的控股股东，这在内地一直受到严格的监管。它也是涉外重组难度最大、发生次数最少的重组类型。

委托理财中的"德隆之殇"

1986年，从新疆石油地质学院毕业的唐万新开始创业，一直到1992年才真正发迹。唐万新从朋友那里借了5万元，进入中国股市的"一级半市场"，一个人跑到西安从事股份制改造过程中法人股认购权的买卖，包括精密合金、陕西五棉、西安金花、西安民生、陕解放等10家公司，转手卖给新疆和深圳两地的公司，从中赚取每股5角到1元的差价。不到1年半的时间，唐万新已赚了5000万元至7000万元。唐万新一级半市场的生意一直做到2001年，一共赚了七八亿元。

这是唐万新的原始积累。唐万新一开始就从不规则的准金融市场上获得了巨大的财富，决定了他今后真正发展之路是通过钱直接生钱，其他的盈利之道只是个故事，或者道具。

1995年，唐万新花了400万元买下了新疆租赁8%的股份，后来新疆租赁增资扩股时，他又用新疆德隆的1000万元和新疆屯河的1亿元，达到了控股第一家金融企业的目的。1997年上半年，唐万新以屯河股份的名义受让了新疆工商银行在金新信托的30%股份，后来收购了民航局在金新信托的15%股份，得到了德隆早期最重要的金融平台——金新信托。

1995年，唐万新以新疆德隆的名义花1000多万元收购了新疆屯河9%的法人股；1997年唐又花1亿多元收购了屯河全部法人股股权；1997年6月花6500万元收购了沈阳合金全部法人股；1997年11月，唐收购了湘火炬全部法人股，花去了7500万元。

唐万新的新疆德隆作为民营企业，当时是无法控制金融机构的。唐用上市公司投资的方式收购和控股了金新信托等金融机构，让大家以为是国家资产在控股。唐万新收购之前的金新信托的主要业务是放高利贷和投资房地产业务，没有做信托和股票投资业务。唐收购之后，金新信托原有业务停止了，全部转向一级半市场业务和证券投资，即在二级市场炒股业务，并开始从事委托理财。

这个"委托理财"大有讲究，实际上是唐万新和德隆的核心业务。唐万新对此的解释是："代客理财是个最普通的金融产品，相当于存款或贷款，最容易赚钱。"唐万新的解释看似正确，却掩盖了"代客理财"与"存款或贷款"的本质区别。唐万新从事代客理财的1997至2004年，正处于中国2006年前长达10年的低利率时代，"存款或贷款"的利息是极低的，而1997年德隆承诺给委托理财客户最低收益是14.5%，后来降到4%—12%之间，最后又升至最高的22%。

德隆以及中国内地股市的其他券商、机构的委托理财规模何以迅速扩大，就是因为它提供了保底收益与银行利息之间有着巨大的利差。大家都知道，真正让资本投资增值的奥妙在于正收益率年复一年的复利，但复利如果一直是负的，也能让一家再大的金融机构崩溃。不幸的是，以德隆为代表的中国内地股市"集合理财"却是后者。

唐万新所谓的"集合理财"打着金融产品的旗号，对一般人乃至许多"精英"都很有迷惑性。其实他们做的事与许多从事"庞氏骗局"的非金融人士并没有本质上的区别，无非道具（产品）不同而已。因为他们都必须承诺高额的保底收益，却无法创造出相应的现金流来兑付，于是只能用新债还老债，最终被复利所吞噬。

1997年5月，唐万新提出了"集中持股"的方针，也就是集中持有新疆屯河、湘火炬和合金股份这3只"老三股"的流通股。唐万新认为他的"集中持股"概念来自巴菲特，他的律师在法庭上也如此辩护。其实，唐万新的"集中持股"基本上是按"委托理财"的本身要求设计的。

要让投资基金持续保持高收益几乎是件极不可能的事，即便是巴菲特也做不到。当委托理财资产缩水时，客户首先想到的是赎回。赎回的太多，接受委托的一方一定会破产，因为他们还要兑付最低收益。要让原来的客户不赎回，必须有新资金来填补原来的保底收益窟窿，只有让委托资产只升不降，所谓长升长有。于是，从部分操纵到彻底操纵一只或几只股票成为中国内地股市委托理财的经典模式。

在德隆开始操纵"老三股"的两年内，他们所买的股票占流通股的30%左右，他们购买流通盘较小的沈阳合金的60%，然后高卖低吸。在这个阶段内，操盘手们把每天股价的涨跌通常控制在1%以内，波动性很小。

但随着股价的节节上升到后来的大幅飙升，其他跟庄者和投资者开始落袋为安，德隆不得不吸纳更多的股票。到了2000年9月，他们对"老三股"流通股平均持仓量都达到了70%。一年后的2001年12月，持仓量升到90%以上。此时，中国内地股市已经彻底进入熊市。金新信托入市的股票市值是170亿元，到期未兑付的资金是41亿元，也就是说已有了41亿元的资金缺口。2004

年德隆最终崩溃，其最后的失败纯粹是自己无法支持"旁氏骗局"的巨大成本所致。

德隆代表了一部分民营企业乃至中国企业，这才是我们一遍又一遍述说它的原因。德隆是"癌"，如果我们不清除它，它就会吞噬更多的健康企业，而且也会复制更多的癌细胞侵蚀中国经济和社会……

总体而言，中国早年股市中的民营企业从规模看，基本属于中小规模的上市公司。根据上海证券交易所研究中心2005年度的《中国公司治理报告》数据和结论，截至2004年年底，非民营上市公司总市值最大者高达3780.22亿元，远高于民营上市公司总市值最大者的67.3亿元。在上海证交所上市的823家非金融类上市公司的总市值和流通市值中，民营上市公司总市值所占比重仅为10.74%，流通市值所占比重只有16.42%。其在市场上整体业绩也不佳，远远落后于非民营性质的上市公司。2004年，全部沪市上市公司加权平均净资产收益率达到9.57%，每股收益达0.26元。其中，非民营上市公司的加权平均净资产收益率高达10.37%，每股收益是0.28元。而民营上市公司就显得很糟糕，沪市全部民营上市公司加权平均净资产收益率仅仅只有2.3%，每股收益则是0.06元。

链接：

20年前一场关于股份制的激烈论争

回顾股份制改革在我国从理论探索到正式写进党的文献而成为改革实践重要指导思想的历史过程，我们可以发现，股份制改革在我国可谓"一波三折"。

据统计，1979年全国返城知青多达1700万，再加上320万没有就业的留城青年，总数达到2000多万。1980年初，为解决就业问题，中共中央书记处研究室和国家劳动总局联合召开劳动就业座谈会。在这次会上，时为北京大学经济系副教授的厉以宁提出："可以号召大家集资，兴办一些企业，企业也可以通过发行股票扩大经营，以此来解决就业问题。"这是厉以宁第一次提出"股份制"。但是，他的这个提议当时没有引起什么反响。几个月之后，也就是1980年8月，中共中央专门又召开了"全国劳动就业工作会议"。在这次会议上，提股份制的不光有厉以宁，还有于光远、童大林、冯兰瑞等等，他们都认为股份制是解决就业的好办法。此后，股份制便成为理论界探讨的一大热点。

当时，股份制的争论也引起了党内的关注。1987年2月，时为中共中央顾问委员会副主任的薄一波同志接到三份香港《明报》的影印件：一份是1986年12月24日的报道，题目是《北大经济学院教授厉以宁称中国企业股份化改革分三阶段需十五载》；一份是《明报》12月27日采访厉教授的报道，题目是《中国今后经济发展将全面摆脱苏联模式》；另一份也是《明报》记者采访厉以宁的报道，题目是《曾是苏联模式改良派支持者厉以宁主张"还权"非"放权"》。

这三份材料上，都有党内持不同意见的一位老同志的批语。对第一份材料，老同志的批语是："请看厉教授怎样完成中国所有制的改革。中国企业股份化，是厉教授消灭中国的社会主义企业的妙法"。对第二份材料，老同志的批语是："中国今后经济发展将全面摆脱苏联模式，即完全摆脱社会主义经济模式。厉以宁教授的这一套把戏，与方励之的全盘西化是一个东西。不过方教授是唱白脸的，厉教授是唱红脸的。厉教授也说中国要'现代化'，但他的'现代化'是全盘西化或资本主义化"。对第三份材料，老同志的批语是："何谓新型的所有制？扯开面纱，就是不折不扣的、百分之百的私有制。还权即把权还给私人，改制，即把公有制改为私有制。"

1987年2月27日，薄一波把这三份材料交给当时中共中央书记处书记邓力群，提示说："力群同志：这三份材料我因字小不能看。请你是否批定一人看。"3月3日，邓力群把材料批给时任《红旗》杂志副总编辑、经济组组长的苏星同志看。让他研究后向薄老写一报告，苏星接到邓力群批给他的任务后，深感这是"一个烫手的山芋"，如果处理不慎，正常的理论探讨很可能会被"大批判"扼杀。

苏星是一位十分注重对现实问题进行调查和研究的经济学家。他接到薄一波和邓力群的批示后，花了十多天时间仔细研究了香港《明报》有关厉以宁教授讲话的报道及其在国内报刊上发表的几篇主要文章，经过反复考虑，根据自己的看法，给薄一波写了一份报告。在这个报告中，苏星将厉以宁关于股份制的主要观点归纳为以下几点：其一，经济体制改革的关键是所有制改革，而不是价格改革。其二，原有企业资金存量股份化以后，国家可以根据地区和行业的不同，根据企业性质和规模的不同，确定国家所掌握的股份在全部股份资金中的比例（例如钢铁工业可定为40%，纺织工业30%，食品工业20%等），然后国家再根据这一比例，保留企业股份，而把多余的股份分期分批出售；或者公开出售，卖给个人，或者转让给企业，由企业付现金或计息向国家陆续偿还债务。其三，减少政府股份不等于削弱公有制。

苏星的这些观点，实事求是地表达了他不同意某老同志对厉以宁的批评的看法。他的这个报告送上去以后，很长一段时间没有动静。直到1988年他被调到中央党校担任副校长后才了解到，那位老同志看了他写给薄一波的报告，也接受了他的看法。可以说，正是苏星的这个报告，阻止了一场对"厉股份"的"大批判"。

——摘自李庆英同名文章，载《上海党史与党建》2008年第9期。

杨怀定，1950年6月出生于上海，人称"杨百万""中国第一股民"。原上海铁合金厂职工，1988年从事国库券买卖赚取其人生第一桶金而成名，为上海滩第一批证券投资大户，拥有多个"第一"：第一个从事大宗国库券异地交易的个人，第一个到中国人民银行咨询证券的个人，第一个从保安公司聘请保镖的个人，第一个主动到税务部门咨询交税政策，第一个聘请私人律师，第一个与证券公司对簿公堂，第一个作为个人投资者被大学聘为教授。其故事被包括美国《时代杂志》《新闻周刊》在内的世界许多媒体广为报道。1998年被中央电视台评为"中国改革开放二十年风云人物"。

我是一个平民投资者

口述：杨怀定

时间：2018年8月1日下午

地点： 杨怀定上海寓所

采访：范永进、周松林、虞卉、魏华文等

整理：周松林

从1988年参与国库券买卖算起，经过柜台交易阶段，再到沪深证券交易所正规的竞价交易市场，我参与了至今为止中国证券市场30年的全部历史，是这个市场最早的参与者和见证者之一，也是其中的幸运者和成功者。我的经历，可以说是中国证券市场历史的一个缩影。

为自我保护，成就三个"第一"

我从1988年起参与国库券买卖。这事说起来有点偶然。1988年，因为遭遇一些不公正待遇，我从工厂辞职，自寻生计。这以前我已经通过业余搞"第二职业"赚了一点钱，银行存款有2万元。

辞职后，我当然得更留心赚钱的机会。有一次，我看到上海某报说温州实行利率开放，利息可以高到13%。我给中国人民银行温州市分行写信，确认了真有其事后，就想把钱存到温州去。我算了算，2万元，每年利息就是2600元。而辞职前我每月工资68元，一年也就800多。这在当时已经算不错了。年息2600元，这不是可以不用上班了嘛？不过到温州去的船票刚买好，我又从报纸上看到另一条消息：上海要开放国债交易。我读过《子夜》[1]，知道这里面会有"花头"。我算了一笔账：当时上海的银行利息每年5点多，3年期国库券，年息超过15点，比去温州存银行还划算。为啥不买？

国债交易开市的第一天，一大早我就去了。买进后，看看旁边的人，看的多买的少。到当天下午，有人想明白了，开始买进，结果价格立刻上冲。冲到110元以上，我就抛掉了。转手之间，利润超过10%。

有了第一次的成功之后，我开始研究国库券。很快，我发现全国8个试点国债交易城市

杨怀定和早年股民

[1] 《子夜》是茅盾于1930年代创作的长篇小说，约30万字。其以1930年的旧上海为背景，以民族资本家吴荪甫为中心，描写了当时中国社会的各种矛盾和斗争，有大量金融公债、股票交易内容。

早期国库券票样

的国库券差价很大，而中国人民银行却禁止金融机构之间流通国库券，于是我想到了做国库券的异地买卖。

我开始没日没夜地乘火车在全国跑。各地之间的差价甚至可以大到超过10元，利润极其丰厚。什么地方穷、经济落后，什么地方的国库券就更便宜。当时中国人的金融意识还相当淡薄，国库券发行阻碍重重，很多时候要靠摊派。买了国库券的老百姓急于兑现，打八折抛售给银行，而银行也普遍缺乏资金，有些银行国库券业务的启动资金只有十几万元，一下子就胀死了。我带着现金去买进，当地银行把我当救星。银行给我的价钱是九折，90元。到上海差价起码10元。靠这2万多元本钱，出去一趟能有几千元进账。我的本金快速膨胀。

那时国务院有文件，规定国库券不得低于面值买卖，但各地执行情况不一。上海执行得最好，从没有低于面值。正是这一点保证了我国库券异地买卖的价差。我实际上赚的就是这个政策的钱。

我的交易金额越做越大，很快达到上百万元，中国人民银行和有关部门都开始注意我。当时对我这种行为有很多争论：一、这种行为是否属于经营金融？按国家规定，个人不得经营金融。二、算不算投机倒把？在当时的社会环境下，这种看法无疑使我承担了一定的政治风险。于是我就主动到中国人民银行上海市分行去"人民来访"。我对接待人员说："我有些金融法规搞不清，想主动接受党和政府的教育。我可以买卖国库券吗？"接待人员反问我："你看呢？"我说："可以的。"接待人员问我有什么依据，我拿出一份《金融时报》，当时的中国人民银行上海市分行行长在报纸上接受采访时表示：欢迎公民随时随地买进国库券，随时随地卖出。

做了一段国库券异地交易后，我心里还是不踏实，怕政策变化，同时也怕大笔现金带在身边不安全。当时个人不能使用本票，只有现金。我特地称过，一万10元钞是一斤二两。我带50万元出去，就是60斤。分量重，体积大，十分惹眼。正好当时上海公安局开放保安业务。于是我跑到上海市公安局，询问能否请保安，结果如愿以偿。上海《解放日报》为此还发过消息：上海出现第一例私人聘请公安人员当保安。这以后我出门买卖国库券，就由保安开好执行公务的证明，还带着枪，一路免检，通行无阻，少了许多麻烦。外地银行也因此更认可我的交易行为，愿意把国库券卖给我。

1989年，我又特意到税务局咨询买卖国库券是否要交税。当时的背景是：一些私营个体户不愿意交税，成为一个社会问题。结果税务局的人表扬我主动上门报税，报纸还发表了"上海市民杨怀定主动报税"的消息，引起了有关方面的注意和好感。其实我心里很明白，根据国库券条例，买卖国库券是免税的。或许，制定国库券条例时，谁也没有想到会出现我这样频繁地跨地区买卖国库券的情形吧。

到中国人民银行咨询、请公安人员做保安、到税务局报税，这三件事让我出了名。其实，这是我的自我保护。

从70多份报刊，预测股市前景

资金量做大以后，我不再亲自到外地跑了，雇了几个人在全国各地跑，我坐在上海用电话遥控。

这些人每到一地，第一个任务就是打听当地的国库券行情。用现在的话讲，我就是买信息。我变成信息中心，知道哪里价格最低。我指挥他们从最低的地方开始依次买进，越买差价越小，最后回到上海卖出。人换班休息，资金不闲着，每天在滚动、膨胀。

那时我订了70多份报刊。这个数字远远超过了一般单位阅览室的规模。

人称"杨百万"的股市传奇人物杨怀定（右一）接受境外媒体采访

我每天读报，分析金融形势和经济状况。我开始留心当时上海刚开张不久的股票柜台交易市场。

1989年，我在《中国金融》[2]杂志上看到一篇文章，说由于保值利率的提高，信用社和银行把几十年的盈利都贴进去了，面临亏损的边缘。我感觉到这是利率即将下调的信号，决定抛掉国库券，买进股票。抛掉国库券的另一个原因是看到当时国库券价格实在太高了，达到120多元，而我手上的国库券成本都在100元以下。

当时上海股票市场非常低迷，交易者寥寥无几。营业部的员工好心地劝我不要买。但我坚信自己的判断。

我第一次买入的是电真空。电真空面值100元，此前最高曾到过140多元，当时跌到91元。在买入电真空之前，我实际上已观察它一年多了。当时股票分几种，一是甲种，红利上不封顶，下不保底；二是乙种，下保底上不封顶；三是非甲非乙，既保底又封顶。电真空是非甲非乙，规定最高红利15%，最低不低于银行利息。

第一次买了3000股。算一算，如果每股一年能分15元红利的话，一年4万多元，我可以做食利阶层了。那时的工资水平一般是每月100多元，一年才1000多元。当时倒也没有想到股票后来会这样大涨。

我当时对营业部的人说，估计利率要调低，所以买点股票放着。结果没

---

[2]　《中国金融》杂志是中国人民银行主管的刊物，为半月刊，每月1日、16日出版。

多久，利息果然下调了。许多人都传说我有背景，知道内幕消息。我哪有背景？我就是读报分析出来的。

半年后股票开始暴涨，电真空涨到800元。我让助手化整为零不动声色地抛售。抛完后我就带着助手到普陀山旅游了一个月。因为我知道，下跌也是要有一个过程的。要克制自己，避开这个下跌过程。结果一直跌到1990年上海证券交易所开业前，电真空的价格是375元。交易所开业第一天，成交1000多股，我一个人买进了500股。后来涨到500多元，我又抛了。抛后电真空又跌回370多元。于是有人到市政府去告状，说杨百万操纵股票价格。我每股已赚了100多元，总共赚了5万多了，为什么还不抛？后来有关部门经调查后为我辟谣。

1992年初，我没有买认购证。因为那时我满仓都是股票。另一个原因是，当时很多人买认购证发财是发在黑市上。我已经名声在外，就不要做黑市了。不过也不能说交易所开业以前买卖股票就是做黑市。早期无所谓黑市白市，而且我们的交易都是有法律依据的。1987年上海出台《上海市股票管理暂行办法》[3]规定股票交易价格可由交易双方自行决定、股票不能中途退股，投资人需要转让变现时，一般可以自找对象转让，并到代理发行机构过户。后来赚钱了，人家就说我们是"黄牛"，搞场外交易，而不想想当时根本就没有场内交易。实际上是我们在帮助政府形成市场。

1992年上海市政府请我去开会，讨论第二年股票发行的事。我在会上说，以前你们讲电真空炒到300元，太高了，是黑市价格，现在新股发出来就是6元、7元，相当于当时的600元、700元。这怎么讲？

从投机转向投资，帮交易所堵漏洞

最初进入股市的原因，说起来很简单，就是为了赚点钱。在这种心态下，我注定是一个投机者。但是多年的经历让我明白，投资才是最重要的。

---

[3] 《上海市股票管理暂行办法》于1987年5月23日由上海市人民政府发布。

上交所开业后，我继续买进电真空。后来电真空最高冲到每股2500元。我在2300元左右抛掉了，因为我觉得它不值这个价。算算公司的利润率，要100多年才能回本，所以，赶紧获利了结。实际上我当时是不自觉地在进行投资了。

后来我到北京开会，许多人问我：你当初怎么金融意识这么强？我说不是的，这就好比当初老红军上井冈山，他可能并没有想到共产主义，就是因为没吃的，当兵有粮吃，就上了井冈山。但在革命的过程中，觉悟提高了，明白了为共产主义奋斗的道理。当时有几个老干部对我说：啊呀，你讲得太实在了。我说我实事求是，不要在自己脸上贴金，当时就是为了赚点钞票，而且是抱着短期投机的想法。在这个过程中，经历得多了，才知道应该长期持有一些物有所值的股票，知道了要投资而不是投机的道理。

《新闻晚报》2008年4月4日刊登关于杨怀定回顾20年炒股人生的《"牛市挣钱，熊市挣股"》一文

我的经历也告诉我，在证券市场，一个人成功与否，不完全取决于个人的能力。所谓时势造英雄，一定要市场发展了，投资者个人才能发展。

正因为此，我们这些早期的参与者，非常关心和支持证券市场的健康发展。我举一个例子。1992年底，上交所实行股票拆细，10元拆到1元，但交易所收印花税、手续费时小数点却没有相应调整，仍按10元面值计算。当天我拿到交割单一看，不得了，要出大事了！赶紧跑到交易所去说这个事。结果上证所立刻通知证券公司暂缓结算，连夜修改结算系统。他们对我说：老杨，你真是立功了！

这件事情让上交所总经理尉文渊也感动了。以前我经常向他们指出交易规则上的漏洞。尉文渊有一次跟我说：你既然发现有这么多漏洞，为啥不去钻空子，反倒要来告诉我们？我说：我是真正的投资者呀。我是真心希望交易所稳定，希望市场健康发展呀！这件事情后，如果有外国记者要采访投资者时，尉文渊就会介绍他来找我，说我是真正的投资者。

在讲台与媒体上分享经验，享受经济成长

1993年，我应邀在中央电视台讲股份制问题，随后在沈阳财经学院担任了十年的专职教授，其间还应邀在上海财经大学、复旦大学、中山大学、云南财经学院等高等学府演讲。令我最感荣耀的是2000年10月，我以一介平民和一个初中毕业生的身份，走上北京大学的讲台，为研究生和MBA学员讲授证券市场的理念和实务。证券市场不仅让我获得了财富，而且还让我收获了荣誉，在更高层次上实现了自己的人生价值。

从1996年开始，我在杂志上连续写了6年的专栏，同时几乎每周赴全国各地讲课，主要就是向散户投资者传播正确的投资理念。虽然我知道，证券市场往往会放大人性的弱点，很多散户听不进忠告。不过我还是想对新入市的股民说，在入市前一定要先学习，最好观察一两个牛熊市循环后再入市。千万不能有一夜暴富的想法，一定要抱着投资的心态。进入这个市场，是来享受经济成长的。反过来讲，有这种觉悟的人越多，证券市场就越健康。

早在2000年之前，我开始总结自己的操作经验和对大盘、个股走势的一些规律性的认识，开发一套技术分析软件，为此还成立了自己的软件公司。我还写作出版了五六本书，配合软件的销售和学员培训而写的《股市赢家》一书被评为2007年最佳商业图书。

我一直过着相当简单朴素的生活。炒股已经成为我的事业和生活方式。虽然我早已过了退休年龄，原始积累也完成了，但我还在关心这个市场。对证券市场已经有感情了。回顾我的证券投资经历，总结一句话，就是："从一个投机者转变为理性的投资者。"

链接：

影视作品中的"股神"和股民众生相

2007年，由上海华林影视公司出品，李欣执导，喻恩泰、成奎安等主演的喜剧片《大话股神》上演。故事讲述善良而又调皮好胜的都市小青年周小齐，在磨难重重而又搞笑不断的寻找工作过程中，巧遇大隐于市的奇人，进入波澜壮阔的股票市场，结识了形形色色以股票为生活中心的善良散户们，也见识了以不法手段欺骗股民的庄家。小齐终于在被欺骗之后认清了事实真相，在奇人老孟和小茵的帮助下，运用巧妙的手段战胜了以周大兴、阿培为代表的恶庄，帮助受欺骗的散户们挽回了损失，自己也赢得了爱情，明白了生活的真谛。

2000年由张中伟执导，陈传敏编剧，陈宝国、宋春丽、巫刚、史兰芽、傅玉斌等主演的电视连续剧《股市人生》，则不仅描述了大户如何操盘、散户如何打短线、散户经过努力如何进入大户室等具体实战股市的内容，同时对股民的心态给予了诠释：当大盘狂涨时，人们蜂拥而上去建仓；而大跌时，人们又疯狂割肉。描绘了听股评的股民、打听机构消息的股民等股市中林林总总的影像。

——摘自周沧桑、单永：《学术与艺术作品中的中国股市》，载《见证中国股市》，上海三联书店2009年9月版。标题为编者另拟。

应健中，1955年出生于上海。执业律师。1986年投身证券市场，曾任《壹周投资》杂志主编、三峡证券公司上海总部总经理、亚洲证券公司副总裁。出版过《股海中的红男绿女》等3部长篇小说及多本股市评论集。在《环球财经》《新民晚报》《金融投资报》《投资快报》《证券市场红周刊》等多家报刊开设个人专栏，上海第一财经广播电台开有沪语广播专栏《理财应健中》，并担任第一财经特约评论员。

悲欢离合认购证

口述：应健中

时间：2018年4月15日下午

地点：上海柏年律师事务所

采访：徐建刚、范永进、谢黎萍、沈惠民、唐旻红、陈岱松、荣华

整理：荣华

股票认购证已成了中国股市被人遗忘的一个品种。改革开放四十年后的今天，中国证券市场中的新股发行已发展到一个相当高的水准，那就是利用最先进的计算机网络，以最低成本、最高效率，无纸化地发行出去。

在我们分享高科技金融的年代，值得回味一下股票认购证的故事。在当初特定的历史年代中，股票认购证相对公平地将股票发了出去，同时也造就了上海股市中的第一代股票投资者。

兴业房产发股差点挤出人命

20世纪90年代初，上海证券交易所刚成立，股票严重供不应求。

由于在上海证券交易所交易的"老八股"有行无市，无量上扬，根本买不进股票，求股发财心切的市民只得将购股的目标全部扑到新股认购上了。为缓解供求关系，上海有关方面决定发行兴业房产股票。

当年我在学校做教师，20世纪80年代中期已经开始买股票了，所以对新股的发行比较关注。记得1991年发行兴业房产[1]股票的主承销商是当时著名的万国证券公司，发行方式为每个居民凭身份证可领取预约券，然后根据预约券进行编号抽签。所谓预约券，印制简单得很，在一个小纸片上盖个章、编个号而已。这种预约券大概就是上海最原始的股票认购证了。

消息一出，离发行时间还有两天，地处西藏路广东路口的主承销商万国证券公司广东路营业部顿时被围得水泄不通。那天我下班后赶到人民广场边

1992年6月至年底，文化广场内聚集了大批券商和投资者，场内股票交易火爆

上的营业部，去看看那儿的情况，没想到从全市各地汇聚而来的市民，收集了亲戚朋友的身份证，带着躺椅、毛毯来到这市中心的弹丸之地安营扎寨了，准备熬个几天几夜，志在必得那个被称为"兴业房产"的股票。我一看那

---

[1] 上海兴业房产股份有限公司由中华企业股份有限公司、上海纺织住宅开发总公司、上海市房产经营公司、徐汇区城市建设开发总公司、交通银行上海分行、上海久事公司六家单位作为发起人募集组建，于1988年8月28日正式成立。

架势，发觉自己没时间也没有精力去参与这样的认购，要知道还得在露天的环境中耗上两天两夜啊。

面对这来势汹涌的购股热情，上海管理部门果断决定，将预约地点放到上海北面城乡接合部的江湾体育场内进行。而万国黄浦门口，购股心切的人依然不散，晚上不得已只得出动警察予以疏散。

沉寂已久的江湾体育场顿时彻夜沸腾。好多市民嫌自己带的身份证不够多，竟然打起了民工的主意，出几十元钱雇一个民工帮助排队，打起了一场认购股票的"人民战争"。

天还没亮，面对这汹涌的人潮，为防止出人身伤亡事故，管理部门决定提前发预约券。开始还好，后来慢慢地秩序大乱，后来者生怕自己领预约券落空，拼命往前挤，不顾一切地向前冲。据当时在现场工作的万国证券公司员工回忆：那个时候，才感觉到人潮有多可怕，工作人员自己手中拿着一大叠预约券，看着远处汹涌而来的人潮，脑子中只有一个念头：逃！于是大家就翻窗逃了出来。在场的工作人员，包括警察，纷纷后撤，落荒而逃。

经过一阵阵折腾，印制粗糙的预约券总算谢天谢地发出去了。那时也没法讨论公平还是不公平，不出人命，不出大乱子，已算万幸。

人潮退去，留下的是几个被踩伤的伤员。工作人员在事后清场时，光踩落的鞋子和丢失的生活用品就装了好几箩筐。

股票认购证30元1份

兴业房产股票发行遭受如此波折，深深触动着管理部门：后面还要发行许多股票，如一个个这样折腾下去，那岂不大闹上海滩了吗？谁受得了啊？

当时主管上海证券市场的是中国人民银行上海市分行。

由于兴业房产发的是免费领取的预约券，才使得那么多人不花成本踊跃认购，而新的认购证必须是有成本的，这形成了管理部门与市场参与者的一种共识，至少花钱可使相当一部分人为之却步。但在定价上却仁者见仁、智者见智。如果2元1份，那等于无偿，大多数人会花点小钱来凑热闹。当时拟定的方案有5元、10元、20元、30元、50元，甚至还想出100元的。但太便宜等于不搞，太贵将大多数人吓退，那也有悖初衷，最后选定的方案每份为人民币30元。

1992年度的股票认购证是值得载入中国证券市场发展史册的。股票认购证印制得极其精美，有点像邮票中的小本票，封面烫金，封底印着"股市有风险，入市需谨慎"的字样，内有一式四联无需复写纸、可以直接复印的凭证，这个印刷技术是当时最先进的技术。在说明栏里，写明这30元1份的股票认购证，不是股票，而是可以买股票的凭证。并注明，1992年度全年的股票发行就靠这本股票认购证摇号，认购证发行所得的资金将全部捐给上海福利事业。

博弈就此拉开帷幕。方案公布之后，人们茶后饭余最大的话题就是这股票认购证要不要买。人们开始精打细算，这30元1份的股票认购证，如果不中签，那等于将钱捐给了福利事业；如果中签了，只能买新股30股（面值10元1股，后来统一拆细为1元1股，即300股），而这股票认购证的成本就摊到这些中签的股票上了，买10份认购证要300元，如果中一个新股300股，等于在股票发行价上增加1元成本。根据当初的判断，买股票认购证相当于买彩票，碰碰运气，而要保证中签，最好买联号的100份或者100份的整倍数。这在当时可是一笔不小的数字，买100份认购证需要支出3000元，在那个年代相当于几个月的工资呢。[2]

在那个年代，习惯于算小账的上海人，当时全被这高价的股票认购证吓退了。当年我认识些工商银行的员工，发觉最早失去信心的是银行的推销员。当时上海各大银行的储蓄所全动员起来成了代销点。银行工作人员除了柜台零售外，信贷员还到自己管辖的工矿企业去推销股票认购证。银行规定每推销1份股票认购证，可以提成1%的佣金，即提成3角。这个奖励措施在

---

[2] 1992年上海企业职工平均工资356元/月，全市人均可支配收入3027元/年。

当年属于相当高的了，于是银行员工极力推销，虽然使出浑身解数，但还是战绩不佳。大多数人的心理是，上门推销的不是好东西，多少有点骗钱的成分。而银行工作人员见推销难度如此之大，也潜意识中认定这不是个好东西，也很少想到自己也买一点。当时法律也没有禁止银行工作人员购买股票认购证和股票。

也许正是这种冷落的销售局面，才导致了日后证明这世纪性发财机遇的来临是如此地神速。

有这样一个真实的故事。当年我有一位在报社当记者的李姓老朋友，在股票认购证销售最后一天的最后一小时，经过反复测算，反复思想斗争，终于鼓起勇气带着6000元钱迈进工商银行的储蓄所，准备买200份股票认购证。他刚站到认购的专柜前，只听里面一位小姑娘对旁边一位男青年说："又来了一个'冲头'[3]。"自尊心极强的李老师听后火冒三丈，拔腿就走。这一走，留下了世纪性的遗憾，即与将近100万元的财富失之交臂。

1992年上海股票认购证的发行，给当年心态比较保守的上海人平静的生活投入了一块巨石，掀起了一阵阵难以平息的波涛。

207万份认购

证造就了大量

1992年，上海市人民广场，市民排队购买股票。年初，邓小平视察南方，提出对证券、股市"允许看，但要坚决试"。同年5月，上海股票交易价格全部放开，股市爆红（雍和摄影）

[3] 系上海方言，意思是傻瓜。

"百万富翁"

如今，新股申购都有一个中签率，在高度自动化的交易机制中，中签率的计算只是一瞬间即可完成的。然而，1992年时，电脑都还没普及，人们购买股票认购证时，就凭着原始方法来统计发行总数、计算中签率与获利程度。

刚开始人们从各种渠道了解到1992年度上海大约要发10家公司的股票。于是，那些买家根据报上登载的股票认购证发行地点去观察认购情况，了解股票认购证发行的编号数，并且观察每笔认购的平均数额，了解一个营业员做每笔业务的时间是几分几秒，然后算出最多一个营业部卖出的平均数量。

为了这个股票认购证能否购买、购买多少，怎样的购买策略、怎样的购买方案为最佳方案，上海的《新闻报》在全国首开的"证券市场专栏"上还开展专题讨论。我当时在这个专栏上撰文，认为买100份联号的股票认购证为最佳组合方案，由于比较早提出这个观点，也奠定了我本人日后在股市上的知名度。在日后的很多年中，我经常碰到素不相识的投资者对我说，当年就是看了我的文章之后，才买了股票认购证，并通过股票认购证完成了个人的原始积累。

为了捕捉这个大机会，上海一批早期的股票市场参与者，还自发成立了研究小组，专业分工，分地区去观察股票认购证认购情况，每天晚上汇总，研究对策。

管市场是几个人的脑袋设计出来的方案，在市场中捕捉机会的是成千上万个脑袋，管市场的人脑子再好，也抵不过有利益冲动的市场中人。可以说，这种发行方式很快被市场中人剖析得清清楚楚。

到发行结束前一天，民间的统计结果为200万份左右。而且当时认购证编码还没到200万这个数字，于是大家在最后一刻作出判断，买了绝对赚钱。

最后公布的结果与民间的统计几乎吻合，207万份。据统计，当年买100份认购证花3000元，认购新股的滚动资金在2万元左右，上市一个抛掉一个作滚动认购，全年可赚50万元左右。在这批敢于"吃螃蟹"的人中，许多人成了上海证券市场中的第一批大户，也是改革开放以来最快速度的致富者，也使大多数上海人做梦都没想到，与财富会如此失之交臂。

黑市交易应运而生

当1992年股票认购证发行完毕之后，这207万份股票认购证成了封闭的摇号范围。因改革开放的力度加大，股份制改革迈开大步伐，1992年度原定发行10种股票，最后发行达40多种。因认购证上明明白白地载明可申购全年发行的股票，这就导致股票认购证成了人们争相觅宝的对象，整个上海为之而震撼，黑市交易应运而生。

1992年，上海股民的集散地由原来的西康路101号[4]转移到了广东路、西藏中路口的万国证券公司黄浦营业部。股票认购证被黑市炒起来之后，万国证券公司黄浦营业部旁边的饭店便成了上海炒家云集之地。100份联号的认购证被称为一本，为黑市交易的一个单位。原本3000元的100份认购证，开始时就被炒到1万元、2万元、5万元，后来最高炒到30万元。根据规定，股票认购证发行必须是记名的，但由于当时人手不够，大量不记名的空白认购证流向市场。于是，黑市交易中不记名的称为"白板"，价格明显要贵

1991年12月9日，《上海证券报》刊登的描写上海股票黑市的文章

---

[4] 西康路101号即新中国首家证券交易柜台——中国工商银行上海市信托投资公司静安证券业务部。

得多；至于记名的，这些炒手用钱去打点证券公司工作人员，也能帮助改过来。

当时所有的交易全凭手工，包括用认购证认购股票时的缴款，单据全是一张张写出来的，这就为黑市交易提供了一种条件。在认购证发行完毕一直到申购新股的过程之中，黑市交易始终没有停止过。

最初，是整本的股票认购证交易，价格随着新股招股书的刊登而随行就市。随着一批批认购证摇号，中签和未中签的认购证在黑市上的行情始终处于朦胧波动的状态。炒手们似乎有了专业分工，各炒一段。

有件事曾引起股票市场的剧烈波动。《新民晚报》有天刊登市人民银行负责人谈话，称今年股票认购证用到第三批发行完毕之后全部结束。这就影响到许多人的切身利益，当天晚上许多人将《新民晚报》社围得水泄不通，要求说明情况。第二天，《新民晚报》再出面澄清，强调有关部门将遵守诺言，1992年度股票凭认购证全年认购的规定不变。市场又一次哗然，许多认购证黑市割肉者又上门来吵，再次要求说明理由，弄得管理部门非常被动。

一直到第四批新股发行完毕，这悲欢离合的股票认购证，终于完成了历史使命，认购证黑市交易也寿终正寝。

过了此村还有那店

1992年许多上海人为与这世纪性的发财机会失之交臂而痛心疾首，还有很多人相信，股票市场永远有机会。

股票认购证的狂潮带来了新的投资和投机的冲动。然而，随着股市的快速扩容，使原本十分脆弱的市场出现供求失衡，上证指数一路下滑。到了第四批新股发行之时，上证指数已跌去一大半，因此认购缴款之时，很多人放弃了认购机会，原水股份、申能股份、沪昌特钢出现了无人认购的状况。上市公司求钱心切，与承销商商议，决定任何持有认购证的人只要中签都能申购，不必苛求持有人名字。于是，有人就看中了这千载难逢的机会。

当年我亲眼看见，一位姓马的股民，买了好几条"红双喜"香烟，在新股认购点门口向那些放弃申购的中签持有者说好话，只要将中签凭证给他，他就送人一包香烟，既表示感谢，又富有人情味，避开了黑市收购的嫌疑。几天下来，竟然收到了好几百份中签单，将股票悉数认购了下来。发行价3元不到的原水股票和申能股票，等到上市之时正好遇到股市强劲反弹，开盘价高达20多元，每股净赚七八倍。马姓股民错过了1992年股票认购证，却在认购证行情的尾声中狠狠赚了一笔，抓住了更大的行情。

上海1992年发行股票认购证后，全国各地纷纷效仿，2元1份、3元1份、5元1份的用花花绿绿的纸张印制的股票认购证充斥市场。如今，新股发行已充分利用证券交易所先进的电脑系统进行网上发行。比起1992年的股票认购证发行已有天壤之别。然而1992年那种原始的股票发行方式，是先驱性、开创性的工作。尽管我们可以举出许多理由来证明当时的股票市场是如

2008年1月，应健中（左三）参加《中国股市早年岁月（1984—1992）》首发式，与谢荣兴（左一）、李康（左二）、杨怀定合影

何的幼稚和不足，然而客观地讲，当时的这些方法也许是最好的方法，管理者只能如此操作，相对公平地完成了股票的发行。股票认购证改变了一些人的生活，同时也对证券市场的设计者、管理者提出了新的课题。

链接：

从T+4到T+0

上交所刚开业的时候，实行的是T+4的制度。因为投资人手中的股票都是有纸的，再加上交易系统只有二十多个席位，股票又要实行记名背书过户，所以一开始就是T+4。而实际上完成一笔股票买卖最长要用半个多月，这一来场外交易（黑市）就起来了，完全突破了场内的价格，甚至到了一发不可收的地步。

怎么办？对黑市几经打击后，确立了一条原则：凡没有经过交易所场内交易的股票，就不给登记过户，黑市买卖的股票便成为一张废纸，这一招果然见效。由此尉文渊忽发奇想，既然只认场内成交记录，有没有那张股票（纸）也就无所谓了。就这样，从1991年5月开始，上交所向股民回收手中的股票，正式实施无纸化交易系统试运行，试运行几个月后，便建起了全世界最先进的交易系统。由于股票少，一度还实施过T+0，直到1993年底上市股票超过100只，才改为T+1。

老股民出身的应健中还清楚地记得，常常可以看见尉总出现在长长的换股票的队伍中，忙着替股民开新的股票账户。

——摘自《证券市场改变了我们的人生》，微信公众号《贺宛男的个十百千万》，2017年2月14日。

楼志文，1936年11月出生，浙江宁波人。1956年进入上海第二印染厂担任车工。1985年1月，购买延中股票，成为沪市首批投资者。1990年9月，参加新闻报社主办的证券投资技巧培训班。1990年12月提前退休，成为专业的证券投资者。1991年7月，以"范侗"笔名，公开揭露券商在客户委托交易中的不公正现象。

有得有失、敢写敢言的"老股民"

口述：楼志文

时间：2018年7月27日下午、2018年8月6日中午

地点：商城路丰收日大酒店、世纪大道光大证券营业部2层会客室

采访：应健中、单永等

整理：单永

1985年1月，我用所有积蓄共6000元购买了延中公司[1]公开发行的股票。1990年，上交所成立，我提前退休成了职业投资者，在股市里淘得了第一桶金。作为第一批"老股民"，我参与了时任《新闻报》经济部主任贺宛男老师组织的"招股七人谈"，引起有关方面重视，后来产生了大家熟悉的股票认购证。我在股市里沉沉浮浮30多年，经历了很多，有失败，也收获了很多。以下我讲述的一些事对于很多新股民，或许是"天方夜

---

[1] 延中公司即延中实业，是沪市最早上市的公司之一，属于"三无"概念股，且盘子小，争夺其控股权的斗争在中国股票市场中多次掀起波澜。

谭"，但对于老股民来说，那就是难以忘却的陈年往事。

江宁路排队，得享第一锅延中"罗宋汤"

我是上海第二印染厂车工，出身于甬籍商人家庭。在1953年，我目睹了人民政府的一件德政：即在日伪、国民党时期的银行储户存款，都由中国人民银行清理予以偿还，而这些银行早已倒闭。于是，在我年轻的心灵上铭记了人民政府是对人民负责的烙印。所以，我对改革开放后出现的新事物，都积极参与。1985年1月，我得悉延中公司要发股票，大清早从杨浦区赶到江宁路排队认购。后来，听说虬江路有打折的国库券，我即将家中余款全部换成国库券储存。

延中公司原是静安区延安中路街道所属的一家街道工厂。为拓展复印机业务，向银行贷款困难，所以就准备自己发行股票集资。当时，股票在中国大陆差不多已经停掉34年了。延中公司怕发行困难，所以股息优厚，每年股息15%，为吸引股票投资，还安排了摇奖，奖品有缝纫机、照相机之类，特等奖是一套一室一厅的住房。

1985年1月14日是延中股票认购日。那天在江宁路45号静安体育馆门口，半夜就排起了长队。因地处闹市区，当天又不收现金，所以特地赶来的和闻讯临时加入的居民多得不得了，队伍越排越长，从江宁路向北，围绕陕西北路、北京西路，再回到江宁路，可以首尾相望，差不多有4万人，场面十分壮观。延中公司当时发行10万股，500万元，每股面值50元，实际买到股票的有18000多人，我排了4个小时，买了120股。

1985年2月17日，延中公司在延安中路955弄63号新成中学的一间大型教室召开延中公司首次股东代表大会。出席会议的股东有100多人，我有幸参加了这次大会。上午由筹备处负责人周鑫荣介绍筹建工作过程，下午讨论公司章程和选举董、监事会。中午就在新成中学的礼堂内用餐，午餐是公司招待的2只面包、几片红肠。因时值寒冬，为御寒，公司特意用卷心菜、洋山芋烧了一锅热气腾腾的罗宋汤。股东们知道公司所花费的都是股东的钱，吃的都是自家的钞票，吃得津津有味，都很开心。

延中公司就是这样勤俭创业、艰苦奋斗，经过几年的努力，把街道小厂发展成著名的上市公司，在新中国证券发展史上创下了众多的"第一"，后来受到了宝安、北大方正的青睐。现在延中实业成了方正科技，"延中罗宋汤"也就此绝版。

徘徊西康路，民间"证券市场"交易火爆

1986年9月，南京西路和西康路上工行上海市信托投资公司静安证券业务部，新中国第一个证券交易柜台开业，开始为股民办理股票交易手续，但并不热闹。许多上海人买了股票就把它当作银行存单一样放入箱底。当时股票是纸质的，公众股一股一张，如A4纸一般大小，背面记录姓名、交易日期。

1990年夏天，"南风掀起浦江潮"，深圳一批淘金者到上海收购股票，他们深入到工厂、街道，特别是在西康路上向工人、市民收购股票。西康路顿时热闹起来，也激发了上海投资者的炒股热情。各路"打桩模子"、英雄好汉云集西康路，都想挤进来捞一把！股票也像吃了发酵粉一样日涨夜大，只要买到股票即能赚钱。当时在柜台上买卖股票手续十分麻烦，每股股票要填写、盖章等5道手续，还要付7％的手续费，所以有许多股友经不住这些"打桩模子"的软缠硬磨和高价诱惑，就出让了自己的股票，其间只要附上自己身份证的复印件即可成交了。

一天，我到西康

证券营业部门口的人群中有不少"黄牛"

路打听行情，只见人们摩肩接踵，交头接耳地谈论股票。当他们得知我有延中、电真空股票时，顿时把我包围起来，要向我收购股票。我坚持不做黑市交易，费尽口舌坚持不卖，总算突出重围。我知趣地赶紧骑上自行车离开这是非之地。不料有两个男青年骑车尾随我身后，把我逼进陕西北路一条弄堂里，一定要收购我的股票，要我开个价。纠缠了半个小时，见我坚持不肯出让，他们也只能放我走了。此后我再到西康路，就不敢说自己有股票了。

当时我坚持不做黑市交易，主要是怕这样做会留有后患。因为这批人买了根本不去过户，而是打活板加价卖出，身份证复印件也随股票不断转手。若股价上涨卖出者吃亏也就太平无事，若黑市股价下跌，则就根据身份证地址寻上门来，要把股票退还给你。原价退还还算客气，否则叫三四个流氓到你家"打麻将"，闹得你全家不安宁。有的人不服气拉他们到派出所去评理，这批人来个恶人先告状，诉说卖出者是欺他们不懂股票而卖高价，现在发觉上当要求退还，结果只能退钱了事。后来这类纠纷多了，当地派出所也推却不管了。

讲到西康路还想起两则小插曲。

一个小插曲是，有次，在西康路上遇见一位熟识的炒外币的朋友。他表示善意地对我说："股票就是一张纸头，类似像延中股票是街道小厂，它亏损倒闭了，你找谁要钱去。像我手里的美元是硬通货，可以全世界流通，无论什么时候、在任何地方都不会贬值。"当时面值100元一股的"电真空"和100美元的市价差不多，所以他建议我把股票换成美元。我知道这是"黄牛"的理论，只是朝他笑笑。我相信我们国家的经济建设会越来越好，所以我坚持拿着股票不放。从1990年算起，美元兑人民币的汇率的增长，最高时也不到一倍，而延中股票增值了1000多倍，储存美元的朋友那就吃大亏了。

另一个小插曲是，2000年5月，《证券时报》上连载了深圳阿福先生口述文章，叙述当年深大师生来西康路淘金的故事。说上海当时炒股的大多是"打桩模子"，即无业游民。更鄙视那些帮他们收购股票的早期投资者。这位当年还是深大学生的阿福先生在上海西康路炒股发了财，回过头来又丑化上海的早期投资者和西康路上的"证券市场"，未免有点"过河拆桥""数典忘祖"了吧。

笔名"范侗"，批评券商的沪市"首炮"

上海证交所成立之初，证券业虽逐步走上正轨，但还是"庙少香客多"。偌大的杨浦区，只有江浦路一家证券营业部，全市只有20多家营业部可以买卖股票，而且规定在哪家营业部买进的股票只许在哪家卖出。当时买入股票都要等开门，用百米冲刺的速度"抢跑道"。

现在的股民都没听说过"抢跑道"这个词儿。而在那个时候，这可是市场的"关键词"！买进卖出都要"抢跑道"。抢不到"跑道"那就惨了，只有高吸低抛的命。我为了增强"抢跑道"的能力，分别在4家营业部开了户。

1991年7月，我判断持有的股票要下跌，在4家营业部分别将手中的股票委托卖出。次日股票果然下跌，我暗自庆幸这次卖了好价钱，不料去交割时发现，4家公司有3家把我的账"弄错了"。

在A公司，我委托卖出"225手电真空"，都以上限价顺利成交。不料买进股票的W公司说是电脑打错，退还82手。把我退回的82手再卖出，只能卖低价。A公司解释，电脑打错是常有的事，只要双方同意可以作罢。此事是真是假不得而知，但明明高价卖出的股票算给我的却是低价。

在B公司，我把延中股票分批卖出，结算时发现券商少卖了

1991年10月，上海市民为办理股票账户登记手续，在上海证券交易所门前排起了长队

10手，但时已隔3天，再卖出时又卖低价。

在C公司，我委托卖出"155手电真空"。报单小姐竟只报卖出"5手"，等晚上结账时发觉，只能第二天再卖，结果只卖出一半而且又是低价。经理先生一声抱歉，我算算损失又是上千元。

第四家是老牌公司，办事比较正宗，账是未弄错，但白领小姐一副朝南坐的面孔令人却步，见我一身布衣就颐指气使地把我当"阿乡"，交割完毕后股东卡没有还我。我要求取回股东卡，她不但矢口否认，还对我一场数落，服务态度之恶劣令人难以忍受。

很明显，这里面发生的问题，要么是券商工作不负责任，要么是在中报中券商做了手脚来欺负中小客户。为此我非常气愤。由于当时股票买卖全是人工操作，即客户填好委托单交给营业部，由营业部输入撮合成交，这种交易方式，营业部有很大的主导权，成交与否、成交价格的高低，都掌握在营业部的这些操作者手中。他们把我成交的高价让给亲朋好友，把低价甚至不成交的全算在我头上，这完全有可能。因为大户与公司有交情，所以不会错；小户量小吃亏不起，所以不能错。像我这种客户资金不大不小，面熟而无深交，生性不会争吵，所以正好"吃吃"[2]。

当时《上海证券报》开办不久，好友们都劝我写文章披露此事。但

1991年8月5日，《上海证券报》刊登《一位同情范侗遭遇的读者说："我们都是饭桶"》一文

---

[2] 系上海方言，意思是欺负。

我顾虑重重，不写吧，气不过，写了又怕得罪券商，下次再去买卖股票要被穿"小鞋"，为此署个笔名。想想这些先生、小姐是存心"吃吃"我，那就让他们吃吃饱吧，便准备一大桶饭供他们畅吃不误。于是，就写了一封信给《上海证券报》，署名"范侗"，即"饭桶"的谐音。

时任上海证交所总经理的尉文渊当时还兼任《上海证券报》总编辑，他十分重视这封来信，不仅在1991年第4期《上海证券报》上全文照登，还亲自写了"编者按"。上证报为此还开辟了"社会批评和监督"专栏，欢迎各界人士批评监督。

拙文成为沪市第一篇公开批评券商的文章，反响强烈，许多股民写信到报社对我表示同情和支持。在1991年8月5日的《上海证券报》上又刊登了一篇读者来信，标题就是"我们都是饭桶"。一时间沪市"饭桶"满天飞，笔名"范侗"也就一举成名，甚至后来熟人见面就直呼我为"范先生"了。

有失也有得，助人自亏又受益股票认购证

1990年上海证交所成立那年，我提前退休成了职业投资者。那些至亲好友、同事邻居都在职工作，听说炒股获利丰厚，也想分享一下改革开放的红利，无奈没有时间。当时股票也简单，只有老八股。我又不懂股市风险，只知助人为乐。他们托我，我总是接受，当时工厂里的口号，还是抓革命，促生产，所以我们戏言："我帮你们抓革命，你们在工厂里促生产"共同致富。

当时，帮助他人炒股的做法很简单，就是他们把现金交给我，股票、基金、债券全买在我的账上，成交后以交割单结算。凡我认为可能盈利的如认购证、基金等，我都尽力向周围亲友推荐。当时偌大的杨浦区只有江浦路一家代理商，那里一半的认购证由我向周围亲友推销掉了。后来，股票陆续上市兑现了，亲友们来结账，马甲袋拎来的是苹果香蕉，而拎回去的都是整沓的百元大钞。其中最幸运的一位亲戚，现成地用从股市中赚来的钱在黄浦区买了一套100多平方米的豪宅，那时他们称我为"财神爷"。

但市场风险难测，后来股市出现了大跌，我账上的资金也快速缩水。我想那些邻居、同事都是工薪阶层，投资买股票的是他们的血汗钱，是亏不起的。为了顾全信义，只能把大伙搭在我账上的资金全额返回了结，亏损自担。此后我再也不敢轻易接受他人资金了。当年我代人炒股的两本账簿至今还保留着，上面记录的在股市中得益的亲友有50多人。这两本账簿，记录的是股票买卖情况，也记载着我们的友谊与情义。

有失必有得。不久，我就成了股票认购证的受益者。

"兴业房产"发股挤伤人后，时任《新闻报》"证券市场专栏"主编贺宛男邀请应健中、赵磊、浦家元和我等7位股市圈内人士座谈，讨论如何改进股票发行办法。会后，由记者执笔，把讨论结果写了一篇题为《招股七人谈》的报道，建议采取银行存单和发放认购证等办法，摇号购股。该文章见报后影响很大，受到有关方面的重视。1992年，开始有了股票认购证，作为中号认股凭证，却因价格昂贵而买者寥寥。

当时杨浦区只有江浦路一家信用社代理证券业务，承销5000份，已担心无法完成，请我帮忙。我这个人比较热心，就尽力向周围亲友推销，怕买得少了中不了号，就叮嘱他们有能力买100份，或者几个人拼凑起来买100份，加上自己买的总共买了2000多份。待股票认购证发行结束，邓小平南方谈话传到了上海。上海各单位争相发行股票，股票认购证成了抢手货。股票认购证的黑市交易价也直线上升，100份股票认购证从3000元炒到6万多元，万国证券公司黄浦营业部门口这块风水宝地也成了股票认购证黑市交易的黄金宝地。

我周围的许多人，从买股票盈利到买股票认购证发财，改变了他们的人生轨迹。那时，我帮亲友买了许多股票认购证，一些亲友也因此离开简屋棚户搬进公寓，结婚成家。

国债期货、委托理财，先后遭遇"滑铁卢"

1995年，我主要投资国债。当时为了活跃国债交易，在证券交易所开设了国债期货，我也参与了国债期货。因为当时通胀，银行除了高利率外，还每个月公布保值补贴。这就给国债期货带来了博弈空间。做多的一方认定国债到期也会有保值补贴，于是一路推升期货价格，当时三年期国债到期本息之和为140元左右，但期货价格已经超过了150元，而且还在继续上涨；而做空的一方则认为国债收益率3年前已经确定，好比是合同已经生效，政府不可能再对国债加保值贴补，现在的价格是不靠谱的。

我当时手中持有大量国债现券，就趁势做空卖出赚取差价。奈何期货交易价继续上涨，我不肯认输，就不断追加保证金准备坚持到底，认为即使判断失误，到期可以用国债现券交割。因为手中有足额的现券，这种套期保值[3]的做法在正常情况下是不会输的。

无奈天有不测风云，因国债期货价格竟然涨到180多元，疯涨失控，所以在1995年5月17日，管理层决定全面停止国债期货交易，并限期在5月底前全部平仓清场。手中的国债期货账户被强制平仓，我在这场博弈中以惨败告终。

虽然我在国债期货中遭遇"滑铁卢"，但还是对中国股市充满信心，坚持鏖战。经历了网络股大牛市，到2001年上证指数创出2245点新高后，我歇手了。

为保存实力，在2002年7月，经熟人介绍，我将资金借给某券商上海营业部做委托理财，约定时间为一年，年收益率为10.5%，协议书上有法人签章。为保险起见，我还特地在该营业部开了资金账户，把这笔资金存在自己名下，以保安全。

就在协议即将到期的最后一个月，祸从天降，公安部门找上门来了。原

[3] 套期保值又称对冲交易，是指交易人在买进（或卖出）实际货物的同时，在期货交易所卖出（或买进）同等数量的期货交易合同作为保值。它是为避免或减少价格发生不利变动的损失，而以期货交易临时替代实物交易的一种行为。

上海证券交易所推出国债期货交易，投资者在开户

来该营业部把许多客户的资金借给庄家，庄家爆仓逃逸，营业部经理被捕，被庄家动用的客户资金账户全部被公安部门冻结，其中就包括我的那笔钱。对我而言，这可是全部的家庭资产，一旦这笔钱泡汤，全家人可怎么过啊？在此后长达3年的时间里，我走上一条"秋菊打官司"的讨债之路。最终上海中院判决我胜诉，券商不服，但上海高院还是维持原判。

拖了3年的案件终于获胜，我十分高兴，为了让更多人知道委托理财的风险，我向新闻媒体讲述了自己的遭遇。同时，我还向中国证监会等部门控告，要求对该券商董事长按《证券公司高管人员管理办法》追究法律责任。这可以说是股民依法投诉券商董事长个人的第一例。

也是巧合，此案拖了3年，正好让我避开了3年熊市。等我欠款拿到手，正好牛市起步。自然是吉人天相，否极泰来。

首遇熊市，受托到市府请求救市

上证指数自1993年2月从1559点一路下跌，至1994年7月下跌到325点，跌幅高达84％。这是上交所遭遇的首次熊市，一大批股民痛不欲生，难以忍受。一时间，广大股民哀鸿遍地，怨气冲天，骂共产党、人民政府骗老百姓钞票，一些透支、融资做庄的大户，更是面临破产绝境，初创的证券机构也束手无策。

公安部门已觉察到民意沸腾，怕有闹事，已派出便衣警察进驻证券营业部。在这走投无路的情况下，一些大户奔走相告，商讨计策，认为只有请政府救市。可能他们觉得作为大户，自身也存在一些问题，不方便出面，就由一位叫宋宝铃的大户叫我代表大家去市政府请愿，要求救市。我也是被深套，就义不容辞地同意了。

当时，上海市政府接待站在福州路外滩。一位工作人员见我是为股市而来，同病相怜，就叫我从走廊一直走到底，到右边那间。我敲门而入，里面一位50岁左右的男干部，姓田。我呈上表格，田同志看后，问：你来干什么？

我说：股市跌得太深，股民亏得太多，难以忍受。人来多了影响不好，就叫我一个人作为代表来请求政府救市。

田讲：买股票是你个人行为，亏损了来找政府干什么？

我说：我们老百姓不懂股票，只知道相信人民政府。这些股票都是上海市政府批准发行的，所以我们买了是支援经济建设。现在政府发得太多了，市场难以承受，所以才跌得这么惨。你想从1500多点跌到300多点，谁能受得了呀！

我把随身带去的两张证券报上的报道给他看："股市一泻千里""股民十室九空""哀鸿遍地"。

我又讲：报纸都写得如此严重，老百姓骂得更厉害了。都在骂共产党、人民政府骗老百姓的钞票。我是退休工人，热爱党和人民政府，听到人家骂共产党、人民政府，我感到痛心，所以来报告市领导。明天你可以到各证券营业部去听，若没有人骂共产党、人民政府，你就当我造谣，叫公安局把我抓起来……

田同志这才和颜悦色地对我讲：我知道了，我会汇报上去的，你回去吧！下次不要来了。有什么情况今后写信上来，去吧！

时任《上海证券报》新闻部主任的孙健获知此事后，连夜对我电话采访，但此事属上访性质，不能报道。事后子女也责怪我不该此行。不过，没几天，报纸宣布了刘鸿儒三大政策救市，大盘反转，股市大涨。广大股民又露出了喜色。

链接：

股票认购证，将我们从"冬眠"中唤醒

我收藏有许多邮票、钱币、纪念章之类的普普通通的藏品。其中一份淡绿色的烫着金字的股票认购证，常会把八年前的那段幸运与不幸交织在一起的人生往事展现在我的眼前。

那是1992年初，冬去春来，中国的社会正在悄悄地孕育着一场振奋人心的伟大变革。然而，我们这些生活在大都市里的所谓文人，对社会生活的感觉以及对政治经济变革的敏感性似乎还在冬眠中。我们没有意识到那每份30元钱的烫着金字的淡绿色股票认购证，不仅仅对于每个人是一次致富的机会，是一次改变人生的机遇，而且对于长期封闭的中国资本市场，也是第一次引进了以大众为主体的数量众多的个人投资者，是一次创举。

股市与我们的社会，我们的改革开放已经息息相关。这就是我把那份珍贵的股票认购证当作自己的家庭档案，收藏至今的真正原因。

——摘自胡逢：《一份股票认购证的故事》，《上海档案》2000年第1期。标题为编者另拟。

第 **03** 编
资源融通筑平台

解缆启碇，整装待发。所有的开航与飞跃，都离不开那起步间得以着力的坚实平台。最初的证券公司和投资、咨询机构，从大胆试水，到经纪代理服务、承销经营业务的迅猛发展，及至对于客户服务意识和合规制度建设的追求。券商行业，可说是整个股市维持健康与活力的平台。

阙治东，1952年12月出生于上海。1979年进入中国人民银行上海市分行工作，1987年至1988年受团中央选派赴日本进修现代金融证券业务，1988年回国后曾任中国工商银行上海市信托投资公司副总经理。1990年起先后担任上海申银证券公司总经理、申银万国证券股份有限公司总裁、深圳市创新科技投资有限公司总经理、南方证券总裁。现任东方汇富投资控股有限公司董事长。

申银证券的初创岁月

口述：阙治东

时间：2018年9月12日晚

地点：上海市吉臣酒店

采访：徐建刚、范永进、唐旻红、姜国芳、柴进、荣华、刘晶

整理：柴进、荣华

1988年，我担任中国工商银行上海市信托投资公司[1]专管证券业务和投资业务的副总经理，旗下静安证券业务部[2]是当时全国事实上最大的股票发行市场、交易市场和管理机构。1990年，中国工商银行上海市分行从中国

---

[1] 20世纪80年代初，为拓宽资金渠道，中国工商银行上海市分行成立了信托投资公司，把传统银行业务以外的业务放到信托公司。

[2] 静安证券业务部于1986年9月26日开始接受委托，办理由其代理发行的飞乐音响和延中实业两家股票的代购和代销业务，是新中国第一家证券交易柜台，初期营业地址位于上海南京西路1806号，后因场地面积太小搬迁至西康路101号营业。

人民银行上海市分行受让接手上海申银证券公司，我担任总经理。依托中国工商银行上海市分行的网点支持，申银证券迅速成为全国第一大券商。1995年"327国债期货事件"爆发后，万国证券公司巨亏，申银证券与万国证券合并为申银万国证券，是国内第一家股份制证券公司，我担任首任总裁。1997年，因为申万的自营业务在1996年股市行情中存在不当行为，我作为法人、总裁因负有领导责任而离开申银万国证券。但我并未真正远离证券市场，此后仍然从事着和证券行业相关的工作。如今三十年光阴一闪而过，但一幕幕的申银往事仍清晰地印在我的脑海中。

在人行总行"软磨硬泡"接手申银证券

上海申银证券公司的前身是中国工商银行上海市信托投资公司下属的几家证券业务部，其中最有名的是静安证券业务部。

在1990年以前，静安证券业务部是全国最大的股票发行市场、交易市场和管理机构，很受海内外媒体的关注，被称为"世界上最小的证券交易所"。

静安证券业务部发展红红火火的时候，中国人民银行上海市分行在1988年注册成立了一家证券公司。当时的人行上海市分行行长龚浩成为这家证券公司起名为"上海申银证券公司"，意思是"上海的银行办的证券公司"，这就是资本金为3000万元的老申银。与此同时，上海还成立了上海万国证券公司和交通银行体系内的海

1988年8月，上海申银证券公司成立

通证券公司。

但龚浩成行长一直都认
为中国人民银行不能既当裁判
员又当运动员，所以后来人行
上海市分行决定转让老申银。
当时工行上海市分行正好想开
一家证券公司，就想接手老申
银。

办理申银证券公司的转让
时费了不少周折。上海方面把

上交所成立之日的三大券商总裁，右二起：
万国管金生、申银阚治东、海通汤仁荣

方案报到中国人民银行总行，当时总行的分管领导提出："为什么上海市分
行要转让申银证券？人行为什么就不能够办证券公司？告诉上海市分行，总
行没有规定人行不能搞证券。如果上海市分行知道这一情况还是同意转让，
请他们拿书面意见来。"于是，时任中国工商银行上海市分行行长的毛应
樑[3]打电话告诉我："任务不完成，你就在北京上班吧！批不下来就别回
来。"好在人行上海市分行态度很明确，认定中国人民银行作为中央银行不
应参与具体的业务经营活动，人行就是不能直接从事证券业务，很快提交了
上海市分行再次确认同意转让的书面意见。

我们几个人拿着人行上海市分行写的证明他们同意转让的情况说明，每
天去人行总行金融机构管理司"上班"，软磨硬泡，一连十几天，终于拿到
了批文。

就这样，上海申银证券公司在中国工商银行上海市分行旗下获得了新
生，其中的核心实体部分是工行上海市信托投资公司的证券业务部。

1990年9月1日，新的上海申银证券公司正式开业，我带的是一支以从工

---

[3] 毛应樑（1937— ），1985年至1991年任中国工商银行上海市分行行长，1991年至1999年任中
国人民银行上海市分行行长、党组书记。

行信托转入证券公司的人员为主体的队伍。

很快，申银证券一下子成了拥有30多个证券营业部的公司，不但在上海成了最大，在全国也是老大。但是随着时间的推移，这30多家证券营业部变成了工行上海市分行各分支行的"小三产"，谁都管不了。问题很快出来了，我就去找分行领导，要求收回控制权。当时行里反对的意见很多，我们做了大量的工作，再加上一下子出了很多案件，大家都看得见。最后工行上海市分行行长沈若雷[4]力排众议，同意我们收回营业部的人权、财权，申银证券终于成为一个完整的统一体。

租火车皮"贩卖"国库券掘得第一桶金

市场上认为我们风格保守是有原因的，因为申银的相当多一批人，包括我自己都是来自银行系统。相对来说，银行的风格就是比较稳健，从安全角度考虑得多。我在银行里做过会计、信贷、信托，因此很知道风险的控制。

但是稳健绝不等于保守，我们在证券市场上创出的多个第一就说明我们是有开拓性的。当时市场上有个比喻，申银像一个40多岁的中年人，既稳健，又有冲劲。

我一直不赞成证券公司坐庄，除要考虑合法性问题以外，我认为风险也大，因此我们的自营业务一直都比较稳健。至于申银如何赚钱，大体是在最初的原始积累时期赚了几笔，后来则是靠公司内部有效的激励机制。

初期赚的主要有两笔，一笔是买卖国库券的。1990年的时候，市场上国库券价格差异非常大，同一券种，在黑龙江只卖80多元，上海就要卖100多元。在大部分城市的国债买卖柜台上，买者少，卖者多；而在上海的国债买卖柜台上却恰恰相反，买者多，卖者少。

---

[4] 沈若雷（1945— ），时任中国工商银行上海市分行行长兼上海申银证券公司董事长，曾任中国工商银行浙江省分行副行长。

正好当时要清理整顿各家银行的信托投资公司，工行哈尔滨信托公司手中有2000多万元的国库券，必须在清理整顿过程中处理掉。他们就给我打电话，问我要不要，我说你先报个价格，结果他们报了一个非常低的价格，我算了算能够赚20%的利润，马上告诉他们我们下午就带着支票到。

协议签了，但是把这些国库券运回上海就费劲了。当时的国库券全是实物券，面额最大的才10元，结果我们装了十几个麻袋、十几个箱子，又担心路上被人抢劫，租了一节火车的货车车皮运回来，哈尔滨工行的经济警察加上我们的经济警察，还带了好几把枪，一路上换着班地休息，运回了上海。这一笔我们赚了400万元以上的利润，在当时是非常巨大的一个数字。

接手"电真空"大赚1500多万元

第二笔赚钱的买卖是从老申银手中接过来的400多万股"电真空"股票。虽然在1990年8月份转给我们的时候是105元，市面上只卖到80多元，但是证券市场很快开始出现供求严重不平衡的现象。当时我设计了一个涨停板制度，最初的涨停板是10%，结果市场反应强烈，一下子在我们静安和虹口两个营业部门前形成了一个庞大的黑市。比如营业部内挂牌价格是110元，黑市上的价格就会达到115元或者120元。就这样，一个月以后，在我们申银证券的开业典礼上，105元买来的"电真空"黑市价格已经到了400多元，后来最高到过480元，这一笔我们赚了1500多万元。那天人行上海市分行龚浩成行长来剪彩，看着我们花了400万元在威海路建成的办公室和

真空电子股票

营业部说："这些都是我白送给你的。"

申银证券公司正式开业之后，我们建立了一套激励机制，公司搞了8级工资制度，每级下面又设许多等级，同时将每个部门利润的4%作为提成，一下子公司的利润大增。1989年，静安营业部的收入只有120万元，扣掉各种费用还亏损；到了1990年，申银证券公司实现利润500多万元，1991年2500万元，1992年达1亿元，后来连续多年利润成倍增长。申银证券公司，以及后来的申银万国证券公司每年的利润指标长期处于全国同行第一。

出差香港幸运躲过"327国债期货事件"

在"327国债期货事件"中，申银证券公司非常幸运，没有什么损失。

其实1995年初，上海的证券机构对于327合约大部分都是看

"327事件"现场。国债期货协议平仓，交易员向公司报告平仓情况

空的，因为券面连本带息才值140多元，市场价格已经150元多了，因此都看空，却没有考虑到财政部会做保值贴补。但是到了2月份，市场行情真是惊心动魄，我们当时有50万口仓单，分解到各个营业部36万口，多空仓单都有。到2月23日，总部这边还剩10多万口空单。

非常巧，那天我正好不在上海，到深圳参加一个公司的董事会，中午过境到申银证券（香港）公司办事，晚上回到深圳就听一个朋友告诉我："你们上海的证券公司全都倒闭了，要关门了，你赶快打电话回去问问吧。"我不相信，心想能出什么事？才一天时间就能把几十亿元全给赔光？打电话回

公司，自营部的经理告诉我，整个下午都找不到我，电话也打不通，想跟着做空也没法做。

有人认为可能是这一偶然性，恰恰没有让申银证券公司被"327 国债期货事件"带进去。事实上，即便我在上海也不可能盲目大量做空，因为我们已有很好的风控措施。

整体上算来，申银在"327国债期货事件"中还赚了一点，营业部中做多的多。赔得最大的一笔是威海路营业部，开始他们做多赚了几千万元，结果他们还想锦上添花，多翻空，这一翻空，一下子亏了近3000万元。

对手成兄弟——申银万国合并

"327国债期货事件"后，万国证券公司一下子亏了13亿元，有关方面很紧张，担心股民去万国的营业部挤兑保证金，就找到工行上海市分行，希望能够支持6亿元的短期贷款。沈若雷行长来问我，要不要帮万国这个竞争对手。我说，借是肯定要借的，"城门失火，殃及池鱼"这一道理我们懂的，但是万国要想生存下去，只靠6亿元的临时贷款肯定不行，必须重组。

当时有关方面搞了一个"万国发财"计划，后来又搞了一个"万国发"的方案，就是万国、上海国投、浦发银行的国投和上海财政证券这几家进行重组，但各方面意见未能完全

1996年7月16日，上海申银证券有限公司和上海万国证券公司合并为上海申银万国证券股份有限公司

统一。

这时，我与工行上海市分行沈若雷行长提议申银、万国合并，有关部门很快就同意了。中国工商银行总行的张肖行长召集各个方面的人开了几次会，原则通过了设立新公司的方案。

当时的方案是各出6.6亿股。方案报给了中国工商银行总行，总行开始不同意。因为申银的净资产为8.8亿元，万国的净资产只有6亿多元，而且可能还有不少水分。表面上看，申银与万国的合并方案中等分股份是申银吃了大亏，但是我认为，申银与万国在网点、队伍等各方面有很大的互补性，申银与万国合并后肯定会面临很多问题，但发展是主要的，发展能够解决一切问题。

申银万国证券股份有限公司就这样在1996年7月16日合并成功，成为当时国内最大的股份制证券公司，公司注册资本为13.2亿元。我担任申银万国的副董事长、总经理、法定代表人。

申银万国证券公司一成立，有人就提出，不要忙着讲发展，先把"家底"搞清楚，有什么事情不要粘到我身上来。我还是觉得，发展能够解决问题，"如果一个公司能够挣一亿元、两亿元，一两千万元不是问题；但是如果能挣的只是一两千万元，那一两千万元就是大问题。"

我们先把实业部分清理了一下，接着就把申银的那套内部激励机制引入申银万国的各个部门，各个营业部的积极性大为提高，1996年当年就实现利润8亿元，1997年利润更在此基础上成倍增长。

现在回想起来，申银与万国的合并是很成功的，发展也确实解决了很多难题，但是班子的磨合需要花更大的功夫，才能实现更好的发展。

后来，我离开了申银万国，但并没有真正远离金融证券这个圈子，因为我是发自肺腑地热爱着证券事业。1999年我应深圳市政府之邀，负责筹备并管理深圳市政府发起设立的深圳市创新科技投资有限公司，也即深创投，并于2002年再次应深圳市政府邀请出任濒临破产的南方证券的总裁。

虽然南方证券最终因为各种原因无力回天，但我自认已尽全力去奋斗。2005年，我成立了自己的创投基金——深圳东方汇富创投，一晃又过去了13年的时间。

今年是改革开放40周年，中国的证券市场从萌芽到发展壮大，发生了翻天覆地的变化，我作为这一历史进程的见证者，每每回忆起在申银证券那些早年往事，都为我国证券市场取得的成就而感到由衷的欣慰。

链接：

国库券简介

国库券是国家为弥补国库收支不平衡而发行的一种政府债券。1950年新中国发行了最早的国家债券"人民胜利折实公债"，1954年至1958年之间又发行了"国家经济建设公债"。1958年国债暂停发行，直到1981年7月国务院决定恢复发行国债，财政部首次以单位为对象发行国库券，1982年7月，财政部首次向个人发行国库券。

从1981年7月重新发行国债至1985年，发行的国库券都是10年期的。这一阶段发行的国库券不可以转让，摊派发行。1988年4月21日，国务院决定在上海、广州、深圳、武汉、重庆、沈阳、哈尔滨七个城市进行国库券上市交易试点，这是第一批国库券转让试点城市，标志着区域性国库券交易市场形成。

——编者撰录

谢荣兴，1950年10月出生于上海。1989年初加盟万国证券公司，历任计财部经理，万国证券公司黄浦营业部经理，万国证券公司董事、交易总监，君安证券副总裁、董事、董事会风险控制委员会主席，国泰君安证券公司总经济师，国泰君安投资管理公司总裁，国联安基金管理公司督察长。兼上海市财务学会副会长、上海金融文化促进中心副会长，上海交大多层次资本市场研究所所长、上海福卡经济预研究所副秘书长兼首席专业研究员。

万国黄浦营业部的几个故事

口述：谢荣兴

时间：2018年4月15日

地点：上海柏年律师事务所

采访：范永进、刘晶、荣华、罗羽琪、浦亮、丁晏健、李佳等

整理：荣华

证券市场的发展过程，实质上是人们心灵碰撞、观念转化的过程，是市场经济冲击计划经济理论禁区突破的过程，更是市场的参与者在这惊涛骇浪中探索、创新、实践的过程。邓小平的名言"摸着石头过河"，是证券市场发展的最好写照。有的人摸着石头过了河；有的人呛了几口水，又爬起来过了河；有的人则被股海淹没了，终于没有能到达彼岸。

"天下没有比人生的回顾更让人感慨。"作为一个证券市场的参与者，见证历史，回首往事，只是想说明一句话，今天的证券市场来之不易。这里，我想讲讲亲身经历的关于万国证券公司黄浦营业部的几个故事。

加盟万国证券公司

我与证券市场有缘，与黄浦营业部有缘并有所作为，是万国证券公司提供的舞台和机会。那是1988年的岁末，一位校友向我提供了万国证券公司招聘财务经理的信息。我于12月1日，刚好是当时江泽民同志视察万国证券公司后的一周，来到万国证券公司参加应聘。面试我的是万国证券公司的创始人、总经理管金生，也是我从事证券工作的第一位老师。

条件简陋的总经理办公室兼会议室，只有12平方米，除了一扇房门之外，并无窗户。我们在此进行了并不十分紧张的对话，或者说考试，从宏观经济到企业经营，从财务管理到会计的准则和灵活性，当然也谈及人生、个性及爱好，约45分钟的光景。"考官"最后讲了

位于广东路的上海万国证券公司黄浦营业部

这样几句话："凭我的第六感觉，你可以胜任，告诉你，在你之前，我已经见过8个财务科长了……"

我最终下决心离开原来有2万多人的企业，来到在编人员只有几个人的"小公司"。

万国证券公司是1988年成立的规范化的股份制专业证券机构。成立之初既没有专业银行做股东，也没有央行做背景，曾一度被国外误认为"民营"

证券公司而备受"关注"。从1000万元起步，到1992年底为止，公司的资产总规模已达到20多亿元。

我能被万国证券公司录取，并出任万国证券公司第一任计财部经理，主要得益于在上钢五厂打下的基础。我曾在上钢五厂厂校普及过唯物辩证法、政治经济学，以后又集体自学过《资本论》的节选本，还在厂政治部宣传组办过厂报，当过作者、记者、编辑。业务方面，我做过"工业会计"、"基建会计"、"乡镇企业会计"，并学完了大学经济法的全部课程，取得了"企业法律顾问"的资格。进入万国证券公司前，我在一家联营企业当总会计、财务科科长。

我猜想能被相中的条件是：经历＋思维能力＋面相。

证券业是一门综合性很强的职业，涉及面很广。一个好的管理者、经营者除了要有强烈的敬业精神、奉献精神外，应该什么都懂一点。证券市场的强者，不是"专家"而是"杂家"，尤其在市场的初级阶段。

黄浦营业部以六个全国第一蜚声海内外

黄浦营业部是万国证券公司的重要"窗口"，其发展也是万国证券公司的缩影。因此，创办黄浦营业部也成为我证券从业生涯中最辉煌的一段。自1990年6月25日开业以来至1992年末的两年半中，黄浦营业部共创下了6个全国第一。

早期股民通过电话报单进行交易

1990年6月25日始，全国第一个在证券业实行"全天候"营业。营业时间从上午8时30分一直持续到晚上7时30分。午间不休息，星期日照常营业。

1990年7月5日始，全国第一部向投资者开放的证券行情报价咨询电话。投资者只要拨通

"3229360"，就可以向咨询人员询问即时证券行情。新华社向海外报道后，引起了包括我国台湾省在内的境内外新闻界的极大关注。

1991年5月15日始，全国第一个开办电话（传真）委托买卖股票业务，使投资者不到营业部也可随时随地委托买卖股票。

1991年2月6日至11月2日，全国第一个公开受理股票抵押试点业务。据统计，贷款资金平均为股票面值的2.2倍。

1991年5月16日始，全国第一家开办异地买卖深圳股票业务。

1992年1月2日始，全国第一家实行深沪股票委托、清算、交割的电脑化、无纸化、无钞化。

当时的上海市党政领导朱镕基、黄菊、陈至立、庄晓天、谢丽娟等先后考察过万国证券公司黄浦营业部；中国证监会刘鸿儒、金颖、徐亚萍、宋丽萍、朱从玖、张志平、刘明等多位领导也先后来检查工作；全国纪检监察干部证券知识培训班的100多位干部专门来到黄浦营业部参观、考察。

活跃在中国文坛的著名作家肖复兴、刘毅然、傅溪鹏、邓贤、苏童、范小青、贾鲁生、苏娅、李杭育、陈村等联袂采访过黄浦营业部。

美林集团的董事长施赖尔，管理着5000亿美元以上各类基金的欧美基金管理公司总裁罗伯特及其率领的由23位欧洲各大基金经理组成的高级访华团，加拿大帝国商业银行董事会主席、首席行政总裁傅律，全日本各大金融机构组成的"中国股份制考察团"，加怡集团商人银行及以世界各地巨富巨商为主要客户的瑞士GBA银行，美国沃顿商学院，香港中文大学，以及由韩国金昌熙

万国证券
开通
深圳行情
同步显示

本报讯 日前，深圳股市即时行情同步显示在万国证券公司各业务部正式开通，显示牌上将同步显示最高价、最低价、最新价、成交量及申报买入、卖出价。此举可使上海股民与深圳当地股民一样即时了解深圳股市的行情变化，为上海股民进行异地委托提供及时、准确的股市行情，改善了上海股民异地投资深圳股票的委托条件。

（芳 旺）

1992年12月28日，《上海证券报》报道

为团长的大宇证券、大信证券、高丽证券等九大证券公司组成的证券业协会代表团，由十多家台湾证券公司组成的代表团和台湾民营银行访问团，都曾到过万国证券公司黄浦营业部进行访问和交流。

到黄浦营业部采访的中外新闻机构更是川流不息，包括日本NHK广播公司，美国广播公司（ABC）、《时代周刊》、著名制片人乔治·奥斯特凯姆率领的哥伦比亚广播公司（CBS）、有线新闻网（CNN），英国路透社，日本《朝日新闻》，我国台湾地区的华视、《中国时报》、《自立早（晚）报》等；国内从新华社、《人民日报》、中央电视台、《经济日报》、《工人日报》到各省市地方新闻机构，来黄浦营业部采访过的记者足有好几百人之多。

黄浦营业部的沪市交易量在将近一年半的时间内经常保持在10%以上，在深市的买盘中几乎一年多时间经常有八成为其所有，1992年创利3200万元。

不可否认，在万国证券公司的领导下，小小的黄浦营业部创立数年间即成了上海乃至中国改革开放的"窗口"，成了中外金融界、媒体瞩目的"焦点"。直到今天，一度成为"新闻人物"的我，走到南京路上，还经常被素不相识的股民问这问那。

偶得的"市口"和争取来的股票业务

说起开办黄浦营业部，其实也是缘于一个极偶然的机会。1990年5月，我路过广东路西藏中路路口的上海市工人文化宫，看见门口挂着一块牌子：本营业大厅出租，年租金30万元。我一看"市口"很好，上海的"零公里"处，立即向管金生作了汇报，经过两次谈判即以年25万元的租金签约。同时，公司决定由我组建黄浦营业部。

由于此时公司的第二家营业部徐汇营业部即将开业，紧接着开办第三家营业部，人行上海市分行金管处是否会批准呢？我请我的老师、上海财经大学财政金融系主任李儒训[1]约时任人行上海市分行金管处副处长的尉文渊出来面谈一次，地点在工人文化宫5楼的咖啡厅。

尉文渊察看了营业场地，我同时汇报了开业后打算全天候营业，6个玻璃大橱窗要搞证券知识的宣传。尉文渊对此表示了极大的赞许，并承诺将会批准该营业部开业。

黄浦营业部在1990年6月25日举行了隆重的开业仪式。参加开业典礼的境外机构有日本野村、大和、山一、日兴证券驻沪的首席代表，以及三和银行、兴业银行的两家上海办事处的代表。参加剪彩的领导有时任黄浦区代区长的胡炜以及石圣珏、尉文渊等。

黄浦营业部实际上在6月21日就开始试营业，当时并未装修好，连大门都没有，我们好多员工晚上就睡在大厅里兼保安工作。为什么要赶在6月21日？因为当时有8亿多元的国库券本息开始兑付。第一批证券公司都是由"国库券"起步的，而"万国人"更是用麻袋把国库券从外地背回上海起家的。

营业一个月后，上海的股票热开始升温，除了上海市的居民外，不断有深圳人、香港人来打听，万国证券公司是否会开设股票交易。当时深圳和香港的投资者对上海股市的评价有两点：一是上海股价实在太便宜了；二是上海股票除"电真空"[2]外，很容易控盘。我深深预感股票交易会有较大的突破，且上海不能只有一家银行信托的证券部独家经营。7月24日，我向公司写了一份报告，请求公司"让黄浦营业部开办股票交易业务，并力争成为公司的拳头产品"，表示了"半年内达到与中国工商银行上海市信托投资公司静安证券业务部平分秋色的水平，半年后超过工行，成为上海股市第一"的决心。

与此同时，我做了两方面的工作。

---

[1] 李儒训（1928— ），1949年毕业于上海交通大学运输管理系，毕业后留校任教。1951年院系调整被调入上海财经大学。历任上海财经大学财政金融系主任、校学术委员会副主任、中国财政学会理事、全国高校财务学研究会会长、上海财务学会会长。

[2] "电真空"的全称是"上海真空电子器件股份有限公司"，现名"上海广电电子股份有限公司"（简称"广电电子"，股票代码600602）。"电真空"是老八股中唯一一家大中型股份制国有企业。

一是培训员工，抽调几个以前在银行工作的骨干成立股票交易小组。当时大家都不大懂整个交易过程，包括如何办理委托、清算、交割、过户以及财务处理等一整套程序。我来了个"草船借箭"，派出员工到西康路100号工行上海市信托投资公司静安证券业务部观察交易过程，熟悉业务程序，包括向营业员、投资者打探细节，同时邀请了一位新中国成立初期的上海股票经纪人柴昌明当顾问。

二是组织客户。当时股票交易是西康路100号独家经营，我通过深圳经济特区证券公司的徐同将黄浦营业部8月1日开设股票交易的信息以及黄浦营业部的地址、电话、账号一并张贴在深圳经济特区证券公司门口，许多深圳大户，包括"过江龙"——香港炒家，都拿着我发出的传真件找到黄浦营业部。在上海，我组织了以杨怀定为代表的上海投资者。杨怀定曾回忆说："我做股票是你谢经理叫我做的，我是听了你的话才去做股票的。"我一愣，我说："我好像没有跟你说过，你应该去做股票。"杨怀定说："当初1989年我做国库券时，你跟我讲：'要注意守法，不要前功尽弃。'所以，我就去买股票作长期投资了。"

"自由撮合"的三天

当时我做了一个不小的"动作"，没有实行中国人民银行7月26日规定的3%的涨跌停板制度。不难想象，西康路100号股票看涨有行无市，没人抛售，而黄浦营业部则一步到位，并无限价。消息一传出，西康路的股民几乎全部蜂拥至黄浦营业部，当然股价也迅速飙升，大厅里人满为患。当时买卖集中在发行量较多的"电真空"股票上，为了增加交易品种，制造交投气氛，我鼓动杨怀定去挂一些其他品种的股票，价格高一点不要紧。然而，因为没有限价，杨怀定就来个股价高挂，他将豫园股票挂出300元的高价，其理由是要么不卖，要么创纪录，以致和营业柜台的顾问柴昌明发生争吵，老经纪人遇上新股民，有"理"说不清，结果柴昌明只当了3天顾问就不干了。

开设股票交易，我打的是有准备之仗，除了建立柜台、组织客户外，比起静安证券业务部还有更多的"粮草"。一是公司承销"电真空"股票时，有100万股的包销余股，允许我每天挂出10股；二是申华公司也每天让我在这里挂出10股申华股票，使得黄浦营业部的股票交易锦上添花。

8月1日这天，除了上海新闻界的金融记者在黄浦营业部忙碌不停外，上海解放初期包括解放前的一批旧证券经纪人约十多个人结伴到黄浦营业部参观，新旧两代证券商在这里握手相聚，让人浮想联翩。我对记者说：两代证券商存在本质的差别，新一代证券商除了具有商人的共性外，还负有超越生意目的的社会责任，必须对国家、对上市公司、对股民、对社会的安定负责。不过此时此地，我想这些前辈一定比我更加激动，更加感慨。

这样的疯狂当然是好景不长，向主管部门反映投诉理所当然。第三天下午，主管部门终于出来干预了。

"为何不实行限价？"

我立即回答："不知道要限价，我部没有收到文件。"后经查阅也确实如此，限价执行的抬头只有工商银行上海市信托投资公司。在谈到限价是保护投资者利益时，我则认为："保护投资者利益是双向的，如此低价卖出，没有保护卖出者的利益。"

然而，再怎么争论也是多余的。3天的"自由撮合"，为我赢得了客户，赢得了市场。

要巩固刚形成的市场，使我不得不频频使出新招。

我坚持把完善股票交易、推进市场发展，作为自己的应尽责任和开拓业务的出发点。我在《新闻报》上公开申明自己的观点："作为市场的实践者，每年做一两项试点，做一两次'动作'，将有利于市场的发展和开拓，即使试错了，也能给市场提供教训和经验，使市场更健康、更规范。"

我自喻好比一个足球运动员，应该懂得"合理冲撞"，合理冲撞能够进球，也能够救球，但不能吃"黄牌"，更不能被"红牌"罚下场。

以客户为中心，以市场为导向，我提出了"客户乃衣食父母，开拓乃立足之本"的口号，这一直是我管理黄浦营业部的经营理念。

率先打破沪深两市割据

现在不管到哪一个地方、哪一家证券营业部，已找不到只代理沪股或深股的证券网点，且千里之外的委托交易在瞬间即可完成。可是在证券市场刚刚起步的年头，沪市与深市是两地割据，互相排斥。

上交所开业的前一天1990年12月18日，我在《新闻报》撰文预测："深圳股市已临近股价接力赛的'最后一棒'，黑市交易已不复存在，场内交易量骤增。为分散风险，那些在深圳股市不赚'最后一块钱'的投资者，预计会抽出一部分资金投入价位较低的上海股市。深圳大户趁机竞价交易，颇有'杀回马枪'之势。"深市的发展与我预测的完全一致，深市股价一路下跌，交投清淡。至1991年4月22日，深圳所有上市的5只股票成交量创下了零的纪录。

这时，一方面有的上海股民试探到深圳去炒股，有的则积极鼓动我在上海开设深圳股票的交易业务，另一方面公司管金生曾和深圳国投国际证券投资基金部总经理汤生午有互相代理的备忘录，我判断深市经过暴跌，再走一段熊市后可能会有大行情，同时更考虑到深沪两个市场不能分割孤立，应该联动，形成中国的大市场，于是决意开设代理深圳股票交易业务。

一天晚上，我打电话到公司总部，把自己的主意报告总经理。总经理管金生与副手王培君立即拍板：支持开办代理深圳股票交易业务，越快越好！兴奋异常的我连夜起草有关委托买卖深圳股票的相应规定，并在晨曦初露的5月16日早晨，把墨迹未干的通告贴到了黄浦营业部门口。同时，通知包括建议我开设代理深市股票交易业务的上海股民杨良篪等一批客户前来参与。

好比一把烈火点燃一堆干柴，闻风而动的上海股民涌向黄浦营业部，迅速膨胀的资金不断投向深圳股市。杨良篪也因此成为全国第一个在深圳以外地方购买"深发展"股票的股民。

当时，我们在深交所既没有交易席位，也收不到即时行情，营业大厅小黑板上提供的是隔夜行情，即深市昨天的收市价、最高价、最低价，偶尔下午挂出一个前市的收盘价。客户简直是闭着眼睛填委托单，有的干脆填写市价委托。当时客户在黄浦营业部开设的是二级账户，每笔委托汇总后传真到深国投证券投资基金部，深国投基金部则以一个股东账号进行买卖，然后由基金部根据总的成交单分配给每个具体委托人。当时黄浦营业部可以拥有分配权，因为对交易所来说是一个人委托，然而我坚决不要分配权，因为如此大的权力将会"害死"好多人。当时还有人说，每天的委托买卖先由黄浦营业部自行"配对"撮合，余下不能撮合的再传至深圳场内撮合，我也坚决反对。我认为将"集中交易"搞成私下"店头配对"，是"闯红灯"，干不得。

1991年10月，随着深圳股市的反弹，市场更加火爆，万人争相入市，排队通宵达旦，最高峰时得排上5个通宵。专业排队赚取"序位费"者有之，冲乱队伍再抢档插队者有之。更有甚者，从上海市工人文化宫3楼攀沿而下，再从2楼奋勇跃入排队的人海，伤及自身、殃及他人也在所不惜。其中"十六铺"轮船码头的票贩子，一度成为深夜冲击队伍的"插队专业户"。此时黄浦营业部的治安情况突出，如果不提高委托起点，排队非得排到人民广场不可，并且要排几天几夜队。为此，我不得不规定每笔委托必须超过20万元。虽然有好多人反对，但就操作性来看只能这样。同时，采取了客户的"交割单"早晨7时就开始办理的措施。

记得有一次周五收市后，例行编号登记下一周的委托，当下一周的编号全部发完后，队伍却依然望不到头。股民们在营业部门前齐呼我的名字："一二三，谢荣兴，一二三，谢荣兴。"我顿时激动得热血沸腾，当即决定，继续接受委托，登记下个星期的委托。

由于交投异常火爆，清算极端落后，因此协作部门问题更大。由于资金在途原因或汇总申报差异以及分配不当等原因，造成投资者经常应该成交而没有成交的情况，向我投诉、与我吵架者不少。尤其是随着深圳市场的大反转，一周前的委托成交单拿到手后往往已涨了20%以上，终于有一天发生了把我大包围的情况。因为涨幅最大的时候，所有委托的人几乎都没有成交。问其原因，资金在途没有到账，而对投资者来说往往是当天存款、当天就可以委托，而异地划款至少要三四天才能真正到账。我怎么解释也没用。

大吵之后，我想起了学法律首先是为了保护自己的道理。我终于拿起了法律武器，连夜起草了一份《委托买卖深圳股票协议书》，申明本营业部是二级代理，只负责代理电话传真委托工作，成交与否，责任自负，与本营业部无关，同意者，就在委托之前签上承诺人姓名，每委托一次签名一次。该协议被客户戏称为"生死合同"，然而这一招还真管用，好几个月没人到我这里投诉。

就这样，一年多的时间里，在黄浦营业部登记的深股投资者超过了2.2万户，整个深市的买盘经常是80%来自黄浦营业部。然而，就是这一率先打破沪深两市割据、沟通两个市场的举动，却得不到理解。只做沪股、不做深股的投资者说我使上海的资金流向了深圳，影响了上海股票的上涨，有的甚至把有关深圳股市的通告撕毁。主管金融的人行上海市副行长不仅亲自到黄浦营业部交易大厅暗访，并且因为这项业务既未请示，又未经批准，因此通知我到行里，把我狠狠地批评了一顿。这既是我从事证券工作中受到批评最严重的一次，也是我反批评最强烈的一次。

是非自有公道，就在这次"训话"中，时任人行上海市分行金管处副处长的张宁倒是从侧面说了我一大堆的表扬话。

替上海股民抄深市大底

围绕准与不准的矛盾而展开的较量，实质上与个人性格、关系好恶无关。归根到底，它是两种体制、两种观念碰撞的产物，只是当事人被历史推到了两种力量交锋的前沿。

1992年，当深市对全国市场开放，欢迎各地券商到深圳开设营业部后，我立即到主管部门去申请。然而《上海证券交易所会员章程》规定，一个券商"不能同时成为两地会员"，要想批准，很难过关。我则坚持：第一，规则是人制定的，是可以改的；第二，全国中我最早进入深圳市场，最熟悉深圳交易规则，最有资格成为第一批异地深圳会员。为此，我不得不天天在主管部门"上班"，甘愿以"辞职"为代价。要取得"通行证"如此艰难，现在说起来真令人难以置信。

代理深圳股票交易业务，对市场的意义来说，还不只是"全国第一家开设"的问题，它同时还开创了我国股市上的一些其他创举。

在黄浦营业部，每个买了深圳股票的投资人，实际上并没有以客户自己的名义取得该上市公司的股票，该上市公司的股东名册也没有这些上海投资者，而是集中在几个代理人和营业部的名下，他们实际上只享有受益权、间接见证中国股市参与权和部分处分权，他们不能参加股东大会，当然也没有任何表决权。这种间接参与权上的代理实质上是目前在香港"代理有限公司"实施的"代理人"业务，承担的是"代理人"职责。

每次委托买入必须20万元起板，除个别人外，当时绝大多数是几个人、甚至几十个人合起来的资金，无形中引发了诸如民间"证券投资基金"、"资产委托管理"和"经纪人"的产生。

事实胜于雄辩，开办深圳股票买卖从禁区到认同，结果是"双赢"。流出的资金不仅最终流了回来，而且还附加了10亿元的盈利。以"深宝安"为例，上海投资者的买入价大多在3—5元之间，而股价最终涨到36元以上。相对于当时上海股票的流通市值还不到10亿元，这笔不小的原始积累成了日后沪市交易的中坚力量。同时，它也为深圳股市托盘建立信心，最终走出历时10个月的大熊市，立下了不可磨灭的功劳。当然，这也是与有关主管部门的大力支持分不开的。

如果说1990年的深圳股票是"过江龙"香港人炒的，1990年下半年的上海股票是深圳人炒的，那么我可以自豪地说，1991年深圳的"大底"是上海人炒的。

我曾在上海的一次证券专业函授班面授时公开剖析：深市从暴涨到暴跌到反弹，当地人为何反应迟钝，这是因为没有对沪深两地市场进行对比，涨的时候涨疯了，跌的时候跌傻了，不识"深市"真面目，只缘身在"深市"中。上海万国证券公司黄浦营业部的买盘力量一度成为分析深市的主要"风向标"。

有一位自喻"饭桶"的投资者，在深市上赢了大钱，高兴之余，署名"范侗"写了一首藏头诗，在1992年12月26日用贺年片寄给我，以感谢我为股市、为股民作出的贡献。诗云：

> 谢君为民创厚利，
>
> 荣耀股市尽全力。
>
> 兴建万国栋梁材，
>
> 发财何须等来年！

现在信手翻开这些资料，回想这些故事，我想它印证的是这样一个真谛：人生最大的欣慰是奉献。

广东路上的"马路沙龙""信息夜市"

地处人民广场旁边的广东路，自开办了万国证券公司黄浦营业部后，就改变了它昔日的平静，作家苏娅、贾鲁生在《万国之路》一书中是这样写的：

夜幕降临。

上海万国证券公司黄浦营业部门前，整整一条马路，如同赶大集般地被挤得水泄不通。那些在股市上拼搏厮杀了一天的股民们，依然三五成群地簇拥在一起，切磋技艺，分析行情。有人兴奋，有人懊丧，手舞足蹈的，高谈阔论的，犹如刚刚走出考场的中学生。习惯于压抑和掩饰真情的中国人，一旦投身于股市之后，突然间变得袒露和奔放了。

有一天，一个老外乘车路过此地，他的汽车花了十分钟才好歹走完这两三百米路程。难怪他感慨很多，回去后接受电台采访时说，中国人买股票的热情简直可以排山倒海。这么大的热情拿来做其他任何事情也必定很了不得。

外国人曾评价上海的改革开放，一看夜市，二看股市。当时由于股市评论文章，上海只有《新闻报》每周二、五两次，更没有股价资料的刊登，一切关于股市的资讯条件极差。因此，黄浦营业部就成为全市股民为股市信息而勤于听听问问的地方，同时，也是政府主管部门调查研究、明察暗访的地方。主管部门从分管行长到处室部门，经常有人悄悄来到黄浦营业部"视察"。

上海证券交易所几位老总也经常光顾黄浦营业部，尤其是尉文渊，几乎每周要来，而且经常在广东路上被包围，而他则常常"演讲"得非常过瘾。为此，我经常不得不以"尉总，你的电

1993年3月17日，《上海证券报》刊登的描写马路沙龙景况的文章

话来了，是交易所找你"来替他解围。上交所交易部经理王强更是明确地对其部下讲，要了解市场、感受并见证中国股票市场，就要经常到"黄万国"去听听。

在这里，有话只管问，不怕人笑话。那一堆堆的股民里面总也不缺乏自告奋勇者，自然而然地就当上了他那堆里的主讲人。这个人讲今日的局面，那个人讲明天的走势；这堆里讲"电真空"，那堆里讲"小飞乐"；看多的讲多，看空的讲空；技术派讲图表，市场派讲人气；风度好的讲条理、讲概率、讲可能性这类活络话，性子躁的则三句两句就同人抬杠，死盯着某个价码争得面红耳赤，最后索性还"赌"上了。

在这里每个人都是听众，同样每个人又都是老师。这条改革开放造就的"马路沙龙"、"信息夜市"，实际上是免费的股票知识"启蒙班"。说到

门庭若市的万国证券公司黄浦营业部

这里不得不提到的是"多头大老李"李双成，他几乎天天从曹杨新村赶到广东路，又几乎天天从早讲到晚。在这里，股评家、金融记者没有不到"黄浦万国"门口"考察"和"练声"的。这里不仅由此产生了第一批股评家、职业股票投资者、投资咨询公司总经理，包括加盟证券业队伍的骨干，而且还造就了好多中产阶层，甚至可以说不少亿万元身价的富翁，也是在这里完成了他们的"原始积累"。

朱镕基考察黄浦营业部

1990年12月3日上午9时30分左右，时任上海市市长朱镕基、副市长黄菊、主管财贸的副市长庄晓天以及人行上海市分行副行长罗时林等前来考察万国证券公司黄浦营业部。

当朱镕基一行的轿车停在离黄浦营业部门口20米左右时，广东路上广大股民在非常拥挤的情况下立即让出一条通道，随着我作出鼓掌的手势，大家用热烈的掌声夹道欢迎，这种事先非组织且在保密的情况下，自觉形成的热烈场面令人感动。

接待朱镕基市长的地方是在黄浦营业部阁楼下不足10平方米的接待室，向朱镕基汇报情况的是管金生。当时并无一名记者，只有我公司的人拿了只相机拍了一卷照片。席间，我只听到朱镕基既严肃又认真地讲："这是有风险的事（指股票买卖），要跟老百姓讲清楚风险。"

　　汇报结束后，朱镕基参观了营业部柜台。此时大厅内客户开始鼓掌致意，突然有一个人扛着一台摄像机跳到大厅柜台的大理石上，居高临下对准朱镕基一行。此人并非国人，而是"老外"。事后知道是美国有线电视台（CNN）的记者慕名而来采访我们营业部，正巧碰上了这么好的机会。此次朱镕基之行宣传部门没有通知过一个记者，也是朱镕基唯一一次视察证券经营机构，竟然被"老外"喧宾夺主。当时我心里很紧张，正想上去阻挡一下，想不到朱镕基满脸笑容地面向镜头，并挥手致意。

　　当朱镕基走到营业大厅时，突然有一位客户冲向朱镕基身边，拿着一张"小飞乐"股票，请求朱镕基签名。这时与朱市长同来的不知是位保卫还是秘书出来阻拦，我立即上去和朱市长解释：他是我这里的大客户，您放心，帮他签一下吧。此时，保卫（或秘书）未再出面干涉，朱镕基欣然地在这张"小飞乐"股票上签上了"朱镕基"三个字。

　　此位客户名叫赵善荣。朱镕基来到黄浦营业部后，赵善荣找我，提出能否请朱市长签名，我说问题不大，但要看看情况，等朱市长到营业大厅参观时试试看，结果就发生了以上这一幕。

　　说个小插曲，赵善荣现在是全国有名的股证收藏者，曾在北京、上交所等处举办过《中国百年股证展览会》。可惜当初，也即1991年9月后，上交所开始将股票全部转为无纸化的电脑登记。赵善荣非常为难，虽然经过激烈的思想斗争，还是将这张全国唯一的上面有朱镕基签名的股票送进了上交所。现在这张股票还静静地躺在上海证券中央登记结算公司。赵善荣自开始转向收藏后，他多次与上海证券中央登记结算公司交涉，希望能找回这张大大升值的股票，但为时已晚。他的后悔之意，难以言表。

　　大凡新中国第一代证券人，都是勇于创新、敢说敢做、敢为天下先的实践者、开拓者，都经历过惊心动魄的市场洗礼。他们一如既往，前赴后继，是股市赖以生存与成熟的原动力。然而，股市永远是投资与投机同行，理性与盲目并存。

发展是硬道理，我赞成用历史唯物主义去评价过去，给予更多的肯定与宽容，我更希望中国股市在走向规范化、走向法制化、走向对外开放的资本市场时，有更大的证券中介机构，有更多的机构投资者，有更强的抗风险能力。监管和风险控制是证券市场永恒的主题。愿中国股市更加成熟，更加发达。

历史使我有幸成为一个新中国证券市场发展的见证人。股市的魅力，将激励我永远地爱它，并为之奉献一生。

链接：

全国第一家股票信息夜市

面积仅300平方米的万国证券公司黄浦营业部，每晚平均接纳3000余人次。当上海证券交易所敲响收市锣声之后，当上海滩的数百家证券营业部拉上铁门之后，忙碌了一天的业务部，又进入新一轮的忙碌。白天大量的委托业务持续到收市，夜晚数千份快讯的编、审、排、印工作又紧接着展开。他们的大门从早上开到晚上，到这里的客户来自四面八方。

每当华灯初上，散在各证券营业网点的股民，尤其是一些上班族的股民，无论是大户、散户或是大小机构，及至尚未办理磁卡却跃跃欲试的准股民便源源向这里汇集，男女老幼，扶老携少将营业部围得里三层外三层。

人们称这里是散户的沙龙，谁都是先生，谁都是学生，各抒己见，互通信息。今天怎么了，明天怎么办？都能得到一种探讨，一种解答。一位家住郊县的股民说，"每来一次，谈谈观点，听听分析，心理就好像踏实了许多。"有人说："这里是上海股市的观察站。"如果想了解信息，人气如何，买卖二盘孰强孰弱，尽可在这里窥一斑而见全豹。

更多的人称这里是启蒙学校。许许多多的股民正是从这里开始学习投资知识和风险意识。股民像上学一般拿着纸、笔记录他人的分析。一位63岁的张某就是从天天拿着本子记录而积累了丰富的投资经验。

这里又是众所公认的信息集散地。当6点30分，业务部开始出售"股市快讯荟萃"、"行情分析日报"及"行情日报表"的时候，几十双手伸向营业柜台，一晚上千余份的销售量还不断上升。门口十余种证券书刊竞相斗艳，各呈千秋。这一长盛不衰的壮观，可谓东方股市的一大奇迹。

国家证券委副主任、中国证监会主席刘鸿儒，在考察夜市之后，情不自禁地说，上海投资者的热情令人感动。

处于金融中心激烈的市场竞争中，敢于在二百余个证券营业网点中，独树一帜地开办股市信息夜市，并免费向广大股民提供空调，提供场地，提供沪深当日收盘行情，提供块把钱一份的"股市快讯"，使广大中小散户，免受风雨之苦，而安享信息之便。对于一个日收益几十万的证券商来说，似乎是不可思议的，但他们踏踏实实要作为一个事业干了起来，并做得十分成功。

——摘自叶国英同名文章，载《企业研究》1994年第4期。

王开国，1958年11月出生。1990年任国家国有资产管理局政策研究处处长、科研所副所长，1995年2月至2016年7月，先后任海通证券副总经理、党组书记、总经理、党委书记、董事长。社会兼职有上海证券交易所理事、上海证券同业公会理事长、上海经济体制改革研究会副会长、中国证券业协会副会长、上海金融业联合会副理事长、上海股权投资协会会长、上海理财师协会会长等，并兼中国社科院经济研究所研究员，复旦大学、西安交通大学教授。

在海通证券的那几年

口述：王开国

时间：2018年8月9日、8月29日

地点：上海市长宁金融园

采访：范永进、金文龙、沈霞等

整理：金文龙、沈霞

1995年2月，应同学董文标[1]之邀，我来到海通证券担任副总经理。1997年11月24日，交通银行党组正式任命我为海通证券有限公司党组书记和总经理。1998年5月11日，公司召开第一届董事会第八次会议，我被选举为公司董事长。但实际上，我从1997年4月就已经开始主持海通各方面的工作，与

---

[1]　董文标（1957—　），时任海通证券董事长。1996年后历任中国民生银行副行长、行长、董事长，2012年出任全国工商联副主席。

海通人一起参与、见证了证券市场风风雨雨20余年的发展历程。

如今，回忆1997年到2000年这段在海通的早年岁月，对我而言特别有意义。在这期间，我与海通领导班子齐心协力、探索采取了一系列重要措施，成功带领海通走出低谷困境，走向发展壮大，为海通证券后来成为国内一流证券公司奠定了一定的基础。这段艰辛开拓的岁月留给了我一生难以忘怀的记忆。

积基树本，扭转海通证券困局

我从1980年进入大学读书，一直读到1990年，本硕博一次读到底。这在当年的中国可能并不多见，是真正的"十年寒窗"。

我本硕分别就读于吉林大学国民经济计划学、货币银行学专业，因此在国民经济计划等方面打下了相对较为坚实的底子，也使得我在后来从事证券工作时，对宏观经济有相对比较深的理解。当时，国民经济计划专业在中国只有中国人民大学和吉林大学有，可以说，我是比较幸运的。博士阶段，我就读于厦门大学财政学专业。印象深刻的是，当年读书是非常辛苦的。寒暑假我基本不回家，每天泡在大学图书馆里。平时下午放课吃完饭后，也基本上都在图书馆看书，周末更是如此。长此以往，我养成了读书的好习惯，这也为我以后的工作打下了良好的理论基础。

1990年博士毕业后，我先后任国家国有资产管理局政策研究处处长、科研所副所长。国资局是中国在经济体制改革中设定的归口财政部领导的国有资产专门管理机构，于1988年9月成立。我进国资局应该说是比较早的，国资体制改革、股份制改革、产权界定管理办法、资产评估管理办法等中国股份制改革最早的一批文件，就是国资局制定出来的，我当时也深度参与其中。这段难忘的研究工作经历为我以后从事证券工作奠定了良好的基础。

1995年2月，我离开国资局来到海通证券担任副总经理。从此，开启了我在海通证券20余年的工作生涯。

1997年我担任海通证券一把手时，海通证券面临着许多困难。其一，由于操纵上海石化股票，公司受到了中国证监会的严厉处罚，原董事长调离，公司自营业务被停止，公司的声誉和业务都受到了很大的冲击。二是武汉交易中心、天津NET、北京STQK系统三大交易中心的场外交易市场回购，海通证券有20亿元收不回来，只能靠客户保证金维持正常的经营。三是大连营业部私下买了一条远洋船搞运营，结果损失了3090万元。

面对困境，海通证券要"百废待兴"，必须抓住主要矛盾。这个主要矛盾，就是控制自营规模的风险。当时许多证券公司出事，自营超规模是主要原因。因此，证券公司千万不能有赌徒的心理，决不能因行情的上涨而失去理智。

当时，在接受《证券时报》记者采访时，我提出了"稳健乃至保守"的理念：一家证券公司，稳健经营是至关重要的，某些重要业务更要采取非常保守的做法；要行百年船，风险防范是第一位的。那位采访我的记者对"稳健乃至保守"的提法持有不同的意见，认为保守是贬义词，提出来可能不太合适，因此，文章写出来后一直压着没发表。时隔3个月，君安证券东窗事发，公司出现巨亏，才使那位记者深受感触，并立即在1998年《证券时报》第二版整版发表了采访我的文章。文章发表以后，在业内产生了一定的反响。我有一个同学，当时在南方证券任党委副书记，他打来电话告诉我说，他们领导班子一班人都在认真学习这篇文章。

1988年9月，上海海通证券公司成立

证券业在跨世纪前后几年间发生的事，在不断证明着"稳健乃至保守"的重要性。除了南方证券倒闭以外，号称"证券王国"的万国证券，因1995年在"327国债期货事件"

中巨亏，而于次年与申银证券合并为申银万国证券公司；1997年，君安证券业也因转移巨资炒作港股、自营巨亏，最终在两年后即1999年与国泰证券合并，成为国泰君安证券公司。而海通证券由于严格执行"稳健乃至保守"的理念，是老牌证券公司中唯一没有更名的，成为业内一面不倒的红旗。

此外，海通证券领导班子一致认为，在当时的背景下，吸引人才是证券公司大展宏图的关键。只有筑巢引凤，才能使各类人才纷至沓来。当时，海通证券主要采取了这样几个措施：一是大幅度提高员工的工资；二是把收回来的不良资产，澳门路的房子，改成博士公寓，装修好以后免费提供给来海通证券的博士使用。此举措一下吸引了不少博士来海通证券发展。

有了人才，就有了竞争的资本。海通证券又适时提出了扩大投行人数，进军一级市场；增强研究所力量，大力引进研究人才等几项重大发展措施。到1997年底，海通证券人心基本稳定，防控风险措施到位，各项业务逐步恢复元气。

多措并举，深入转型发展

1998年以后，中国股市进入规范化发展阶段，证券市场开始由早期的粗放型扩张，向规范型发展转型。这也是证券市场改革不断深化、发展进入攻坚阶段的过程。海通证券领导班子清醒地意识到，发展的转型过程，是券商大发展的关键阶段。这就像盖楼一样，地基打好了，巍峨大楼才能百年不倒。发展是硬道理。券商只有在规范中努力发展，才能为今后的崛起开辟宽广的道路。

海通证券要在业内雄起，投行业务是关键。而大力发展投行业务，人才是至关重要的。作为尖端人才，必须提高他们的待遇，才能把他们留住，并吸引更多的人才。提高了投行人员的待遇，其他员工不提高，肯定摆不平，但都提高，当时海通证券的条件不允许。经过深思熟虑，我们决定在海通证券实行一司二制。投资银行部特事特办，实行特殊的薪酬制度。此外，在北京、上海、深圳成立三个投行部，扩军买马。一个目的，就是迅速把投行业务搞上去。

一司二制收到了明显的成效。海通证券的投行业务原来很弱，但那一年却在业内异军突起，名列前茅。后来，国泰君安投行部还专门派人来海通证券学习一司二制的做法。此后，海通证券的投行业务发展迅猛，在业内创下了诸多国内"最早"和业内"第一"，打造出了具有海通证券特色的知名行业品牌，30年中IPO家数及承销保荐收入名列市场第二。

1998年，我们还提出必须加强国际业务。海通证券要走向世界，香港将是最好的桥头堡，必须把香港业务做大做强。当时香港分公司的规模很小，但在此后香港分公司的发展中，海通证券共投入100余亿元。这在业内无人能做到，其他券商，最多投入几十亿元。为了做大香港国际的业务，海通证券后来还收购了香港大福证券，在海内外引起轰动。

如今，海通证券香港国际已经发展成为投行业务部、机构部和零售部三大客户群的现代化全能投资银行，2015年被吸纳为恒生大中型股指数成分股。海通国际目前在全球多个金融中心设有网点，为近20万个企业、机构、零售及高净值客户提供企业融资、财富管理等服务。在全球投行中，海通国际的债券融资金额和发行数量均排名前列。卓越的业绩，使海通香港国际荣获"香港最佳中资投行""香

2009年11月，海通证券成功收购香港大福证券

港最佳中资券商""香港最佳中资股权融资机构""香港最佳中资债权融资机构"等多项大奖。

1998年，还有一件事是值得一提的，这就是回购拖欠资金在公司员工的努力下，从20亿元减少到了6.7亿元。在要回来的不良资产中，有不少是房产。如何处理这些散落在全国各地的房产，确实也是一件不容易的事。很巧的是，当时有一家建筑商正在广东路、云南路路口建造一座大楼。经过协商，海通证券把所有要回来的房产集中打包给这家公司作价，然后再加1.5亿元现金，一起合建这座大楼。海通证券不仅获得了一半的房产，而且还取得了该楼的冠名权，这就是现在的海通证券总部所在的海通证券大厦。现在，这块房产已经价值几十亿元。

在房产方面，海通证券还有一笔投资赚了不少。海通证券曾经在淮海中路西藏南路口的金钟广场办公了好几年，当时海通证券的大股东上海实业建了该楼后销售情况不理想。于是，上海实业的蔡来兴董事长找我说："我们已经是海通的大股东了，这个房子就卖给海通吧。"于是海通证券以每平方米1.28万元的价格买了2万平方米的房产。10年以后，上海实业又提出要将楼买回去，海通证券又以每平方米2.88万元的价格卖给了上海实业。这笔投资，海通证券不仅获得了10年时间的免费使用，而且还净赚了2亿余元。

司标纳吉，抓牢并购业务

1999年，中国股市进入了空前的大牛市。面对证券市场来之不易的机遇，我们深感只有紧紧抓住，才能跟上中国资本市场发展的脚步。

这一年，海通证券经过海选的司标正式启用。司标以殷商时期青铜器上的传统水纹图样为造型元素，以四朵浪花对应构成一个"古铜币"的基本型，较为完整地体现了海通证券"财源茂盛通四海"的内涵和视觉形象。很有意思的是，标志中的浪花图案首尾相连，循环往复，既符合海通证券名称的涵义，又准确形象地表达了证券公司的行业特征。四朵翻滚的浪花，无论看成阿拉伯数字中的"6"还是"9"，都象征了中华民族吉祥如意的"六六大顺"与"久久平安"。当然，还更代表了海通证券的稳步发展和不断壮大，以及为每位投资者带来丰厚回报的美好愿景。说句心里话，我对海通证券的司标是非常喜欢的。不是说海通证券司标是在我的任期内颁布实施的，而是我觉得它巧妙的构思确实给海通证券带来了好运。当然，好运来了，还在于要抓住它。

1999年，海通证券成立了并购与资本市场部。在那一年成立并购部并非偶然，而是海通证券在中国资本市场的发展中看到了企业和上市公司并购的重要性。金融服务实体经济的一个重要手段，就是运用好并购重组工具，让企业更好地发展。

成立并购部，人才非常重要。当然，领军人物更加关键。并购部涌现出了杨艳华[2]这样的劳模。她的特点是，专业知识能力强，对自己要求特别严。她身先士卒、积极开拓、勇于创新，带出了一支特别能战斗的并购团队，获得了一系列同行业瞩目的荣誉。而她本人也被评为全国劳动模范，这在证券行业内确实非常少见。

作为国内资本市场并购领域最具影响力的领军人物，杨艳华多年来率领团队在复杂多变的资本市场，持续推动国有企业对旗下上市公司平台进行资产重组，完成的并购项重组项目超过千亿元，其中不乏一些有重大影响力的项目。如2013—2014年募集资金达84.8亿元人民币的中国军工定向增发项目，用以收购军工重大装备总装资产及业务等，开创了军工重大总装资产证券化的先例。2015年至2016年的招商蛇口吸收合并招商地产项目，是国内首例A+B股同时换股吸收合并并转换为新A股上市公司的案例。此外，2016年至2017年CEC（中国电子）旗下长城电脑和长城信息重大资产重组项目，涉及三家两地上市公司和两家核心军工企业，重组资产规模达400亿元。

---

[2]　杨艳华（1959— ），曾任海通证券并购部总经理，2011年被中共上海市委评为上海市优秀共产党员，2013年荣获全国五一劳动奖章，2014年度荣获上海市"年度劳模人物"。

这里，特别值得称道的是，海通证券并购部拿下绿地集团"借壳"金丰投资上市这一项目。绿地集团是一家资产规模超5000亿元，全球子公司超1000家，涉及交易额超600亿元的房地产项目。海通证券并购部不负众望，最终在绿地上市前引入117亿元的战略投资，并通过"资产置换+定向增发"购买资产的方式，成功帮助世界500强绿地集团完成重组上市，市值从27亿元迅速上升至最高529亿元。

总之，并购重组被誉为投资市场皇冠上的明珠。实践证明，当时海通证券成立并购部的决策是非常正确的。作为投资银行精英业务的并购业务，随着资本市场的成熟和发展，已呈快速增长态势，并将为中国资本市场的健全与完善发挥越来越大的作用。而海通证券凭借市场第一的并购业务，成为一个大赢家。并购业务不仅成为公司稳定的利润增长点，更促进了海通证券投行业务的发展，使海通证券在资本市场的品牌效应更强。

看准方向，创办公募基金

1999年还有一件大事，就是由海通证券参股的富国基金管理有限公司，获中国证监会批准开业。富国基金是由我牵头对接中国证监会组建的，也是中国资本市场第一批10家公募基金管理公司之一。在富国基金成立的过程中，海通筹备小组的工作人员做了大量的工作，从而使创办工作进行得非常顺利。

公募基金有自己的特色。一是牌照拥有垄断性，二是可以把体量做大，三是公司存续稳定长久。作为资本市场的参与机构之一，公募基金是发展的方向。正是看准公募基金的这些优势，海通牵头投资成立了富国基金。根据中国证监会的要求，富国基金另外3位投资者分别是申银万国证券、加拿大蒙特利尔银行和山东省国际信托投资有限责任公司。

富国基金的成立，创下了中国资本市场的4个第一：一是首批成立的"老十家"基金公司之一；二是首批成立的基金公司中的第一家实现外资参股；

经历五次跨越与转折

海通证券成为首家持续发展20周年券商

□本报记者 朱茵 上海报道

昨日海通证券总市值已超过1395亿元，作为目前市值规模最大的上市券商，海通证券迎来其20岁生日，目前在净资本、净资产及各项业务指标上都名列行业前茅，是迄今为止我国第一家成立超过20年的证券公司。

据悉，海通证券2007年的收入达到104.7亿元，总资产达到946亿元，净资产达345亿元，累计为股东和国家创造利税150多亿元。

海通证券表示，公司自成立以来，经历了五次跨越式的发展：一是1994年的改制，上海海通证券改制成为海通证券有限公司，标志着海通证券由一家地方性的证券公司成为一家全国性的证券公司，资本金扩充到10亿元；二是2001年的再次改制和增资，海通证券有限公司改制成为海通证券股份有限公司，资本金增加到40亿元；三是2002年的第三次增资扩股，海通证券的资本金达到87.34亿元，成为当时国内资本实力最为雄厚的券商；四是2005年获得创新试点券商资格，标志着海通证券在经历了2001年以来的一场大熊市的考验后，开始了"二次创业"的新历程；五是2007年的成功上市，并完成定向增发，募集资金260亿，成为券商综合治理后首家上市的证券公司，标志着海通证券"二次创业"的全面完成。金融行业是经营风险的行业，海通证券的五次跨越发展历程，见证了证券行业的风雨历程。

20年的发展，海通证券从最初只有1家营业网点发展到目前的181家营业网点；员工人数由最初的13人发展到现在的3000多人；注册资本从1000万元增加到现在的82亿元；由单一有限责任公司发展为证券控股集团，目前分别参控股富国、海富通两家中外合资基金管理公司，发起设立了中比合资的中国——比利时产业投资基金和海富产业基金管理公司，控股海通期货有限公司，在香港独资设立海通（香港）金融控股有限公司。

2008年9月23日，《上海证券报》报道海通证券成为首家持续发展20周年券商

三是首批获得企业年金管理资格的基金公司之一；四是成为业内首个基金拆分案例——富国天益基金拆分。

富国基金成立之后，海通证券专门派了一个总经理，因为当时中国证监会分管领导明确基金公司实行总经理负责制。申银万国派了董事长，蒙特利尔银行也派出了高管。海通证券对富国基金的运营给予了全力的支持，要人给人，要物给物。

由于成立之时非常规范，而且人才齐聚，富国基金发展非常迅速。作为业内为数不多的"全牌照"基金公司，富国基金拥有公募、社保、基本养老、年金、专户、QDII、RQII（通过香港子公司）的管理资格和QFII投资等多项业务。截至2017年末，富国基金旗下公募产品98只，涵盖股票型、债券型、混合型、货币型、指数型在内的多类基金产品。产品设计上包含普通开放式、定期开放式、分级类、LOF、ETF等品种，公募资产规模超过1900亿元，排名行业前列。

2003年，海通证券又成立了海富通基金管理公司，总管理资产规模为2056亿元。

富国与海富通两家基金公司并驾齐驱，成为海通证券的左膀右臂，有力地推动了海通证券的发展。

增资扩股，迈向更大更强

1999年7月1日，《证券法》正式实施。这是新中国成立以来第一部按国际惯例，由国家最高立法机构组织，并由政府某个部门牵头起草的经济法。《证券法》的颁布实施是中国资本市场规范发展的大事，是中国证券市场法制建设的重要里程碑，它对中国的资本市场和金融业的持续、健康发展及中国经济的发展和改革产生了重要的作用和深远的影响。

《证券法》颁布以后，证券市场却出现了暴跌的情况，这显然是对《证券法》的误解。为此，海通证券顾全大局，在维护资本市场稳定方面做了大量的工作。通过认真学习《证券法》

九届全国人大常委会第六次会议审议《证券法》

，海通证券领导班子统一了认识，这就是，《证券法》是发展法、促进法、规范法，是中国证券市场持续健康有效运作和发展的根本保障，它必将对中国市场经济的建设和国有企业改革产生重大和深远的影响，是一部"功在当代，利在长远"的立法。

从长远来看，中国证券市场的健康发展是必然的。而在中国证券市场发展的过程中，券商也应不断地做大做强，主动性地增资扩股，从而应对市场越来越激烈的竞争。无疑，只有"船"大了，才能更好地抗击市场的"风浪"。海通证券应该抓住这次《证券法》出台的机遇，进行增资扩股。领导班子思想认识统一以后，海通证券立即将这一想法向上海市政府汇报，并得到了市政府的大力支持，同意海通证券增资扩股。

　　由此，海通证券立即组织相关人员，全力以赴地进行增资扩股的工作。2000年12月27日，经过海通人的努力，中国证监会专门发文同意海通证券增资扩股。这次增资扩股，由上海实业等44家股东出资，共募集37.4亿元。增资扩股的完成，为海通证券后续的发展打下了坚实的基础。

　　2002年，海通证券又抓住机遇，增资扩股至87.34亿元。这一次增资扩股，为海通证券后来的抵御风险提供了有力的后盾。2004年至2005年间，中国股市暴跌。由于受市场影响，海通证券一下亏了40余亿元。但好在海通证券的资本金有87.43亿元，因此没受太大影响。而注册资本金只有海通证券一半、仅42.2亿元的申银万国，却无法抵御风险，只能由中央汇金公司注资25亿元，并提供15亿元流动性资金。而国泰君安也因同样的原因，被中央汇金公司注资25亿元，并提供15亿元流动资金。

　　由此可见，增资扩股对券商抵御风险确实至关重要。正是因为看到增资扩股的重要性，所以在此后的两年，海通证券决定谋求借壳上市。在上海市政府的支持下，海通证券顺利借壳都市股份，并在上交所挂牌上市，募集资金260亿元。2012年4月27日，海通证券H股又顺利在香港上市，共募集资金150亿港元。2016年，海通证券通过增发募集了330亿元资金，从此成为净资产超千亿元的证券公司。

　　海通证券走过的历程证明，海通证券为什么会成为中国证券市场唯一没有改名的证券公司，除了坚守"稳健乃至保守"的经营理念外，增资扩股增强实力是最重要的原因之一。

　　如今，经过海通证券几代人的努力，海通证券的资产规模已达5000亿元，净资产规模1100亿元，总资产、净资产30年复合增长率达43%和38%，净利润之30年复合增长率40%，目前处于收入250亿元、净利润80亿元的新发展阶段。

　　最后，还有一点是我不得不提及的。这就是，海通证券是从交通银行脱胎而来的。交行的经营理念、规范及党建作风等，都给海通证券留下了深深的胎记。尤其是在党建方面，从我担任海通证券一把手开始，海通证券党委就狠抓党建工作不放松。当时，不管经营有多难，工作有多忙，海通证券党委都始终高度重视"党管方向"的政治核心作用，并认真履行第一责任人的职责，发挥"带头人"的作用。此外，海通证券党委还充分发挥各级基层党组织的作用，让每个党员在创业的过程中充分起到带头人的作用，收到了很好的效果。2006年，中组部专门来海通证券调研党建工作，给予了很高的评价。海通证券也是上海唯一一家被中组部调研的券商。

海通证券近年来的改革发展实践证明，党的政治核心作用的充分发挥，保证了公司发展的正确方向，有力地推动了公司保持长远发展的势头。任何时候，海通证券的党建工作都只能加强，不能削弱。

这里，我还要感谢当时和我一起工作的海通证券领导班子全体成员，是他们的共同努力，才使海通证券打下了扎实的根基。在当年艰苦的岁月里，我和领导班子全体成员同舟共济、相濡以沫，一起度过了难忘的时日。2016年7月，我已经离开了我工作、战斗过20余年的海通证券，说实话，在感情上我确实难以割舍。在这里，我倾注了我的全部心血，并亲眼看着海通证券一天天发展壮大。

我衷心地期望海通人在新的领导班子的带领下，在中国经济发展的大潮中，"不忘初心"，以建设国际一流投行为使命，打造国内领先、国际有影响力的标杆投行，努力完成海通证券下一个十年目标，进而把海通证券建设得更好。

链接：

股市早期的主要专业报刊

在20世纪80年代，国内专门以证券、股票为题的著作或报纸、杂志，可谓少之又少，为数不多的有关中国证券市场的信息，往往是通过《新民晚报》《文汇报》《解放日报》等综合类的报纸来刊登并传播的。1991年开始，《上海证券报》《中国证券报》《证券时报》等一系列专业证券类报纸陆续出现。

《中国证券报》由新华社主办，创刊于1993年1月3日，周二刊；1994年1月1日改为日报。中国证券报以证券报道为主，同时系统报道期货、银行、保险、信托、房地产、产权、外汇、黄金等市场。此外，还对上市公司、股份制企业和证券公司、中介机构的经营业绩、思路、经验和问题进行报道与评述。

《证券时报》于1993年11月27日在深圳创刊，由人民日报社主管主办，每天出对开16版，面向国内外公开发行。主要设有要闻版、市场版、综合新闻版、公司版、专刊版、数据版。

《上海证券报》《中国证券报》和《证券时报》现在都是中国证监会指定披露上市公司信息报刊，并先后推出了自己的电子报纸。

与此同时，一些期刊也相继创刊。例如：1991年7月3日，深圳证券交易所主办的证券专业刊物《证券市场导报》创刊号出版，这是全国第一家证券专业月刊，目前已经成为国内证券研究领域的经济类核心期刊。1992年2月17日，中国证券市场研究设计中心（简称"联办"）创办的《证券市场周刊》（当时名为《证券投资周刊》）试刊号正式出版，这是中国最早的一本财经类周刊。1992年7月5日，《证券市场周刊》由内部刊号改为公开发行。1992年，由上海社会科学院主办的证券财经类专业刊物《证券市场研究》创刊。

此外，还有一些综合性的财经报纸、杂志进入证券传播领域，成为证券市场的重要传媒或文献。如早在1987年就创刊的《金融时报》、1992年创刊的《上海金融报》《一周投资》，1986年创刊的《中国金融年鉴》等，以及时下比较受欢迎的报刊如《第一财经日报》《21世纪经济报道》《财经》等。

——摘自周沧桑、单永：《学术与艺术作品中的中国股市》，载《见证中国股市》，上海三联书店2009年版。标题为编者另拟。

郭纯，1965年出生，上海人。1983年开始在中国工商银行上海市分行任职，自1987年起从事证券业。1990年，加入前上海申银证券有限公司，后担任上海地区主管。上海申银证券有限公司与上海万国证券有限公司合并后，于1997年初任申银万国（香港）集团有限公司董事副总经理，2008年5月至2012年3月任申银万国证券股份有限公司国际业务总部总经理，2015年3月后历任申银万国（香港）有限公司行政总裁、董事局副主席、执行董事。

从上交所开市"第一单"到出境在港"第一课"

口述：郭纯

时间：2018年8月25日

地点：香港申银万国公司

采访：范永进、钱华、郝丁丁等

整理：郝丁丁

时间过得真快，岁月变迁，我的岗位伴随着中国证券业的发展也在不断变化。我1983年毕业后先在工商银行上海市静安区办事处工作，1987年被调入工商银行上海市信托投资公司从事证券业。1997年，任申银万国（香港）集团有限公司董事副总经理，前往香港工作。可以说，在我30余年证券业生涯中，前10年献给了中国内地市场，后20年则献给了香港市场。

就我个人的经历而言，前一时期，是中国证券市场从无到有的重要阶段，我也在此时有幸进入证券业，参与了证券市场初期发展的创业之路。后一阶段，中国证券市场同时也在逐步对外开放，并计划借助香港，开拓亚太其他地区及欧美市场。我希望能够透过这两段职业生涯经历，以窥中国股市早年岁月之一角，让大家感受到那段开拓进取与激情澎湃的历史。

工行信托编制首个股票指数和年报

我与金融的缘分是在上海开始的。1981年，我刚满16岁，考入上海银行学校，1983年8月从银行学校毕业以后被分配至中国人民银行上海市静安区办事处，当时全国只有一家银行，即中国人民银行。1984年，国家决定中国人民银行不再从事商业银行业务，而专门行使中央银行职能，同时，单独成立中国工商银行，承担原中国人民银行的工商企业存贷、结账结算以及私人储蓄等业务。我也按照组织安排加入了中国工商银行，首先进行了半年多的学习，而后分配到办事处信贷科工作。工行静安区办事处信贷科主要管理着上海仪表局及轻工业局的信贷业务，我主要参与轻工业局管辖的棉纺织厂、织布厂以及印染厂的信贷工作。

投资者驻足于中国工商银行上海信托投资公司静安证券业务部前

1987年，我被调入工商银行上海市信托投资公司业务二部。当时上海信托投资公司设在外白渡桥北端，如今俄罗斯驻上海领事馆对面的浦江饭店。公司设有两个业务部门，业务一部负责委托贷款业务，二部则从事证券业务。至此，我正式踏入了证券行业。

1988年以前，国内还没有专业的证券公司，当时唱主角的是信托投资公司，工商银行上海市信托投资公司静安证券业务部是全国第一个证券业务部。新中国第一次发行的股票——飞乐音响，即为工行上海市信托投资公司主承销的。1986年，邓小平同志更是将一张飞乐音响股票赠送给了当时纽约证券交易所董事长约翰·凡尔霖。

当时业务二部的经理是黄贵显老师，职员有虞志皓和朱德明两位老师。在我调入工行上海市信托投资公司同年，从日本研修回国的阚治东也被调入公司任副总经理，主管证券和投资业务。阚总结合其在日本学习的证券市场经验及知识，对我们的证券业务进行了创新与改进，而我也有幸参与其中。

当时由于国内证券市场还处于发展初期，交易中的股票数量有限，因此并没有一个股票指数。阚治东、胡瑞荃、边晓敌和我参考"东京证券交易所股票价格指数"等编制方法，结合上海当时股市实际情况，编制出静安指数。此外，鉴于当时股票发行上市却没有资料提供给投资者，我们商量以后决定要编制一份手册公布上市公司的情况。于是便有了国内第一份股票年报——《1988年股票年报》，主编是阚治东，黄贵显、强纪英和我是责任编辑。1990年初，《1989年股票年报》和静安指数正式对外发布，引起境内外媒体的高度关注，新华社上海分社专门发表了《上海股票投资者现在有了可靠的"参谋"》一文。

"借壳"筹备申银证券

1988年，全国最早的3家证券公司申银、海通、万国成立。在3家证券公司成立之前，上海的股票发行和交易均是由我们公司独家办理。而后，在人行上海分行组建了上海申银证券公司、上海国投牵头组建了上海万国证券公司以及交通银行组建了上海海通证券公司之后，中国人民银行为扶持新成立的3家专业证券公司，在国债和股票业务方面都对信托投资公司采取了一定的限制政策，这使得我们工行信托在上海证券市场的垄断优势受到了严重挑战。

为应对此冲击，工行上海市分行开始筹备自己的证券公司。但由于当时设立证券公司仍在试验阶段，人行不予批准设立新的证券公司。而后，我们与人行上海分行达成共识，将申银证券公司转让至工行上海分行。1990年9月，工行上海市信托投资公司的证券业务正式"借壳"申银证券公司。在阚总带领下，我也和原工行信投的部分同事们一起，走上了专业证券公司的创业之路，参与申银证券公司的筹备工作，并参与起草《申银证券公司筹备实施方案》。

1989年末，上海酝酿设立上海证券交易所。由于上交所筹备工作相当紧迫，当时几家证券公司都参与承担了一些筹备工作。我则有幸参与了上交所"受托买卖有价证券规则"、"上海证券交易所清算交割业务规则"等业务规则的定稿。除此之外，我还参与了经纪人的红马甲[1]培训，所用材料均由我本人起草并反复修改。

上交所开市第一单及交易额首位

1990年12月19日，上海证券交易所正式开张，隆重的开业仪式在黄浦路19号浦江饭店二楼举行。对于中国证券业而言，这是具有历史性意义的一天，而对于我个人而言，这一天的经历也格外值得留念。

当朱镕基市长宣布上海证券交易所正式开业、上海证券交易所总经理尉文渊敲响了开市的第一声锣之后，大家都在等待着交易大厅第一笔交易成交的消息。而作为全市场的关注焦点，交易大厅内的"红马甲"们正全神贯注地紧盯席位上的电脑操作屏，双手熟练又有节奏地敲打着键盘。当时，我正是75位身穿红色马甲的会员驻场代表之一。作为上海申银证券有

---

[1] 红马甲指证券交易所内的证券交易员，因穿红色背心而得名。他们又称"出市代表"，早期没有远程自助交易，所有的客户交易指令都是通过电话报给交易员，由交易员输入交易所的交易主机内撮合成交的。

限公司市场部副经理兼首席驻场代表，我代表公司抽到的席位号是16号。但当时因为时间仓促，我身着的红马夹未来得及印上号码就进场了。

那个时候买卖股票，是各地打电话到上海证券交易所，然后各证券公司派交易大厅内自己的现场交易员，即"红马甲"进行现场交易。这一天，每家证券公司都在摩拳擦掌，力争开市的第一单。为此，我们也在开业之前做了很多准备，包括接受一些客户的委托，以及制定场内操作策略。

在开市前一天，申银证券公司的领导找我商量了第二天该怎么做，并向我提出了要争取做两个第一：争取当日交易额第一；争取做成第一笔交易。对于做交易额第一，我有一定的把握。公司客户多，除了做股票，还可以做债券，当时我手里已收到数十份委托单。而至于第一笔交易，第一笔卖出好做，不管一切用自营抛出即可，但第一笔买进，却是难以预料的。

上海证券交易所开业后的首笔业务，这一历史性的业务，人人都想拔得头筹。在开市锤声之前，所有的红马甲们都在电脑屏幕前蓄势待发，我也屏气凝神地盯着电脑屏幕。而就在临近开盘前极短的时间，我突然发现屏幕上的光标已经在闪动，我立刻意识到已经可以进行买单输入了，只是还不能进入买卖。于是，我第一时间先将买单打入界面：电真空2000股，买进价格是365.70元。这样等开市以后，我就只需按下一个键，即可买卖。

买单刚刚输入完成，我就听到了响亮的一声开锣声，开市了！此时，我应声按下交易键，电脑屏幕上立刻翻出红色，红色代表成交。"电真空股票成交了！"不知道谁轻轻叫了一

1990年12月19日，上海黄浦路15号的浦江饭店，新中国第一家证券交易所——上海证券交易所开业，最初只有40多个"红马甲"（雍和摄影）

声，我跑到交易大厅中间那只大柜台前，按下了电脑键盘上的"F2"，显示屏显示：海通证券公司自营出50手电真空股票，价格为365.70元；申银证券公司以每股365.70元价格委托买进50手。

此时，距离开市还不满1分钟。由于当时是实物交易，每笔委托须填写委托单，成交以后盖章确认成交单。我兴奋地以小跑的速度到了"黄马甲"面前，完成了上述几道手续。

抢到了第一笔交易，未及细尝喜悦之情，我的思绪立即进入了第二个兴奋点：如何做到当天交易额的第一。当时，我的另两位同事不断接到公司报来的委托单，我按时间先后、价格优先的原则把它们一笔笔输入了电脑。成交以后，继续上述手续，穿梭于整个交易大厅。到收盘时，我通过电脑查询到申银证券公司当日交易额占了总交易额的20%。

首日交易中，申银证券当日交易额稳居第一，同时做成了第一笔交易，圆满完成开业前设定的目标。但是当日交易结束后，还出现了一个小小的插曲。

上海证券交易所方面在首日交易后与会员开了一次会议商讨交易情况。此时，部分会员指出当日成交额最高的申银公司犯规，自己卖出及买入真空电子股票，并没有依照《试行规则》去进行大宗买卖。交易所有关人员随即来我们公司进行了调查，查实我们卖出的是自己持有的真空电子，其后是代客户买入了该股票。当时，每家公司都只有单一电脑系统，所以不能及时区别自营或代客买卖。并且，按照《试行规则》，大宗买卖只能在下午二时至三时进行，但交易所方面考虑到首日成交额水平，早已在开业前决定暂时取消此限制。因此，申银的当日交易无需按大宗交易进行买卖，也就不构成违规交易。

收盘后，公司领导要我回去参加庆功会，我才发现自己累到实在走不动路了。但是在一天的交易中，我却沉浸其中，丝毫没有察觉。对当时的我们而言，这一个新的行业，太富有吸引力了。

赴港合并申银万国境外业务

1996年9月，申银证券与万国证券在国内合并，成为当时中国证券业最大的一单合并，合并后的申银万国号称当时中国证券业市场的"航空母舰"。1996年底，公司决定委派我作为负责人去重组原申银证券和原万国证券的海外业务。

两家公司在1992年相继开始发行B股，中国第一支B股即为原申银证券所发行，在国内B股市场，两家公司皆处于领先地位。为进一步拓展业务，两家公司分别在1992年底和1993年在香港设立了几家分支机构。其中申银设立了上海申银控股有限公司和上海申银（香港）有限公司，万国则设立了上海万国（香港）集团有限公司和上海万国（香港）有限公司。并且两家公司都分别在香港申请了证券经纪业务牌照、期货业务牌照、企业融资牌照以及投资顾问牌照，按香港俗称，证券经纪业务是一号牌、期货业务是二号牌、投资顾问是四号牌、企业融资是六号牌。可见，二者在海外业务方面都具备相当的实力，其后相关的整合工作也随之更为复杂与谨慎。

接到公司委派通知后，我于1996年11月动身去香港，1997年1月正式安顿下来，开始着手工作。

我初到香港之时，正值香港回归前期，整个市场形势一片大好。当时西方发达国家正陷入周期性衰退中，而亚洲经济尤其是东南亚经济增长却"风景这边独好"，令世界为之惊叹，媒体报道更是不吝向好之词。此时的中资券商也一度沉浸在"东亚奇迹"的喜悦中，并开始加快进入香港市场的脚步，期待以香港为跳板，快速融入亚洲市场，在飞速发展的东亚经济中分得一杯羹，而对其中潜在的风险则不甚了了。

然而，从1997年下半年开始，亚洲金融风暴爆发并迅速蔓延至香港市场，香港的股票市场、房地产市场以及汇率市场都同时受到了冲击，无一幸免。国际资本市场的瞬息万变犹如当头棒喝，此时中资券商才如梦方醒，开始认识到要在国际资本市场立足，必须学会如何控制风险、应对风险以及完善风控体系以规避风险。

为此，一直到2000年，经过近3年的时间，才把原有两家公司所有的香港持牌业务都整合到申银万国香港有限公司，并作为香港联交所上市公司。作为早期出境在香港发展的中资券商参与者之一，我与申银万国一起，经历了这些年来香港股市与经济的沉浮，也在其中收获了成长与提升。

出境在港"第一课"

申银万国作为最早期出境的中资券商之一，同样由于事先风险意识不足，未能有效控制风险，在亚洲金融危机爆发中，也遭受到了冲击。其中，给我留下深刻印象的，是申万（香港）的一位重要企业客户的故事。

该客户拥有香港两家上市公司，其大股东也为香港著名上市公司。为促进公司发展，该客户以控股上市公司股票做抵押，进行了2.9亿港币贷款。当时该上市公司股票市值远高于其贷款金额，而当金融风暴来临之时，却一再暴跌，致使抵押品严重受损。同时，由于该企业其他投资也受到市场冲击，导致其既无法提供资金也无法追加保证金，直接导致了贷款风险。

由于该客户为公司主要客户，且金额较大，某种程度上由于该企业无法及时偿还贷款，可能直接影响公司整体的流动性。面对如此局面，香港公司的经营班子及时讨论应急方案，迅速联络几家贷款银行，一起对债务人进行债务重组。

经过几轮讨论分析，我们决定采取两方面应对措施：（1）第一时间抓住该企业可盈利的现有资产。我们从债务人手上获取了其国内一条高速公路的经营权，以该条公路收费权现金流偿还部分贷款，一定程度上降低了未偿贷款对香港公司流动性的影响。（2）通过谨慎的分析，我们认为该企业通过一定时间，是有能力重新恢复经营的。因此，我们将债务剩余部分通过发可转债，给予一定时间，分期让企业慢慢从经营中恢复，其后逐步转换成股票，在二级市场出售，以获得收益抵扣债务。

在2000年，我们与银行、上市公司达成了债务重组协议。由于处理及时，所拿到的资产，公路经营权，较为优质且有流动性，保证了香港公司的现金流。同时，随着企业经营的慢慢复苏及转好，股票价格逐渐稳定并开始上升，我们适时地将可转股转换成股票，然后在二级市场上售出。通过这两部分处理，经过近10年时间，我们不仅收回了2.9亿港元的贷款，更有3亿多港元盈余，顺利度过了这一危机。

通过此次股票抵押贷款风险事件，香港资本市场给我们这些初次出境的中资券商上了生动的一课。在此之前，光凭借理论，我们并不清楚什么地方会有风险，或是风险来自何处。就上述案例而言，理论上，该企业的抵押品质量在当时仍属良好，因为上市公司股票作为抵押品，其市值远远超过了贷款金额。中资券商在早年出海时，对香港市场的风险认识都存在不足，因此操作上略显粗糙。当然在市场稳定平静时，对这些风控的缺漏并不能自知，只有当金融风暴来临之时，风险才会暴露出来，也将中资券商的薄弱的风险意识赤裸裸地展现在市场中。

金融风暴后的风控机制完善

这一事件，让我们清醒地认识到加强对融资贷款业务的风控的必要性。随后，由我牵头和完善了对该项业务的要求，其中针对上述案例，我们对单一股票质押业务制定了更为严格的要求：（1）制定质押股票占整个上市公司的股权比例的要求，原则上我们希望有绝对控股权，这样的抵押我们才会考虑单一股票质押；（2）单个股东贷款，我们有最高

金融风暴期间的1997年9月23日，时任中国证监会副主席陈耀先（左）出席在香港举行的世界银行年会

限额，一般情况下不超过2亿港元；（3）一般情况下，贷款抵押品是以一个组合，而不是单一股票来做抵押，并且该组合至少是由5只股票组成。单一股票在组合中的占比，原则上不能超过40%。

除此之外，我们对每笔贷款都有指定的客户经理，信贷部同事按照分工，每日、每月、每季、每半年、每年，都有不同要求的检讨。譬如，我们每年会对所有客户的授信额度、授信贷款做一个回顾检讨以检查有无需要调整之处；每年，我们也会对质押品的质押比例做一个检讨，以检查有无需要更新调整。每个季度，我们都会对新上市股票的质押比例做一个检讨；每月，每个团队负责人和客户经理，也会检讨所服务客户的信贷和抵押品情况。由信贷部门对公司总体的信贷规模和净资产安排作出分析，有些由信贷部门牵头的，则由信贷部门牵头与风控、财务部门协同对公司的整体贷款规模对比净资产实力作出规定，同时由财务部门牵头，与银行建立常规的银行授权授信的合约关系。我们在多家银行贷款获得的授信总额与净资产比例为1:1至1:1.2，由此来保证公司整体的现金流量；然后，每日都会有客户经理与信贷部门通过系统，及时监控贷款客户抵押品市值的波动。如有市场急剧下跌情况出现，我们将会采取平仓和追仓的措施。

经过了股票抵押贷款风险事件这第一次危机后的完善，在香港市场之后的一系列波动与冲击中，譬如科网股泡沫破灭、辉山乳业爆盘、汉能爆盘以及香港50多家中小盘股爆盘这样的冲击，特别是2008年金融海啸，相比1997的亚洲金融危机而言，来势更为凶猛，影响更为广阔，但香港公司都经受住了不同的考验，贷款控制没有出现坏账情况，且贷款规模做到了和净资产规模1:1左右的水平，既保持了业务的规模，又有效地控制了风险。同时，贷款净收入也成为香港公司一个主要的收入来源，占整个收入近三分之一。这也证明我们吸取第一次的教训并进行的完善是及时且有效的，并且对之后的业务发展尤其是防范系统性风险打下了一个良好基础。

我的证券入行与职业的发展也伴随着中国证券市场从无到有，从弱小变成熟，从国内市场逐步开放到亚太地区，并且进一步以香港为跳板，辐射到欧美市场的成长。而同时，中国证券市场也见证了30余年来我自身的发展与转变。

回想证券业最初的年代，我们虽然没有现在的条件，没有一个清晰的未来方向，但是大家有的是激情、梦想和坚定的信念。对公司的未来和证券业的前程，每个人心中都洋溢着满满的自信，脑中都充盈着实实的梦想。正是在这种梦想的支撑下，中国证券业才会长足发展到今天。

一路走来，我仍然庆幸自己选择了这一行业，有幸参与了中国大陆股市的建立与发展，也有幸见证了中资券商以香港为跳板走出去，参与国际市场的进程。不论是国内股市的探索，还是国际市场的开拓，都需要一股百折不挠的勇气与毅力。我相信在不远的将来，在国际市场上，一定会有中资券商的一席之地，足以与欧美大行比肩，共同在全球市场中发挥作用，为中国资本市场贡献力量。

链接：

上证指数原来是这样来的

上证指数已经成了中国股市永远抹不掉的符号，不管30指数、180指数、300指数，抑或这样那样的成分指数，反正要说到中国股市，离不开上证指数！

为什么？因为上证指数资格最老，它从"老八股"时代就有了，最能反映中国股市的历史进程和发展。

那么，上证指数又是怎么来的？原来股市刚开设时只有个股价格，怎么反映整个市场的概貌？好在上交所不少人毕业于上海财大，对指数一类的统计编制相当熟悉，于是，当时还在财大任教的刘波等人，就根据相应的权重，编制了八个股票的上证指数。

——摘自《证券市场改变了我们的人生》，微信公众号《贺宛男的个十百千万》，2017年2月14日。

王益民，1951年12月出生，浙江上虞人。1979年进入中国人民建设银行上海市分行工作，曾参与国泰证券有限公司筹建，历任国泰证券有限公司副总经理、执行董事，国泰君安证券股份有限公司监事会主席、党委副书记，东方证券股份有限公司董事长、党委书记，海通证券股份有限公司监事会主席，中国证券业协会副会长（兼）等职。

首家全国性证券公司——国泰证券诞生记

口述：王益民

时间：2018年8月26日

地点：上海柏年律师事务所

采访：范永进、唐旻红、沈霞、荣华、郝丁丁等

整理：沈霞

20世纪90年代，中国证券市场开始了蓬勃发展之路，中国证券市场上历史性、标志性的事件不断涌现，1992年国泰证券有限公司在上海诞生当属其一。它是改革开放前期，组建跨行业、跨部门、跨地区的全国性证券公司的首次探索，对打破金融区域分割，促进全国性证券市场建设发挥了积极作用；它是改革开放以来，第一家注册在上海的全国性非银行金融机构，对上海金融改革发展具有重要意义；它是浦东开发开放以来，第一家注册在浦东新区的全国性金融机构，对浦东新区金融机构的集聚发挥了示范作用。

国泰证券是在邓小平同志1992年南方谈话精神的春风吹拂下诞生的。它的成立和发展在上海金融改革发展史上，乃至中国金融改革发展史上，都具有十分重要的意义和影响。我有幸作为国泰证券筹建的亲历者和见证者，深感有责任将国泰证券的筹建始末及发展情况交代清楚，以便后人了解和借鉴。

国泰证券诞生的背景

时光倒流31年，1987年9月19日，由中国人民银行深圳分行牵头12家金融机构共同出资的全国第一家证券公司——深圳经济特区证券公司[1]，在深圳经济特区诞生。

1988年中国人民银行总行在深圳经济特区证券公司试点的基础上，推动人行各省、自治区、直辖市分行牵头组建本区域的证券公司，所以当时的证券公司大部分都是以省、市名称命名，如江苏证券、浙江证券、江西证券、广东证券……

1988年，上海先后成立了三家区域性证券公司。7月18日，上海万国证券公司成立，这是第一家实行股份制的证券公司，第一大股东是上海市政府的投融资平台——上海市国际投资公司，具有典型的地方特色。8月，上海申银证券公司获批，这是人行总行推动人行上海市分行注册成立的一家区域性证券公司，批准成立之后一直未开业，人行上海市分行行长龚浩成认为人行上海市分行直接经营一家证券公司不合适，打算将其转让。9月22日，上海海通证券公司成立，这是交通银行上海分行投资组建的，也是一家区域性的证券公司。

当时，人行上海市分行拟转让申银证券期间，毛应樑和张恩照[2]分别向龚浩成行长提出受让申银证券的要求。1989年，人行上海市分行决定将申银证券转让给工行上海市分行，并同意建行上海市分行再申报成立一家证券公司。申银证券转让给工行上海市分行后，仍然是区域性证券公司。

[1] 2001年更名为巨田证券。
[2] 张恩照（1946— ），时任中国建设银行上海市分行行长。

1990年初，建行上海市分行出于业务发展的需要，向人行上海市分行报送了关于筹建证券公司的报告。申请报告通过人行上海市分行转报到人行总行。但等了很久始终没有获批。人行总行回复要等前一批证券公司有成效以后再扩大审批范围。迟迟未获批准其实还有一个重要背景，即当时关于证券市场"姓资姓社"的讨论，一直没有停止过，所以人行总行处于一种"等一等，看一看"的状态。

1991年下半年，李贵鲜[3]率团到日本考察证券市场，对日本四大证券公司模式很受启发，在人行总行内部提出了在我国组建几家实力雄厚、能发挥主渠道作用的全国性大证券公司的想法。但何时组建，如何组建，未有定论。然而，这为国泰证券日后的成立发展埋下了伏笔。

成立三人筹建组

1992年1月18日至2月21日，邓小平在南方视察时指出：要抓紧有利时机，加快改革开放步伐，力争国民经济更好地上一个新台阶。他又针对证券市场指出："证券、股市，这些东西究竟好不好，有没有危险，是不是资本主义独有的东西，社会主义能不能用？允许看，但要坚决地试。"邓小平南方视察谈话以后，"姓资姓社"的争论基本停歇了，中国掀起了新一轮的改革开放浪潮。

建行上海市分行党组在学习邓小平南方谈话后，敏锐地感到证券市场改革开放的机遇来了，决定重新启动证券公司申报工作。为此，1992年3月22日，建行上海市分行党组发文决定，抽调我，当时是建行上海浦东分行副行长，还有毕援朝同志，当时是建行上海市信托投资公司总经理助理，让我们俩筹建证券公司，并由胡泰利副行长分工负责筹建工作。三人筹建组由此成立，新一轮证券公司筹建工作紧锣密鼓地展开了。

---

[3] 李贵鲜（1937—），时任国务委员兼中国人民银行行长。

我记得当天下午，胡泰利就找我和毕援朝谈话，主要内容：第一是筹建证券公司工作的情况回顾。第二是认为当前筹建证券公司出现了三个有利条件：一是上海浦东要开发开放，需要进一步发展证券市场，筹集建设资金；二

国泰证券监事长龚浩成与王益民（右）在交谈

是人行上海市分行为适应形势已将新设证券公司列入了当年的工作计划；三是人行上海市分行行长毛应樑已向在沪考察的建行总行王岐山副行长表态，上海要批证券公司，先批建行上海市分行的，同意建行先做准备工作。第三是关于筹建证券公司的初步构想。谈话后，我和毕援朝略作分工，我负责收集资料、开展调研、起草证券公司筹建文件，包括可行性研究报告、章程，及联系监管部门争取批文等。毕援朝负责分管建行上海信托证券部日常业务以及筹建新的营业部等。

"国泰"名称的由来

1992年3月底，我在起草证券公司筹建报告时发现，1990年筹建报告中对拟建证券公司是以"建设"冠名的。当时建行主要从事基本建设领域拨款、存款、贷款和咨询管理业务，现在各专业银行业务都可以交叉了，我觉得继续沿用"建设"名称不是很合适，容易让人误解为只是开展建设领域证券业务的公司。向胡泰利副行长汇报后，他说可以召开部分中层干部座谈会商讨。

开会那天，他说请大家帮助给未来证券公司起个好名字，要符合三条原则，一是要有积极意义，二是叫得响，三是不拗口。接着，大家就议论开

来。有人起名"东方"，也有人起名"建银"，还有人起名"亚洲"……此起彼伏。当时的情景真有点像一大家子人七嘴八舌在为新生儿起名。

当时研究所所长张益民边思考边望着胡泰利说："我看就叫'泰利'好了，泰然获利，这应该是未来证券公司追求的目标。"话音未落，场上一片笑声。胡泰利听了这话坐不住了，对张益民说："你这是把我放在火上烤吗？"但张益民的一席话启发了坐在一旁的杨浦支行行长徐生洪，他思索后说："我看叫'国泰'比较好。"他说："目前老百姓期盼的就是国泰民安，我们成立证券公司的目的也是希望它为国泰民安做些贡献，这不是很有意义吗？这个名字既叫得响，又不拗口。"会上得到了部分同志的响应，认为反映了民心，具有中国文化的积极内涵；也有同志提出了不同意见，认为是否会与香港和台湾的一些公司名称撞车。会后胡泰利把座谈会情况向建行上海市分行党组汇报，最后定下来就以"国泰"为新公司的冠名。

从区域性升格为全国性

1992年4月18日，建行上海市分行向人行上海市分行报送《关于申请组建"上海国泰证券公司"的请示》后，得到人行上海市分行大力支持，经过初步审查后随即转报人行总行。从5月开始，根据领导的要求，我三天两头跑北京联系人行总行金融管理司，当时全国金融机构都归该司管理，了解筹建报告的审批进展情况，以便根据审查需要，随时补充资料。一来二去，我和金管司的同志们都熟悉了，得到他们很多支持和帮助。

6月，我在北京还是三天两头跑金管司，一直没有确切的消息。6月27日星期六，当时是一周六天工作制，早上阳光灿烂，我跟往常一样早早地就赶到了人行总行金管司。上班前找人容易，上班后可能各忙各的去了。在金管司办公室遇上了金建栋[4]司长，我照例是询问批文进展，我已做好无果而返

---

[4]　金建栋时任中国人民银行金融管理司司长。

的思想准备。出乎意料，这天金建栋司长心情很好，坐在办公桌前，看到我来了，微笑地说：有个新情况要跟你说说，根据领导意见，想在上海组建一家全国性的证券公司。并具体说明三点：（1）建行总行是否有意愿、有能力牵头组建；（2）其他金融机构一起参与组建；（3）公司还可以用"国泰"名称，你们原来报批的区域性证券公司升格为全国性证券公司，但材料要按照新要求修改后再报。他最后说，他可以帮助促成这件事，让我赶紧回建行总行听取意见，马上给他反馈。

我边听边记录，生怕没记全，还把记下的几个要点与金建栋司长作了确认。我当时很激动，在人行总行催了那么长时间，总算有了点实质性消息了。随后，我急忙跑出人行总行大楼，沿街拦了一辆出租车直奔建行总行。由于事情紧急，我直接跑到建行总行办公室，通过办公室直接向周道炯[5]行长当面做了汇报，这时已经上午10时半左右。周道炯行长认真听完我的汇报后，立即要求办公室通知在行内的党组成员马上到会议室，召开临时党组会议，让我在秘书室等消息。

半个小时左右，党组会议散会了。周道炯行长把我叫到他办公室，郑重地对我说：你可以把建行总行党组的意见反馈给人行总行，一是建行总行愿意并完全有能力牵头组建全国性的证券公司；二是欢迎其他金融机构共同参加组建；三是请金建栋

1994年，时任上海市市长徐匡迪（右一）在市政府贵宾厅接见国泰证券董事长金建栋（左一）、总经理胡泰利（左二）和副总经理王益民（右二）

[5] 周道炯（1933—　），时任中国建设银行行长，后任中国证监会第二任主席。

同志给予指导。

得到这个指令以后，我随即叫了辆出租车返回人行总行，到时已是12时半左右，金建栋司长刚吃完午饭回到办公室，我向他反馈了建行总行党组的三点意见。他认真地记录在笔记本上，并对我表示：他马上向行长汇报，下周二上午我可以来听消息。我又是一阵兴奋，再次赶回建行总行，向周道炯行长报告了金建栋司长的回复。

那天我尽管来回赶得都出汗了，不过心情飞扬，暗想：国泰证券筹建有望了，从区域性证券公司升格为全国性证券公司了，前一阵子总算没有白忙。当天午饭都忘了吃，也不觉得饿。晚上，我向建行上海市分行行长张恩照电话汇报了上述情况。张恩照行长明确：按周道炯行长意见办；要催促人行总行先批筹建机构。他怕夜长梦多，而我感到压力在肩。

建行总行牵头筹建

根据人行总行关于筹建全国性国泰证券的反馈意见，建行总行和上海市分行分别都为国泰证券筹建工作的升格积极做各项准备工作。

7月22日上午，张恩照行长和我向建行总行党组汇报国泰证券前期筹建工作，出席会议的有总行行长周道炯，副行长周汉荣、王岐山、苏文川等。在听取张恩照汇报后，周道炯行长在会上表示：筹建全国性国泰证券，这是好事，也是大事，要以建行为主，吸收其他银行参加；总行党组研究，请周汉荣出任董事长，建议胡泰利任总经理，王益民任副总经理，其他人再说，先对人行报董事长和总经理，其他人可以再组织筹建班子；在总行领导下，上海市分行要把国泰证券筹建工作继续作为重要事情来抓。

同日，建行总行向人行总行报送了《关于请求批准国泰证券股份有限公司筹备处及主要人事安排的报告》，明确由总行牵头筹建国泰证券公司。

8月4日，建行总行副行长周汉荣在北京假日银星2288房间召开国泰证券公司筹建会议。会上传达了人行总行关于批准筹建国泰证券公司的文件及相关资料并进行了讨论。张恩照和胡泰利分别对前一段国泰证券筹建工作做了汇报，并表示要按照人行总行的意见加紧做好各项筹建工作，争取成为第一家开业的全国性证券公司。

周汉荣在会上讲：建行上海市分行经过几年的不懈努力，为国泰证券成立打下了扎实的基础，取得了突破性的进展。没有前一段的上海市分行

1997年12月19日，王益民（左一）等国泰证券管理层与中国证监会主席周道炯（中）合影

不懈的努力工作，就没有全国三大证券公司的构思，就没有建行总行牵头组建全国性大证券公司的机会。我们一定要利用大好形势，利用好现有条件，把国泰证券组建起来。

会议确定了总行筹备组人员：周汉荣、张恩照、颜光植[6]、胡泰利、我和毕援朝。上海方面工作由张恩照负责，总行方面工作由颜光植牵头。

成功获批全国性证券公司

1992年8月1日，人行总行郭振乾副行长主持召开了专业银行一、二把手参加的人行总行行长办公会议，研究筹组全国性证券公司问题。会议听取了《关于组建大证券公司的原则意见》，郭振乾同志讲了话。会议经过讨论，决定在北京、上海、深圳分别成立华夏、国泰、南方三家全国性股份制的大证券公司，工商银行黄玉峻[7]同志、建设银行周汉荣同志、农业银行王景

---

[6]　颜光植时任中国人民建设银行计划部主任。

[7]　黄玉峻时任中国工商银行副行长。

师[8]同志分别为筹组华夏、国泰、南方证券公司的牵头人。

会议认为，随着证券业的不断发展，证券市场的容量不断扩大，特别是全面落实邓小平同志南方谈话和中央政治局全体会议精神，我国证券业将会有一个更大的发展。但目前证券经营机构规模较小、条块分割的状况比较严重，难以形成全国统一的证券市场，不利于证券市场和社会经济的发展。当前，在加快改革开放，加快社会主义市场经济发展的形势下，金融工作要跟上，证券业的发展要跟上，要积极配合和大力促进经济的发展。会议认为组建跨行业、跨部门、跨地区、实行股份制的大证券公司，适应了当前我国加快改革开放、加快经济发展、加快发展第三产业、促进产业结构调整和企业技术改造的迫切需要，也符合我国证券市场迅速发展的实际。同时，这也是我国金融体制改革的重大进展，标志着我国证券市场的发展在管理体制、规范化管理、市场一体化等方面进入了一个新阶段，也为中央银行更多地运用证券市场有效地实施货币政策提供了条件。

会议认为，筹建全国性证券公司要遵循以下原则：一是全国性的大证券公司同时搞三家，避免垄断，促进公平竞争；二是尽量要求参与证券公司筹建的金融机构在一家公司中的股本金均等，以减少部门垄断；三是搞股份制，使公司的行为更具市场取向；四是不按条条来设，打破条块分割的封闭模式。

会议当天，人行即向建行发了《关于批准筹建国泰证券公司的决定》，批准周汉荣同志牵头筹建国泰证券有限公司。

庄晓天表态市政府支持

国泰证券获批筹建后，8月8日下午4时，建行总行副行长周汉荣在沪专程前往友谊会堂[9]贵宾厅拜访了上海市副市长庄晓天。

周汉荣副行长先介绍了建行发展的近况，以及建行筹建国泰证券公司的

---

[8]　王景师时任中国农业银行副行长。

[9]　友谊会堂位于上海市静安区延安中路1000号的上海展览中心内。

构想。庄晓天副市长代表上海市政府欢迎建行在上海设立全国性的国泰证券公司，并表示市政府很支持这件事。他讲道，国泰这个名字很好，我们很支持。上海证券业虽然搞了六七年，证券发行量少，形不成气候，去年下半年以来发展较快，但感到证券机构太少，股票买入、卖出都难。上海如有大型证券机构开设出来，一定对上海证券业和经济发展有帮助。上海目前只有3家证券公司，资本金规模太小，申银、海通都在搞股份制，都在扩股。上海市政府很支持在上海组建全国性的国泰证券公司，要地方政府办的事，请周行长提出来，我们尽力去办。最近理论界和实业界在争论，银行搞证券是否好？我们实践来看，证券公司以银行作后盾，往往在发行股票时有优势。银行与证券既要结合又要适当分离，上海证券市场大发展要靠全国之力。

广纳贤才扩建队伍

在上海市政府的大力支持下，国泰证券筹建快马加鞭。首先是人才招聘、组建队伍工作快速推进。总行副行长周汉荣对国泰证券的人才建设非常重视，多个场合提道：关于进人的事情，第一步先从建行上海市分行内部抽30名骨干进行筹建，要精兵强将；要设国际部、办公室、业务开发部，定人、定编、定业务；第二步以总行名义在社会上招高层次人才，公司能否搞好，关键是人才，要懂金融、经济、外语、数学等。

经建行总行和上海市分行研究，决定先在建行上海市分行内部抽调一批优秀干部、员工。但当时银行收入、福利和待遇明显比证券公司要好，工作相对稳定，担心行内员工不愿来证券工作。为此，经与人力资源部门协商并经总、分行领导批准，决定采取内部招聘方法进行双向选择。

7月16日，《上海建行报》刊登《国泰证券公司（筹）招聘简章》，在建行上海市分行内部组织招聘，明确了招聘的岗位、要求和人数。结果引起全行上下关注和响应，计划招收34人，报名人数达235人，空前踊跃，超出我们预期，后经领导批准招聘名额相应扩大。这批人员经面试、组织审查后择优

《上海建行报》1992年7月16日刊登的《国泰证券公司（筹）招聘简章》

录用，为国泰证券充实了第一批骨干人员。

其后，总行又抽调了刘建民、李跃进、黎清、孙自成、陈勇胜、王松等，上海市分行又补充了一批有学历、有经历的骨干人员和新分配的大中专毕业生。到10月5日国泰证券正式开业时，公司实有人员86人，其中招聘到岗26人，随卢湾营业部划入30人，公司本部原有30人，初具规模。

国泰证券成立后，10月和11月又分别在上海体育馆[10]和浦东新区[11]进行了两次社会招聘，反响热烈。招聘的岗位有计算机、国际金融、翻译、证券、会计、营业部业务主管等。上百个应聘人员学历普遍达到本科、研究生水平。应聘人员通过笔试、面试和外调择优录用，公司人力资源得到进一步充实。

办公楼入股盘活国有纺织企业

寻找国泰证券的办公用房是筹建组的一项重要工作。国泰证券确定在浦东注册，当时上海浦东开发处于起步阶段，自然找不到现成的办公场所，即使在浦西写字楼也是屈指可数，客满为患。

坐落在浦西延平路上的上海第七印染厂（以下简称"七印厂"），1992年正好新建了一栋沿街坐西朝东的六层钢筋混凝土结构的综合楼，即现在的延平

---

[10] 即上海大舞台前称，当时简称万体馆。

[11] 国泰证券有限公司注册地：浦东新区乳山路61号，当时正在筹建浦东新区营业部。

路135号，因面临纺织行业整体不景气而空置，厂长主动提出出租给国泰证券。

当时国泰证券正在募集股本金，为减少现金流出，我们和七印厂厂长商量："综合楼通过评估折算成股份，算你们厂子入股行不行？"这位厂长想了想说："评估后可以一部分作价入股，一部分支付资金，以解我厂燃眉之急。"

议定之后，双方皆大欢喜。这也许是上海国有企业将厂房作价入股国有金融机构、盘活国有资产存量的第一例。岂料七印厂厂长随后向上级报批，却在系统内受到了批评，指责他岂能拿国家的厂房擅自入股，报批一度受阻。

1992年10月，中共十四大在北京召开，确立中国经济体制改革的目标是"建立社会主义市场经济体制"，股份制成为国有企业改革的方向。不久，七印厂的上级主管部门政策有所调整，鼓励各企业摆脱"等、靠、要"，主动想办法、谋出路。报批由此顺利通过。

据说，中共十四大以后七印厂将闲置厂房作价入股国泰证券成为系统内经典案例，厂长因此受到表扬。该厂获得部分资金后，在郊区新盖了厂房，添置了先进的设备，经营状况有所改善。同时，该厂持有的国泰证券股权随着国泰证券的发展，持续增值，实现了国有资产保值、增值的目的。真没想到，国泰证券在筹建过程中居然还盘活了一家面临困境的国有纺织企业。

在陈老总办公地开业

9月19日，我们租赁上海市华山路370号上海静安宾馆主楼二层，作为国泰证券公司的办公场所。

10月5日，国泰证券及所属上海卢湾营业部正式对外营业，成为3家同时批准筹建的全国性证券公司中最早开业的一家。当天，我们几位公司领导在静安宾馆主楼二层东头第一个房间集体办公。当天，静安宾馆的同志来向我们祝贺，谈笑之间，他们中的一位神秘兮兮地说："你们知道这个房间是谁住过的？"我们不以为然，说："租了房子谁还去考证这里是谁住过的呢？"

他振振有词地说："1949年5月，陈老总（陈毅）率部队进驻上海后，静安宾馆曾经是他的办公地，你们这间房间就是他当年的办公室。"[12]这句话一下子把我们给镇住了，世上的机缘巧合真是难于解释。我们觉得这是特别好的兆头，当年陈老总为上海带来了翻天覆地的新气象，今天国泰证券的成立也要为上海乃至全国金融市场作出一番新贡献。以后，每当我走进这间办公室，脑海中时常会呈现出陈老总坚持真理、光明磊落的形象，无意中成为我对自己的一种鞭策。

依靠部队率先创建卫星通信系统

国泰证券是全国性证券公司，为的就是打破地方格局，形成全国性的营运网络。当时各地筹建证券营业部积极性都非常高，但困难也很多，除了人财物之外，最主要的困难是通信问题。那个时候没有互联网，证券交易信息传递完全都是靠电话专线，但当时整个上海对外地专线数量很少，根本申请不到专线。公司证券交易部兼计算机部总经理毕援朝带着同志们天天跑电信公司，没用。但解决的办法总能找到。

1998年11月20日，上海证券交易所双向VSAT卫星通信网第1000站在太原建成

1993年，国泰沈阳营业部率先开业，这是因为当地参与筹建营业部的负责人中有位转业军人——张建中。他通过沈阳军区通讯部战友联系到南京军区的通讯部，然后利用部队内部的电话线，把沈阳—南京—上海的信息联络给打通了。

为了解决通信这个棘

---

[12] 静安宾馆原名"海格公寓"。上海解放后曾作为中共华东局机关办公大楼，后又成为中共上海市委办公楼。1977年12月改建成"静安宾馆"，对外营业。

手问题，我们公司做了一件让业内惊奇的事。公司计算机部总工程师杨连发，是位转业军人，他原所在部队是专门搞卫星通信的。一天杨连发跑来跟毕援朝说："我们部队搞个卫星通信没问题，要不要试试？"毕援朝一听大喜，就跟他跑到部队去了，把公司遇到的困难情况跟部队领导一汇报，部队领导蛮有兴趣，说："可以，我们可帮你们搞一个。"一听这个反馈乐得他们赶紧向公司领导汇报，公司领导很支持，说要弄就赶快弄。

后来在部队的帮助下，国泰证券建立起了一个卫星地面站。我们再通过部队，帮助各地营业部建设一些卫星地面站。公司将通过DDN网络接收到的证券行情，通过上海的公司总部卫星地面站发到卫星上，再转发到全国各地，此后多数营业部的通信情况，尽管还不是很稳定，但改善了不少。

当时连上海证券交易所都没有搞卫星地面站，通信是通过电话传输，交易所有2400部电话，通信都不够用。我们有了卫星通信之后，上海证券交易所和深圳证券交易所也开始发展自己的卫星通信系统，这是后话。

发行业务取得傲人成绩

20世纪90年代，发行业务是证券市场竞争最激烈的。发行市场的竞争力是当时衡量一家证券公司专业能力和信誉的重要标准。国泰证券成立以后，我分管的发行业务和董事会、经营班子其他领导一起，带领发行部门专业人员，克服种种困难，日夜奔波在全国各地，以一流的服务，一流的效率，赢得相关部门和上市公司的好评。

1993年国泰证券公司成立的第二年，我们就成功地为马鞍山钢铁、华北制药、广东电力公司完成了股份制改制、股票发行和上市工作。其中马钢是国务院确定的全国首批9家股份制规范化试点工作的企业中发行规模最大的一家，也是1993年全国最大的上市公司。我作为项目总负责，组织毛勇春为组长的项目组同志，在现场工作了近一年。

此外，公司还承担了上海石化A股承销的副主承销；上海上菱电器A股股票分销工作；为宝石电子、山东渤海集团等办理了股票托管业务；为桂林百货大楼等企业代理发行了法人股。股票承销总额达32亿元。公司还顺利发行了中国石化、上海石化、高桥石化、浦东建设等债券和各类融资券共17亿元；承销了1993年国库券8000万元，被财政部、中国证监会确认为中华人民共和国第一批国债一级自营商。1993年底，我们作为财务顾问成功策划并组织实施了山东渤海股份有限公司兼并济南火柴厂——中国最大的火柴厂，开创了国内券商涉足收购兼并之先河。之后，又先后担任了扬州环球、王府井百货、哈尔滨国际、锦州港等收购兼并的财务顾问，得到国家体改委、中国证监会的高度重视和地方政府的支持。

1994年，公司为东方航空、东方电子等6家在海外发行H股或N股的企业担任中国财务顾问。国泰作为第一家直接进入境外发行市场的中国券商，参与了渤海化工H股和山东华能N股的发行承销，以及1994年度香港最大规模的初级发行——廖创兴银行[13]新股发行的承销。开创了以国内证券公司名义直接承销H股、N股和香港本地股业务的先例。同年，公司先后代理了海南神龙、沪宁高速公路、中国乡镇企业城等十家企业的法人股；公司承销了2.5亿元国债。当年，公司在香港设立了国泰子公司，为开拓境外业务，包括发行和承销H股、B股以及设立基金、收购兼并等奠定了基础。

1995年，国泰一级市场承销量占市场发行总量近30%，跃居全国首位。国泰证券主承销的股票屡次开创国内发行之先河。如天津渤海化工A股是股票定价上网发行的先例；洛阳玻璃A股是首次运用摇号方式募股先例；深圳北方建设B股发行探索出一条沿海企业与内地企业嫁接上市的新途径，通过深圳B股市场到海外募集资金，支持内地大中型企业发展，是企业股份制试点的一个新模式。同年，还作为上海汇丽集团B股的主承销商，为其筹集了8000万美元的资金。

1996年、1997年和1998年发行承销工作持续保持市场份额第一。仅1997

---

[13]　廖创兴银行于1948年创立，1994年从廖创兴企业有限公司分拆上市。

年和1998年公司就主承销了36个A、B股项目，承销金额数十亿元，稳稳地保持了市场份额第一位。

研究工作崭露头角

国泰证券成立以后坚持秉承稳健经营、为中国证券市场的健康稳健发展多做正面贡献、为稳健型投资者多做服务的理念。这种理念在公司研究工作中得到了贯彻和坚持。

在当时的各大券商中，国泰证券是较早进行系统研究资源整合的公司。早在1995年，公司开始整合全系统的研究资源。整合工作主要由两个主线组成。一是人力资源整合，将分布在全国国泰证券营业部从事市场和产业研究的人员的基本信息收集汇总，先后两次进行集中培训。在此基础上，建立起研究成果共享、绩效每年汇总公布、重大课题合作等基本制度；二是信息资源整合。通过公司固定的内部刊物《国泰每日通讯》《信息专报》和《年度研究成果汇集》等载体，逐步形成人员联系紧密、信息沟通及时的内部研究体系。

这种体系一方面提高了公司研究资源的共享效果，另一方面有效控制了公司在研究工作中所耗费的成本。相对于集中建设一定规模的研究机构的发展途径具有一定的优势，尤其在收集和反映各地的市场状态和投资者需求方面更是具有及时性和有效性。公司发行部和国际业务部的一些具有研究能力的员工也加入到这个研究体系中来。系统内研究资源的有效整合为公司更好地取得IPO项目、更好地为投资者服务提供了有力的支持。

发行工作中，发行部和研究部的紧密合作，成为国泰证券开展IPO的一大特色。研究部成员直接参与路演工作和在后台间接支持，提升了路演工作的质量。在这个过程中，研究人员对于市场和上市公司分析的水平均有很大程度的提高。

在信息交流方面，公司每天在收市以后印发的《国泰每日通讯》，受到了投资者的欢迎。很多媒体都索要这份内部刊物，很多素材都转化为次日媒体报道的内容。例如，1997年5月6日，《国泰每日通讯》中刊出的一篇题为《逆势而上者危》的提示性文章，针对当时市场上无视政策调控意图，盲目做多的情绪进行分析和劝解。次日被当时的《新闻报》全文刊载。这篇文章发表后在市场上产生巨大影响，救了许多散户的"命"，同时也在公司系统的各个营业部都起到了非常及时的风险提示作用。

公司研究部门在完成日常性工作之余，还多次组织专业性书稿的撰写和出版工作。有一次应上海人民出版社的组稿，花了两个月的时间，突击组织编写了《新股民入市百问》[14]。这本书出版后受到市场欢迎，被国务院确定为对农村青年干部进行培训的基本教材之一，前后加印3次。

国泰与君安合并为中国证券市场巨无霸

1997年，党中央和国务院召开全国金融工作会议，对深化金融改革、防范金融风险，包括证券业风险作了重要部署。为此，中国证监会提出要建立有效的风险防范机制，在规范的基础上培育若干竞争力较强的大型证券公司。要根据运作规范、管理科学、资产优质、效益良好的原则，对现有的经营机构进行有机组合、分类管理，提高我国证券公司专业化管理水平。

1998年7月23日，国泰证券公司董事会和君安证券公司董事会联合发布公告，公告宣布两家董事会经研究提议，两公司依法进行合并。并指出，合并是为适应证券市场发展需要，促进证券业稳健经营，合并方案经双方董事会拟定后，按法定程序报批。

联合公告发布前4天，即7月19日，中国证监会召开了双方董事的座谈会，中国证监会周正庆主席首先通报了有关情况：中国证监会对证券经营机构将实施分类管理，扶持国内几家大证券公司走向国际证券市场。另外，君

---

[14] 《新股民入市百问》由陈坚主编，上海人民出版社1997年11月出版。

安证券公司的个别领导涉嫌违法经营，正在接受司法机构的调查。7月中旬君安证券公司客户在几天内共挤兑了30多亿元资金，为防止此类事件对股市产生负面影响，有关方面提议两家公司合并。随后，国泰证券公司和君安证券公司分别召开董事会讨论合并事宜，两家董事会议均通过了有关合并决议。当日，国泰证券、君安证券合并工作联合委员会第一次会议在北京召开。

为保证合并工作顺利进行，中国证监会成立了国泰、君安两公司合并协调小组，中国证监会副主席耿亮任组长，庄心一同志任副组长，另有最高检察院、反贪局、审计署等部门派员参加。两家董事会分别推选出合并工作联合委员会人员，在这基础上成立了国泰君安证券股份公司筹备委员会，金建栋任主任委员，姚刚任副主任委员，我、季方、赵大建、柯伟祥、殷可、盛斌担任委员。

《中国证券报》7月24日发表评论员文章，对国泰证券公司和君安证券公司合并的目的与意义作了非常详尽的阐述。文章指出，这是中国证券市场的一件大事。这次合并实现后，将形成中国最大的证券公司，对证券经营机构的规范发展产生重要影响。

7月25日，两家公司分别以各自公司的名义，在本公司系统下发了经合并工作委员会批准的第一个文件，即《关于在公司合并期间各部门和各分支机构应遵守事项的通知》。

在中国证监会的协调下，在上海市、深圳市

1998年8月18日，原国泰证券有限公司和原君安证券有限责任公司合并成立国泰君安证券股份有限公司

政府的支持下，经过国泰、君安两家公司股东、干部、员工和中介机构近一年的通力合作、不懈努力，合并前期工作基本到位。1999年5月20日，中国证监会同意国泰证券、君安证券合并，采取发起设立方式筹建国泰君安证券股份有限公司。8月8日，国泰君安创立大会与第一届董事会在北京友谊宾馆召开。8月18日，国泰君安在上海香格里拉大酒店举行成立揭牌仪式。以新设合并方式组建的国泰君安证券，总股本37亿元，营业网点122个，员工约为4700人，注册地上海，为当时国内注册资金最大、营业网点和员工最多的证券公司。境外的一些媒体，称合并后的国泰君安将成为中国证券市场的巨无霸。

朱福涛，1959年2月出生，上海人。1997年8月起，先后任上海浦东发展银行陆家嘴支行副行长、行长，上海浦东发展银行行长助理兼信贷管理部总经理；1997年任东方证券第一任公司党委书记、董事长；现任上海浦东发展银行总行工会副主席。

东方证券的筹建始末与起步发展

口述：朱福涛

时间：2018年8月26日

地点：上海柏年律师事务所

采访：范永进、唐旻红、钟家龙、周佩、沈霞、李佳、朱哲青、梁博杰

整理：沈霞

东方证券是我国金融改革发展历程中催生而来的。作为筹建者之一，我虽然离开东方证券已经16年有余，但1997年至2002年期间，我由一个银行从业者拐弯进入券商行业，并在东方证券激情燃烧的4年多，是我职业生涯中最难以忘却的历程。

从银行到证券的大跨越

1997年8月下旬的一天，一个电话改变了我的职业轨迹。当天，我正在位于闵行的中欧国际商学院上EMBA课程，中午接到综合经济工作党委干部处副处长王敏的来电，她通知我去人民广场市政府大楼开会。我当时有些为难，EMBA课程对学员管理很严格，无故缺席，很可能被退学。王敏电话里其他什么都没说，我无法请假，便问她能否改期。她说："你下课过来吧，今天多晚都行。"我当时预感，有什么重要的事情要发生，于是答应了。

下课后，我匆匆赶到了市政府大楼，杨定华[1]跟我进行了不到5分钟的谈话，大意是：上海决定筹建东方证券，决定任命我为该公司董事长，领导知道我没有证券工作经验，但考察过后认为我年轻，学习能力强，应该可以胜任。我既激动又茫然，说了几句感谢组织信任的话。

然后我就被带到一间会议室，推开会议室门的那一刻，我便走上了东方证券的创建之路。当时市计委秘书长蔡晓虹正在主持东方证券筹备组工作会议，参会的有上海申能（集团）有限公司的领导胡嘉桦、上海外滩房屋置换有限公司的领导周敬葆，他们所在公司是东方证券的发起单位。此外，还有浦发银行信托证券部总经理黄建强、上海城市合作银行证券管理部总经理金山等相关单位的同志近10人。

东方证券的筹建与当时金融业的改革有着紧密的联系。自1995年7月《商业银行法》实施之后，商业银行已经不具备经营证券业务的法律资格。当时的上海浦东发展银行信托证券部有4个证券营业网点，上海城市合作银行在全市有28个证券营业网点。根据分业经营的要求，两家银行都极力尝试将其所属的、已具相当规模的证券经营机构重组为具有独立法人地位的专业性证券公司，但都因为中国人民银行总行对证券机构总量的严格控制而未能

---

[1] 杨定华（1950—），时任上海市综合经济工作党委副书记，后任上海市副市长，上海市人大常委会副主任。

获批。为此，经上海市市长徐匡迪[2]、人行总行行长戴相龙[3]、人行总行副行长陈元[4]商议，上海市政府决定通过收购、兼并和资产重组来组建一家全国性的、具有较强竞争实力的大型证券公司。

东方证券

在市计委的领导下，很快成立了筹建工作组。东方证券这一公司名称经市计委主任兼证管办主任韩正[5]同意后确定。东方证券的具体筹建方案是，由申能（集团）有限公司、上海外滩房屋置换有限公司及上海地方财政作为主要发起人，通过收购辽宁抚顺证券公司、迁址更名、增资扩股，以及受让上海浦东发展银行和上海城市合作银行所属证券经营机构后重组而成。

为了在东方证券的发展过程中，能够争取到一些浦东开发开放的优惠政策，我们把公司的注册地选在当时的浦发银行陆家嘴支行所在地，东方路1023号。选址地点与东方证券的公司名称也算相得益彰。

兑付危机巧促报批获准

金融是政府监管的特别行业，东方证券拿到筹建证后，需要解决报批问题，因此要把公司办起来，先要拿到"准生证"。

1997年前后，证券机构经过一阶段的不规范发展，全国证券公司太多太

---

[2] 徐匡迪（1937—），时任上海市委副书记、市长，后任中国工程院院长、全国政协副主席。

[3] 戴相龙（1944—），时任中国人民银行行长，后任天津市委副书记、天津市市长，全国社会保障基金理事会理事长。

[4] 陈元（1945—），时任中国人民银行副行长，后任国家开发银行行长、董事长，全国政协副主席。

[5] 韩正（1954—），时任上海市计划委员会主任，后任上海市市长，中共中央政治局委员、市委书记，现任中央政治局常委、国务院副总理。

滥，处于整顿阶段，中国人民银行总行暂停审批新机构，主要通过化解存量来解决。同时国家加强了对证券市场的分业监管，新组建了中国证监会，相应职能由中国人民银行转移给中国证监会。1997年底至1998年初，正值两家机构处于职能交接过程之中。于是，东方证券的设立批复迟迟未能拿到。

焦急等待时，东方证券收购的抚顺证券在1998年元旦过后发生了兑付危机。1998年1月7日中午11时半，筹备期的东方证券接到中国人民银行非银司证券机构管理处处长熊伟的来电：要求公司负责人当天下午到中国证券监督管理委员会接受调查，汇报有关抚顺证券公司到期个人债券兑付资金困难的有关情况。

接到通知，我当即赶往北京，当天下午16时45分才出北京机场，已近下班时分，协商后汇报时间改到了1月8日上午8时半。中国证监会和中国人民银行总行对抚顺证券兑付危机十分重视，中国证监会副主席耿亮[6]、机构部主任李鸣[7]，人行总行非银司副司长姜洋[8]、非银司熊伟处长听取了我的汇报。

我汇报的内容主要有两个：一是东方证券有限责任公司的筹建情况；二是抚顺证券公司到期个人债券兑付发生资金困难的情况。大意就是，筹备期的东方证券不能动用资本金，想救火也没水救。

其实，自抚顺证券公司收购协议签订以来，东方证券公司随即对抚顺证券公司进行了指导性管理。从1997年8月起，就要求抚顺证券停止新的个人债券的发行，组织力量加大对场内外拆借资金的清收力度，收回资金全部用于到期个人债券的兑付。但由于收不抵支，从1997年10月起，抚顺证券公司就要求东方证券注入资金，11月15日向东方证券打出第一份紧急报告。1998年1月5日，元旦过后的第一个工作日，抚顺证券紧急求救东方证券立刻注入5000万元，其银行存款等可用资金只能应付两天的兑付。

---

[6]　耿亮时任中国证监会副主席，后任上海证券交易所理事长、全国政协委员。

[7]　李鸣（1957—），时任中国证监会机构监管部主任，后任中国银河证券股份有限公司董事长。

[8]　姜洋（1956—），时任中国人民银行非银行金融机构监管司副司长，后任上海期货交易所总经理、中国证监会副主席。

东方证券有限责任公司原计划在1997年年内开业，但由于报批尚未最后获准，难以按原计划注入资金。至1997年底，抚顺证券个人债券发行余额尚剩3.6万亿元，其中，一季度急需兑付2亿元，其中1月份4000万元，2月份4000万元，3月份1.2亿元。

对此，中国证监会要求提供详细数据，如1月10日以前需要兑付多少，涉及多少人等。当时这个情况我们没有掌握，耿亮副主席要求抚顺证券的相关负责人当天下午过来汇报。当天下午3时半，时任抚顺证券总经理马世超从机场直奔证监会，提供了有关情况和原始单件复印件。

听取汇报后，中国证监会领导与人行总行领导随即到另一个办公室进行了商议。在整个调查中，证监会对事件的真实性和东方证券延缓审批的可能性比较关注。人行总行对东方证券已批文件的有效性和加快最后一批是解决问题的关键，做了比较积极的陈述。

1月9日，我们分别和中国证监会和人行总行进行了联系，了解了他们的商议情况。获悉监管层总的精神是：作为证券业务审批权转移的特例，对东方证券等已经由人行总行批准筹建的18家证券公司，继续由人行总行进行最后开业的审批。两家商定由人行总行主办，中国证监会会签，向国务院办公厅行文报告，予以确认。为此，1月9日上午，人行总行非银司副司长姜洋，向行长助理兼非银司司长唐运祥[9]汇报同意后，即安排报国务院文件的起草办文工作。并于傍晚6时，将文件送中国证监会会签。7时，中国证监会副主席耿亮在文件上签字，副主席陈耀先[10]圈阅。

据姜洋副司长介绍，1月12日，由于人行总行召开全国分行行长会议，报国务院文件作为急件于当天上午送会场，由陈元副行长签发后报国务院，经周正庆批示后，一周内可有结果。终于1998年2月23号东方证券收到中国人民

---

[9]　唐运祥（1946—　），时任中国人民银行行长助理兼非银行金融机构监管司司长，后任中国人民保险公司总经理，中国保监会副主席，全国政协委员。

[10]　陈耀先（1940—　），时任中国证监会副主席，后任国务院经济专题调研办公室副主任，中国证券登记结算公司董事长，北京金融街商会会长。

银行银复（1998）52号《关于设立东方证券有限责任公司的批复》。

东方证券的报批获准可谓一波三折，谁也没有想到抚顺证券债券兑付危机成了东方证券获批开业的"催化剂"，东方证券成了中国人民银行批准的最后一批证券公司。在这个过程中，人行上海分行非银处处长谈伟宪[11]为东方证券的开办做了大量工作，亲自带领我到人行总行进行协调沟通汇报。1998年3月9日下午，东方证券在衡山路东亚富豪大酒店顺利开业。抚顺证券债券兑付危机在东方证券开业后，也如愿化解。

精准定位"可持续发展"

东方证券成立时，注册资本金就达10亿元，就当时情况而言，全国证券公司中注册资本金达到10亿元或以上规模的只有南方证券、华夏证券、申银万国、国泰证券和海通证券5家，加上筹建的联合证券和东方证券也只不过7家。这样的起步其实很高，当时40岁不到的我，被任命去筹建东方证券这样一家大规模的公司，担任董事长，我深感压力不小、担子不轻。

我到东方证券后首先要面对和回答的一个重要问题是：东方证券该建设成为一家怎样的公司？这不仅是我自己需要想清楚、弄明白的，也是班子成员和全体员工要想清楚、弄明白的。只有有了精准定位，公司上下才会有共同的行为目标。于是，我组织班子成员思考和研究这个问题，并在一定范围内组织了讨论，听取大家的意见。

1997年3月4日，《中国证券报》登载的《强化市场监管 严惩违法行为》一文

有人说：发展快、效益好，是成

---

[11]　谈伟宪时任中国人民银行上海分行非银行金融机构监管处处长，后任上海银监局副局长。

功企业的标志。但我在想，如果一个企业同时具备了这两个条件是否算成功？在证券行业，万国证券、君安证券、香港的百富勤、日本的山一证券，当年都同时具备了发展快、效益好这两个条件，但它们在最辉煌的时候，又几乎都在一夜之间土崩瓦解。前车之鉴告诫我们，作为多竞争、高风险的证券公司，能始终保持"可持续发展"才算成功。

鉴于此，从公司成立开始，我们就确立了"稳健经营、开拓创新，可持续发展"的经营理念，并贯穿公司发展的始终，努力把东方证券建成一个有价值的"放心工程"。同时我们提出了公司的发展目标，即遵循"立足上海，服务全国"的宗旨，以资本经营为中心，金融服务为重点，积极探索，建立良性循环的经营管理体制，不断加快证券经营，管理人才的开发和培养，争取用三到五年的时间，把东方证券有限责任公司建设成具有良好经营业绩和管理水平，充满自信活力和朝气，全国真正一流，有影响的十大证券公司之一。

精准定位对于公司来说很重要。"先污染、后治理"是我们改革开放过程中普遍经历过的发展路径，证券行业也不例外。当时整个证券市场都很不规范，证券公司挪用客户保证金的情况非常普遍。

创立时期的东方证券不可避免地受到不良风气的影响。我当时经常会遇到这类的请示：领导，这笔业务很好，很重要，但要做就得违规犯法，如果不做，就流失客户，董事长你怎么决定？我一律强势回答：违法违规的事情绝对不能做，但客户也不能流失，你去解决这个问题。否则，我就不用你了。三五次这样的事情后，东方证券公司的风气正了许多。

建章立制加强规范运转

在"稳健经营、开拓创新，可持续发展"的经营理念下，我力推东方证券建立事权清晰、制约有度、比较规范和完备的法人治理结构，并通过制度安排和形式创新在处理解决新三会（股东会、董事会，监事会）和老三会（党委会、职工代表大会，工会）的关系方面进行了一些有益的探索。

如针对证券行业的特点，我强化了监事会对董事会和经营班子的监督职能。为保证其能有效地开展工作，在制度安排上，明确公司稽核总部直接属监事会领导，避免了监事会的职能作用难以发挥，形同虚设的情况发生。这些制度体制的创新，为公司走上可持续发展道路，提供了组织保障。

如在管理方面，抓大放小，实行资金、财务、电脑集中统一管理。在财务上实行"统收统支，收支两条线"的管理，防止了滴冒跑漏、账外经营情况的发生。实行了电脑、财务主管人员由总公司统一委派，定期轮岗，工资奖金由总公司发放；对异地分支机构派驻专员，做到鞭长可及。这些措施的实施，有效地降低了各部门犯错的可能性，使公司的风险防控体系得到了充实和完善。

再在薪酬激励方面，淡化"官本位"，建立了底薪加奖金，效益与分配、收入与费用"双挂钩"的收入分配激励机制。尽管当时我们的底薪比较低，但由于激励机制有效，每年都有几个年薪百万元的员工诞生。

通过这一系列的工作，增强和提高了总公司的整体控制能力、业务推动能力和风险防范能力，从而初步解决了公司生存和发展中的一些基本问题，保障了公司健康、持续、快速的发展。

锲而不舍赢得创新试点

创立后的东方证券，从上至下生气勃勃，人人都想在这个大舞台上做一番事业，但公司成立不久就传来了一个不利的消息。1998年11月底，国家为了规范证券市场的券商行为，对现有的90多家券商进行分类。一些大券商可能被划为综合类证券公司，大部分券商只能成为从事代理业务的经纪类公司。据中国证监会有关负责人介绍，分类的具体标准未最终确定。国务院、金融工委领导要求综合类公司要选得少一些，规模大一些。我们从各个渠道了解的情况和市场传闻，包括香港方面的传闻，分析主管部门内部已经初步摸排了情况，有了大致的考虑对象，但东方证券公司未必被考虑在综合类证券公司之列。

券商分类的决定对东方证券的业务和发展影响重大。这个消息让东方证券上下顿时心一凉。当时证券市场野蛮发展，就市场占有率和市场影响而言，后来者东方证券显然不是老牌券商们的对手，而且这样的划分对想规范发展的券商来说显然不公平。我意识到自己必须立刻行动起来。

1998年12月初，我带人将情况向市计委作了专题汇报。计委领导非常重视，在汇总分析综合各方面情况后，1999年元旦过后，在计委秘书长蔡晓虹的带领下，协同市人行上海分行非银处谈伟宪处长，和公司班子主要负责人一起专程去北京，走访国家计委、中国证监会等相关部门了解沟通情况。

东方证券想要获得监管层政策倾斜，还必须有市委、市政府层面的支持。当时，正遇到1997年东南亚金融危机爆发后，中央组织各省省长集中北京中央党校，参加应对和化解金融危机专题培训班。借徐匡迪市长在中央党校学习之际，在计委秘书长蔡晓虹的安排下，1999年1月9日下午，蔡秘书长带我到中央党校徐匡迪市长的寝室里，向徐市长汇报了公司的情况，及其列为综合类证券公司的重要性，请求市领导在适当时候向证监会、国家计委的领导沟通情况。汇报过程中，蔡晓虹将我们在北京民族饭店事前准备好的市计委《关于东方证券公司争取综合类经营资格的情况报告》亲手呈交给了徐市长。

徐匡迪市长当时没有明确回复，只向我们介绍了市委、市政府确定的，在金融中心建设和资本市场建设上打"中华牌"的指导思想，上海是全国的上海，重点在要素市场的建设，上海要多为各金融证券机构提供发展的舞台，做好服务，以此来吸引更多的金融机构入驻上海，推动上海金融中心的建设。近期上海决定将申银万国证券的股权转让给光大集团，希望东方证券在规范经营的基础上，搞好风险管控，进一步加快发展。听了徐市长的讲话，我也当场向徐市长表示：我们一定会按照"安全工程"的要求，把东方证券建设好，请徐市长放心。

时隔一天，即1999年的1月11日上午8时半，中国证监会副主席陈耀先专门安排出半个小时的时间，在中国证监会6楼贵宾厅，听取我们关于东方证券申请综合类公司情况汇报。

领导是不会轻易被说服的，机会只能见缝插针地去找，我其后在多个会议场合积极提出自己的想法。

《证券法》于1998年12月29日第九届全国人民代表大会第六次会议通过后颁布，1999年7月1日正式实施。在《证券法》颁布一周年之际，中国证监会和中国证券业协会多次召开证券公司一把手会议，进行证券法宣讲和贯彻落实证券法座谈讨论。有一次，在周正庆主持召开的座谈会上，我结合东方证券发展过程中的实际情况，提出中国证监会在制度政策安排上，不能一味地看市场占有率和市场影响力，这样做看似是公平，但对新成立的公司来说机会是不均等的。如何给规范的证券公司更多的发展空间，应该成为监管部门贯彻落实《证券法》、引导市场行为、净化市场环境的重要举措和价值取向。我的发言吸引了周正庆主席的注意。我观察到他听得很认真，还不时地在纸上记了一些什么，心中有些兴奋，但当时不方便展开多说。

2000年3月22日，在北京东方花园饭店5楼，我以全国金融青联常委的身份，参加了"全国金融青联（证券）座谈会"。中国证监会副主席、纪委书记耿亮也到会座谈。在这个小范围的会议上，我趁机再度建言，现在证券市场上有两种人：一种人是疯子，一种人是呆子，如果监管部门的政策，老是向疯子倾斜，其后果是疯子更疯，呆子也会被逼成疯子。在中国证监会的领导面前，我终于有机会详细阐述了"给规范的证券公司更大的发展空间"的观点和主张。

两年之后，中国证监会启动了创新试点类和规范类证券公司的评审工作，东方证券被列入创新试点类证券公司行列。

在中国证券业协会的网站有关《创新试点类和规范类证券评审工作圆满结束》的报道中提道：实施创新试点类、规范类证券公司评审，是在证券公司综合治理期间，根据业内的呼吁与建议，作为证券公司综合治理，其他各项措施相配合，同步设计、同步推出的一项重要举措。我相信，这其中也包含了我的建言和主张。

规范经营树立品牌形象

在全体东方证券员工的积极努力下，东方证券驶入了发展的快车道，成立3年间，各项业务发展迅速，经济效益明显提高。1998年至2000年，公司营收年平均增长65%，利润总额年平均增长92%。2001年受行业调整影响，业绩虽然出现了一定程度的下滑，但各项业务仍然稳步发展，营业利润在全国证券行业的排名由2000年的20多名上升到第13名。

公司成立之初，营业部基础条件差，营业网点分布不合理，绝大多数营业部集中在上海。4年里，通过对外营业网点的更新改造，调整布局，基本形成了依托上海，立足中心城市，辐射全国的大型证券公司经纪业务的战略布局。在北京、深圳、成都营业部相继开业的基础上，2002年上半年，广州、杭州、长沙营业部也相继开业。到我任期的后期，公司已拥有37家证券交易营业部，在全国证券公司中排名第12位。

公司成立4年里坚持"积极进取，规范经营"，没有挪用过一分客户保证金，没有受到过一次证券监管部门的处罚。以踏实稳健的职业精神，积极探索的"创新规范"之路，在扩大市场覆盖面的同时，注重培养并逐步形成了专业化的服务特色，成功地帮助包括烽火通信、复星实业、交大昂立、新大陆、新希望等多家国内知名高新科技企业、民营企业上市融资及再融资，在

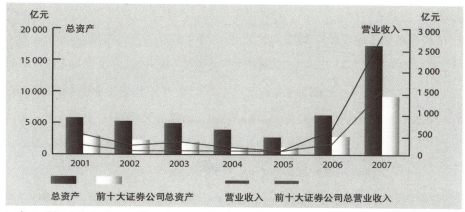

证券公司经过综合治理，营业收入大幅提升，总资产规模明显增加，综合实力显著增强

行业中初步建立了自己的服务特色和良好的市场形象。

回首昔日，想起当时一位领导讲的一句话，要一个干部"死"，就让他去搞证券。这反映了当时资本市场，证券行业生存环境的凶险。

2001年3月，肖时庆来到东方证券任党委副书记。2002年2月25日举行的董事会上，董事会决定我不再担任东方证券董事长一职，并选举肖时庆为新一任董事长，我重新回到浦发银行，结束了在东方证券的职业历程。

改革开放40年的浪潮中，能够参与上海金融中心建设是我们这代人的幸运，不辜负时代给予的厚爱和期望，是我们这代人的使命和责任。就我个人而言，在证券行业中工作4年多，让我甚感欣慰的不仅是创建了一个干净的、健康的东方证券公司，更重要的是对整个证券市场和行业的发展做了一些有益的探索与贡献。

链接：

1996年的"十二道金牌"

1996年上半年，大家心气都很高，领导高兴股民也捧场，把股市烧得红红火火，一个个声音高叫着："买进！买进！"国庆节过后，深沪大盘全线飘红，两只领头羊更是雄赳赳气昂昂，深发展从6元起步，到12月12日达到20.5元；四川长虹从7元开练，12月上旬涨到27.45元。

国务院领导终于坐不住了。从10月起，证券管理高层开始变调，一团团冷风吹来，连连发布了后来被称为"十二道金牌"的规定，大致有：《关于规范上市公司行为若干问题的通知》《证券交易所管理办法》《关于坚决制止股票发行中透支行为的通知》《关于防范运作风险、保障经营安全的通知》《关于严禁操纵信用交易的通知》《证券经营机构证券自营业务管理办法》《关于进一步加强市场监督的通知》《关于严禁操纵市场行为的通知》《关于加强证券市场稽查工作，严厉打击证券违法违规行为的通知》《关于加强风险管理和教育工作的通知》等。

深沪两地处在亢奋中，每一次打压，只能让股指稍一回调，随后又勇往直前，市场似乎对平日最害怕的政策利空麻木了。终于，有一句话大家听进去了，这就是1996年12月15日晚中央电视台《新闻联播》播出、12月16日见报的《人民日报》特约评论员文章《正确认识当前股票市场》。评论员一句话就把股市定了性："中国股市今年快速上涨，有其合理的经济依据，即全球股市普遍上扬和国内经济形式明显好转。但是，最近一个时期的暴涨则是不正常和非理性的。"

评论员在分析了他所认为的股市暴涨的原因后，特别对市场中流行的说法予以驳斥："他们众口一词，说明年香港要回归，十五大要召开，政府一定要把经济搞好，绝对不会让股市掉下来。这一种对股市的估计是十分糊涂的看法。政府要把经济搞好是真，但绝对不会在股市暴跌时去托市，也托不起市。投资者对此不能抱有任何幻想。"

话已经说到这份儿上了，大家还有什么可说的？于是奋勇出走。12月16日星期一，股市开盘后4分钟内，沪市281只股票除去4只例行停牌外，其余277只全部跌停；深市也满盘皆绿。用12月24日与12月9日收盘价相比，沪市跌掉31%，深市毁了38%，这意味着1200多亿元的纸上财富蒸发了。

《人民日报》的特约评论员一定没有想到自己的一句话有如此威力，真怕一下子把股市打残了。于是12月17日，中国证监会发言人赶紧安抚股民说：《人民日报》评论员文章目的是为了规范市场行为，保护投资者利益。18日，深沪交易所两位总经理在北京接受记者采访时表示，要坚持"八字方针"，促进证券市场稳步规范发展。

第二天，12月19日，各大证券媒体都发表文章纪念"八字方针"一周年，这八字是"法制、监管、自律、规范"。一年前的这八个字明明是勒马缰绳的意思，一年后到了股市狂跌的关头，监管层着急了，传媒就把意思改了，大标题变成了《稳步发展，政策未变》。

——摘自王安：《深沪叫板争霸战〈人民日报〉不托市》，载《股爷天下：中国证券市场三十年记》，中信出版社2011年版。标题为编者另拟。

李训，1932年7月出生，江苏清江浦人。1949年在中国人民银行宁波中心支行从事军事货币管理工作，1978年任中国人民银行舟山中心支行行长，1981年任中国银行浙江分行副行长、外管局浙江分局副局长。1990年后，历任浙江省证券公司副总经理、董事长兼总裁，兼任上海证券交易所理事会常务理事、副理事长，中国证券业协会理事会常务理事，深圳证券交易所理事会理事、常务理事。

屡被"批评"的全国第一家异地券商

口述：李训

时间：1999年9月15日

地点：证券时报上海分社

采访：朱丽、夏雄伟、单永等

整理：夏雄伟、单永

1990年3月浙江省政府委任我负责改组浙江省证券公司。4月，我即筹资5100万元，负责改组成立了全国第一家跨省市的股份制证券公司。同年，上海证券交易所筹建，浙江省证券公司是发起会员之一。我的工作地杭州虽然并不是深沪证券交易所所在地，但我可以算得上是新中国最早的一批证券人之一，在中国证券业创造了十个第一。

在上证所的"席位费"与"抓阄001"

浙江证券公司成为上交所的会员，我花了60万元买了一个交易席位。中国人民银行浙江省分行领导听说了，就告到省长那里，说李训赞助了上交所60万元。省长就找我谈话，对我说："老李啊，你这个人胆子好大，我们几个省长到上海去，都

上海证券交易所总经理杨祥海与浙江证券创始人
李训（右）在上海证券交易所第五次会员大会上

没有拿出一份钱，你老兄到上海去，拿出60万元赞助。"我说："这不是赞助，而是交易所的席位费，这个钱还是我的，我仅仅是放在那里，就像抵押一样的。"

他还是听不进去。我一气之下，写了一封信，把这件事的来龙去脉都说了，给省里五套班子的领导都寄去。寄出以后，省长慌了，就说："老李啊，有事你直接跟我们说嘛，为什么要写这么多信？"我说："我跟你们说不清楚，只有写信给几大班子的领导去说。"省里的领导因此说我："好动，花花点子多，不安分。"

上海证券交易所成立时，证券交易还是纯手工报单时代，所有的交易都是通过热线电话在交易所场内完成，因在交易时间，只有身穿红马甲的证券交易员才能进入证券交易区域、接触交易终端、进行交易操作。各会员单位要派红马甲进场交易，红马甲要有编号。怎样确定编号？

当时争论得很厉害。万国证券公司主张以简化汉字为序；申银证券公司说不行，要以英文字母为序；海通证券公司则提出以繁体字为序。由于争执

不下，有人就提出，干脆抓阄，碰运气。我不赞成，说这个方法太低级了，主张以现代汉字为序。但他们都倾向抓阄，少数服从多数，抓阄决定红马甲的序号。我因为不愿意抓阄，就说，你们先抓，剩下最后一个就是我的。一共是25个号，他们有的抓到十几号、二十几号，有的抓到几号。最后一个是我的，我一打开，好了，001号。

浙江"凤凰"飞进"老八股"

浙江凤凰1989年3月初股票发行时，人们并没有认识到它的价值，只是把它当作了一般的债券，以为至多是收益率可能高一点的债券，在金华、兰溪、义乌、东阳等地发行时，连遭冷遇。浙江凤凰作为上交所异地上市第一股，一入沪，凭借上海庞大的需求资金，价格就扶摇直上。

浙江凤凰的上市也很有意思。当时我看准证券市场可以发挥巨大效应，极力推荐浙江凤凰上市，我向上交所竭力要求异地股票上市，上交所总经理尉文渊最后同意了，但要求异地交易必须要保证一定数量的股票实物交割。当时我们迅速到兰溪凤凰的厂里贴公告，动员职工拿出股票去上市交易。但该公司不愿意到上海去上市，我反复动员他们去，勉勉强强办了到上海交易的手续。当时股票交易需要实物券，到了1990年12月19日上海证券交易所正式开业前一天，我派人到位于浙江省兰溪市的浙江凤凰公司去拿股票，公司

浙江凤凰股票

不给。我在电话里跟浙江凤凰老总说，你一定要把股票拿到上海去，上海证券交易所是一个面向全国、面向全世界的交易场所，你的股票光在你兰溪交易或者在我杭州交易，范围太小，你不能光在家门口做交易。

于是，他非常勉强地同意了，在19日天亮前，把浙江凤凰股票装在

麻袋里运到了上海证券交易所门口。当时,上海证券交易所的门卫不准许我们把麻袋背进去。我是上海证券交易所的理事,胸上戴着大红花去参加上证所开业仪式。我的司机穿着武警的军装。我对司机说,我在前面走,你背着麻袋跟在后面,就说是上主席台的。就这样,好不容易把麻袋背进去了。背进去以后,马上就登记浙江凤凰股票有多少。这样,浙江凤凰也就成了上交所第一个,也是当时唯一的一个异地股票,与上海的"真空"、"延中"、"申华"等7只股票被称为上海股市早年的"老八股"。

人行总行发5万份通报批评

浙江证券公司是全国第一家异地接受上海证券交易所、深圳证券交易所行情的券商。1991年3月,我们以耗资近50万元、每年还要支付8万元专线线路费的代价,开通了跨省市同上海证券交易所连通的远程同步证券行情报价和交易电脑网络系统。不久,我们又与深圳证券交易所连通,实现了证券委托代理买卖的全电脑化。这在全国异地券商中是第一家。

谁知,中国人民银行浙江省分行发了个通报,批评我,我不理他们。他们又把这件事报告中国人民银行总行,总行向全国发了5万份通报,批评我,说我这个做法不对,为什么把上海的股票拉到杭州去卖?我当时对总行的领导说:"全世界的股票都可以通过各种渠道进行交易,全世界人都可以买卖。我们中国的股票市场要发展,一定要全国人民都可以买卖,不能只许到上海去买、到深圳去买,而应该在家门口就可以买。"我当时跟总行领导争论,总行领导就批评我,说我胆子太大,有点忘乎所以了,上海、深圳的股票怎么可以到你杭州来卖呢?还说本来要处分我,考虑到我年纪大了,处分就免了,但要我停止营业,不准做外地的股票。

我回杭州后,不得已停止买卖异地股票,结果几百个股民围攻我,说买卖异地股票给大家都带来方便,为什么要把它停了呢?我又不能说中国人民银行批评我,我只能说,我有困难。股民们说,不行的,有困难也要开通,

1991年8月，中国证券业协会成立大会现场

围攻我到半夜。我没有办法，只好硬着头皮继续开通上海股票买卖。幸好，1992年初，邓小平同志视察南方重要谈话发表，其中讲到股票这个东西要大胆试，不要怕，不好就关掉嘛。邓小平同志南方谈话发表后，全国有100多家证券公司到我这里来学习，学习如何搞专线、如何搞电脑、如何把上海的股票拉到当地来。

对于前面的批评，中国人民银行总行金建栋司长对我说："老李，算了，邓小平同志已给你平反了，我们就不要再做平反了；我们通报批评你，反而提高了你的威信，为什么这么说呢？我们发了5万份通报，全国都知道你第一个拉了专线，你应该感谢我们呢。"后来，金建栋司长还带人来总结我们的经验。

反对再建证券交易所

上海证交所成立的时候，我经过上交所理事会全体理事的选举，成为上交所第一位异地公司的副理事长。朱镕基时任上海市市长，他就说证券交易所搞得好，并且记住了我这个人。1992年，北京开会，研究股票试行办法。我接到了朱镕基的秘书从北京打来的电话，让我去参加。这是我第一次到中南海，心情很激动。

会一开，朱镕基就说了："今天研究股票试行办法，首先请我们浙江股票专家李训讲话。"我都愣住了，很多部长、市长都来参加这个会议呢。

会上，我的观点就是中国已经有上海、深圳证券交易所了，加上香港的，就有3个了，而且没有经验，不应该再开。当时，武汉、天津都在申请开证券交易所，武汉的市长也来开会，马上就说了："老李，你不对！"但朱镕基很干脆："李训说得对，不能再开！"

借钱救市却赚了一大笔

1994年，中国股市经历了一个大熊市，上证综指只有300多点。上交所的人给我打电话："老李啊，股票不行了，还跌。"我当时就说："凤凰化工我全包了，涨了我再卖。"

在股市最低迷的时候，杭州百货大楼的股票要发行，我看了不对劲，就和有关领导说，不能发。但领导说，不发不行。我想了想，就说："那借我500万元吧，我发！"之后，我又去说服百货大楼当时的领导，让他借钱给员工，让员工去买股票。终于，股票发出来了，市价6.3元，我们把那500万元全部拿去买了这个股票。

本来，我只是想救市，但没想到3个月后，股市大涨了，"百货大楼"从6.3元涨到了13元。我们公司一下子发了起来，百货大楼的员工也发了！

不过，说起股民，我也觉得很遗憾。有一年行情很不好，是大熊市，有个股民到办公室找我，但是碰巧我去北京开会了，那个股民就从我办公室的窗口跳了下去。如果，当时我在杭州，他就不会死了。他借了20多万元炒股，跌得很厉害，承受不住就想不开了。如果我在，我会劝住他的，因为做股票要从长远看。

北京话，杭州话

除了股票以外，我做国债也惹来一场风波。1992年，我参加了财政部搞的国债承销，拿回来1亿元国债。那时，1亿元的国债承销命令已给我，我可以卖了，但是国库券还在路上，还没有到。我就采取了一个办法，以旧换新，就是委托我们代保管的老的国库券可以换新券。这种办法，老百姓欢迎

1981年到1990年，国债累计发行量超过1000亿元，全国多个城市开办了国库券转让业务。图为当时国库券交易市场

得不得了。一种还有3个月到期的国库券我也提前给他换，把新国库券的委托保管单开给他。这样，1亿元国库券很快卖完。

为这件事，省政府发了一个文，批评了我，说我扰乱证券市场，擅自发放国债。后来我跟省长吵架了，我说："我讲的是'北京话'，你讲的是'杭州话'。国库券是财政部发的，是全国的，我讲的是'北京话'；你呢，强调要先承销你那部分，你讲的是'杭州话'。我希望你省长少讲一点'杭州话'，多讲一点'北京话'。"

我跟他争得面红耳赤。后来财政部表扬了我，说我这个做法是对的，最后全国各地都学习我的做法。这件事情以后，有位新华社记者写了一份"内参"，说我"敢闯、敢冒、敢创造，一年三个通报"。

链接：

上海证券交易所第一次会员大会

编辑手记：孙大淳，上海证券交易所的创建人之一，时任上海证券交易所会员部负责人。他回忆道：

上证所第一次会员大会在1990年11月26日召开，这一天也是上证所成立的日子。我有幸于1990年7月从中国人民银行上海市分行金融研究所调去参加上证所的筹建，并筹备和参加了那次会议。11月26日对于我来说是一个特殊的日子，我的结婚纪念日是11月26日，我女儿的生日也是11月26日。命运之神似乎早已悄悄地让我与上证所结下了不解之缘。

会议于11月26日下午在华南宾馆召开，会期半天。选择地处上海南隅名不经传的华南宾馆，一是为了节约经费，二是为了低调处理大会事宜。当时因为担心有关交易所是资本主义的还是社会主义的争论及其他因素会影响筹建工作的进展，上海市领导给我们内部定了一个工作原则是："筹建工作多做少说，甚至可以只做不说。"所以上证所在成立前，对外一直是很低调的。当时筹建人员只有十几个人，但对会议的筹备往往因陋就简、精干、高效。

参加会议的有筹备上证所的三人领导小组成员——李祥瑞（时任交通银行总行行长，上海金融界老前辈）、龚浩成（时任中国人民银行上海市分行行长）、贺镐圣（时任上海市体改委主任）。其他各级领导，有具体抓筹备工作的中国人民银行上海市分行副行长罗时林、上海市财政局局长程静萍、中国人民银行上海市分行副行长周芝石、上证所负责人尉文渊与部分筹建人员。将成为上证所会员的申银、万国、海通、财政证券公司，农行、中行、建行信托投资公司、上海国际信托投资公司、上海两家信用社和浙江、江西证券公司及沈阳、山东等地证券经营机构在上海的业务部共22个单位负责人参加了会议。

会议由李祥瑞主持，他一开始就幽默地说："三人领导小组没有正式的批文，也不知怎么七弄八弄，把我弄成了组长。"在一片笑声中，会议正式开始。李祥瑞向大会报告了三人领导小组工作情况，各级领导也相继发了言；接着尉文渊向大会作了筹备工作的总体汇报，他向大会介绍了上证所章程、证券交易、交易员培训、会员管理、上市公司、证券清算交割及电脑通信等筹备情况，同时也汇报了上证所的工作场所——浦江饭店底层及门面装修进程。大会通过了以上各项报告，并当场用无记名方式选举了上证所理事会、总经理。会议选举李祥瑞任理事长，周芝石任监事长，尉文渊任总经理，申银证券公司总经理阚治东任副理事长，并成立了理事会。会后补充了原中国证券交易所联合设计办公室所推荐的中国新技术创业投资公司等三家证券经营机构作为正式会员，这样上证所创业会员为25家。

当晚，上海证券交易所成立的消息正式向新闻媒体发布。因为在上证所正式成立之前，有关上证所的消息媒体很少得到，也很少报道。自上证所成立后，对外宣传"开禁"，由筹建人员合作编写的主要介绍上证所业务细则的《证券交易所知识一百题》初稿即将付梓，也拿出来与记者们共享。此后，媒体报道铺天盖地，上证所成立的消息一夜之间轰动全国。

随后，12月19日上证所顺利开业。为了表彰为上证所的成立与正式开业努力工作的有功之臣，中国人民银行上海市分行专程为当时的30多位员工召开了表彰大会，人行4位正副行长全部出席。当时有许多可歌可泣的人物与事迹，筹建人员承受着筹建工作"只许成功，不许失败"的重大压力。工作经常从早干到晚，一切为了上证所的建立，哪里工作特别紧张，哪里有困难，上证所的主要负责人往往就出现在哪里。

客观地看，当时的上证所尚有不足之处，当时有关部门规定会员公司只允许上海的证券经营机构参加，不许外省市证券经营机构参加。上市股票少，只有8个，总股本又小，而且都是中小集体企业为主，国有企业只有一个——真空电子公司，从而使股票供不应求的矛盾凸显，二级市场交易显露瓶颈效应。这些问题直至1992年邓小平南方谈话后才得到逐步解决。

经过了艰难的旅程，上证所终于成立了，虽然它显得有些蹒跚，起步踉跄，但终究跨出了第一步。每个筹建上证所的人，也在自己的人生道路上跨出了艰苦的、有重要意义的第一步，以后的道路会怎样走，"履霜坚冰至"。正如一位哲人所说："不要想第一步就踏上人生的金砖，哪怕是坎坷、荆棘、泥淖，只管大胆地跨出，当你终于踏上属于你的那块金砖，回首顾盼，步步都是金砖。"但愿我们的证券市场、上证所、上证所的每个成员都能踏上属于他的那块金砖。

——摘自夏雄伟采写：《李训等：股市里的故事》，载《中国股市早年岁月》，上海人民出版社2007年12月版，第104—106页。

陈琦伟，1952年1月出生，浙江新昌人。从1980年代至今，一直活跃于中国改革开放的前沿，其一系列实际操作的中国企业上市，上市公司收购兼并和重组以及VC和PE投资的案例，体现了洞察中国经济金融资本市场主流商业机会的前瞻力。其专业代表作《国际竞争论》曾获"孙冶方经济学优秀著作奖"。现为上海亚商发展集团有限公司董事长，上海交通大学教授、博士生导师，中国创业资本研究中心主任，兼任亚洲开发银行咨询顾问、中国国家开发银行顾问。

我所经历的中国资本市场发展往事

口述：陈琦伟

时间：2018年12月13日中午

地点：亚商集团

采访：范永进、刘晶等

整理：刘晶

40年前，我是刚入学的华东师范大学77级大学生，正好从改革开放初期逐步踏入社会。这40年来，我有幸以学生、大学老师、教授、投资家、企业家的身份见证和亲历了中国改革开放全过程。

有幸参与经济改革顶层设计研究

我从华东师范大学毕业后留校在国际金融系任教，并在1985年作为访问学者去美国留学，有机会去了世界银行实习。本来都决定留在美国继续工作了，但当时国内改革开放发展速度非常快，各行各业都缺专家学者，所以上海市老市长汪道涵和经济学家吴敬琏写了亲笔信，让赴美访问的中国人民银行领导带给我，邀请我回国工作，一同参与国内资本市场的设立与一些制度的设计。这促成了我回国加入改革开放大潮，让我有幸参与了经济改革过程中的一些事关顶层设计的研究工作。

从决定回国投身资本市场建设后，我就逐步和一些专家、学者参与到了制度研究和学习中。当时有机会和吴敬琏等4人一同代表中国参加韩国经济发展25周年研讨会。会议规格很高，正值韩国举办亚运会，邀请我们一起观摩开幕式，我的座位就在时任韩国总理的后面，印象非常深刻。韩国主办方也邀请我们一起参观了韩国证券交易所、中央银行和韩国的知名大企业，学到了很多，开拓了眼界。会议结束后，我就把会议和参访内容进行记录，作为内参交给了相关领导，其中包括韩国经济发展中企业和政府的关系、市场与制度体系的关系。

这份文件很快受到了中央的重视，高层看了后，就让我去北京汇报，问我在金融体系和制度建设上有什么建议，我说值得我们再深入全面地了解一下，肯定有值得学习的地方。后来相关部门就请世界银行出面，国内组了个专家团。当时因为各种原因还没有办法公开去韩国参访和开会，所以选了第三方国家，把韩国代表团也请到了泰国，一起开会讨论。韩国代表团是由副总理亲自带队。这些都是在改革开放中的一些点滴往事，但像我在内的很多人身在其中，一同前进。

早期对资本市场的简单理解

对于证券市场的改革开放历程，不得不提到证券交易所的设立。1990年12月19日上海证券交易所建立，敲锣开市的那一天，我以专家身份参加了。那天共有8只股票上市，出席的专家、领导坐了3排。

1990年12月19日，上海证券交易所在浦江饭店正式开业

我记得一件有趣的小事：开锣启动交易之后，有一个北京来的纪委干部，突然问了个问题："这8只股票都是什么企业？"这个问题让在场的领导都愣了。最后中国人民银行的领导反应很快，回答说："这8个公司都是集体企业、小企业。"纪委干部说道："哦，这就对了。这些小企业是没有地方拿到那么多资金的，是要有这么一个地方给他们提供资金，咱们国有企业根本就不需要这些。"

当时的主流观点认为国有企业缺钱的话自然有政府财政和国有银行支持，所以证券市场这样的地方，可以让符合条件的非国有企业去找钱。直到现在，各地政府把更多的上市公司数量作为本地政绩的挂钩指标，隔了二十多年，大家还是认为上市就是圈钱，这个观念基本没变。中国基本没有经历西方现代商业社会进化历程，从农业社会一步跳进现代化，还是简单地把资本当钱来看。因此哪怕到了投资时代，大家也是很简单地理解——投资就是要将来被投企业上市实现投资回报，完成钱的游戏。这种对资本的认识极大地限制了中国在现代化过程中现代经济要素真正的价值力。

后来股票市场也经历过很多起伏，最高的时候有的股票涨到过1万块钱一股，为了控制股价只能增发股票，把股价稀释下来，发股票就相当于募资或集资了。曾经也闹过些笑话，有农民拿着麻袋装了钱，到证券营业部去买股票，到柜台把钱一放就说："我要买股票。"工作人员问："买什么股票？"农民回答："股票啊，就是要买股票。"所以，当时突然发现，企业在股票市场里体会到了募资的便利性，这一点是在建设资本市场之前大家所没能预料到的，使得股票市场中的直接融资功能得以发挥，效率很高，功能很大。后来几年中，正好国有企业遇到了银行债务危机，国企也被股票市场中的融资功能所吸引，很多也蜂拥上市。但"萝卜快了不洗泥"，也因此留下了很多问题。

亚商在资本市场上的多个"第一"

1988年，我刚回国不久，创办了亚商。亚商当时是一家做企业咨询的公司。我最初组建亚商，并非奔着致富，而是希望做一些对国家与社会有益又具备创新性的事。所以后来亚商集团也逐步参与到资本市场中，角色也比较多元化，"无心插柳"地创造了资本市场的多个第一。

1993年，亚商召开了"上市公司规范管理研讨会"，这在当时的中国证券市场是一次创举。因为中国证券委在1992年10月才刚刚成立，对上市公司的管理还刚刚起步，所以这次会议吸引了证券委的许多领导以及几十家上市公司参加。也就是从这个时候开始，亚商开始意识到上市公司股权变动的价值。

1995年，亚商和上海证券交易所、建设银行等，召开了"上市公司收购兼并研讨会"，也是历史上第一次。这次会议也为后来资本市场中的很多兼并收购案例拉开了序幕。1997年，资本市场中发生了4起上市公司股权变动的并购案例，如中远并购众城、上房集团整体置换嘉丰股份等，亚商和我本人都参与其中，一战成名，在证券界树立了"并购专家"的形象。

此外，亚商是中国最早做中国上市公司50强评选的机构。那是20世纪90

年代，我们是开拓者，跟《中国证券报》合作了8年，为上市公司的发展和规范树立了标杆。后来各地方机构做评选就开始多了起来，鱼龙混杂，目的不纯，我们后来就不做了。

通过投资助推中国经济转型升级

在早些年所参与的一些案例或工作中，我一直在探索和思考，有理论也有实践，感觉从金融改革开放开始，中国资本市场就形成了"市场先行，制度跟随"的一种现象，因为发展实在太快了。后来在2000年初，我对亚商盈利模式深入思考，正式开始做PE投资，需要改变市场上光靠二级市场炒股赚钱的金融机构盈利模式，多项业务中还要设立防火墙。

在实践中，我们认识到，如果我们的钱投进去之后，能和被投企业组织形态产生"化学反应"，让商务模式产生几何级数的成长效果，那么这种投资效果就是我们所追求的，这也就是投资的本质。

中国过去20来年持续高速增长过程中确实有大量新的资金投入，因为是大势普涨的时期，所以企业只要拿到钱，只要敢去做，一般成功的概率还是比较大的。就像房地产行业，在前二十年中至少有十多年，你只要拿了地做房地产，十有八九都能赚钱，并不取决于你有没有房地产专业背景。

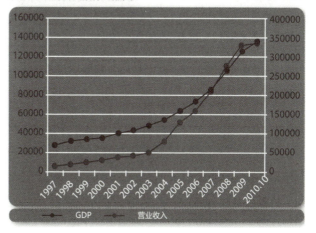

公司上市不仅获得了融资，更重要的是通过上市，规范了企业的运作，提高了公司治理水平，增强了企业盈利能力。图为上市公司主营业务收入与GDP的对比，可以看出上市公司主营业务收入增长率已经超过GDP增长率

陈琦伟（右）口述采访现场

但是现在转型以后，有一个最大的特点就是让投资的专业性显现出来了。本来这也是一个投资的本质，因为投资的实质是资本投入，资本是有一个价值判断的。因此转型以后，资本在挑企业的时候，会根据这个经济周期的特点，根据结构性变化过程中间这种机会，它会做更加精准的甄别，这样就使得投资本身的价值功能也会越来越凸显出来。

经济周期带来另外一个机会就是它的增量，它的新增的部分。新增的部分就是结构性中间，它跟大经济周期相比较，不是随着大势退潮，而是反而要发展的这样一些部门，这样一些领域。那么总的来看，中国经济中间的这种反周期的领域，比方说像健康、消费、教育、环保、新能源等等，所有这些领域有一个特点，它对专业性的要求跟以前大势普涨的时代相比较提高了很多，要求资本本身更加具有专业能力，包括创业企业本身，成长性企业本身在专业领域上的核心能力也要更明显。所以，这两者的结合跟以前的时代相比较，要求就更加精准专业了，这样才有可能提高成功率，降低失败率。

中国真正开始比较多的做PE投资应该是10年前，然后六七年前就变成全民PE了。大家比较容易把它看成一个套利的机会，却忽略或不懂投资的本质。知其然又知其所以然就能做得更好，至少可以少犯错误，不犯大错误。

亚商资本定位于走"精品型"投资路线，不以规模取胜，而是在扩大规模的同时，尽量选好每一个项目，投好每一个项目，特别是注重发挥亚商的增值服务能力，寻找价值最大化的提升，从而使所投企业保持持续的可成长性，这样才能体现作为投资人的成就感。

亚商成立至今已20多年，我对企业家的成长更有感触，我有机会见识国内第一批企业家，那些在当时艰难的环境中幸存下来的，到现在都已经变成中国商业、企业界的大佬。当然第一代企业家在历史大潮中很多都"夭折"了，20世纪80年代，从政府到社会对民营企业的支持力度都不够。直到90年代国内进一步改革开放，民营企业才真正实现了巨大的跳跃，国内开始出现百亿元、千亿元级的民营企业，这是在过去根本无法想象的。

改革开放40年，最明显的就是国民生产总值迅速且持续地变大，40年增长了33倍多。但一系列制度性或结构性的变化，有很多个方面是让人意想不到的，比如企业家，尤其是民营企业家在改革开放中的参与和贡献，还有就是国内资本市场的建设和开放。这背后让人深感邓小平的不容易，几乎以一人之力，以"实践是检验真理的唯一标准"，突破传统体制的框架进行改革，这其中有多少"试试看"来突破旧的政策和思想。

回想中国几十年持续高速增长，中国经济有一个特点——很大很复杂。改革开放中的一些往事和故事，很多都是野蛮生长。大潮汹涌，很多人都身在其中一同前进，有着太多的曲折和艰辛，也有老一辈和亲历者的共同推动。我有幸参与其中，贡献过自己的力量。

链接：

厉以宁：提出股份制的不是我一人

第一财经：1980年的时候，你就在全国的一次公开会议上，提出了要在中国推行股份制，由此获得了"厉股份"的称号。当时是怎样一个背景？

厉以宁：那时候国家刚刚开始改革开放，大量知识青年从农村回来，所以就业问题成为了社会的主要问题。一开始提出这个问题是与解决就业有关的。当时是中共中央书记处研究室和国家劳动总局召开了劳动工资座谈会，我在那里做的发言，提出了这个观点。接着又是当年夏天由万里同志主持召开了一个劳动就业会议，我在这个会上也提出要用股份制来推动就业。因为最直观地看，你要增加就业，就必须增加投资，但国家哪来这么多钱呢，这就应该采用一种集资的方法，组成股份制企业，吸收更多劳动者就业。当时提出股份制也不是我一个人，其他经济学家，比如董辅礽、萧灼基、王珏、冯兰瑞、蒋一苇，很多经济学家都提出了这样的倡议。大家的观点是一致的，国务院也认为是个好办法，所以就渐渐地推开了。

第一财经：你们提出这个建议后，引起了广泛的争议，你当时有没有什么压力？

厉以宁：一些人对我的批判可能是不了解情况，或者担心由此引发一些其他问题。但所有这些都是无所谓的，实际上不同意我观点的主要有二种人，一种是比较极端的人，认为我在搞私有化；一种是认为股份制不能解决问题，因为中国环境跟西方国家不一样，中国当时还在计划经济体制上下功夫；还有一种人认为中国缺乏企业家。对于后两种意见，我都做了应答，主要是强调股份制实际上是一种新的公有制形式。在跟他们争论的过程中，我写了很多文章，后来集结成一本书出版，就是《非均衡的中国经济》。我认为，中国经济处在一种非均衡的状态，市场不完善。因此，中国的改革必须分两步走，先建立市场再完善市场。

——摘自《财富与梦想——中国股市1990—2010》，上海译文出版社2010年12月版。

朱荣恩，1954年10月出生，浙江鄞县人。1983年进入上海财经大学工作。1992年参与新世纪公司筹建，历任常务副总经理、总裁、董事长。曾任财政部全国企业内部控制标准委员会委员、中国银行间市场交易商协会信用评级专业委员会副主任委员、上海市信用服务行业协会常务副会长。

变革时代的"新世纪公司"

口述：朱荣恩

时间：2017年10月28日

地点：上海东郊中心一村资本有限公司

采访：郝丁丁、潘毓华、刘晶、浦亮、罗羽琪、危钊强

整理：郝丁丁

　　上海证券市场起源于20世纪80年代初期，但真正的规范发展是在90年代初，随着上海证券交易所的成立才开始的。近30年来，上海证券交易所上市公司规模不断扩大，经历了从地区性走向全国的过程。目睹这一切，我感到十分欣喜和自豪，因为我们上海新世纪资信评估投资服务有限公司也经历了这一变革时代，并为此做出了应有的贡献。

首次年报和中报规划设计、信息披露

信息披露在今天对证券市场的投资者来说已不再陌生，每年上市公司要编制年报、中报、季报，并已习以为常。定期报告的及时、真实、全面、完整已经成为基本的要求。但在20世纪90年代初期，上市公司信息披露制度尚未建立，尽管1990年11月27日上海市政府发布的《上海市证券交易管理办法》规定，上市公司要向社会定期公布年中报告和年度报告，但如何报告还没有具体要求。随着1990年度的结束，最初在上海证券交易所挂牌的"老八股"就面临年度报告的问题。

当时，上海证券交易所上市部人手较少，加之时间紧，于是时任交易所总经理的尉文渊就向上市部强纪英、沈翼虎提出要求，争取外援，限时制定出披露方案。于是，我与大华会计师事务所的石人瑾教授、陆永炜老师一起参与上海公司信息披露的规划工作。

当时，年度报告设计比较简单，采用年度经营状况说明书的方式，主要是介绍公司概况、公司财务状况、已发生或将会发生的对公司资产、负债和股东权益有较大影响的重要事项和股票发行与分红情况。上述内容的披露主要难度在公司财务状况方面，因为当时尚未有统一的股份制会计制度[1]，会计制度仍是采用计划经济时代按所有制、按行业划分的体系，所以那时的"老八股"分别执行5种会计制度。

为了既便于投资者阅读、比较、分析，又便于会计信息采集，我们采用资产负债表的简表格式，即资产只分流动资产、长期投资、固定资产、无形资产及其他资产；负债只分流动负债、长期负债；股东权益不再细分。对经营成果没有采用损益表格式，而是简要列示产品销售收入、产品销售利润、利润总额、税后利润，并分别计算产品销售利润率、股东权益利润率和股东

---

[1] 股份制会计制度于1992年发布实施。

权益净利率5项财务指标。尽管财务状况内容比较简单、报表格式较精略，但毕竟有了形式相同的报表，朝信息披露规范化目标走了一步。

1990年的年报于1991年6月10日在尚在试刊中的《上海证券交易所专刊》上亮相，受到投资者的欢迎和好评。投资者纷纷要求进一步了解《上市公司经营状况说明书》的格式内容和编制方法，为此，大华会计师事务所还在南昌路上的科学会堂举办上市公司经营分析知识讲座；讲座共分四讲，本人也承担其中一讲。尽管我是教师，但面对来自证券市场的投资者授课还是第一次。

首次上市公司年报披露刚结束，就已近1991年年中了，于是我们又开始规划上市公司的中报披露工作了。这次中报披露只披露财务报表，于是我们重点讨论财务报表的格式分类和编制方法，会计界老前辈娄尔行教授、时任上海财经大学副校长的汤云为教授也多次参加讨论，并提出了许多很有价值的建议。

经过讨论，决定采用资产负债表[2]和损益表[3]来反映财务状况。考虑到股份制试点阶段的实际情况和实用简洁的原则，在项目分类上也作了细分和归并，如将长期投资分为长期的有价证券和向其他单位的投资；将职工奖励、福利基金、大修理基金、教育基金、工资基金和预提费用合并为专项负债；股东权益细分为股本总额、股票溢价和累积利润。考虑到累积利润是特定的专门分类，我们规定在附注中要说明累积利润的构成内容。

1991年7月29日，在上海证券交易所挂牌的8家上市公司在《上海证券交易所专刊》公布了中期财务报表。至此，上海证券交易所开业后首次年报和中报信息披露工作顺利完成。作为该项工作的参与者之一，我既对能参与这

---

[2]　资产负债表是反映企业在某一特定日期（如月末、季末、年末）全部资产、负债和所有者权益情况的会计报表，是企业经营活动的静态体现，根据"资产=负债+所有者权益"这一平衡公式，依照一定的分类标准和一定的次序，将某一特定日期的资产、负债、所有者权益的具体项目予以适当的排列编制而成。

[3]　损益表（或利润表、损益平衡表）是用以反映公司在一定期间利润实现（或发生亏损）的财务报表。损益表上所反映的会计信息，可以用来评价一个企业的经营效率和经营成果，评估投资的价值和报酬，进而衡量一个企业在经营管理上的成功程度。

项证券市场开创性工作感到荣幸，也更深刻认识到我国会计制度改革的迫切性。可以这样说，首次年报和中报信息披露对于加快我国股份制会计制度的制定和实施具有积极的推进作用。

以上财为背景的首家股票上市咨询专业机构

一个偶然的机会，我开启了在资信评估领域的探索。当时，中国人民银行想要成立一家评级公司，为了显示独立性，要求必须由大学或者研究所主办。那一时期的中国人民银行上海分行行长正是上财的原副校长龚浩成，上财争取到了这个难得的机会，由当时的副校长陈和本负责筹建这个项目。陈和本和我同住在一个小区。就是这样简单的机缘巧合，我进入到了一个全新的领域。我那时完全是一张白纸，但从可行性研究、章程制定到报告申请，再到工商注册登记，我在这个全新的领域变得逐渐饱满和丰盛起来。

1992年，上海财经大学与中国金融教育发展基金会共同投资组建了新世纪投资服务有限公司，我作为常务副总经理主持公司日常工作。当时对公司的业务经营定位是资信评估、上市代理服务和信息咨询活动。由于资信评估市场较小，业务量不大，所以我主要精力抓上市代理服务。但如何代理？自己也非常迷茫。从法律规定看，没有专门的代理机构从事上市代理的要求，而且已上市公司在上市过程中也没有聘请类似中介代理机构，因此业务较难开展。好在我与上交所有过共事年报、中报的良好合作关系，彼此较信任，此项业务在他们的支持下逐步开展起来。

记得当时上市公司主要来自上海地区，政府批准发行股票后，上市时间要求很快，常常一批十几个甚至二十几个。许多上市公司为了赶上市进度，一边还在招股认购，一边就向上交所申请排队，希望早日上市。上交所那时工作人员较少，上市部只有两三个人，大批量上市审核工作压力较大，于是我就提出能否参与这项工作代理。上交所领导也非常支持，如每次上交所召开上市准备会议，都通知我列席参加，使我有机会能及时了解信息、了解上市动态。我参加的第一次会议是在1992年8月，与会者有三爱富、广电股份、金桥股份、国脉实业等一批上市公司的董事长、总经理。会上上市部同志介绍完上市程序和要求后，还将新世纪公司介绍给大家，说如果上市公司上市准备有困难的话，可请新世纪公司做上市咨询顾问。会后许多公司董事长、总经理纷纷找我们，表示了希望得到帮助的意愿，这使我信心倍增。

但"万事开头难"，开始时有的公司不了解，只表示意向，但总不"下单"。记得那次为广电股份上市公司咨询时，该公司董事长在上交所会议上与我们说得很好，希望我们马上进入，但第二天当我们冒着炎日赶到该公司时，她却说有会计师事务所帮他们做，不聘我们了，然后每人送上玩

上海三爱富新材料股份有限公司

具电扇一只打发我们走了。我们乘兴而去、扫兴而归。尽管出师不利，但我们仍不气馁，以我们的服务质量、态度和效率去吸引客户，最后广电股份还是把我们请了回去。当其股票上市时，他们对我们的服务深有感触，认为请我们做上市代理值得。

1992年10月13日，三爱富公司上市公告书正式刊登，成为我公司上市代理服务的第一个客户。首炮打响后，影响较广，一些后续上市公司纷纷找上门来，业务量多了起来，这对我们来说犹如久旱逢甘霖，高兴极了。

上市代理服务涉及面较广，程序环节多，许多准备上市公司的同志并不完全理解，我们就是承担着上交所与上市公司之间的桥梁和纽带作用。为此我们专门编写了上市代理服务流程，从报表翻制、上市申请、相关文件准备以及上市报告书的编写都作了明细规范，从而在保证上市质量的前提下，加

快了上市速度。

1992年末、1993年初，到上交所上市的外地公司逐渐增多，这些上市公司大多具有历史遗留问题，情况比较复杂，上市代理服务难度也因此增加，咨询内容也不仅仅是编制上市报告书了，还要作为总协调人，协调法律、审计、国资、税务等关系。当时许多证券公司人力单薄、经验缺乏，因此遇到这类公司也请我们一起服务。那时我们与申银、万国、海通等证券公司都建立了业务关系，许多外地公司都是我们一起去洽谈、策划，彼此配合也默契。证券公司做前道——承销；新世纪公司做后道——上市。久而久之，新世纪公司在证券公司中的名声也扩大起来，甚至在证券业流传这样一句话："股票要上市，请找新世纪。"

在许多同行眼里，新世纪公司好像与上交所有一定的关联，甚至认为是上交所的"三产"。其实，新世纪公司与上交所没有任何投资关系，要说关联，可能是人缘的"关联"或是业务上的"关联"吧！正因我们的工作不仅受到客户的赞扬，而且得到上交所领导的认同，1993年5月北京天桥、天龙两家公司上市报告书刊登，我们公司正式作为股票上市咨询机构亮相，从而成为新中国证券市场第一个股票上市咨询的专业机构。

斗转星移，短短几年，新世纪公司上市咨询服务的市场遍布全国，北到哈尔滨，西到新疆、四川，南到深圳、广州，先后为80多家上市公司、80多只A股、20多只B股提供了咨询服务，服务内容也从单一的编制上市报告书发展到整体策划、发展上市以及企业内部财务管理。我们公司还受上海证管办的邀请，为上海上市公司的财务主管举办有关合并报表、信息披露的知识培训讲座。

在做资信评估的这些年里，我多次得到大学同学们的帮助，在业务活动中，我也常和同学在不经意间碰面，甚至有时候我们成了评估者和被评估者。现在我的副手就是我的大学同学，老三届的老丁。直到现在，我还是这么称呼他，而他也还是叫我小朱。

第一份投资价值报告

从1993年下半年开始，由于受市场急剧扩容和宏观调整影响，股市开始进入下降通道，股指屡创新低，截至1993年6月14日收市时，上证综合指数轻易击破500点整数心理大关。如何在低迷的市场中激发投资人气，引导投资者理性投资，成为证券市场管理者关注的问题。

在这一形势下，新世纪公司凭借多年来一级市场咨询服务的经验，开始挖掘上市公司的投资价值，重新审视主营业务突出、业绩优异、股价被相对低估的上市公司。1994年6月初，在上证所动议下，由《上海证券报》社和新世纪组成的联合调研小组，开始对拟定的青岛啤酒、青岛海尔等公司进行实地考察，阅读上市公司各类披露材料，并与公司高级管理层直接交流。经此番调研，认为投资者对上市公司的了解仅通过信息披露还有局限性，于是由新世纪公司执笔的中国证券市场第一份投资价值报告——《青岛啤酒投资价值报告》，6月15日在《上海证券报》以两个版面的篇幅刊登，对公司产品生产规模、经营业绩与财务状况、所面临的风险

1993年8月，青岛啤酒股份有限公司首次采用无限量认购申请表的方式发行A股

及股票的市场表现等方面，作了较全面的评估和分析。

报告的发表在当时低迷的市场上形成了一道亮丽的风景线。当日青岛啤酒股票逆市而上，上涨幅度超过4%。尽管这份投资价值报告以现在的眼光来看还显得比较稚嫩，但它毕竟开创了中国证券市场中上市研究分析的先河，为投资者对上市公司深入了解提供了又一条有效途径。

继《青岛啤酒投资价值报告》后，我们公司又陆续发表了青岛海尔、浦东强生、宁波杉杉等十多家上市公司投资价值报告。这些报告对激活市场人气、倡导理性投资起了较好的作用，受到社会的好评和欢迎。此后一些证券公司和其他中介咨询机构在上市公司股票发行、上市、配股的咨询时，也纷纷运用新世纪公司创造的投资价值报告形式，使其成为证券投资咨询业的一个独特服务产品。

1994年，我还主编了一本《中国股份公司实务》，系统介绍了股份公司运作全过程。这本书从构思酝酿到定稿出样，历时一年半。在此期间，恰逢我国证券监管体系、内容正在调整过程中，编写难度不小，可我们还是迎难而上，边写边修改，最后形成了囊括当时中国股份公司运作全过程的实务大全。该书得到中国证监会、国家体改委、上交所的支持，当时中国证监会发行部聂庆平主任、国家体改委生产体制司李小雪处长和上交所吴雅伦副总经理担任本书的顾问，中国证监会刘鸿儒主席还为本书题写了书名。该书出版后即告售罄，许多证券公司、中介机构将该书作为工具书推荐其员工阅读学习。

新世纪公司在新世纪的发展

21世纪以来，新世纪公司秉承一贯的发展理念，在短期融资券评级、上市公司债券评级、可分离交易债券评级等方面开拓发展，在经济环境不断变革发展的时代，始终走在前沿，创造了国内证券投资市场的多项第一。

首先是完成第一家证券公司短期融资券^[4]评级。2005年1月，新世纪公司迎来了证券公司短期融资券第一单。在对国泰君安的短期融资券评级时，先是按照国际惯例给出了A-1的短期最高级别。但鉴于当时短期信用级别在国内市场上还没有出现过，监管部门、投资者认可的都是长期信用级别，为了满足投资者和主管部门的要求，并确保该期短期融资券的顺利发行，新世纪公司最后采用了折中的方法，即在原来的长期信用级别符号"AAA"级后面加了一个括号，标注（s）来表示短期（意味着short-term）。"AAA（s）"也成为中国资本市场上唯一的标注短期信用级别的方式，但我认为其更大的意义在于推动了随后的短期融资券评级的市场规范。

其次，是成为首批具有资质的评级机构。新世纪公司于2007年10月9日得到中国证监会的批复，成为首批具有证券市场资信评级业务资质的评级机构。新世纪公司在对上市公司债券评级业务中，除了周密的现场调查、细致的案头分析以及严格的三级审核制度外，更注重与客户及时、全面的沟通，关注财务报告质量和重大经营风险的分析，对不符合增级标准的，及时与客户交换意见以换取谅解。例如在莱钢股份20亿元公司债券的评级业务中，对方提出采用集团担保的方式对债券提供增级，但考虑到集团本身的信用质量弱于上市公司，评级人员最终仍将级别定在了AA级上，并得到莱钢股份的认同；在豫园商城债券的评级业务中，由于上市公司提供了可分离的资产，对债券进行了全额覆盖，评级人员在对抵押资产的质量、公允价值、与上市公司资产的分离程度等因素综合考虑的条件下，认可了该项增级措施的效果。

此外，我们还进行了可分离交易债券^[5]评级。2006年5月，中国证监会发布的《上市公司证券发行管理办法》第27条规定，上市公司可以公开发行

[4] 短期融资券是指具有法人资格的企业，依照规定的条件和程序在银行间债券市场发行并约定在一定期限内还本付息的有价证券。
[5] 分离交易可转债的全称是"认股权和债券分离交易的可转换公司债券"，它是债券和股票的混合融资品种。分离交易可转债由两大部分组成，一是可转换债券，二是股票权证。对于分离交易可转债也可简单地理解为"买债券送权证"的创新品种。

2007年8月27日，《上海证券报》刊载的《证券市场资信评级业务管理暂行办法》全文

认股权和债券分离交易的可转换债券，从而将权证与可转换债券结合起来，为上市公司金融工具创新提供了新的选择。新世纪公司先后承接了上港集团、葛洲坝等上市公司的可分离债券发行评级业务。评级人员尽管早有大众公用、上海电力等上市公司可转换债券的评级经验，但对可分离债券中特有的金融衍生特性仍然进行了谨慎分析。如对葛洲坝的信用分析中，我们充分考虑其2007年吸收合并对公司经营风险的影响，尤其是同业竞争状况的改变以及业务合同的上升，并结合国家产业政策、公司经营基本面、债券发行条款、募集资金用途、偿债资金保证等方面进行了测试评价，同时请公司研发部的人员提供相关的理论支撑，合理保证信用分析的深入、准确。

历史使新世纪公司有幸成为一个新中国证券市场发展的见证者和参与者。纵观新世纪公司的发展历程，成功与挫折并存。从资本市场发展初期参与信息披露的规范建设，到为公司改制上市提供咨询推荐服务，从为投资者撰写价值投资报告，到为发行方提供评级服务，资本市场每一次起伏，都给新世纪带来了新的机遇和挑战。即使在新世纪公司业务陷入低潮时期，公司全体员工也秉承"坚韧不拔、持之以恒"的心态，强化企业文化建设和员工素质提高，使公司的内部结构更为合理，员工队伍更加团结精炼。从默默无闻到有人喜欢，可以说时代给了新世纪公司机遇，新世纪公司也抓住了机遇。未来，在构建多层次资本市场、大力发展债券市场的时代背景下，评级业将继续大有可为。

链接：

第一份投资价值报告的诞生

如今，大家对各类投资、研究机构发表的上市公司投资价值分析报告已经习以为常。投资机构或研究人员在对上市公司进行调研的基础上形成投资价值分析报告或调研报告，然后依此进行投资，已经成为专业机构的投资业务流程核心环节。但是，恐怕很少有人知道中国第一份上市公司投资价值分析报告是如何诞生的。

中国证券市场发展早期，沪深证券交易所还分属上海和深圳地方政府，统一的证券监管和发展体系尚未完全形成。当时，证券市场中上市公司少，投资者也少，资金更是有限，沪深证券交易所为了争夺有限资源发展各自的市场，开展了激烈的竞争。那时，市场的活跃度对吸引资金以及公司上市地的选择非常关键。两家交易所为了在市场发展的竞争中处于有利地位，在活跃市场方面做了很多工作。

1993年，青岛啤酒在香港和上海成功上市后，对上海市场鼓舞很大。为进一步吸引投资者参与上海市场，上证所领导决定对青岛啤酒进行正面宣传。不久，由上证所出面组织了上海证券报和上海新世纪投资服务公司有关人员到青岛进行现场调研，要求回来后形成对市场有影响力的宣传材料。由于一般的宣传材料对市场的影响作用不会很大，因此，在形式上必须要有所创新。经过讨论，大家认为应该借鉴国外的做法，写一篇青岛啤酒的投资价值分析报告，从理性投资角度进行宣传，带动市场投机力量，以达到活跃市场的目的。

由于当时国内市场对如何调研和分析上市公司的投资价值其实并没有经验，而且参加现场调研的又是以记者为主，因此，这篇投资价值分析报告实际上是记者操刀为主，专业人士润色为辅，文学色彩比较浓。记得报告的开头说，青岛有两朵浪花，一朵是海浪形成的，另一朵是啤酒形成的。然后做了很多有煽动性的定性分析和描述，其中的财务分析则相对简单和粗糙。

因为形式上是专业文章，署记者的名字不合适，于是决定以上海新世纪投资服务公司的名义对外发表。报告发表后，这种新颖的宣传形式得到了市场好评，青岛啤酒股价也出现了一波上扬行情。

此后，随着市场对投资价值分析报告这种形式的广泛认同，许多公司为了提升股价或提高新股申购资金量，纷纷请中介机构发布投资价值报告。有几年时间，作为必备的推介工具，几乎每家公司新股发行前都会发表整版的投资价值报告。再后来，有些人将其当作操纵股价的工具，投资价值报告功能被异化。近几年，随着各类机构投资者的不断壮大，理性投资再次主导市场，投资价值分析报告本来的功能才得以恢复。

——摘自尚志强：《我亲历的中国股市五个第一》，载《见证中国股市》，上海三联书店2009年9月版。

尚志强，1966年7月出生，江苏南京人。1997年1月毕业于上海财经大学国际会计专业，获博士学位。1992年至1995年在上海新世纪投资者服务公司担任咨询部副经理，帮助多家企业改制上市。1997年1月至2000年4月在上海证券交易所上市部和市场发展部任职。2000年5月至2006年2月先后任上海上市公司资产重组领导小组办公室重组发展处负责人、市金融服务办公室上市重组处副处长。2006年3月至2010年8月在上海万业企业股份有限公司担任董事、总经理。2010年10月后任上海朴易投资有限公司担任执行董事、上海天谷生物科技股份有限公司副董事长。编著有《企业资产重组财务顾问》《企业会计信息披露与分析》等专业书籍。

"中国式投行"的早年岁月

口述：尚志强

时间：2018年8月5日下午

地点：上海柏年律师事务所

采访：唐旻红、郝丁丁、单永、杨怡红、孙亚南、李润钰等

整理：单永、郝丁丁

现在大家通常会将帮助企业股票上市的人叫作干投行的。在国外，干投行的人主要有两件事：拿项目、卖股票。拿项目这件事不需要多说。卖股票则是项目最后能否成功的关键。在市场化定价的环境下，如果股票价格定得

太低，企业不乐意，可以不发；如果定得太高，没有人买也做不成，所以投行在其中发挥中介作用，尽量平衡买卖双方的利益。

在中国，干投行拿项目也是需要的，但却不用愁卖股票这件事。从中国股市诞生至今，股票发行上市都是需要行政审批的，能否发股票，甚至什么价钱发股票都不是市场说了算，而是政府说了算。这种严格的审批制使得一级市场的股票成为极其稀缺的资源，股票是不愁卖不出去的，投资者买到即是赚到。在中国获得同意你发股票这件事比卖股票难多了。所以，虽然在中国干投行不用愁卖股票，但多了另一项非常重要的工作——制作申请股票发行上市的材料。因此，我把"中国式投行"定义为"拿项目、作材料"，其中作材料的技术性更强一些。

我参与中国股市就是从干"中国式投行"开始的。在这里我想给大家讲一讲在中国股市建立初期"作材料"的一些经历。

勤工俭学入"新世纪"，参与开创性工作

1991年，我到上海财经大学读研究生，上海证券交易所已经开张，有8只股票在交易，即"老八股"。1992年初，上海第一批股票认购证发行了。这些发行股票认购证的公司，接下来准备发行股票，并在上海证券交易所上市。当时发行股票不需要上海证券交易所的审批，但上市时上海证券交易所要进行审查，并且要求这些准备上市的公司发布上市报告书，进行较全面的信息披露。为了提高上市申请材料的质量，提高审核效率，上海证券交易所希望由专业的中介机构，帮助这些准备上市的公司制作上市申请材料。因为当时上海证券交易所上市部正式员工就两个人，上市审核工作量巨大。上海新世纪投资者服务公司（以下简称"新世纪"）领导了解到这些情况后，主动与交易所领导联系，愿意协助这些准备上市的公司制作材料，提供上市咨询服务。

新世纪是1992年7月由上海财经大学和中国金融教育发展基金会共同发起设立的一家对标美国"标普"和"穆迪"的公司，起家业务是债券评级。

面对新的业务机会，新世纪开始大规模招兵买马。时间紧，任务急，依托学校的优势招收在校研究生进行勤工俭学成了首选。当时我是研究生二年级学生，这样的机会对我们来说是非常宝贵的，不仅可以赚一点钱，更重要的是可以获得宝贵的实践经验，直接接触到资本市场一线工作。于是，我报名参加了面试并被录用。

第一批经过面试进入新世纪的两三个研究生，一上岗就立即被派到项目上去了。如何不辜负交易所领导的信任，做好上市咨询工作对我们整个团队来讲是一个比较大的挑战。当时新世纪的主要领导是来自财大的两位老师——朱荣恩、徐建新[1]。他们科班出身，理论功底深厚，对企业实际比较了解，又年富力强，充满创业激情。他们不仅带领我们一起做项目，遇到问题还和我们一起分析讨论解决方案，工作氛围紧张又愉快。在这样的环境中，我们几个年轻学生快速成长了起来，很快就可以独当一面了。

当时提供上市咨询，主要是帮助企业做两件事：一是制作上报给上海证券交易所的上市申请文件。二是编制公开披露的上市报告书。

申请上市到底需要哪些材料？当时上交所也没有明文规定，可以说也在探索之中。既然没有规定和样板可以遵循，那就只能依靠自己。在做具体项目的过程中我们主动和交易所领导沟通，了解他们进行上市审核关注的核心问题，争取获得指导意见。同时我们还发挥自己的学术背景优势，梳理思路，寻根问底，从上市为什么要审核、审核什么、需要什么材料证明等等最根本的问题出发，向企业和相关政府部门了解情况。然后先将申请材料内容分为几大类，再列出详细的文件清单目录。我们整理的申报材料文件目录经过几个项目的实践和不断完善，逐渐得到了上交所的认可和赞许，慢慢也就固定了下来，成为后面公司申请上市的模板。

上市报告书披露什么内容？最早上市的公司都简单的，基本上就是报纸

---

[1] 徐建新（1955— ），时任上海新世纪投资服务公司副总经理，后任东方国际（集团）有限公司总经济师，上海锦江国际酒店发展股份有限公司独立董事，百大集团独立董事。

的1/4版面内容。我们认为这么少的信息根本没有办法满足投资者的要求。但对应该披露哪些详细的信息，详细到什么程度，当时也没有明确规定。于是我们大家只能根据自己的理解，从假如我是投资者的角度去问问题，参考国外上市公司的信息披露内容，不断对上市报告书的内容进行充实。在得到交易所肯定后，上市报告书的内容后来扩充到了两版。

这两项工作在现在的投行人员看来是非常正常的，因为有大量规则和模板可以给你参考。但试想一下在20世纪90年代初期，外界很少有参考坐标的情况下，开创性地干活还是有很高技术含量的，也是需要一定基本功的。正是因为干得不错，新世纪也希望能有一个名分，在交易所领导认可下，一段时间后，上市报告书中出现了一个机构：上市咨询机构——上海新世纪投资者服务公司。可以说这几乎是当时新世纪的专属称号。

上市审批权上收北京，上海经验全国推广

1992年10月，国务院证券委员会和中国证券监督管理委员会宣告成立，标志着中国证券市场统一监管体制开始形成。与此同时，将股票发行上市企业扩展至全国的社会呼声也越来越高。

80年代中后期，国家开始推动经济体制改革，股份制试点是重要的改革

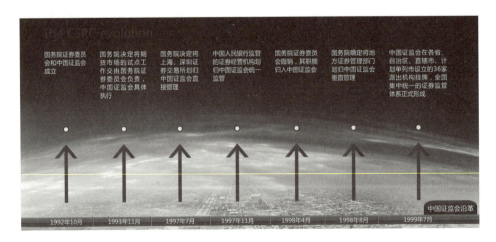

内容。当时全国很多地区的体改委陆续批准了一些股份公司并发行了股票。但当时这些公司发行的股票并不能在上海和深圳上市。看到上海和深圳股市被炒得如火如荼，这些股份公司羡慕不已，纷纷要求自己发行的股票

北京市天桥百货股份有限公司一股面值100元的股票

票也能上市交易。随着1993年上半年股票上市审批权从沪深两个证券交易所被上收到北京，中国证监会开始考虑解决这些股份公司的股票上市问题。

我们通过各种渠道获知，全国其他地方的股份制企业可能很快就能到上海上市。于是我们走出上海，开始大量接触各地已经发行股票的公司。在上海积累起来的成功经验和声誉，使我们很快赢得了大量客户的信任，手里积累了不少项目。中国证监会正式受理后，我们应该是第一批上报申请材料的。

1993年4月底，我们当时得知北京天桥准备上市，经人推荐，我们被确定为上市咨询顾问。4月30日，新世纪总经理朱荣恩带领我从上海飞往北京，与天桥的任总见面商谈具体的上市工作安排。天桥方面强调，作为中国第一家股份公司，一定要成为北京首家股票上市公司。现在的任务是要以最快的速度将材料上报中国证监会。鉴于我们经验丰富，任总希望由新世纪牵头与会计师事务所、律师事务所等中介机构共同组织工作组。任总话说得也很白："尚老师你让我们怎么做，我们就怎么做，所有机构都听你的，但必须保证上市。"

听了这话，我心里非常清楚责任和压力也同时下来了，但我们已经没有退路。虽然在上市申报方面，我们之前积累了比较丰富的经验，但这是第一次上报中国证监会，对中国证监会的审核标准我们心里也没有底。不过为了给大家以信心，我还是表现得非常从容自信。在认真听取情况介绍并仔细分析了相关书面资料后，我提出了有关上市申报材料和口径的全面解决思路。

在得到大家认同后，我对工作组成员又进行了分工。我自己负责所有文件的质量审核和资料汇总，并编制上市报告书。

整个"五一"前后，工作组齐心协力，全力奋战，5月7日全套上市申报材料制作完成。从项目启动到申报材料制作完成，整个过程仅用了7天，如此高效的工作应该是空前绝后的了。5月8日申报材料递交中国证监会。两个星期之后，上市申请获中国证监会批准，5月24日，北京天桥（600657）的股票正式在上海证券交易所上市交易。其实当天同时上市的北京天龙（600658）上市申请也是我做的，材料之前已经做好了。

后来我们了解到，当时中国证监会还没有上市审批的详细标准。大家材料报上来之后，中国证监会认为新世纪制作的材料非常专业完备，也就没有提出异议。同时，他们还把我们申报材料的目录下发给全国所有券商，要求他们按此来制作上市申报材料。当新世纪同事们得知这个消息后备受鼓舞，这也应该算是上海经验的全国推广吧。

走进股份公司最集中的四川，普及资本市场知识

作为当时改革步伐比较快的省份，1988年，四川省已有36户国有大中型企业和15户企业集团进行股份制试点，其中部分企业发行了实物股票。1991年以后，股份制试点迅速扩大，发行股票、股权证的企业随之增加。正因为四川存在这么多股份公司的股票上市需求，所以也成了新世纪业务的重要拓展地区。成量股份（600673）、四川峨铁（600674）等公司都是新世纪客户。

在帮助四川股份制企业进行上市申请的过程中，我们发现当地对股份制的理解非常多样化。地方政府、企业负责人、投资者讲的语言往往都不是一个体系。不少项目听完介绍感觉不错，但看完材料完全不是那么回事。说的是股票，其实有保本条款；说的是债券，但又没有期限和还本付息条款。各级政府部门的批文也是五花八门，有的连基本概念都是错的。因为一两个文件不合规而折载上市进程的企业不在少数。在做项目同时，新世纪的同事在

四川也做了不少股份公司和资本市场知识的普及工作。

当时的四川还有一个比较有特色的地方，就是这些股份公司的股票虽然没有在沪深两个证券交易所上市，但实物股票交易却非常火爆。从上海与深圳股市上传回来的各种声音和财富传奇，也开始影响对股票懵懂却又充满好奇的成都人，手持各种股权凭证的人们，开始寻找变现的渠道。当时非常有名的交易地点就是"红庙子"。

红庙子就是一条只有200米长的街道，1991年12月26日，成都第一家证券行——四川金融市场证券交易中心在红庙子街挂牌营业，为当时已经流行起来的企业债券和国债券的柜台交易提供了实地场所。这个交易场所也让手持股权凭证的人们开始思考，股票这个新兴的事物，是否也可以在金融中心附近来交易。于是，从1992年起，手持股权凭证的人们三五成群地开始往红庙子街聚集，从最早的寻求股权变现，逐渐演变成一场轰轰烈烈的民间自发股权交易热潮。

我在做四川项目时，感觉到逛一逛红庙子是一件很接地气的事。那里人山人海，买卖股票非常简单，花花绿绿的实物股票像菜场摆摊一样放着，上面印着股份公司名称、每股面值、股数、董事长名字、公司注册地等等。买卖双方讨价还价，一手交钱一手交货。市场上也没有什么假股票、欺诈等行为，有时在卖股票的时候把身份证抵给人家，或者把身份证复印件给别人，作为一个担保。听说最火热的时候，红庙子附近能够聚集不少于5万人，没有警察维护秩序，但几乎没有听说过小偷和抢劫的。仔细了解下来才明白，到这里来的都是干这行的，把安全看得很重，都明白如果安全上出了问题，

1992年底起，四川成都红庙子街上自发形成了非正规的股票、债券交易市场，鼎盛时期每天有数万人在此交易。1994年1月，当地政府平稳关闭了"红庙子市场"

损害的是每一个参与者的利益，所以大家都能自觉维护交易秩序。当时的红庙子也应该算是全国一景。

太极实业初试全国发行，助其安度体制转型期

1992年深圳"8·10"事件以后，大家觉得限制认购的方法不好，容易出事，所以后来一段时间的股票发行，采用不限量发售认购证，然后按比例抽签认购。理论上来讲和目前的网上申购摇号中签一样，只不过当时都是发行的实物认购证。

江苏两家企业——太极实业，600667，和苏三山，000518，1993年初经当时的国家体改委和江苏省人民政府批准，先后在全国范围内率先进行了公开发行股票试点。这两家公司的股票发行都还不是中国证监会批准的，因为1993年4月22日国务院第112号令发布的《股票发行与交易管理暂行条例》，才正式将股票的审批权划归中国证监会。当时两家公司的发行方式，是有组织、无限量发售只收工本费的一次性认购证，公开抽签，凭中签认购证交款购股。

太极实业的上市咨询也是我做的项目。这个公司的股份制改制是90年代初完成的，相对比较规范。只是由于股票发行不是中国证监会审批，中国证监会感觉权威受到了挑战，所以需要公司、地方政府向中国证监会做很多沟通和解释工作。在这个过程中，我基本上常驻北京，随时处理各种问题。最后中国证监会的工作终于做通了，他们也理解是体制的原因，不是企业的问题。他们对上市申报材料质量还是非常满意的，只提出补一个审批文件的原件就同意了。

在太极实业股票发行时，我们判断，如果能认购到公开发行的股票，就肯定可以赚钱。于是在发行快结束时，我们自己也购买了大量的认购证。具体数量已经不记得了，应该有几万张。后来的中签率不高。中签以后，我在宾馆里花了整整一个晚上在中签认购证上填写相关信息。对我个人来说，虽然错过了购买早年上海股票认购证的机会，但在全国试点开始阶段，也算抓住了一个小小的发财机会。市场很快就会自己找到平衡点。考虑到认购证的

成本分摊，后来通过实物认购证购买股票，就不一定是稳赚不赔了。

发行上市一体化审核，新世纪进行业务调整

1992年到1994年两年多时间里，上市咨询业务在名正言顺之后，因技术含量较高、收费不高，监管部门领导也支持，新世纪上市咨询业务竞争对手很少，业务拓展迅猛。记得上海证券交易所到达120家上市公司时，我们统计了一下，其中60家是新世纪的客户，独占半壁江山，我自己主导或参与的项目也有30家。当年的客户如众城实业，现在的"万业企业"，600641，上海金陵，现在的华鑫股份，600621，东方明珠，现已合并注销了，青岛海尔，600690等，这些公司现在都已"物是人非"了。

后来中国证监会采取的是发行上市一体化审核政策，发行必上市，券商承担了发行上市的全套工作。新世纪没有证券发行承销牌照，在这样的政策背景下，单独承接上市咨询服务的难度越来越大，1994年底开始进行业务调整。我自己也结束了这段早期的中国式投行生涯，回学校专心攻读博士学位了。

今天，中国资本市场取得了举世瞩目的成绩。大家对资本市场下一步发展充满期待，纷纷建言献策。我作为资本市场早期工作的参与者和见证者，有时回顾起那段岁月经历，还是十分感慨的。任何事物都是逐渐发展起来的，发展初期的各种问题一定会在未来影响其进一步发展，但因为有问题就不发展，就永远也不会有今天。只有了解历史、理解历史，才能更好地认识今天的资本市场，才能提出有价值的建设性意见。以下几点想法与大家分享：

第一，中国资本市场按今天的标准是带病出生的，可能还不止有一种病。从更宏观的角度看，带病出生比胎死腹中好。借用"原罪"一词，我们可以把它称为"原病"。这些"原病"包括股权分置、所有制偏见等等。未来我们不应该抱怨这些"原病"，要理解这些"原病"的历史成因，想办法消除它或降低它的不良影响。

第二，资本市场是一个非常复杂的体系，牵一发而动全身。中国资本市场20

多年发展，是不同层面、不同主体共同努力的成果。宏观推动固然重要，但是还有很多一点一滴、一砖一瓦做贡献的人士，也非常值得尊敬，也需要理解。未来同样需要大家群策群力、共同努力。资本市场很多地方是精细活，不少出发点很好的改革设想和措施，就是因为很小的细节原因，而在实践中走了样、变了味。

第三，资本市场本质上是买卖企业的地方，和菜场这类市场有很大的区别，它是市场经济高度发展的产物，也是最高级别的市场。这个市场受多种因素的影响，包括基本经济制度、政治体制、社会文化等等。这个市场与国际接轨的唯一途径就是开放、尊重市场运行的基本规律、减少政府行政干预。我对资本市场未来的发展充满期待。

链接：

从学术机构的"重庆试点"到政府牵头的多地试点

在意识形态问题上，首先遇到的问题是：企业实行股份制，究竟是姓"资"还是姓"社"？我请教过蒋一苇、厉以宁、王珏等同志。蒋一苇回答我说，股份制既不姓"资"，也不姓"社"，而是姓"中"，它是一个中性事物，既可以为资本主义服务，也可以为社会主义服务。他还说，资本也是一种中性事物，过去为区别于资本主义企业，我们把资本改称为资金，其实完全没有必要。资产的价值形态就是资本，它可以属于公有，成为公有资本，也可以属于私有，成为私有资本，它本身并不注定必须属于谁所有。把资本按等额划分为股份，成为股本，也是中性事物，它可以属于公有，成为公有股，也可以属于私有，成为私有股。

我同意蒋一苇的观点，补充说，"股份制"姓"商"，是商品经济大发展的产物。我当时还形象地说，搞企业集团是要把企业组成若干个"国家队"，成为能够与资本主义竞争的团队，成为小平同志所说的够格的社会主义企业。这就是我当时提出实行股份制设想的来由。

理论上是这样认识，实践则要从试点开始。到1983年，我提出，由我和蒋一苇带着社科院工业经济研究所热心于搞股份制的同志，去重庆搞试点。为什么选择重庆呢？ 1、重庆是被国务院认可的综合改革城市；2、蒋一苇不仅是中国社科院工经所所长，同时还是重庆市社科院院长；3、重庆市支持蒋一苇办了一个很有分量的刊物——《改革》（双月刊）； 4、重庆市是内地大都市，试点有成绩固然好，试得不好对外影响也不大。

我提出去重庆搞试点的想法后，当时的国务院领导比我还积极。他说：此事由体改委牵头，北京、上海、深圳等地都要试点。这就把我原来设想的由学术机构力量去试点，变成由政府层次牵头去试点了。这样做影响很大，各地也有在此前后进行股份制试点的，一度形成了"股份制试点热"。

我和蒋一苇及工经所的同志乘火车去重庆试点，一路上讨论得很热烈。大家对职工持股意见较一致，对"企业股"争论最大。蒋一苇认为，这是新的探索，是一种劳动共有股份制，社会主义企业实行股份制，可以有自己的特性。但多数同志不同意。我当时的态度是，在不上市的有限责任公司内可以试点，上市的股份有限公司按国际惯例，不搞"企业股"。争论的具体内容，这里我不赘述。大家如有兴趣，可以看一下蒋一苇《我的改革观》文集内的《论股份制》一文。

在重庆，我们选择了两个试点企业：一个是嘉陵摩托集团，与河南一个军工厂实行资本联合；另一个是以一个著名的中药厂为核心组建企业集团。蒋一苇亲自组织一批同志起草有限责任公司章程，经过职工讨论,深受欢迎。我在嘉陵集团职工大会上讲了话，鼓励嘉陵要努力成为中国摩托车王。我的讲话稿登在《改革》杂志上。

我回京后，重庆嘉陵来人反映：试点不顺利，嘉陵遇到"三不变"（企业隶属关系不变，财政利税上缴渠道不变，企业所有制身份不变）的阻力。我找军工口的主管同志谈了话，后来嘉陵企业集团取得很大成绩，在电视广告上被称为"中国摩托之王"。

——摘自张劲夫：《股份制和证券市场的由来》，载《财会月刊》2001年第2期，第4—8页。标题为编者另拟。

任文兴，1958年10月出生，上海人。1992年进入申银证券公司工作，1993年受聘亚洲商务投资咨询公司，历任亚商证券部经理、副总经理、董事。1998年8月创立中路投资公司，任总经理、董事。2001年5月任职杰兴投资有限公司董事长。

摸着石头开创证券咨询

口述：任文兴

时间：2018年8月26日

地点：上海柏年律师事务所

采访：范永进、郝丁丁、王蕾、何单、浦亮、丁晏健、危钊强

整理：郝丁丁

2018年是一个值得纪念的年份，于公是改革开放40周年，于私是40年前我荣幸地成为恢复高考后的第一批大学生。假如让我回忆这40年走过的道路，那就是我幸运并且自豪地走在改革开放的道路上。再进一步回味自己与改革开放结出的硕果——"股市"的关系，那就用改革开放最常用的一个用语：摸着石头过河。我摸着石头进入股市，摸着石头参与开创中国的股市咨询行业，摸着石头体验了"激情燃烧的岁月"。

只要回味自己过去的经历，就会越来越感到"摸着石头过河"这句话的亲切。这也是我从事证券咨询的最好写照。

证券咨询的"黄埔军校"——亚商

40年前，我是刚刚入学的77级大学生，几乎就是这恢复高考大学生中最小年龄的学生。其后，懵懵懂懂地看着改革开放，也被改革大潮席卷着成为工程师、券商从业者、咨询公司的老总，也最终成为投资公司的董事长。有幸经历了改革全过程，真的感到自己的人生相当饱满，十分充实。大学里通过竞选成为大学学生会宣传部长，自己写作的《大学生组歌》获得上海市大学生汇演创作奖。当工程师时做计算机集成应用系统，还获得部级科技成果奖，也因为这一成果，让初创不久的证券公司注意到我。因为我把计算机应用到股市行情分析，在当年申银证券"超级大户"中引起轰动，被当年《青年报》写成专题报道"电脑杀手冲入股市"，所以也就极为自然地成为和被成为证券咨询黄埔军校——"亚商"的一员。

亚商是公司简称，全称是亚洲商务咨询有限公司。我就此与同样是77级大学毕业进而成为大学教授的陈琦伟先生有了交集。1988年，在汪道涵老市长的指示下，时任华东师范大学国际金融系教授的陈琦伟先生成立了亚商的前身——亚洲研究所，专注于研究如何将当年"亚洲四小龙"经济发展的成功经验借鉴到改革开放初期的中国，同时也将自己多年积累下来的学术理论和心得在市场上进行实践。在亚洲研究所诞生的同时有了亚商，我在申银证券工作的同时也成为了在亚商工作的"特殊人物"。当然随着股市的发展，既要负担对客户的咨询服务，又要出版各类股市资讯媒体，还要组织股市沙龙，已经没有精力从事券商的工作，只能全职担任亚商的副总经理。

2018年是亚商成立30周年，无论是最初作为全国最早股评周刊的《壹周投资》；还是1993年在中国石破天惊的最早4个上市公司控股权争夺案例中，连续担任了3个案例的财务顾问；或是1995年因预见到中国持续的市场化趋势，而必然激发越来越多的兼并收购活动，牵头召开中国首次"企业兼并收购讨论会"，并在此后身体力行策划了上房—嘉丰、中远—众城等一系列大型企业的并购活动；还有自1999年起与《中国证券报》共同发起"中国最具潜力的上市公司"评选及论坛活动，并以此为契机拓展了亚商的战略管理咨询业务；自2001年开始在咨询主业的支持下涉足风险投资领域，发起成立"亚商资本"，并先后管理了多支人民币基金类的投资公司，形成了咨询加投资的稳定主业模式和独特的核心竞争力……这些都显示了亚商对中国资本市场的前瞻性。作为亚商初创年代的一员，回忆当年，自己都会惊讶怎么创造了这么多的"第一"。

"777"预测与中国股市技术分析的普及

　　股市下跌，投资者往往会寻找股市的底部，而找底部的方法很多是用估值、用资金的，就是用投资者喜闻乐见的技术分析的手段来推测分析。股市早期也是如此，但领风气之先并对技术分析普及有推动的案例就是"777底部"。有的老股民还记得1993年上证综合指数777点的事情，当年上海证券

1992年6月6日，上海《一周投资》创刊

交易所培训券商时也会知道这段历史。如今回想起来，我已经少了当时的骄狂，多了几分冷静：股市底部的预测成功实际上也是种豆得豆的结果，或许也带着几分运气。事情是这样的——

　　1993年的上海股市流传着财富的神话，股票认购证使成千上万的上海人一夜之间成为了万元户。那年的2月16日沪股首创1558点，中国股市疯一把后开始进入漫长熊市。国民经济的治理整顿并没有使刚刚拥有财富的人们冷静下来，几个大户凑在一起就能控制一只股票的涨跌。《壹周投资》周刊的一位编辑首先提出"浦东

概念"并得到市场的响应，浦东金桥率先成倍上涨，但整个市场则从1500点上方回到了900点、800点，市场人气极度受压。

1993年7月22日，《中国证券报》发表了我的《敢问沪股底在何方》一文。文中用技术分析中的形态理论分析了上海股市的可能趋势，方法不复杂，属于一看就懂的画图工具，最后得出一个结论：上海股市的777点是一个铁底，不久就要跌到底了。分析的理论是最简单的，但却是一针见血的。

文章发表后，跌势依旧，根本没有要止跌的样子。7月27日，789点开盘后，跌势依旧，780点破了，下午指数便慢慢探到了777.73点。然后似有神助，股指不再下探，而是慢慢回升：780、790、800，最后收在791.62点，

收市后正在电视台做节目的一批同行笑着打电话问我，777点有效吗？我肯定地说："有效！"当晚的电视、广播全都提到此事，有点轰动，投资者更是议论一片，各种舆论也对新生不久的技术分析方法评头论足。有人认为当时在券商工作的我可能利用资金优势制造这个结论，也有人认为是碰巧而已。第二天、第三天收盘分别在799点和800点。技术分析确认底部成立，不久指数再度重见千点。3个月后，股指再度回落，10月25日盘中最低为784.97点，以后777点被市场认同为一个重要点位：在其上其为底，在其下其为顶。这一结论维持了多年，1996年9月19日之后便再也见不到777点了。

应该说上面这段历史被称为上海技术派的一段佳话，也成为投资者学习技术分析方法的重要推动力。当然，自从有了股市，伴随而来的就是预测分析。如今分析手段众多，但要预测成功真的太难了。此事之后引发的技术分析大讨论也一度十分热烈，作为引发者，我没有参与讨论，这是后话了。多少年后回顾当年的这场技术分析，对投资者避免盲目寻找基准，客观地说是起到启蒙作用的。

有人说文兴是以777点预测而成名的。事实上，我同智麟、金颖等一批技术分析人士在1992年就曾与上海第二工业大学等联合举办过技术分析培训班，每期人数在80人到100人左右。在当时股评主要讲内幕消息的环境下，我们的

出现无疑给市场带来了一股清新的理性投资之风。一些知识分子、科技人员、老师和记者成为培训班的主角。我又被《青年报》报道为"电脑杀手"，同时也是多家证券公司的自营顾问，这种影响力是现时的一些同行所不能相比的。而股市众多技术分析追随者，也对"777"的预测成功起到关键作用。

现在回忆起"777"，我想说这是天时地利人和共同形成的一段佳话。市场在发挥作用，而我个人只是发挥了影响力。

点燃深圳牛市的一次"黑马俱乐部"沙龙

上海的股市沙龙几乎是伴生着中国股市而同步形成的。大家都知道上海早年股市沙龙的鼻祖——万国证券公司黄浦营业部门口的马路沙龙。股民遇到股市波动或者想交流对股市的看法，往往会去那里，那是免费的，人山人海堵塞交通，只要你愿意站在马路上就行。而我当时主持亚商的证券咨询业务，其中一项就是组织收费投资者沙龙，名叫"黑马俱乐部"，重点在分析个股，是上海早年三大股市沙龙之一。我们往往租用酒店或饭店，有茶水或茶点，限制参与人数，有专人讲解股市或分析上市公司，还有投资者互相交流。有时会根据不同情况举办大型报告会来分析突发的消息。这类报告会基本没有审批手续，也没有地方受理审批。我在自己公司出版的报纸和刊物上刊登广告，第二天就在市中心的影剧院举办报告了。如今回想起来真是感叹一句：真是上个世纪的事了。

这种定制的专题报告会或沙龙中，有一件值得一说。那是一次深刻影响了深圳股市的群英会。由于长期从事证券投资和证券咨询，

万国证券公司黄浦营业部门口的马路沙龙

主持盛名远扬的亚商黑马俱乐部，同时我又是影响广泛的《亚洲证券》的主笔，周刊《壹周投资》封底又是我的专栏，让我与影响股市的各方都有了交往。我十年如一日地为《壹周投资》、《亚洲投资》、《上海证券报》、《劳动报》撰写股评文章，而这些报刊的覆盖面在上海乃至全国是相当广的。1995年年底，由一家证券公司出资赞助，也就是定制专题沙龙，我出面召集了一个全国性寻找股市战机的研讨会，主题是大资金运作经验交流。

会议在上海南汇的汇丽会务中心举行，为期2天。到会的主要有两类人物。一类是各大证券公司老总或负责自营的老总、机构投资者或被称为"庄家"的人。另一类是市场上著名的来自全国各地的股评家。我作为亚商的副总经理，担任会议主持人。深圳来了余昌力、安妮、野岛等人，上海来了应健中、洛文、林川、近水、智麟、简直，亚商的董事长陈琦伟作为主办单位负责人也出席并发言。市场人士代表有杨怀定等。"327国债期货事件"的主要参与方也都到了场，一些媒体也都敏感地赶来参加会议。这次会议事后被人称为"群英会"。

由于是大资金运作的交流，会上会下都是机会。又由于是寻找大战机的群英会，会议开得十分热烈，议论焦点变成了深圳市场会不会是下一步的热点。当时深圳股市成份指数只有1000点上下，且数年冷寂，被称为"死亡股市"。与会人员渐渐从分歧趋向一致，得出深圳股市可能有戏的结论。其中一位刚从美国回来的某大券商研发部总经理表现十分突出。他虽然在刚开始时感到投资理念相差太大，但到后面却连连表态回去后要专题研讨深圳股市。

会议后的一个月内，深圳股市成份指数便从935点快速上升到4480点。随着时间的推移，渐渐发现当年与会的机构几乎都是深圳牛股的催生者，其中部分与会者成为我国首批基金经理。这次活动是亚商在服务机构投资者方面的一次尝试，也是历年亚商"黑马俱乐部"沙龙中值得纪念、"含金量"较高的一次活动。现在看着当年的照片，感叹不已。后来1996年开始的"沪深大战"[1]我也卷入其中,为沪深孰强孰弱奔走于大江南北。虽然对那次群英会知者不多,但知情者心中明白,深圳牛市的第一把火是从那儿点燃的。

报告会的效果和股民的热情

亚商的股市沙龙创立很早,也延续了很长的时间。同时期还有几个沙龙相当出名,如券商出面承办的万国和平俱乐部,有上市公司联谊会背景的云峰沙龙。亚商的股市沙龙冠名为黑马俱乐部,每周在外滩一家名叫金都汇的酒家举办,基本都是亚商的客户。沙龙为投资者解惑释疑,提供一个互相交流的场所。

除了为客户收费服务的沙龙,亚商不定期举办的股市报告会也十分热门。我们还在全国各地举行大型投资报告会,或者应邀以合作名义举办各类讲座,其中一次在上海市工人文化宫举办的报告会令我至今难忘。

1996年4月28日星期日,名为"四大名家纵论股市"的报告会在舆论宣传中火爆地开场。听众挤满了上下两层的工人文化宫影剧院,报告会开始前,聚集在万国证券公司黄浦营业部门口的马路沙龙自发地移到一路之隔的工人文化宫影剧院门口,入场券出现了炒卖。四大名家是应健中、林川、顾铭德和我。股民们在我们滔滔不绝的分析评论推测中,不时地掀起阵阵掌声。

报告会临近尾声时还发生一个插曲。在会场楼上栏杆处有一位股民,几乎把大半个身子悬空举手要求提问,我赶紧拿着话筒说当心不要摔下来,引起哄堂大笑。原来他要求我们台上四大名家每人仅推荐一只股票。这位投资者后来成为笔者的朋友,还是上海最奢华酒店的老板。

看到会场上热情似火的股民,会场又响起不愿散会的掌声,我们四个人商量了一下,便每人推荐一只股票,最后报告会在热烈的掌声中结束。那个会场气氛十分热烈,我冲出股民们的包围后对助手说,明天我们所推荐的股票可能暴涨。

---

[1] 即上海证券交易所与深圳证券交易所争夺股票市场份额。

第二天，4月29日周一，我所推荐的"成都量具"跳空0.20元开盘，并迅速价量齐增。当日该股股价冲高到6.28元，比上一交易日3.82元的收盘价上涨了64.39%，收盘为6.09元，也有59.42%的惊人涨幅。当日成交1737万股，而前一交易日仅391万股。虽然当时是T+0交易，大涨的个股常会出现，但像只因一句话便引发59%以上的涨幅这种情况还是很少见的。

放在今日回想，股市既有风险，同样也有巨大的收益。当然，现在也不可能有这样的活动，更不可能有如此涨幅。摸着石头在河里的我们，在为投资者获取暴利的同时，一样也蕴含风险。

回想往事，讲到股民的热情，不能不讲到武汉的一次广场报告会。那次是应健中和我二人的大型报告会。主办者把报告会会场安排在一家证券公司门口的广场上。应健中首先发言，会场效果很好，在他动人演说下会场气氛极为亢奋。接下来我发言，不料中途竟下起雨来，先是小雨，后来越下越大。我同主办单位商量是否暂停一下，让大家避雨，不料广场上的股民一致宁愿淋雨而不要报告中断。

我在主席台上虽淋不着雨，但心中十分感动。一边下着雨一边作报告，动情演讲加上热情听众，在雨中举行股市报告会，这一幕成为武汉报纸次日的一大新闻，报道的题目就叫"雨中情"。

这类场景，在中国股市发展初期不时地出现。作为上海的投资咨询专家，我有幸成为不少地方作股市大型报告会的开创者。在新疆、江西、福建等地，人们被改革开放引导出来的投资热情令人难忘。不管岁月渐去多久，像武汉的"雨中情"此类场景却无法从记忆中消去，因为这些不仅是我个人的体验，更是证券市场发展过程中的一个个侧面。而从这些侧面中，我看到了投资者的成长，也看到了改革开放的脚步。

收购兼并的出现与股市"龙虎榜"的开发

作为证券市场资本配置资源，现在人们都习以为常，也能理解"举牌"

和股权收购。但是早期股市对此极为敏感甚至"反感"，表现在股市中就是暴涨暴跌，以至于人们概括一次熊市和牛市就是一个"浓缩的人生"，因为看到太多的人间悲欢。

1993年，上海股市曾出现一件大事：宝安集团收购延中实业。当时的报纸对"宝延风波"作了大量报道，延中的股价也飚升异常，不但引起管理层注意，而且相应的股价出现令人咋舌的暴涨与暴跌。从"宝延风波"中直接获利者不在少数，一些新的超级大户因此而诞生，自然也有一批超级大户因此被消灭。这是在T+0[2]时代，现在不少投资者不知道T+0交易方式的利害，它可以使你一夜暴富，也可以将你"打穿"[3]，倒欠券商后直接回家。见识过券商处理类似案例，投资者几乎成为赌徒，赌对了大富大贵，赌输了下场难以描述。

值得一提的是，当时的亚商也顺应企业的要求，开始担任股权收购的财务顾问。1993年在中国石破天惊的最早4个上市公司控股权争夺案例中，连续担任了3个案例的财务顾问，也让我看到中国证券市场巨大的发展空间，即企业借助资本市场追求超常发展的旺盛动力。这在亚商成立30年后看得更

"宝延风波"是《股票发行与交易管理暂行条例》颁布后首例上市公司并购案，引起了社会和媒体的高度关注

---

[2] T+0是国际上普遍使用的一种证券交易制度。凡在证券成交当天办理好证券和价款清算交割手续的交易制度，就称为T+0交易。

[3] 即本金输光出现负数。

为清晰。

在T+0时代里，看盘功夫自然十分重要，因此培养出了一些以技术分析为手段的快枪手。我在研究T+0操作技巧的同时，利用专业所长，与证券公司电脑开发人员共同合作，开发出了"龙虎榜"，即利用当时DDN[4]网络，截取其他证券营业部的成交回报信息，精心进行分析，而这种分析必须长期累积，从而弄清各种交易席位、股东账号、什么人常用哪些账号以及股票品种的库存。我每天都要分析到很晚，而我们当时的营业部配备了性能很好的电脑。因此，统计出有规律的交易，再由我配合K线[5]来判断这些个股的未来走势，成为我当时的重要工作。

站在现在的时点看当时，几乎就是现在含义上的"黑客"，也没有感觉这是一件不该做的事情，没有规章限制也没有法律限定。我知道现在依然有人做类似的事情，但是不会有声音。

当时白天盯盘，晚上加班，从清算数据中试图找出某只股票交易背后的资金动向。为了给客户过硬的数据分析，我用"静波"笔名写"龙虎榜"，用技术分析的语言形成报告，提供给有关的机构和客户。由于宝安收购延中前，我们便从一些特定账号持续进货中发现了异常，因此资料除了我们自己作为操作参考外，还应某公司要求提供给了延中实业公司，因为其中违规太明显。

在一些机构中，"静波"主力动向报告还是很受重视的，也是亚商咨询产品的一项"卖点"。如同如今的网友交流一样，一段时间内，上海和深圳"龙虎榜"的发烧友还会私下交流，互相提醒动向，其中一部分人创办电脑公司，开发和经营证券分析软件，一部分人创办专业投资机构。

"龙虎榜"的资料我也不时地用于黑马俱乐部，使得亚商俱乐部的吸

---

［4］ DDN（Digital Data Network），系数字数据网，一种传输网络，它是将数万条、数十万条以光缆为主体的数字电路，通过数字电路管理设备，构成一个传输速率高、质量好、网络时延小、全透明、高流量的数据传输基础网络。

［5］ K线在股市及期货市场中运用，画法包含四个数据，即开盘价、最高价、最低价、收盘价，所有的K线都是围绕这四个数据展开，反映大势的状况和价格信息。

引力大增。我是理工科出身，喜欢寻找规律，"龙虎榜"是我们的摸索。当然，电脑操盘做庄模型我们也试图设计过，但这是后话。我从个人投资者、证券咨询人员到机构投资者，"龙虎榜"在中间起过不少作用，让我辨明了信息的真伪、朋友的真假。

随着时间的推移，我在"龙虎榜"中发现许多新面孔和大鳄，中国股市不断发展壮大。不过随着市场扩大与法规和监管的完善，事实上已很难完整全面地从清算数据中理出头绪，"龙虎榜"逐渐退出在咨询产品中的应用。当然，之后"庄家"或实力机构与上市公司合作拿到几乎实时的股东持股清单还是存在的，但"龙虎榜"在日常二级市场的应用中退出了。

从本质入手提升上市公司价值

时代在进步，投资理念也在不断深化。我们当年"摸着石头过河"时的证券咨询方式，已不适应投资人群和发生巨大变化的中国股市了。有人总结我们当年的咨询和投资模式是中国股市的"草莽时代"，第一次听到还相当反感，不太能接受。但是在亚商工作时，董事长陈琦伟给了我相当的支持，我也从陈老师身上学到不少东西，只要是证券市场总会服从证券市场自身的规律。从价值发现到价值创造，使我的目光转向新的领域投资银行。

有件事较为典型。1997年我应邀在重庆参加一场股市报告会。这样的报告会当年几乎每周都有，让我几乎走遍了全国各地，也养成一个爱好：旅行。在这个报告会上，一位深圳的同行以"高举绩优股的大旗"为题作报告，而我的报告标题为"在垃圾股中淘金"。两者的差别，自然引起到场股民的兴趣。因为1996年"深沪大战"[6]后，深圳和上海的同行也常会闹出一些言语不和，把上海股评统称为"亭子间文化"便是一例。

报告会最终热烈非凡，行情实际上验证的结果是我对了。因为上海上

---

[6] 即沪深两个证券交易所争夺上市公司和市场份额的民间称呼。

市公司的资产重组方兴未艾，其他地方的壳资源利用达到一个高潮，而我恰好从技术分析转向较为深层的价值评判中来。在1997年、1998年等年度中，资产重组成为市场焦点。就像后期的网络热"市梦率"一样，"从垃圾中淘金"，自然是找出一批打着滚上涨的股票了。主题投资开始兴盛，这类报告会上争口舌之快意义不大，而挖掘并创造价值则深入人心。

现在投资者早已不分深圳、上海了，而以前连投资理念都不一样。上海讲概念，深圳讲业绩，价值发现是上海的同行慢于深圳，而到价值创造时，上海人的脑筋却快过了深圳人。以前找我问问题的人都问有黑马吗？有主力吗？而现在问的是有好项目吗？再举个例子，"西安黄河"也是我曾花大力包装、宣传的个股，证券报上整版的投资价值报告就可证明。从争取挂账免息到呆坏账的处理，从它在陕西省的地位到未来的科技项目等洋洋洒洒上万字，我都参与过。当然该股股价也从4元多涨到9元上方，公司名称也改为"黄河科技"。不过之后的股价变化与我无关，那是新的一轮价值创造。

我从实践中认识到，股市是存在泡沫的，消除泡沫的方式有两种：一种是打压股价使之与业绩相符，不过许多投资者因此受伤；另一种是帮助上市公同提高业绩或丰富概念，使之与高企的股价相符。我赞成后一种做法，而且不仅是这样说，也是这样做的。现在我不做大众咨询了，早就转向企业咨询、财务顾问，也成为机构投资者。20多年的实践有成功的也有失败的，更有现在看起来存在问题的，但都让我看到中国股市巨大的发展，看到证券市场优化资源配置作用正在凸现。但与以前相比，大家现在很难见到我，主要是我已不做电视台股评节目的特邀主持了，也不再做黑马俱乐部了。不过与投资者朋友还保持着接触，那就是每周我都有媒体的专栏，在我的文章里一直与喜爱我的投资者保持着思路上的交流，想想还是很开心的。

往事如烟，现在回想起这些陈年旧事，颇有感慨也觉得幼稚。我国证券市场在这近30年中发生的变化实在是太大了，它已经壮大起来。中国股市也成为世界上名列前茅的"巨无霸"，它不但支持着经济发展，也培养出一代投资者。看着电脑屏幕上上证指数的K线图，特别是记录自己成长轨迹的那些图线，心里不但充满暖意，也对"摸着石头过河"的那段岁月表示敬意。

链接：

在七重天宾馆喝早茶的"老法师"

1989年，上海市政府决定筹建证券交易所，由中国人民银行上海市分行负责。但交易所是什么样子，所有当事者都没见过。为此，中国人民银行就通过各种手段在全上海寻找到了林乐耕、吴仕森、施之敏、魏少庭、龚懋德、王渭熊、穆壮武等7位在旧社会干过证券行当的老先生。这些老先生讲出了许许多多旧上海的证券故事。老先生中资格最老的人还与蒋介石做股票经纪人时做过同事。每个老先生的经历都十分坎坷，有的不但在解放前蹲过监狱，解放后也曾身陷囹圄。时隔四十年，改革开放的热潮又将这些饱经沧桑的老人聚拢在一起，当时他们年龄最大的已有90高龄，最小的也已65岁。

这些老先生每周六上午在上海南京东路浙江中路口的七重天宾馆聚会一次，这个时间雷打不动。老先生们都已退休，所以他们的名片上通讯地址一栏上印着每个人的家庭地址和电话，还有一个共同的地址就是上海南京东路627号的七重天宾馆，可见他们对这个聚会的重视。聚会的时间是上午8：00，喝早

南京东路627号的七重天宾馆

茶。在那个年代，喝早茶还是比较时尚的。他们在窗口面对南京路的角落边摆一桌可坐十五人左右的大桌子，老先生每人坐的位子是固定的，每次活动按顺时针转下来轮流买单。七重天宾馆为自己的营销，将餐厅向社会开放，任何人都可参加，无须缴纳听课费，只需支付自己的茶资即可，每人50元可享用丰盛的早茶，并可与老先生们面对面进行股票知识的切磋交流。那时，全上海做股票的人不多，所以这个沙龙参加的人也不多，每次除老先生外，少时二三十人，多时五六十人。

沙龙的活动方式是讨论式的，在老先生靠窗的一桌边上放一个话筒，茶客们有什么问题提出来后，老先生中就会有一个人上来跟大家交流，气氛活跃，却也随意。

在七重天股票沙龙中，老先生们每个人的生活现状参差不齐，有的老有所养、老有所乐，而有的生活比较拮据。我每隔一段时间去参加沙龙，看到老先生们那一桌出现了空位，一打听，坐这位子的老人走了。老先生们很固执，这个位子就让它空着，似乎他还在沙龙中。这种状况，令人唏嘘不已。

——摘自应健中：《股海钩沉》，载《见证中国股市》，上海三联书店2009年9月版。

第 **04** 编
配套建设图创新

　　筚路蓝缕，以启山林。股市创设初期，一切从零开始，少不了思想激荡、他山之鉴、媒体参与等多方面的理念碰撞和理论先行。基于此，才有实践的勇气、创新的思维、开放的格局，才有法律探索、财会改革、市场研究、评估监管等一系列配套建设和中介服务。这一切，营造创建了中国股市的发展环境。

戴园晨，1926年7月生，浙江海宁人。1949年5月在华东局财政部工作；1954年大区撤销后调中央财政部，后任财政科学研究所研究人员。1980年转到中国社会科学院经济研究所担任研究工作，兼任中国财政学会、中国价格学会、中国税务学会、中国成本研究会理事，中国社会科学院荣誉学部委员。

中国股市与经济理论的互动发展

口述：戴园晨

时间：2018年8月28日

地点：戴园晨北京寓所

采访：李康、郝丁丁等

整理：郝丁丁

1984年7月，北京天桥百货商场正式宣布股份制改制，成立天桥百货股份有限公司，中国首家股份公司诞生了。股份制经济的出现，对传统的社会主义经济理论产生了很大的冲击。赞成与反对，推进与质疑，股份制理论从突破到发展，始终伴随着股份制的创新与实践，始终沿着我国改革开放的时代脉络不断向前。这之中，有成功也有遗憾，有共鸣也有争论，但无论如何，股份制经济理论的蓬勃发展，正是我国社会主义市场经济改革发展的大环境下，股份制经济形态不断冲破深水区、曲折前进的有力见证之一。

1980年，我到中国社会科学院经济研究所工作，结缘股份制经济的研究。

以各地实践助推理论，用马恩理论抗衡"本本"

改革开放之后，我国经济出现了许多新事物，股份制经济就是其中之一。当时，一批敢吃螃蟹的勇者闯入了这个新的领域，办起了股份制公司。最早的大概要数1982年成立的宝安公司，那是由当时担任深圳市宝安县农业办公室主任的曾汉雄负责筹建的。他们面对资本金不足，想了个点子学香港做法办股份制公司，募集了200万元资金，把公司办起来了。上海最早的股份制公司是飞乐音响公司，其发行的股票"小飞乐"被誉为新中国第一股。北京的天桥百货商场是开北京风气之先的股份制公司，1985年向社会募股时轰动一时，有的人半夜起来去天桥百货商场买股票。刘靖基、唐君远等1000多位原工商业者集资兴办的爱建公司于1979年9月就成立了。

那时，股份制经济虽然已经出现，但在理论上的争议还相当多。基于我国当时的特殊历史条件，原来由本本主义和个人崇拜所设置的禁区相当多，股份制经济就曾经被当作禁区，被看成是社会主义的异物。理论禁区不冲破，股份制经济难以推广。后来有人从马克思、恩格斯的通信集中找到了他们通过信函往来阐述的观点，如股份制是具有社会性质的；美国若没有股份经济，铁路建设将会推迟好多年。于是，人们在文章中反复引用这些观点，采取用"本本"抗衡"本本"的办法，为中国推行股份制争得了一席之地。

不过，那时候对股份制的了解实在是很肤浅的。我和吴敬琏曾经在上海参加过有关部门组织的关于股份制章程的讨论会，提交的章程讨论稿中规定，投资者购买股票后不愿继续持有，可以退股还钱。这是把股票的性质和企业债券[1]混为一体。但因为当时社会上对股票疑虑较多，把它和债

---

[1] 企业债券（Enterprise Bond）通常又称为公司债券，是企业依照法定程序发行，约定在一定期限内还本付息的债券。

券混淆反而能吸引投资者，因而有不少企业在改制时采取了这种办法，比如金杯汽车改制时就作了买股票不想继续持有时可以退款的规定。理论工作者指出这一规定有缺陷时，企业领导打哈哈说这个道理我懂，可不这样规定不行。

"巴山号"游轮研讨会，中外学者共探理论思路

1985年，中国社会科学院和国家体改委在从重庆到武汉的"巴山号"游轮上，召开了宏观经济国际讨论会。会上，中国学者介绍了国有企业改革的进展。当时多数企业推行承包制，这只是经营方式的改进，解决不了国企产权模糊、国家和企业界限不清、"大锅饭"难破等改革难点。

而会上的国外学者，包括诺贝尔经济学奖获得者詹姆斯·托宾[2]等人，则介绍了国外股份制企业的状况，说如今股份制企业的持股者有了很大变化，机构持股、基金持股占很大比重，不论是保险基金、养老基金还是特种用途的各种社会基金，其持股性质都不同于原来的私人资本持股，而且这些企业已不再是私人持股管理，普遍的做法是聘请具有专门学识的经理人才来经营管理。

国家体改委对推动股份制改革和中国资本市场建立作出了很多贡献。图为国家体改委宏观司合影，前排左一为时任国家体改委宏观司司长楼继伟

听了国外学者介绍后，中国学者得到

[2] 詹姆士·托宾（James Tobin，1918—2002），早期的研究为凯恩斯主义的整体经济学说提供了理论基础，并最终发展成为当代的投资组合选择和资产定价理论。在金融市场及相关的支出决定、就业、产品和价格等方面的分析做出了重要贡献。

戴园晨的专著《社会主义宏观经济学》

启发，认为通过股份制改造可以使国有企业从单一的国家所有制改变为国有控股的混合所有制，由于改变了单一的国家所有，可以使企业的产权得到明晰，除去吃"大锅饭"的基础，使企业获得经营管理的动力，需要向股东交代又促使企业增强透明度，并且形成改进经营管理的压力。

这样，在会议上达成了共识。主办单位向上写了报告，协办的世界银行北京代表处的林重庚先生也写了报告，报告送到高层领导人那里获得认可。这次会议虽然并不属于行政决策会议，可是它开拓了理论思路，打消了推行股份制会犯错误的顾虑，为以后的放手推广创造了条件。大量的股份制企业出现之后，理论探索才冲破禁区而获得发展。

"棍子"追着打，步子不能停

全国的股票市场也并不是从一开始就获得理论上承认的。我国的经济改革虽然一直以市场为取向，但它经历了逐渐深化、逐渐升级、逐渐明确的过程。最初对市场的理解只不过作为计划经济的补充，即所谓"大计划，小自由"，然后是"有计划的商品经济"。随后，理论界进行了有计划商品经济中的市场体系的探索，即除了商品市场之外，还应当有要素市场，包括劳动力市场和资本市场。这样，原来在社会主义经济理论中受到排斥的所谓股票市场，随着对资本市场的理论探索，而被一些理论工作者提上议事日程。

不过，实践不等人。当数以千计的股份制企业出现之后，必然会有一些持股者因为种种原因需要变现。于是，在不少地方出现了股票的转让流通。这不仅在上海、深圳有，在好多城市都有。成都的红庙子便是颇有名气的股票店头市场。后来，中国人民银行上海市分行和深圳

成都的红庙子市场在当时是颇负盛名的股票店头市场

市分行先后批准成立证券交易所。那时理论界还纠缠在计划和市场"姓资姓社"的争论之中，争论是非对等的"帽子"满天飞，"棍子"到处打。

为了避免争论，证券市场的建设和发展采取了绕开理论界的做法，有问题也是两个证券交易所和"联办"作为工作研究处理。而且到1992年10月成立中国证监会之后，基于反对者的压力，对证券市场仍是一边做一边强调它的试验性质。总不能不让试验吧？于是，证券市场在反对者的议论纷纷之中，在理论上既不否定也不肯定的情况下，获得生存并且发展起来了。

1989年3月15日，在北京香格里拉饭店，证券交易所研究设计联合办公室成立，这家机构被业界称为"联办"

国有股流通受阻，分层次市场夭折

用试验的说法来对付否定证券市场的言论时，也容忍了理论准备的不足和迁就。举例来说，上海和深圳的证券市场建立之初，所有股票都是可流通的。后来一些人认为国有股在证券买卖中会造成国有资产流失，加上数量很大，怕上市后影响股市，于是规定国有股和法人股暂不能流通，使得我国的A股市场成为世界上少见的、只允许社会公众股[3]流通的市场。在上市公司配股时，国有股股东有时候因为资金等制约不愿认购配股，一些人认为这样会造成国有持股比例下降，公众持有的可流通股比重上升，于是又规定转配股暂不能上市。

其实，这些人的观点本来在理论上并不成立。国有股股东卖出股票，只不过把资本从股票形态转化为货币形态，从而把这笔货币资本用于投资新的项目或者购买别的企业的股票。因此，这只是国有资本的流动，而不是国有资产流失。国有资产要流动，才能用好用活，不允许流动便只能彻底套牢，动弹不得。国有股不能上市流通，成为股市里最大的历史遗留问题，很不容易解决。

我国股票市场的理论准备不足，还有一个例子，是股份制改革初期设想先经过定向募集阶段，再发展成为公众公司，早期的数以千计的股份公司都是定向募集股份的。可是后来改革思路有了变化，定向募集公司的股票出路便成了问题。本来，随着上海和深圳开展起证券交易，不少地方也陆续有了自己的证券交易市场，为一部分定向募集公司的股票流通提供了出路。

从世界各国来看，在集中的证券交易市场之外还有层次较低的市场，被称作店头市场、柜台交易市场、场外交易市场等，是常见的、合乎规则的。

---

[3] 社会公众股也指个人股，是一个相对与国家股和法人股的概念，早期在二级交易市场也就是我们说的证券市场上交易的都是公众股，国家股和法人股是不上市流通的股票，是为了不让所谓的"国有资源流失"造成的。从2005年4月进行了股权分置改革之后，慢慢地所有的股票就要全流通，就不存在什么国家股，公众股之说了。

例如，日本除了东京证券交易所之外，还有七个地方证券交易所，各自交易地方性的股票；美国证券市场也是分层次的。遗憾的是，我国证券市场发展过程中对此宣传和介绍不够，对地方交易市场存在的必要性、合理性、有效性没有阐明。实际部门和理论界曾经共同讨论地方证券市场的发展，并且曾经设想通过各个市场之间的联网活跃交易，却想不到因为过去没有把道理讲清楚，一旦强调规范和整顿证券市场，便不得不中途夭折，由于闭市而被深度套牢的持股者数不胜数。

牛有牛步，莫成疯牛

股票市场初创时期的理论准备不足，很快得到了改善。大量高素质人才进入证券管理部门、证券公司、上市公司，逐渐成了理论队伍强、理论成果多的部门，开展的理论讨论也数不胜数。比较值得回忆的是20世纪90年代关于"股市泡沫"和股市"财富效应"的讨论。

股市有泡沫的说法由来已久。早在1852年，苏格兰史学家查尔斯·麦凯在他写的《非同寻常的大众幻想和群众性疯狂》一书中，就曾经生动地描绘过发生于17世纪和18世纪的荷兰郁金香风潮、法国密西西比泡沫、英国南海泡沫这些历史事件中，操纵策划者的欺诈和群众的狂热。泡沫源自投机，我国股市诞生之后，多次出现过股价的暴涨暴跌，对股市投机的指责也不绝于耳。

1994年11月7日，《上海证券报》刊登了对戴园晨的专访

记得刘光弟就曾经和我谈起过，解放前上海不法证券商用对敲的手法哄抬股票价格。他听到某些人操纵豫园商场股票达到天价，说要写文章批评股市投机，后来果然写了发表于《经济研究》杂志。当时人们还没有完全摆脱计划经济时期形成的心态，对于通过买进卖出博取差价的行为很不以为然，对于投机有着道德上的反感，指手画脚，评头品足，并不奇怪。批评文章发表在股市圈以外，股市中人对它不大了解，也不大关心。

引起普遍瞩目与关心的，是1994年《上海证券报》组织的如何对待股市泡沫"寻求大智慧"的讨论。起因是吴敬琏多次发表了对股市过度投机和泡沫现象的批评，上海有些股市人士持有不同见解，《上海证券报》提供版面，热闹了一阵子。讨论本不在于争是非高低，而在于提高风险意识，推动理论研究，积极意义是很明显的。

泡沫有常态泡沫和非常态泡沫的区分，我曾用没有泡沫的啤酒喝起来没有味道，来比喻常态泡沫是活跃股市所必需的。至于非常态泡沫，是指系统性的金融风险以及推波助澜的市场狂热。此泡沫不同于彼泡沫，对两种泡沫不能笼统地一概加以否定，而是要尽量防止热了再热，以致常态泡沫演变成非常态泡沫。后来，到1996年12月初，我曾发表过《牛有牛步，莫成疯牛》一文，就是对当时狂热的股市由常态泡沫向非常态泡沫发展提出警告。

"股市泡沫"大讨论

我国的股市以散户为主体。散户的特点是股市处于低点时不敢买进，等到股市热了起来才由乐观情绪支配而追涨买入，以为股价还能不断攀升上去。常态泡沫正是在这种情绪下向非常态泡沫转化的，乐极生悲，泡沫越大越容易破灭，当泡沫破灭股价暴跌时，往往会出现大量的套牢者。《上海证券报》组织的"寻求大智慧"这次讨论以及后来在这方面的讨论，对于认识股市价格变动规律以及培育理性投资者、增强风险意识都是有好处的。

在关于股市泡沫的讨论中，有的理论工作者始终把股市泡沫看成是不正常现象，极力寻找使股价回到它的内在价值的途径，在论证逻辑上朦胧地显出古典经济学关于理论行为主体不会引致泡沫的影子，理想化的色彩比较浓。而实际上，股市参与者多数在股价变动中获取差价利益，他们是非理性的行为主体，这使得股票市场价格不是由股票的基础价值决定，而是由投资者心理决定。

在信息不对称条件下，缺乏信息来源的投资者主要是通过观察别人的行为来取得信息，认为别人买进某种股票可能有利好信息，于是也跟着买进，别人卖出某种股票可能是得到了股价会下跌的信息，于是也跟着卖出。这种"从众行为"产生了"羊群效应"。正如凯恩斯所说的："循此成规所得市价，只是一群无知无识群众心理之产物，自会因群意之骤变而剧烈波动。"这就是说，当股市买卖取决于对未来股价变化的预测时，非理性便成了股市的主流，股市中会不断出现各种各样的"噪音"，泡沫便成为不可避免的股市中的常态了。我曾写过《从非理性预测到理性预测》一文，描述了投资者在锻炼中成熟，然而又有新人进来，因此股市中总是存在着理性的泡沫和非理性的泡沫，即常态的泡沫和非常态的泡沫。

理论与股市互动发展

1999年以后，理论界又有了股市"财富效应"的说法。论者以美国20世纪90年代道·琼斯指数和纳斯达克指数节节上扬，投资股市的人都挣了钱，感觉到自己的财富增加了，消费花钱时大方了，从而又反过来刺激经济，形成了股市和宏观经济的良性循环。从实践看，"财富效应"理论已为决策层接受，原来的一些旨在抑制股价上扬的措施已见松动。上证综合指数在1999年5月初是1100多点，经过一年多的盘旋起伏，到2000年7月已经越过2000点大关，投资股市者多少有所收获，吸引了社会资金投入股市，股票融资能力比过去增强，确实有点"财富效应"的意思。

但也应该看到，从股票市场价值运动的全过程来看，"财富效应"理论和"股市泡沫"理论其实是连通的，是观察同一事物的两种不同角度。"财富效应"理论描述的是在股价持续上扬阶段所起到的鼓励投资、活跃人气、活跃经济的积极作用。"股市泡沫"理论描述的则是股价不断上扬会越来越脱离上市公司经营业绩的实际，泡沫越来越大越稀薄，一遇风吹草动导致股价狂跌，便会因泡沫破灭而引发经济危机。

在我国，20世纪90年代中期，"股市泡沫"论颇有影响，90年代末，"财富效应"论成了主流。但既然两者是连通的，"财富效应"的显现也正是"股市泡沫"的增多，那就不能只强调一个方面。格林斯潘[4]的可贵之处，正在于他在道·琼斯指数和纳斯达克指数不断上扬的时候，始终保持着清醒的头脑，不断向人们提出忠告，小心翼翼地不让常态泡沫向非常态泡沫发展。这一艺术，值得我国股市的掌舵者好好学习。

40年来，中国股份制经济理论与股票市场实践形成了良性的互动发展。40年的改革成就有目共睹，40年的改革过程曲折艰辛，从大胆试、勇敢闯、摸着石头过河，到理论工作的系统发展，改革不断向深水区迈进。股份制改革的巨大成功，说明思想解放对于实践革新的重要指导意义，说明我国社会主义市场经济发展方向的历史必然性。中国经济理论工作者要始终坚持创新与变革的思路，不断探索，大胆尝试，继续将股票市场引领到正确的发展轨道上来，为我国经济建设提供强大的理论支撑。

---

[4] 艾伦·格林斯潘（Alan Greenspan，1926— ），美国犹太人，美国第十三任联邦储备委员会主席（1987—2006），任期跨越6届美国总统。许多人认为他是美国国家经济政策的权威和决定性人物。在他人生的巅峰时刻，他被称为全球的"经济沙皇""美元总统"，无论走到哪里，都会在红地毯上受到国家元首一般的接待。

链接：

早年有关股份制的理论探讨与政策演变

股份制实践的初期，即引起理论界的关注。股份制是否可以在中国实行？理论界争论的焦点在于股份制的性质，即股份制是否是公有制。对此，当时存在着三种不同的观点：一种观点认为，一切股份制姓"公"；另一种观点认为，股份制姓"私"；还有一种观点认为，股份制既可姓"私"也可姓"公"，其性质取决于它是在什么所有制基础上组建的。

厉以宁在1980年最早提出试行股份制，人称"厉股份"。李连仲认为股份制是公有制。1986年，童大林首先在《人民日报》上发表了《股份化是社会主义企业的一个新基点》一文，赞同实行股份制。许多经济学家普遍认为，实行股份制是社会主义商品经济发展的客观要求，是企业经营机制转变的一个探索，对我国所有制改革具有特别深刻、现实、长远的意义。

在实践股份制的过程中，诸如股息红利列支、股票上市、股票交易、股息率、有关法规、有关企业股等等一些具体实施中的问题也在讨论。专家、学者纷纷发表高见，散见于报刊。

通过不断争论，实践也在与理论相互磨合、相互推动。1984年5月，国家体改委印发《城市经济体制改革试点工作座谈会纪要》，明确允许"职工投资入股、年终分红"。1986年5月，国务院转批国家体改委、商业部等单位《关于1986年商业体制改革的几个问题的报告》，第一次提出试行股份制的问题。1987年，中共十三大报告明确指出："改革中出现的股份制形式，包括国家控股和部门、地区、企业间参股以及个人入股，是社会主义企业财产的一种组织方式，可以继续试行。"

1992年初，邓小平在视察南方的谈话中针对股份制的争论发表了讲话："证券、股市，这些东西究竟好不好，有没有危险，是不是资本主义独有的东西，社会主义能不能用？允许看，但要坚决地试。看对了，搞一两年对

系列ription

了，放开；错了，纠正，关了就是了。关，也可以快关，也可以慢关，也可以留一点尾巴。怕什么，坚持这种态度就不要紧，就不会犯大错误。"这种"不争论，大胆试"的务实态度对处于争议漩涡中心的中国新生证券市场的发展起到了有力的推动作用。

1993年，八届全国人大《政府工作报告》中强调指出：股份制是适应市场经济发展的一种企业组织形式，要使之健康发展。1997年，中共十五大报告指出："股份制是现代企业的一种资本组织形式，有利于所有权和经营权的分离，有利于提高企业和资本的运作效率，资本主义可以用，社会主义也可以用。不能笼统地说股份制是公有还是私有，关键看控股权掌握在谁手中。"

后来党的十六届三中全会通过的《中共中央关于完善社会主义市场经济体制若干问题的决定》提出："使股份制成为公有制的主要实现形式。"因此，一直到党的十五大的召开，多年来纷纷扰扰的关于股份制姓"公"姓"私"的问题终于画上了一个句号，股份制实践进入了新阶段。

——摘自浦亮：《国内理论界对股份制的争论》，载《中国股市早年岁月（1984—1992）》，上海人民出版社2007年版。标题为编者另拟。

陈伟恕，1946年4月出生，上海人。20世纪60—70年代曾任中国人民银行新疆奎屯市支行信贷员、新疆金融研究所干部。1980年考入复旦大学世界经济系就读研究生，毕业后在复旦大学世界经济系历任教师、副系主任，复旦大学经济研究中心秘书长，国际金融系教授、系主任。1992年起参与筹建上海浦东发展银行并担任董事、副行长。1995年起任（香港）上海实业（集团）有限公司执行董事、副总裁；上海实业（集团）有限公司党委副书记、副董事长、常务副总裁，兼上海（上实）集团有限公司董事长，上实发展股份有限公司党委书记、董事长等。

从股份制倡议者到股市搏击者

口述：陈伟恕

时间：2018年8月5日下午、9月4日上午

地点：上海柏年律师事务所、上海龙之梦大酒店

采访：范永进、唐旻红、钟家龙、鲍幸鳌、沈霞、丁晏倢等

整理：鲍幸鳌

　　2018年是我国改革开放40周年，各界围绕改革开放开展纪念、回顾和总结，也产生了一些不同的看法和声音，有的说40年成绩、成就很大，也有的说40年问题很多，现在的很多棘手问题都是一路走来造成的，甚至有的想

要倒回去。对后者我不敢苟同。我认为，我们纪念改革开放40周年，首先要反思改革开放为什么会产生？一路走来又付出了怎样的代价？出现了哪些问题？对成就怎么总结？对问题怎么分析？回顾、总结固然重要，但更重要的是怎么在现在的基础上再出发，再前进，把改革开放更好地推向深化，在对过去纠偏的同时把改革开放引向更加正确的道路上去，迎接新的时代、新的挑战。

借此接受访谈的机会，我把个人经历放进这个大背景中去考虑，一方面回忆一些证券市场建立的早年岁月和亲历事件，另一方面也是在回顾的基础上更深入思考下一步发展可供借鉴的经验和规则，为新时代新的准备和起步提供参考。

从新疆金融业务实践到上海股份制理论探讨

20世纪70年代末80年代初，我从理论学术角度，有幸接触到了中国金融证券市场发展的前沿位置，并贡献了自己的智慧。这和我前期十多年的工作、调研和自学是分不开的。

1964年起，我在新疆生产建设兵团地区的金融部门工作，先是在基层银行支行从事实务，后到自治区金融研究所从事研究，进行社会调查和资料收集。到80年代前夕，我已形成了三个较为强烈的观念意识：第一，现在的世界发达经济体本质上是国家垄断资本主义，还能继续容纳生产力的发展和科学技术的进步，我们应该很好地学习借鉴；第二，我国原先这种从上到下统制的计划经济——也叫"五个统一"——阻碍了我们的发展，阻碍了社会生产效率的提高，经济体制需要改变，特别是国营单位必须清除吃大锅饭的局面；第三，金融的重要性在国民经济和社会上没有得到应有的重视，需要改变当时大财政管辖下的出纳型金融的状态，贯彻大金融思想，建立以金融为核心枢纽的现代市场经济运行体系。

这成了我研究的主要方向，带着这个愿望，我报考了复旦大学世界经济系研究生。陈观烈[1]教授是新中国成立后我国第一个开辟研究西方货币银行制度的硕士生导师，当时在全国只招收一名研究生。很幸运，我最后在几十位竞争者中被录取，从此开始了对西方金融体系和中国金融改革的研究，一直延伸到对整个经济改革开放问题的研究。我对股份制的设想，也是从那个时期的研究关注开始的。从1978年到1983年，从新疆金融研究所到复旦大学研究生那段时期，我在全国和上海的学术期刊上发表了一系列论文，如《关于国家垄断资本主义阶段的若干问题》（《世界经济》1979年03期）等，主要也是反映我以上的三个观点。

1982年底到1983年初，我当时正值研究生毕业前后，中共上海市委宣传部部长王元化[2]召集理论讨论会。会上我的发言主题是：只有全面开放才能推进体制改革，改革的前提是必须开放。这和我在"文革"期间不断学习、搜集外国科技、工业进步和体制方面的材料有关。会后，市委宣传部印了一个论文专辑，我的主题发言也收录其中，转发到所有相关单位。王元化部长对我的发言较为赞赏，他后来和我几次见面时都肯定了我的观点，认为这很重要。市委宣传部理论处自此也长期和我保持了密切的联系。

后来，还有一次理论座谈会也留下了深刻印象。大约是1986年初，邓力群[3]同志到上海，在锦江小礼堂召集上海社会科学界的学者开座谈会。我在会上以学者身份讲了我的看法。我说，国有资本是我们社会主义的主干基石，但是这种全部国有的形式不一定合理，我提出要有社会股份进入，要搞股份制，

---

[1] 陈观烈（1920—2000），广东汕头人，著名货币金融学家。1942年毕业于西迁至重庆的国立中央大学经济系。1947年获美国哈佛大学经济硕士学位。1948年后，历任复旦大学教授、世界经济系主任、经济学院首任院长，中国美国经济学会、中国国际经济合作学会副会长。

[2] 王元化（1920—2008），著名学者、思想家、文艺理论家，1981年平反后，曾任国务院学位委员会第一、二届学科评议组成员，华东师范大学教授、博士生导师等职。1983年7月至1985年5月，任中共上海市委宣传部部长。

[3] 邓力群（1915—2015），1982年4月至1985年7月任中共中央宣传部部长；1982年9月至1987年10月任中共中央书记处书记，分管党的宣传思想文化工作。

要搞混合经济。会上还就这个问题来回讨论了几次。后来，我在《复旦学报》（1986年第4期）上发表了《社会主义公有制结构的两种选择》，提出，一种是走过去的路，一种是开创混合经济道路，让社会股份参股，实现共同占有、群体经营的股份公司制度；有一部分企业控股权可以让出来，还有一部分企业控股权仍可由国家完全掌握。这篇文章《新华文摘》也全文转载了。这是我第一次写论文公开提倡股份制。这和当时的主流思想是不太一致的。

从创立复旦经济研究中心到进入汪道涵市长决策咨询"圈子"

作为毕业留校的青年教师，我一面从事教学，一面投身改革开放理论研究，1984年春向中央写了一份关于经济体制改革的24条建议，不久收到中办回复，记得是"您的建议书已在中央领导同志间传阅，谢谢您的意见"，还盖了公章。年中，又接到来自北京的会议通知，由《经济日报》《经济学周报》等几家媒体发起组织中青年学者理论研讨会，也就是1984年9月初以中国经济体制改革为议题的"莫干山会议"。会上，我被分在第一组综合组，黄江南[4]和我共同担任召集人。

会议结束我回到上海后，参与的两件事现在回过头来看是有一定影响的。

第一件事，我和王战、朱民[5]二位串联，商议在复旦大学创立经济研究中心，宗旨是在经济研究和现实政策之间搭起桥梁，把经济学的理论研究和解决现实经济问题结合起来。这在中国高校是首例，我们向复旦大学党委林克书记作了汇报，他非常支持。当时，我们三个人都是刚刚毕业的年轻教师，党委提出，请有名的大教授来撑台面，帮你们把方向，具体工作由你们做。于是党委决定了洪文达教授为主任，伍柏麟教授为副主任，我担任秘书

---

[4]　黄江南（1950—　），"改革四君子"之一，1978—1981年在中国社会科学院现实经济系读硕士研究生。现任上海旭珩资产管理有限公司创始合伙人、董事长，梧桐树资本高级合伙人兼董事局主席。

[5]　朱民（1952—　），出生于上海，毕业于复旦大学。1982—1985年在复旦大学经济系任教；2011年7月至2016年7月，任国际货币基金组织（IMF）副总裁，是史上首位进入IMF高层的华人。

长，王战和朱民担任副秘书长。这件事对学校、对经济学院震动是很大的。直接影响就是我们参与了上海市和其他省市的发展研究，同时，也和中央的经济决策开始挂钩。我们为"莫干山会议"后成立的国家体改所承接的第一个重大项目，是对世界各国相似发展阶段的比较研究。主要研究对象是美国、日本、德国、英国、法国、瑞士等发达国家，同时也包括韩国、中国台湾、中国香港、新加坡等国家和地区，此外还有南斯拉夫等。选这些典型性的国家地区开展研究，主要是为我国经济的发展和腾飞做准备，探讨我们要借用哪些经验，防止哪些失误，最后完成了系列的研究报告。从1984年起，我研究和主讲的一个主题，就是金融市场的开放和金融中心的建立，经济体制的整体配套、宏观调控、货币政策、财政政策等。

第二件事，我和一起参加"莫干山会议"的陈申申，上海无线电厂的厂长助理王润生，发起了上海第一届中青年经济体制改革讨论会。我们在原来的国际俱乐部，也就是现在贵都酒店所在地，开了三天会，我住在那里，最后胡子拉碴，人瘦了一圈。这次会议获得了两个宝贵的支持：一是刚刚成立的上海市体改办负责人贺镐圣同志来参加了会议，对我们鼓舞很大；二是复旦大学党委书记林克同志也来参加会议，复旦大学还资助1.2万元会议经费，这在当时是一笔不小的数字，也说明了学校对会议的重视。我感到，这次会议很可贵的成果是上海一批中青年研究者有机会相聚相识。

这次会后，汪道涵市长通过当时的市政府研

1988年6月21—23日，上海股份制理论与实践研讨会在沪召开

究室主任钟鸣，以及由他办公室的一位复旦大学世经系校友姚伟群联络上了我们。汪老在那次会后陆续召集我们去谈，除了我，还有孙恒志、陈申申、陈琦伟、朱小华、王新奎、周汉民、王战、万曾炜、陆德明、张晖明等，后来都成为汪老经常召见的一批青年学者。

就这样，我们通过复旦大学的智库型研究中心，通过一系列会议影响，和市委、市政府建立了稳定的联系，又逐步扩大到长江三角洲和长江流域甚至全国的范围。在这期间，我们和中央有关智库学者也保持了学术工作上的联系，有林毅夫、周小川、周其仁、楼继伟、李剑阁、曹远征、王小强、张维迎等一批最活跃的研究者。

那段时间，我们这些人经常围绕在汪老身边，按照他的指示要求出主意，我们从各自专业角度分析所看到的经济运行中问题，而他从市长角度把所遇到的实际情况同我们展开讨论。当时，我和北京、上海、天津的一些学者，如杨小凯、朱嘉明、李罗力、杜厦、金岩石、陈申申等，曾受深圳市委书记李灏[6]同志邀请去当经济顾问。我几乎每年去一次深圳，看到当地的快速发展变化，回来后向汪老汇报所见所闻所感，总感到很焦虑：上海怎么还没有变化？推动不了？汪市长有一次"叹苦经"说，我和你们一样，很无

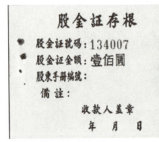 

1983年7月8日，深圳宝安县联合投资公司成为改革开放后我国第一家经地方政府批准向社会招股集资的公司。图为该公司当时发行的股金证

---

[6] 李灏（1926— ），出生于广东省茂名市，曾任国务院副秘书长，广东省副省长，中共深圳市委书记等职。李灏是20世纪八九十年代锐意改革的政府官员的代表性人物。

奈，白天听你们年轻人说，这个要放开，那个要改革，上海要成为价格高地，工资高地，吸引资源；到了晚上，我接到中央有关部门领导电话，指示这个不能动，那个不能变，作为上海市长很难处理啊。汪老强调，他从根本上坚信，只有发展市场机制才能解决好中国问题，

深圳市宝安企业（集团）股份有限公司股票

但是具体怎么做，还要审时度势，因势利导。这个局面，到1990年浦东开发开放时才有大的好转，邓小平同志说，把上海压了好几年，早放开更好；1992年邓小平同志南方谈话后，上海才得以解脱，摆脱了原来的两难局面。

1986年以后，我和汪老保持着持续不断的联系，汪老找我经常谈论的话题，除了经济、金融改革，还包括台湾问题等。汪老知识渊博，兴趣广泛，我从中获益匪浅，增加了不少见识，拓宽了研究的领域。2002年，我的工作重心从香港移至上海后，汪老对我说：伟恕，你不只是上海实业的干部，更是国家的人，要为国家多想问题。这句话，一直鼓舞着我前行。他临终前一个月，还对他的秘书说，叫伟恕来，我要听他谈金融。那时候汪老已经处于无菌区的保护状态，我只能戴着口罩站在病床边，交谈了半个小时。二十来年间，汪老始终鼓励和指导着我参与上海的改革和国家的发展，我永远怀念这样一位德高望重的导师、恩师。

在江泽民、朱镕基召开的双月座谈会上谈股份制

党的十三大前后，江泽民同志主持上海工作，他和朱镕基市长从1988年到1989年上半年，一年多时间里建立了一个双月理论座谈会机制。说是双月，有时候一个月开两次，也有时候两三个月开一次，我参加过的大概有

七八次之多。当时，有几位是经常参加的，除了我，还有王沪宁、黄奇帆、胡延照、蔡来兴、王新奎、陈琦伟、王战、姜义华、葛剑雄、谢遐龄、王安国等，我们形成了一个相对稳定的咨询机制。江泽民书记的风格，是鼓励大家放开谈，没有限制，没有戒律。

江泽民书记和朱镕基市长的双月座谈会，其中和股市有关的，留给我深刻印象的有两次，都是在1989年初春。

一次是江泽民书记关注股份制企业，在会上问大家对股份制问题的看法。当时的大背景是，宣传口、理论口对姓资姓社问题非常敏感，顾虑很多。在一次会议上，我专门讲了经济史上的一段故事。我说，在19世纪后半期，英国的议会多次讨论股份公司问题，最终形成的意见比较保守，认为这是社会主义萌芽，是不允许在英国出现的；但同一时期，美国却未受这种观念约束，大搞股份制，因为它要开发西部、要搞铁路、要开矿，需要聚集大量社会资金和资源，需要社会化的大企业，股份制方式成了必然的选择，美国后来大发展起来同它走股份制企业的道路有很大关系。我最后说，资本主义说它是社会主义，我们社会主义又说它是资本主义，其实都不对，不能这样看。我们要跳出资本主义、社会主义的概念框框看股份制，它是在社会生产力发展到一定阶段后，需要聚集大规模资源组织生产，资本市场是非常有力的杠杆和工具。我记得当时市委宣传部部长陈至立说这个观点很令人启发，大家可以再讨论讨论。那次会议，江书记和朱市长也听了。过了不久，又开了一次会，江书记说，他对上海的13家股份制企业进行了调研，发现有的效益好，有的不好。他提出，资本市场对股份制企业到底有多大帮助？回应江书记的提问，我谈了自己的观点：您的调研很有价值，但企业效益的好坏可能涉及多重因素，比如具体行业的前景、企业的管理状况、遇到的商业挑战等；而对资本市场作用的判断，是一个体制性的社会系统问题。它和股份制这两者有联系，但不是一回事。正是因为当时只有少数股份制企业，而没有真正规范的资本市场，所以股份制的优势、效益、社会效果发挥不出来。从这个角度看，我们应该更快地建立股票市场，形成证券交易的市场体系。

另一次是在1989年春夏之交的"政治风波"过后，朱镕基同志主持上海工作，任书记兼市长，没过两三个月，他就恢复了双月座谈会。恢复后的第一次会上，他开场白就是问大家，对股份制都怎么看。这劈头一问，使会场气氛僵住了。我想，我不容退缩了，就站起来说："朱书记，我坚持股份制！对这个问题，我还是以前的观点，谁不同意，我们可以现在就在市委领导面前当场辩论。"结果，会场鸦雀无声，没有人提出要辩论。朱书记说，好，今天就不谈这个了。事后我才理解到，他是要看看理论界有没有人反对？结果没有反对声，他更加坚定了股份制改革。下半年[7]就责成李祥瑞、龚浩成、贺镐圣组建上海证券交易所筹备三人小组。他们有的到深圳，请香港证券市场前辈李业广[8]等，传授香港的基本经验，提出了重要的建议。我们证券市场的筹建，基本上也参照了他们的意见，1990年末建了上海证券交易所。

中央决定开发开放上海浦东后，市里派我参与筹建浦发银行，1992年10月开始筹建，1993年正式开业。在这段时期，还继续担任上海市政府的咨询专家角色。

1995年，市委又把我从浦发银行调走，跟随市委原副秘书长蔡来兴去香港推动上海实业发展。搭班的除了我还有陆家嘴开发区原党委书记、副总余力，以及市体改办原主任助理卓福民等。我们到了香港，和在港老领导一起，把上海实业推进到了一个新的发展阶段。我负责具体筹建红筹股上实控股，代号363。它的上市和发展成为轰动香港市场、带动上海发展的重大举措。我们把国际资本筹集运用到上海，带动出了沪港5家新的控股上市公司，7家参股的上市公司。

---

[7] 1989年12月2日。

[8] 李业广（1936— ），1988—1991，出任香港联合交易所理事会理事，1992—1994年，担任香港联合交易所主席；1999年，再获委任为合并后的香港交易所主席。

2006年9月7日，香港《文汇报》大篇幅报道上海实业集团成立25周年暨上海实业控股有限公司上市10周年庆典活动

当时，我在香港上实还分管整个集团的财务、金融和投资等。从1996年到2002年，我们在国际资本市场通过新股上市、增资配股、发行全球债券和组织银团贷款这四种方式募集了上百亿元资金，大大促进了上海的基础建设和国企改造。上海延安路高架道路投资的第一个银团贷款是我去了香港以后做的，还有内环、南北高架、沪宁和沪杭高速都是上实平台投资的，沪宁、沪杭两条高速一直都由我们控股。另外，我们投资了上海浦发银行，是第一大股东；后来又投资海通证券，成第一大股东；还在香港组建了金融控股集团。展开了对银行、证券业的一系列投资，这些所投公司又上市并进一步发展，后来，根据市里的部署，逐步转让出去，我们作为最早的股东和控股大股东，获取了巨额利润，有的回报高达数十倍。同时，上实也早已开始对医药、生命科学等领域的投资，近年上海医药被上实收购，成为全国医药行业中最大的企业集团之一。

在香港对上海实业的经营管理中，我最为坚持的一条原则是遵守香港规范。一般来说，上市公司都会受到来自基金经理们对业绩增长要求的压力。但我一再对这些来自美国、欧洲的基金经理说，你们的要求是过分的，因为经济有周期性，我们必须实事求是，尊重市场大周期和行业状况，你不能给经营者年均增长必须持续达到15%这样脱离实际的压力，我顺从你，我就会犯错。这是对外。对内我再三强调，我们上市公司对基金、小股民、银行来说都是承诺者，一定要把信誉放在第一位。金融风暴来临时，广国投事件[9]对上实形成了很大压力，我们对外公开承诺"一天不拖、一分不少"，并采用多种创新金融工具，缓解金融风暴的冲击。金融风暴过后，很多大企业削弱或垮掉了，上实巍然屹立，一些大银行大机构给予我们很高评级。业界流传说，香港有两家公司资本实力和经营管理最可靠，一家是李嘉诚的长江集团，另一家就是上海实业。

2002年，我们在香港工作满7周年之际，又在市委安排下回到上海。余力同志调任浦江两岸开发办主任，我仍然在上海实业工作，还接手了地产业务。当时，上钢集团的浦东不锈钢公司效益不好，但作为壳资源是有价值的，我们对浦东不锈整体置换，变成上实地产公司，叫上实发展，我担任董事长。上实发展在地产界逐步成为中国有影响的地产集团之一。当时，我们提倡新文化地产的全新理念，结合城市改造发展、城市功能提升，又衍生出上海创意产业协会的创立。我和厉无畏同志（后任全国政协副主席）、上海戏剧学院副院长孙福良等共同组建。厉无畏是主席，后来由王荣华同志接任，孙是常务副主席，我是法人代表、副主席，一直到2017年才正式退出。其间，上海市委市政府主要领导给予了很大的支持。上海创意产业协会的大发展，通过一系列活动和项目的运作，推动各区创意产业园区的建立，形成了遍地开花的局面。

我一直把证券市场看作为现代金融经济体系下市场制度的基础设施之一。它不只是简单的融资工具，而是整个社会法制建设和市场体系的完善问题。证券市场的法规制度要建立在公平和诚信的基础上，把企业交给公众、交给市场体系去监督，通过公开透明的监督机制，促进企业家改善经营管理。

---

[9]　广东国投信托投资公司（简称"广国投"）于1980年成立，破产前是仅次于中信的中国第二大信托投资公司，也是中国在海外最活跃的融资窗口之一。1997年下半年亚洲金融危机爆发后，广国投由于经营管理混乱，出现外债支付危机。1998年10月，中国人民银行决定对其实行关闭清算。1999年1月16日，广国投正式进入破产程序。这也是中国首宗非银行金融机构破产案。

链接：

将多种所有制成分"合而融之"

社会主义公有制结构有两种不同的配置方式：一种是不同的所有制成分分别体现在不同的企业中，如国有企业、集体企业、外资企业等；另一种是将不同所有制成分结合在同一个企业组织之中。前者称"分而立之"，后者谓"分而融之"。这两种方式的选择，是改革和完善社会主义生产关系中具有头等重大意义的战略课题。

"合而融之"，则是将多种所有制成分融合的股份公司作为企业的主体形式。各种股份的比例，通过有规则的股票发行与交易实现；股票的收益与风险，在市场竞争中决定。

股份公司制度实质上是一种"共同占有，群体经营"的经济涵义；由全民、集体、私人、外资共同占有生产资料，并按共同的利益诉求，责成由生产要素群体构成的独立企业自主经营、自负盈亏；国家法律规范和政府宏观调控，则作为市场环境的制约条件体现出来。股份公司制度的建立，要求实现公平、统一、透明和稳定的法律体系，排除国家对不同所有制企业的直接干预，为增强企业活力和健全市场体系创造了根本条件。这种市场型的社会主义公有制结构，不仅是积极地扬弃资本与雇佣劳动对立的适宜形式，而且比原先的国有企业、集体企业更能适应现代生产力发展和社会主义生产关系完善的客观要求。

——摘自陈伟恕：《社会主义公有制结构的两种选择——兼论"共同占有、群体经营"股份公司制度》，《复旦学报》1986年第4期。标题为编者另拟。

梁定邦（Anthony Neoh），1946年11月出生于香港，祖籍福州。香港著名大律师，国际金融及商事仲裁专家。曾为香港政府公务员，1970年代英国伦敦大学法律系毕业后，获私人执业大律师资格。1980年离开公务员行列，时任廉政公署署长助理。1990年获香港英女皇御用大律师资格（1997年改称为资深大律师）。1992–1994年任香港联合交易所理事和上市公司委员会委员及H股法律小组组长设计H股上市法律规范。1995年出任香港证监会首位华人主席，1996年获选国际证监会组织技术委员会主席，1999年初出任中国证监会的首席顾问。2000年当选CCTV中国经济年度人物，2009年当选国际欧亚科学院院士，2018–2021年担任香港监察警会主席。现任香港中文大学校董、司库，香港中文大学（深圳）理事会成员，香港科技大学顾问委员会成员，以及北京大学经济学院顾问委员会委员，最高人民法院国际商事法院专家委员会委员，亚洲国际法研究院主席，深圳国际仲裁院理事会副理事长，中信股份有限公司及中国工商银行独立董事（风险委员会主席）。

中国证监会首席顾问的岁月

口述：梁定邦

时间：1999年10月12日

地点：上海商城

采访：范永进、李志强、张哲诚等

整理：张哲诚、郝丁丁

其实我对内地并不陌生。我有很长一段时间在内地，20世纪80年代初期我在内地工作，最初在深圳大学，后来到北京大学，再后来到广州中山大学。但我站在香港的角度，以香港证监会主席的身份与内地官员打交道，与后来站在顾问的角度是不一样的。到内地来当中国证监会的顾问，是比较超脱的，因为我只是提意见的人。有机会为国家服务、为全球经济的其中一环做些策划，这是历史上少有的机会。当时我已经看到21世纪一定是中国的世界，我有这么好的机会去服务，是作为一个中国人的光荣啊！

受命赴京当顾问

我和朱镕基总理认识很多年了，大概是在1992年3月。那时他是主管金融的副总理，我是香港联交所理事。为了内地企业香港上市的事情，我们联交所的几个人去见朱镕基。我建议成立一个两方的工作小组，研究具体方案，朱镕基同意了。他很早提过希望邀请一些专家，不止我一个，介绍一些技术给中国证监会，尤其是一些市场化的监管技术。他也知道，我在香港的任期快结束了。

1998年3月5日，正是全国人民代表大会[1]召开的那一天，委任他当总理。当时我是国际证监会组织的技术委员会主席，正带着各国的证监会主席在北京开一个会，中国证监会做东道主。朱镕基来见我们。原来以为朱镕基恐怕没有时间，没想到他还是见了。那时我即将从香港证监会退任，开始学意大利文，准备去欧洲。因为意大利佛罗伦萨一所大学，非常漂亮的地方，已经邀请我做6个月的客座教授，还可以延长。我很想去意大利，已经全部安排好了，因为朱总理的邀请就没去。

那天见完客人，其他人，包括美国证监会主席等都走了，朱镕基让我留下来单独谈。我以为就是聊聊天，之前我们见过好多次，因为关于上市的事

---

[1] 指九届全国人大一次会议。

跟我比较熟。他知道我快从香港证监会退任了，就说能不能帮我一下，到内地来，来当中国证监会的顾问，时间大概是6个月左右。我说可以考虑，但要等7月份在香港的工作卸任。

结果到了7月份还走不了，因为董建华[2]先生还没有找到我的继任人。一直到了9月底，找到继任人了，我才能"跑掉"啊！我先后卸任香港证监会主席和国际证监会组织技术委员会主席，10月初回家收拾行装，10月中旬就到了北京。

1999年1月，我被正式任命为中国证监会首席顾问。当时，朱总理还说过为推动中国市场化进程，为把中国股市搞好，不惜一切代价邀请"外脑"，只要来工资多少都付。朱总理当时跟我说，香港特区政府给你多少工资，这里还可以增加，不止给我原来的工资，而是接近100万美元的工资。那时我年薪600多万港元。而当时中国的官员一个月的工资不到1万元人民币，我考虑，到了内地你收那么多钱是没法做工作的，别人都只盯着你的收入了。何必要这样呢？！所以这个是肯定不行的。

于是我和朱总理说："总理，你叫我来的话，我不会说不的。但我给你提两个条件。第一个，我太太要同意，她不让我来我就不来了。第二个，我是不会收你工资的，我只收你一块钱年薪，跟你还个价。这两个条件是没得讨论的。"他怔了一下，然后笑了。我

2000年12月，梁定邦（右）、高西庆出席中国证券市场10年论坛·上海证券交易所论坛

---

[2] 董建华（1937— ），1996—2002年任香港特别行政区第一任行政长官（1997年7月就职）；2002—2005年任香港特别行政区第二任行政长官。现任十三届全国政协副主席。

说："为国家办事，为什么要收钱？我也不缺钱。而且这也是一个学习的机会。"第三，我告诉他，6个月没法做什么工作，如果来的话，我估计不会6个月这么短的时间，多长我也不知道，但起码要更长一段时间。当时朱总理他说那就一年零六个月左右，其实最后做了4年。

中国证监会给我的办公条件很好，我有一个很好的办公室，一个秘书，一个司机。从周一到周五，我每天都去上班。来中国证监会前，我在北大教书已经教了一年，还搞了一个为期一年半的"证券资本市场综论"论坛。所以我白天去中国证监会上班，晚上去北大带学生。做顾问期间，我大部分时间在北京，至少有两年多是专职顾问。2002年我去美国哈佛大学做客座教授3个多月，回来也是住在北京，一直到了2003年4月以后在北京就很少了，慢慢淡出了。2004年6月就全部退出。

我一点压力都没有

香港是一个相对单纯的市场环境，而内地是个非常复杂的市场系统，可能复杂百倍都不止。但是对我来说既是挑战也是学习。因为这正好是一个转折的制度，那么我学的东西肯定不少，将来我做学问，可以写不少文章。我很喜欢做学问的。

我过来也是当教授，作为顾问，每天要遇到很多新的、棘手的问题。很多人也问过我会不会感到压力，但我觉得一点压力也没有。最主要的原因是因为我的角色不一样。在这里我是顾问，不是运作人员，这当然不一样。我非常体谅历届的中国证监会主席，他们都是我的好朋友，他们的确压力很大。虽然我比在香港做执行更忙，但因为我是比较专心地来客观考察，客观提建议的，即使不接受，对我来说也不重要，最重要的是给我机会学习。

初期有人会觉得我提供的意见和内地的国情不太符合，尤其是业界的人会有这种想法。但中国证监会的人不会。我试图转到他们的思想角度，跟他们说那些建议。我跟中国证监会的人也是打了很多年的交道了，和中国证监会的主席、副主席都是老朋友。我们有很多默契了，大家说的话基本上没有必要说很长，写的东西也是一看就很明白。

在这方面朱总理是非常开明的，有很多建议他也接受了。我在很多重要的层面上可以提建议，而且这个影响力很大，比香

1999年2月10日，中国证监会开始第一次在全国所有证券期货交易所进行涵盖全部交易品种的全网交易测试

港大得多。虽然香港是国际市场，但是市场的规模、市场的潜力，跟内地市场是没法比的。内地市场是一个国家整体的市场，而香港只是一个区域性的市场，所以是不一样的。我感到能为这样一个有巨大潜力的市场出谋划策，是一个极大的光荣。

我主要的工作内容不是做实务，而是当顾问，就是提出一些意见和建议。我的建议一般都是政策性的，所以直接给朱总理，再给中国证监会抄送一份。我写东西给他比较频繁。朱总理一般批示让中国证监会考虑我的报告。时不时朱总理会叫我去报告一些具体的事，大概是两三个月一趟。我跟他交流都是很随便的，在他办公室里面。和他也会有具体问题上的争议，但他跟我还是比较客气的。

所以当时我收一块钱是有充分考虑的，收很多钱代表我们大家都有一个义务在里边，这样的法律关系，不收钱是没有的。我可以比较超脱，而且比较客观。你可以不听我的，无所谓，但起码我没有个人的利益在里边。

我经常参加一些国内和国外的各类讲坛，深入分析一些市场的行为和动机，我更多地是以一个专家的身份在作演讲。因为我是顾问，所以我没有必要去迁就各方面。我认为我的意见与国家的既定政策和方针也是吻合的。当

然，如果不吻合的话，我全部的意见都是没用的。所以我花大量的时间去研究既定的国策，不仅研究国策的基本面，还要去领悟它背后的思想。

经过这么多年的证明，我认为我们基本的国策首先是对的，尤其是中共十五大的报告，我读了很多很多遍。如果你看到我的读本，可以发现我做了很多很多笔记，把重要的部分画出来。为什么要这样主动去学习呢？因为要为这样大的市场、这样大的国家出谋献策，若不明白这些国策的基本思想是不行的。而且我看到很多东西是我认同的，所以我可以非常安心地、没有压力地来做。

麻烦总是会有的

我写的东西跟国情尽量靠近。当然我的初期和后期可能会有变化，后期更接近国情。他们也是说，你不要完全用香港那套东西，不适合内地的。到中国证监会一年多后，我还找了一些台湾的学者过来，跟他们做研讨会。我认为，台湾已经把西方的那套东西过滤了，融进一个华人社会，和大陆更接近。当然跟大陆的体系还是不一样，但是比美国、香港特区的那套制度更接近。包括QFII（合格的境外机构投资者）这套东西都是从台湾搬过来的。

时任中国证监会副主席高西庆（左）与时任中国证监会顾问梁定邦（右）考察上海期货交易所

当然，我在研究国策中也会产生疑问，但老实说，我并没有碰到个人思想与本地环境巨大的冲突，当然有很多东西我会不断地去问为什么会这样。我也明白一个国家在变革的过程中有许多不合理的东西，而且我自己碰到不合理的东西就已经够多了。但这是当前的现实，我不会因此放弃。每一个人做任何事都不会百分之百的顺利，这比我在香港好多了！

在这个过程中，我遇到过很多麻烦，更多的是生活中的小事。例如我在英国寄个音箱回来，被海关折腾了1个多月。其实这不关海关人员的事，只是"规矩"的问题。音箱到了海关后我去拿，海关当时的回复是这样："如果是外国专家的话，就一定要外国专家局出个专家证明，然后用居民证才能去取，不然取不了。"结果到了外专局，他说我不是外国人，外专局不能给你出证明说你是专家。到了公安局，他们说，你是港澳居民，不需要居民证。没办法，再回海关，被告知："规矩是这样的，取不了对不起。"后来万般无奈之下，找到了国务院港澳办，求港澳办开个证明。最后我又到了海关，交了4700元的税和2700元仓位费，终于才拿到。很小的事就这样折腾了1个多月。

相对来说，内地的法制建设还有待完善。比如我在北京买房，就感到很多方面都不规范，手续繁琐，要办个房产证都非常难。我不是不愿给任何费用，而是完全按"规矩"去做，但还是很难。我也不想去用任何的关系，因为我最怕就是这些东西。

其实很多人都会碰到这样的小事，因为内地很多规矩跟不上，而且又没有人把它刻意地改变。回过头来看又觉得可笑，也可以变成一个有意思的话题，在香港肯定不会碰到这样的问题。这些方面内地还没有规范，而香港是挺规范的，除了公众人物的生活不太好过，其他还不错。特别是我现在回香港只是一个平民百姓，感觉比较洒脱。我希望内地能更多地遵循国际惯例，减少这类事情的发生。

股市上也是如此。当时内地股市绝少有机构投资者，所以很多投资是不理性的。到了今天，内地相对是一个理智的市场，大盘股买方、卖方基本上是研究基本面来操作的。我不能说没有市场操纵的情况，这每个市场都有，不能完全杜绝，但是现在机构投资人很多了。

所以我一直说，中国证券市场的构建要有几个重要的基础。第一，完全以法律管理市场，不能政府没有依据地发号施令让你做什么事，先要有一套法规，中国证监会再在这套法规下做事。现在中国证监会已经做得很彻底了，立法比较完备，而且很多市场中人在和中国证监会打交道的时候都会说：你这是依据哪一条？当然说得很客气，但都是要求它有依据了。

第二，必须孕育机构投资者，包括请国外的投资人进入我们的市场。没有机构投资人主导市场的话，这个市场就是一个赌场。中国内地近年揭露了很多证券黑幕，每个市场在发展过程中都会出事的，只能在出事中吸取教训，美国、中国香港也有很多啊，到今天都有啊，这是不奇怪的。2001年，吴敬琏说"中国股市像一个赌场"，他用一句比较形象的话，来描述那个状况，这句话有人说夸张了一点，我觉得是很形象的。我跟他说，我同意你的说法。我在公共场合应该都说过这句话。当时我说，政府必须通过各种政策来培育机构投资人，包括政府的社保基金，当时我们和国务院体改办做社保基金的设计。社保基金的钱不要自己投资，是请机构投资。我们用了很多时间做这个东西。

预料之外的开阔

在来内地工作之前我确实做了心理准备，可能感受和体验会与来之前有所出入，但还是有很多出乎意料的事情。有很多东西是我们能够推动的，包括证券公司的监管及融资渠道、保险基金的进入、社会保险基金的构想以及本来二板市场的出台等。很多事情我们都推动很快，我来之前完全没有想到能推动得这么快，这些都受到当时两位周主席，中国证监会主席周正庆[3] 和周小川[4] 的认同。

---

[3]　周正庆（1935—2018），1998年4月至2000年2月任中国证券监督管理委员会主席。曾任第九届、十届全国人大财政经济委员会副主任委员。

[4]　周小川（1948—　），2000—2002年任中国证券监督管理委员会主席、党委书记。曾任第十二届全国政协副主席，中国人民银行行长。现任博鳌亚洲论坛副理事长、中方首席代表。

其实我当时来之前并不知道能干什么，这也是我不接受报酬的主要理由。我是一个局外人，对内地的情况不太熟悉，是抱着学习的态度来的，所以根本就没有很大的期望。虽然我肯定会尽全力，但没有期望的话，就没有失望。当然那些成绩也主要是中国证监会的人做出来的，我只是有幸把一些意见提出来，也有幸被接受。另外我也认识了很多朋友，包括业界的朋友、媒体的朋友等等，这些也是一种财富。

在这期间，我提的建议，中国证监会很少说不接受的。具体的意见，我也会首先提出个框架性的东西，这样大家很少不同意的，大方向很容易就认同了，但比方我说下一步要规划一个衍生工具市场，周正庆说，好事好事，可是那规划就慢慢来了，这个东西到今天都没有实现呢，当然有一部分已经实现了，认股权证已经卖了很长时间了。但是，我们的金融期货市场还没有实现，这个问题我们开过多次会。

在内地工作后，我感觉到内地与香港确实存在一定差异。香港是一个很小的地方，这就使得很小的事可以变成很大的事。我在香港备受媒体关注，这是媒体的天职。在香港这样小的地方，当公众人物是非常苦的事，有很多事情，你怎么干都很难被人接受。所以，我也非常明白董建华先生的心情。很多东西他是出于好意，但是经常被无理地批评，也没有办法。在香港当一个公众人物，会感到处在一个压力舱里，被评头论足，当然这也是自由的代价了。

内地不一样，地方很大，人也很多，碰到一个熟人也不容易，所以这种压力感就不一样了。地方很辽阔，心胸也可以很开阔，这是一个大地方和小地方的区别。

我现在和中国证监会还有联系，还是它的国际顾问委员会的成员之一，但是接触不多，一年开一两次会议。我觉得该提的问题我会提，但是现在没有很多时间做一些具体的建议。很大的事可能会给他们写封信。

"传教士"的忠告

2004年10月18日，中国证监会国际顾问委员会第一次会议召开

我在各地不遗余力地进行资本市场和市场环境方面的演讲，希望我的演讲对地方政府和企业观念的转变起到一定的作用。我每次演讲都有几点，主要是市场需要规范，即分工很重要，企业就管企业的事，政府就管政府的事，这是我一直以来的理念。企业本身要负好自己的责任，要规范运作，财务信息要真正详实、准确地披露。政府要制造好的软环境，包括法规的制定，执法的公正度等等都要加大。这是我每次演讲的一个基本理念，当然，可能听众会觉得有种"传教士"的味道。

一个很好的政策法规，可能是制定人精心制定出来，对民众的生存环境有很好改善的东西，可是到了地方，执行起来有可能会变味。我见到很多地区都尽量按照中央及国务院的政策来办事。其实还不是省级的地方政府把事情弄歪了，往往是到了更基层的政府，由于当地的制度不健全，或者当地各种既得利益集团的利益分配不均匀，也会影响到实际的执行。

我们国家从高度的计划经济过渡到高度的市场经济，还需要比较长的时间。因为高度的市场经济需要一个公正的法律咨询和司法制度，包括明晰我们立法的思想，提高执法的公正度，使每个人都清楚并珍惜自己手中的权力，但是现在这种环境显然还不具备。

我认为如今在整个市场向规范化方向的演进过程中，执行规则的过程最难。为什么执行难呢？制度各方面要非常透明，使得你执行的程序和尺度大家都知道，怎么掌握这个分寸，什么是违法，大家都应该清清楚楚。现在有很多东西都缺乏透明度。在WTO的框架下，我们行政的透明度要加大，要禁止黑箱作业。因为加大行政透明度，是每一个民主社会都要经过的。

当前的中国经济正处于转型期，在经济下行的压力下，证券市场怎么为实体经济服务？一定要把原来的病治好。监管机构应该相对独立，要用客观的准则来执法。让监管机构既要监管，又要承担经济任务，肯定搞不好，顾此失彼。其实，现在发展中国家的同类机构都有类似问题，只有那些非常成熟、比较开放的市场，才

改革开放以来，资本市场结构日趋合理，各市场主体和谐互动，共同保障市场健康发展

有独立的监管机构。我相信我们还需要一段时间，因为正义标准需要时间形成，发展中国家往往还没有形成大家都公认的公义正义标准，所以我们首先要形成我们社会能接受与执行的规范。这套规范的内容我们可以借鉴世界现行的最佳标准。

每一个国家都会向这个方向发展。中国肯定会朝这个方向走，但是不会一下达到。各个发展中国家形成一套制度都有一个过程，形成一个"公议的准则"需要时间。什么是"公议的准则"？就是大家公认这个东西是对的。

中国证券市场的基础信息问题，包括实名制、信息公开、权益改变公开等，都必须完善。证监会要拥有充分的调查权力和执法权，并且得到刑法的

支持。另外，监管机构应该可以进行民事诉讼。还有其他的系统性问题，例如，现在流行的互联网金融和很多投资产品，包括私募基金、P2P等，都应该纳入监管，不能存在监管的盲点。这样，中国的证券市场才可能健康发展。

现在中国"政策市"淡化很多了。政策左右不了一个市场，主要看市场的基本面。当然政策也是重要的，不光是为股票市场设的政策，其他的宏观政策，也会使股市受影响。但是国家必须做宏观政策，不做不行啊。相对来讲，我觉得中国内地股市是我预料之中比较健康的发展，在新兴市场里边算是发展得不错的。

无论怎样，我觉得中国的证券市场还是很有前途的，因为中国经济发展非常有前景，中国在世界上的舞台会越来越显著。中国必须要跟别人打交道，不能独行独断，也不能独善其身。中国要和世界接轨，有很多东西大家都会交换，包括监管理念等方面，大家要有共同语言。中国绝对没有回头路，虽然和世界接轨暂时还有一些困难，但前途是光明的。

链接：

朱镕基总理看大局看得非常好

证券公司的管理方面，保险公司收回来的钱能不能进入股票市场？商业银行怎么跟股票市场交叉运营？各方面的问题都要提到国务院高层才能解决，部门跟部门之间是没法解决的，很多问题必须朱镕基总理亲自拍板。

具体的东西比较慢被接受，方向性的建议，朱总理觉得是该做的，他们也不能说不接受，但是慢慢实现也需要一个过程，需要时间。我当时建议的东西，到今天基本上能看得出来了。

朱总理是非常果断的一个人，很聪明的一个人，很多问题一说他就明白。当然果断的人永远都会被争议的，因为你的决策不可能100%对的。外界有批评他有计划经济的一些思想，在证券领域，有时也有体现，但我觉得这受当时的经济体制和政治体制本身制约，没有办法。很多人批评中国股市是"政策市"，这个是没有办法的，整个中国社会是有很大的局限的，到今天都是。分配都是中央政府分配，而且是有很多的既有利益在里边，不能完全依靠市场分配。对此，我是有一套理念的，当时叫小政府理念：政府不要管的东西尽量就别管了，尽量把它甩到市场去。小政府是个模糊概念，你可以认同，但具体你没有必要100%依据它行事。我当时提出有几条原则：第一政府不该管的东西不要管；第二，每一步都必须完全以法律为依归，所以当时证监会法律部的地位是不断提升的，后来请了陈大刚律师从美国回来做首席律师了。这两点中国证监会是接受的，尽量市场化，而且管理市场必须依法管理。

在做首席顾问期间，我觉得内地不只财经官员，还有从业员，都很缺。当时我跟世界银行谈到，跟财政部搞一个学院，和会计学院一起搞，谈得不错，后来世界银行换人了，换了人之后就不了了之了。财政部还是想做的，但我要离开了。2004年，朱总理也退休了。温家宝总理一上任之后，他的主要目的都是搞民生的问题，我觉得自己的建议也已经基本提了，一部分已经开始做，一部分没有做。我能做的东西已经做完了。如果我再不回香港的话，我就回不来我原来的律师职业了，因为我已经脱离了很长时间了。其实我2003年3、4月就回到香港，已经开始慢慢恢复律师业务了。

——摘自韩东福：《梁定邦：我向总理提条件 年薪一元没商量》，载南方报业网2008年7月21日。标题为编者另拟。

陆一，1956年6月1日出生，上海人。20世纪80年代中期从上海市委机关进入报界，历任记者、编辑、编委、要闻部副主任，1988年获首届"上海市十佳记者"称号。1992年进入万国证券公司，担任对外联络部经理。1994年进入上海证券交易所，参与创办内地当时唯一以"上市公司"为刊名的专业刊物《上市公司》，担任编辑部主任10年。为英国金融时报FT中文网专栏作家、中国证券史研究者。

中国证券市场发展历程中第一个科技大亮点

口述：陆一

时间：2018年8月5日下午

地点：上海柏年律师事务所

采访：范永进、唐旻红、鲍幸鹜、沈霞、荣华、郝丁丁

记录整理：唐旻红、郝丁丁等

好朋友巴曙松几年前在为我的一本证券史著作《陆一良心说股事：你不知道的中国股市那些事》作序时用了这样一个标题——"三十年来谁著史"。

当时，刚刚过了改革开放30年的庆祝日期，所以他用了这个标题；而当今天，马上又要到了新中国证券市场即将面临30周年的纪念周期，当我重新回顾自己怎么会阴差阳错地走进证券界时，这个标题又出现在我的脑际。我在这二十多年里，孤独地坚持走在研究中国证券市场史这一条道路上的点点

滴滴，回想起来让我对这句话感慨系之……

就拿电子商务来说，近30年里在中国呈现几何级的爆发性增长，而这种巨量市场需求的原爆点，就在1990年12月两个证交所创建的地方——上海和深圳。

实行电子交易的渊源

电话、手机、中继线、卫星传输、光缆、宽带……电话委托、行情实时传输、个人电脑网上委托交易、异地交易结算信息交换和传输……寻呼机同步传输证券行情、手机上网显示行情甚至上网委托交易、网上个人电脑查看行情、网上数据分析直至网上交易……

这些目前已经在我们日常生活中习以为常的电子商务硬件、软件、商业模式、行为方式，在30年前证券交易所创建前后，还真是一片空白。那时，电脑刚刚引进，286的IBM还只是中央科研机构和大学才有的稀罕物；而电话才刚刚对个人开放，申请一门电话线需要开后门托关系花上好几千元。上海证交所在筹备过程中，提出需要50门电话，最后报告一路从电话局一直打到市领导那里，才最后得以"协调解决"。

其实，在上海证交所的筹备过程中，究竟是采用国际通用的用手势进行人工交易，还是用电脑系统进行交易，一开始是有争论的。而当时在国际上，像美国那样的证券市场最发达国家，都采用手势进行交易。人家是站着的，场内不需要交易设施，最多搞一个电子显示或辅助系统。最终决定在开市时就采用电脑撮合交易系统和行情信息系统，这和上海证交所第一任总经理尉文渊的一段经历有很大关系。

据我对尉文渊的采访，这个过程其实要追溯到他刚进人民银行上海市分行。在他主管金管处的工作时，其中一项工作就是管理国库券的柜台交易。每个月做月报、统计交易额。由于全部采用手工操作，统计一次非常麻烦。一个月一共才几个亿交易额，轧账却累得要死。因为这个事，他说："能不能开发一个统计系统，用计算机来做？"正好上海财经大学、他的母校有一个信息系，他就去请信息系帮他们开发一个统计软件。这时候谢玮[1]从华东师范大学数学专业毕业后到财大信息系做助教，他妻子是复旦大学计算机专业毕业，也是这个系的老师。他们就带一帮子人过来，其中还有一个叫周定真的，是从美国学计算机回来的硕士。其实按今天的话来讲，这就是开发一个很简单的加加减减的统计软件。但就在开发这个统计软件的过程中间，他的工作岗位发生了变化，转到了上海证交所筹备的工作上来，就管不了这个事了。

坚持上交所实行电子交易

而在筹建上海证交所的过程中，筹建小组一开始就碰到是否要采用电子交易所交易系统的问题，也谈论过交易方式应该怎么搞。讨论中间，就谈到计算机竞价撮合交易问题，但大家只听说中国台湾和新加坡在搞，但谁也没有见过，也不知道是怎么回事。议论来、议论去，普遍的观点都觉得这个不可能，没有一个人赞成，都说：我们还是老老实实从头开始吧。

后来，尉文渊跟人民银行上海市分行分管副行长罗时林说起这个事。十几年后他回忆起来还是很动情："罗时林这个领导非常好，有些技术问题他虽然不懂、但很开明，愿意听你的。和他提了这个事情以后，尽管有一些争论，但好在当时大家都不懂，他也没明确和我说搞与不搞，我就当作默认。后来，罗时林问起我，我说：罗行长，反正这个事情我来搞吧。他也就没再干预我。"

筹备上海证券交易所时，尉文渊从人民银行上海市分行借了500万元，第二年就全部还掉了。虽然只有500万元筹办经费，但尉文渊下决心："就花100万搞电子交易系统，搞不好算我的责任。"

事过十几年，尉文渊谈起这件事还是非常自豪：一直到今天，我仍旧不懂电脑，我从不上网，看到键盘就头晕。但是搞电脑交易系统，我当时是最

---

[1]　谢玮，1992年进入上海证券交易所，2006年9月至2017年6月任副总经理，2017年6月至今任首席运营官。

坚持的。这是一种对市场趋势的理解、一种对技术发展的眼光。也不知道搞得成搞不成，就强行坚持这么搞。

就这样，筹备组把谢玮他们找来了。尉文渊先跟周定真谈了他的想法，周定真说："不可能、不行。"于是尉文渊就转向跟谢玮谈，他说："谢玮，交易所搞一个电子交易系统怎么样？一起干？"谢玮只说了句："行吧，试试看。"

尉文渊半开玩笑地对我说：现在可以称之为"中国证券市场技术发展中非常重要的人物"的谢玮，按照现在的标准来

1990年中国人民银行同意建立
上海证券交易所的批复

看其实当时也不算懂得太多。所以尉文渊很感慨：有时候，一些想法跟内行谈，肯定干不成事；跟不那么内行的谈，反而能干成。

就这样，谢玮以财大教师的身份参加了上海证交所的筹备工作，并在这个过程中被业界称为"将Foxbase都用绝了"。最后到1992年，谢玮才正式将人事关系转到交易所来。

用低成本成功筹建电子交易系统

上海证券交易所电子交易系统的筹建是1990年8月初开始的，由谢玮负责。要实现现代化的电脑网络运作，对于刚刚起步的上海证券业来说是极富挑战性的。于是，尉文渊和谢玮两个人，坐着公共汽车跑来跑去。当时和工商银行谈他们的IBM设备，他们说，最多带30个终端平行组，还有大型机、中型机，需几千万元。尉文渊一听就知道不可能，说："我们才500万，别搞了。"

这时，谢玮跟尉文渊谈起一种网络概念。什么叫网络？就是可以采用模块化不断增加的网络系统。尉文渊一听就乐了，认为符合他们需要。于是两

1990年12月19日，朱镕基、黄菊、汪道涵、刘鸿儒、邓莲如等出席上海证券交易所开业庆典仪式。图为1993年12月18日《上海证券报》有关上海证券交易所成立三周年专版报道

个人来到位于肇嘉浜路的中科院上海分院，在路边见到了深圳黎明电子工业公司的经理邓一辉。当时这家公司是国内先接触Novell网络的，而Novell网络是全球最早的一个微机联网系统。

就这样，上海证交所采纳了深圳黎明电子工业公司提出的用PC网络系统实现证券自动交易和行情传送的方案，并于1990年9月15日与该公司签订了项目合同，委托他们开发。经过90多天不分昼夜的工作，工程技术人员终于在12月19日上海证券交易所正式开业之前完成了交易系统的安装调试工作。上海证券交易所开业当天，交易大厅显示屏上出现各种股票、债券的买卖信息，系统运作一切正常。

上海证券交易所在证券交易中首先引进网络技术，建立了具有国际先进水平的电子交易系统，从而实现了委托电脑录入、证券委托电脑系统自动撮合成交，以及成交行情信息远程自动实时传递等自动交易功能，而工程投资仅为香港联交所电脑系统建设投资的2%。

因此尉文渊在十几年后还是很自豪地对我说："在筹建过程的早期，上海证交所的规则里面，还保留了口头竞价的交易规则，等于是两套交易方式备用。直到12月14日，开业前5天最后决定采用计算机交易系统，当时系统还没有完全调试完，根本来不及做完整的系统运行测试。在整个筹建交易所的过程中，其他都是被动的，就这个是我主动选择的。可以很负责地讲这句话，如果不是我坚持，中国（证券市场）就不可能这么早开始证券交易电子化这个历史，绝对没有这个历史。"

深交所电子交易系统建设后来居上

不久之后，深圳证交所的创建者、第一任法人、副总经理王健到上海来交流，他说："搞电子计算机，我们准备分三步、四步才走到这个阶段，而你们一步就上去了，你们胆子大。"结果他一问，这个系统还是深圳的黎明电子工业公司为上海证交所开发的，他感觉很意外。

十几年后，王健跟我谈起这段往事，还是很后悔。因为深圳证交所的创建者们很早就提出要搞电脑交易系统，但到1990年12月1日深交所试营业时，因各方对使用电脑自动交易认识不同，他们与深圳市工商银行联合开发的IBM4381大型计算机股票交易系统备而未用，采用的还是口头唱报、白板竞价这样的手工交易方式。直到1991年3月20日，深交所才推出电脑辅助交易系统，开始从手工作业向电脑化操作的初步转变。1991年7月26日，禹国刚副总经理代表深交所与深圳黎明电子公司签约，决定搞深圳证券业电脑网络系统。最终一直到1992年2月25日，深圳证交所才用电脑自动撮合系统替代了口头唱报和白板竞价相结合的手工竞价方式。

1992年5月26日，深圳黎明电子工业公司利用64K数字传输网络技术，在深交所与深圳同城券商营业部间搭起了国内第一个64K数字网络。在这个网的营业部端，邓一辉设计了一套自动报单系统，营业部可以通过网络直接将股民的委托下到交易所的撮合系统里。原来忙碌不已的红马甲失去了作用，沦为自动报盘的备份手段。这样，券商营业部与交易所之间的交易通道由以往几个出市代表的有限实体席位，一下子拓展为理论意义上无限多的虚拟无形席位。在这个环节上形成的证券市场效率瓶颈，从此迎刃而解。

1993年4月13日，深交所在国内首创借助卫星通信手段传送股市行情。1993年7月28日，深交所TANDEM大型机自动撮合系统取代了微机交易系统，实现了"三级跳"。

1997年6月2日，证券经营机构派驻深交所的"红马甲"正式退场，深交所的证券交易从此完全实现了无形化交易。这时，深圳才后来居上，在交易系统电子化上改变了被动局面，并在交易无形席位化水平上超过了上海证交所。

证券界领电子商务风气之先

采用计算机电子交易系统，是中国证券市场发展过程中科技进步的第一个大亮点、第一个重大选择。如果不是一开始就把电子计算机的交易系统推上去，把交易建立在计算机微电子处理基础上，就不会有后面的无纸化，也不可能有后来的中央交收系统，更不可能有以后股息、红利、代发、增发、配股等所有的市场附加功能的实现。这是一个非常重要的基础。这一系统不仅符合国际证券市场发展的最新潮流，而且在当时世界上大多数股票市场仍采用传统的实物交收手工背书过户的情况下，无纸化交易和自动过户系统处于领先地位，因此受到国内外同行的高度赞许，为年轻的中国证券市场赢得了声誉。

要知道，在20世纪80年代到90年代初，中国没有一个行业是具备电子计算机商务交易体系的。当时，微型计算机刚刚开始出现，银行刚刚开始引进计算机，信用社和银行营业部日常操作也全部都是靠手工。那时交易所创建伊始就采用了电子交易系统，这样的证交所电子交易系统水平代表了整个中国金融行

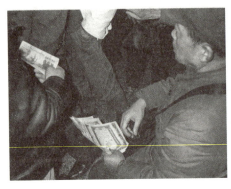

早期的股票实物交易

早期股民通过电话报单进行交易

业的现代化水平。证券业的电子信息化就是由交易所推动才搞起来的。

尉文渊说："中国的电子商务，在所有行业中，证券业绝对排在最前列。"正因为此，在2000年前后，《计算机世界》杂志特地来找尉文渊，要他谈这段历史。事后才了解到，他们作为计算机行业的专业刊物，对整个世界电子商务发展趋势看得很清楚，才为此做了专门的深入报道。

在专题报道中，《计算机世界》杂志对当年的场景做了精炼的描写：

在上海证券交易所第一声锣响之前的最后一周，尉文渊终于拍板：摒弃国外沿用了百年的手势/写板交易。但后人很难想象，号称在全球率先起用自动撮合系统并实现无纸化交易的中国证券技术平台，当年竟是从几台自攒的386PC服务器起家；而成功鼓捣出全套撮合、清算、柜台、电话委托以及卫星传输系统的早期开发者，也清一色是中国大陆汉子。……中国证券市场运用信息、通信技术，创造了很多世界证券行业的第一：第一个在交易所核心业务系统中采用微机局域网；第一个实现发行、交易、清算全程无纸化；第一个创造了交易所席位无形化；第一个建立了世界最大的证券卫星专用网；第一个实现了实时成交回报；第一个创新了数字电话委托系统；单个交易日交易笔数达到世界前列……

科技亮点来源于开拓创新的改革精神

人的理念推动着科技的进步，科技的亮点和选择反观着人的思想。上交所在电子交易系统方面的探索和实践，只是中国证券市场发展历程中的一个科技亮点、技术选择，但却是那一代改革先锋冲破思想禁锢、把握先进理念、引领发展潮流的见证。

中国证券市场在20世纪80年代末、90年代初的诞生，是标志着中国改革和整个社会转型的一个承上启下的重要转折点。从改革几近夭折的关头，通过证券市场的筹建，打开了一条继续改革开放和社会转型的通路。

从1992年邓小平发表南方谈话后，中国经济体制开始快速转型，利用证

2018年11月8日，尉文渊在中国证券博物馆参加庆祝改革开放"回响四十年 我们再出发"活动时，再次敲响当年那面开业锣

券市场解决国企转制、脱困、补充资本金、建立现代企业制度，至今绝大部分央企已经从证券市场建立了持续筹资的机制，而地方和行业重要国有企业也大部分完成了这种"吃完政府吃银行、吃完银行吃股民"的转变。

从20世纪90年代末开始的中国金融业，特别是银行业进入证券市场筹措资本金和补充流动资金及填平坏账的进程，是中国证券市场第二次为社会转型作贡献的过程。进入21世纪，证券市场则为保险行业、为国企重组、为境外上市红筹H股企业回归筹资，直到"股灾"前后提出的"为实体经济作贡献"和搭建中小微企业、科创企业融资平台等等……

在这个过程中，中国社会和经济转型中现代企业制度得以建立，现代金融体系得以转型，现代金融意识得以普及，现代宏观和微观市场调控工具得以完善……这一切的转变，都源自1990年浦江饭店孔雀厅那一声开市锣的鸣响，源自当年的那一种开拓精神和创新意识！

"当下的作为就是未来的历史，任何社会和个人都无法割断与过往的关联，历史不是靠自己来粉饰的，而是供后人去评说的。"——在进入证券界的当时，我就基于这个判断，给自己做了一个人生的选择：无论是忍辱负重还是苟且偷生、无论是从头开始还是重起炉灶，我都在这个历史位置站定了。

我仍旧是一个"记者"，同时是一个观察者、亲历者和研究者。

我要在亲历中国证券市场发展中记录和观察中国社会转型的全过程。

链接：

21个人的上海证券交易所

1990年4、5月间，朱镕基出访中国香港、新加坡和美国，宣布浦东开发开放的计划中，有一项便是建立上海证券交易所，而且明确1990年底就要开业。彼时距年底才半年多时间，可证交所连筹备小组都未成立。

1989年年底尉文渊从北京（审计署）调到上海，任中国人民银行上海分行金管处副处长，证交所的筹备工作由金管处负责，可谁也不敢领头，因为谁都不懂。这时尉文渊站出来了，说："我年纪轻，刚来，希望吃点苦，做一点成绩，让新工作单位的领导考验一下我的工作能力。"

就这样，从交易所选址（浦江饭店）、装修、起草规则、培训证券会员、组织公司上市、完成全方位电脑通信系统等等，在五个多月时间中全部完成了。直至交易所开业，工作人员总共才21人。

——摘自《证券市场改变了我们的人生》，载微信公众号《贺宛男的个十百千万》，2017年2月22日。

杨宇慧，1949年11月出生，上海人。毕业于复旦大学管理学院，获经济学硕士学位。1991年1月初进上海证券交易所，历任上海证券交易所调统部副经理（主持工作），兼《上海证券交易所专刊》编辑部主任，上海证券交易所总经理办公室主任，《上海证券报》总编辑助理、编委、副总编辑，上海证券交易所驻外系统副总监，兼驻北京、深圳联络处主任、首席代表，上海证券信息有限公司副总经理、董事长兼总经理等职。2010年1月退休后，为复旦大学求是学院特聘专家、上海财经大学金融学院硕士生导师、北京航空航天大学先进技术南方产业基地创业导师等。

中国证券第一报——《上海证券报》诞生记

口述：杨宇慧

时间：2018年8月5日下午

地点：上海柏年律师事务所

采访：范永进、唐旻红、单永等

整理：单永

上海证券交易所开业不到一个月，由于当时市场规模非常小，投资者人数和可交易的股票也非常有限，社会上对于证券市场的功能作用都不很清楚，对于股份制改造，对于股票交易还存在不同的观点。因此，办一份能传递上海证券交易所声音、普及证券投资知识、倡导理性投资、培育一大批投资者、推动中国证券市场健康发展的证券专业报刊显得非常迫切和必要。

关键时刻领导给了第一张证券报"出生证"

上交所总经理尉文渊从建所伊始，就想由上海证券交易所自己办一份专业的证券报纸，按照他的说法"市场发展到哪里，报纸就要到哪里"，这个报纸就是要为新中国证券市场发展"造势"。这个任务当时就落在上交所调统部。

街头股民在阅读《上海证券报》

当时，我在上交所调统部任副经理，主持工作。作为《上海证券报》主要创办者之一，我全程参与了报纸的创办，见证了它的诞生、成长、壮大。

在此之前，上海的《新闻报》、北京的《金融时报》都曾出过报道证券的专版，但都有一定的局限。上交所也曾经设想与中国人民银行总行主办的《金融时报》合办一张证券专业报刊，通过《金融时报》上海记者站负责人李济生，向《金融时报》传递了信息。但《金融时报》社的领导没有意识到，这是一次很好的合作机会，先是迟迟没有作答，后来回复说可以一周给一个版面。这样，根本满足不了新中国证券市场蓬勃发展的急切需要，与上交所总经理尉文渊设想的目标也相差甚远。

在报纸的筹备阶段，上海《新闻报》前副总编辑陈文灏先生，当时已退休，和《金融时报》上海记者站负责人李济生，就在为申请刊号多方奔走。但一是上交所不是专业媒体，要想办报拿刊号可没那么容易；二是管理部门对证券交易比较陌生，心中没数，都敬而远之。故申请刊号许久没批下来，直到1991年4月间才获得上海新闻出版局的内部准印证号。

上海证券交易所由中国人民银行上海市分行主办，人行上海市分行副行长罗时林同志负责分管。交通银行董事长、上海证券交易所三人筹备小组成员李祥瑞同志任上海证券交易所理事长。围绕着上海证券交易所是否要办报，人行上海市分行的领导意见不一，主要是担心办报风险比较大，舆论口径比较难把握，万一弄不好会在政治上出问题。因此，迟迟下不了决心。

上交所总经理尉文渊思想活跃，敢想敢做，向人行上海市分行的领导力陈办报对发展证券市场的好处，执意要办。人行上海市分行的领导，上海证券交易所理事长、副理事长也就这个问题进行了几次研究和磋商。其间，尉文渊专门布置我们制作了一期报纸的大样，没有印刷，给领导看。罗时林、李祥瑞及阚治东对上交所办报一事比较支持，最终达成的一致意见是采取一个折中的做法，即每期报纸的大样都必须送李祥瑞和人行上海市分行副行长周芝石二位领导审定，经他们签字后才能付印。在关键时刻，领导给了中国第一张证券报"出生证"。

1993年《上海证券报》公开发行后，外界还以为《上海证券报》报名是汪道涵先生专门题的墨宝。其实汪道涵先生并没有为上海证券报题过名。《上海证券报》前四个字是沿用"上海证券"，最后一个"报"字是从汪道涵先生为某金融报题的报名上剪截下来，拼接合成。

由于上海市新闻出版局最初批准的报名是《上海证券交易所专刊》，文字太长，完全不像一个报纸的名称。而且，一般意义上理解，"专刊"应当是一份杂志。但是，上交所总经理尉文渊执意要办的是一张四开的大报。

报头到底如何排版，一时没有一个统一的意见。后来，周丁先生提出，把前面四个字"上海证券"放大，套用上海市原市长汪道涵为上海证券交易所题名的墨迹，后五个字用仿宋字体。这样，既没有违反上海市新闻出版局的要求，又突出了上海证券，大家一听都觉得这个主意好。报头采用直排，上面是上海证券交易所的所徽，中间是"上海证券"四个大字，底下是准印证号，以及工本费等，下面还标有"本报提供权威性证券行情"。待报头小样排出来后，效果非常好。

报纸出版后，市场上约定俗成称其为《上海证券报》。

"三老四少"办报忙

编辑《上海证券报》基本上是以调统部人员为基础，外聘了原《解放日报》《文汇报》《新民晚报》《新闻报》的几位老报人帮忙。对外称"《上海证券报》编辑部"，是一套人马两块牌子。

当时，调统部的工作有三项，一是不定期编辑内参《股市动态》，供上海市主要领导、人行上海市分行领导参阅，印数很少，前后一共印了9期。二是编统计月报，交易数据统计。三是编上证指数。同时，也为报纸编辑出版工作做前期的准备。

编辑部人员由以下人员组成：上交所总经理尉文渊兼任总编辑；我担任编辑部主任，负责日常工作；顾问陈文灏；一版要闻版编辑周丁先生，是《新民晚报》老报人；二、三版为公告、行情版，中间刊登证券行情，两侧分别是普及知识和理论提高，拼成"蝴蝶版"，编辑彭克平先生，是《新闻报》老报人，行情和统计图表由调统部的薛钧负责制作；四版是证券市场版，沪深一周行情评述，编辑廖建航，是《新闻报》老报人；记者孙健、朱建华、张志雄、李导，还有位工作不久就离职去了日本留学的虞建新；印务丁颂平是《解放日报》老报人；校对李立坤、叶文玉；发行谢群、王志复。因为日常出报的工作主要在3位老报人和我们几个年轻人身上，外界戏称上证报"三老四少"就是由此而来的。到《上海证券报》正式出版后，调统部的工作重点主要在编辑发行报纸上。

上海新闻界的几位老报人大多是陈文灏先生请来的。虽然都年事已高。当时，这几位老报人都已70岁左右，但在报纸的初创阶段，与我们一样吃苦耐劳。十几个人挤在浦江饭店后面的一间没有窗的阁楼里，讨论稿件，安排版面，经常工作到深夜，认真负责，一丝不苟，在创办中发挥了重要的作用。

办报的"三不政策"

为了控制办报的政治风险，尉文渊对办报有一个"三不政策"，即不批评国家的方针、政策，不预测股市走势，不评论个股的价格。我们在办报过程中严格遵守了这3条规定，报纸文风严谨，内容丰富多彩，很吸引读者的眼球。

《上海证券报》是每周一期，4版。逢周一上午出报，周一前市开盘前读者就可以及时看到证券市场重大消息。

每周五下午收市后确定头版头条文章，在尉文渊的办公室内，把4张大样放在地毯上，大家围在一起讨论。头条文章的内容基本上是尉文渊亲自定的，大多是根据当时证券交易市场情况，上交所出台与此相关的政策或法规，或是补充一些管理规定，也有针对个别交易员违规的处罚等，并配发本报评论员文章。头版头条文章基本上反映了上海证券交易所管理者对市场的判断、想法和应对措施。有几次，头版头条文章要到晚上才能定下来。如"5·12"放开股价，稿件到晚上10时后才定。

由于报纸是上交所办的，报纸上刊登了政策法规，配上评论员文章，准确传递了证券交易市场一线管理层的声音，及时反映市场中的问题，成了当时唯一能获得证券市场权威性信息的渠道。

除了头版和4版市场述评需在周六上午完成拼版外，大多文章和图表在周五之前就拼好版。周六中午我将报纸的大样分别送到福州路金城大厦交通银行总行董事长李祥瑞办

1991年6月10日，《上海证券报》试刊时，李祥瑞题写的《见面话》

公室和圆明园路人行上海市分行副行长周芝石办公室，等他们二位分别在大样上签字后才拿回上交所。二位领导总是非常仔细地审读每一篇文章，凡有比较敏感的文字和不妥的提法，无论是标题还是内容，他们都一字一句划出来。有时领导有会议或有其他工作要处理，就要等他们回来。这样会影响到后面送印刷厂时间。二位领导也知道这一情况，一般都在下午2时前签好。有一次李行长回来已过中午12时半了，他见我在办公室等他看大样，中午饭也不吃，先拿起大样，逐字逐句推敲起来。

到印第11期时[1]，李行长用蓝色钢笔在头版大样上加了"股市风险莫测，务请谨慎抉择"几个大字。由于版面已基本拼好，没有空余的位置，于是我们将这几个字加在这期头版报眉上。第12期时再把这几字放大，放在最左上方醒目位置。第13期，不仅头版刊有这风险提示，还在4版上方拉出一条醒目的通栏标题。此后，一直在4版上刊登。有一次，第25期《上海证券报》以李祥瑞名义发表了一篇《总结经验，再创新绩》，上交所领导叫我把稿费带给他。他十分严肃地说："退回去，这稿费我不要。"

根据二位领导的修改意见，我把大样拿回到上交所，向尉文渊汇报，布置修改后送往印刷厂。起初，《上海证券报》是请《新民晚报》印刷厂代印。晚报印刷厂电脑房在靠近上海徐家汇肇嘉浜路，我骑着自行车赶到那里，3位负责版面编辑的老报人已等在那里了。

不久，《新民晚报》嫌我们印数少，只肯帮我们出"菲林"，当时的那种印刷胶片，我们只得改到《文汇报》印刷。这样，我要把在《新民晚报》出的"菲林"送到虎丘路《文汇报》印刷厂。记得一个大伏天，太阳把路面烤得滚烫，自行车补过胶水的内胎被路面高温熔化了，只得推着自行车从徐家汇走到虎丘路。后来，与《文汇报》印刷厂商量，把电脑拼版也移到《文汇报》印刷厂。这样，就可以不再来回跑了。《文汇报》印刷厂厂长孙克

---

[1] 1991年9月9日出版。

菲[2]，还有一位女同志，好像叫许慧，也是电脑部门负责人，有时报纸版样改了又改，她们始终没二话，对我们的工作非常支持，与《文汇报》印刷厂合作一直很愉快。

那时，报上的照片基本上是我所摄。也有一位金融学院老师朱岚，喜欢摄影，经常投稿。孙健进上交所前就是《新闻报》记者，文字功底很好，经常写一些评论员文章。我也写"刊头语"或"专访"，有时也写评论员文章。那时，大家仗着年轻，干劲足，干得很开心。无论是挥汗如雨的酷暑，还是滴水成冰的寒冬，条件差，困难多，都阻止不了我们前进的脚步。

马克思也买过股票

《上海证券报》披露证券交易的政策法规，上市公司公开信息，教育和培育了广大的投资者。版面内容也根据市场情况经常调整，力求贴近市场，贴近投资者。大量的信息集中在4个版面，按照一些行家说法，"高度浓缩，含金量比较高"。到了第16期，版面又有较大的调整，2版改为证券世界，3版为公告行情，版面分布合理，条块清楚，编辑风格独特，令人耳目一新。当时辟有"问题探讨""读者问答""市场一周""投资人语"等栏目。之后，又增加了副刊，使报纸更具可读性，趣味性。

当时，人们在观念上障碍重重，股票市场姓"资"还是姓"社"？证券交易是不是赌博？股份制是不是"私有化"？老百姓有疑惑，理论界有不同声音。譬如，报纸上对股票交易参与者只能称"投资者"，不能称"股民"，缘由竟是"股民"称谓是港台用的。针对这种种思想不解放的现象，我以"阳历"的笔名摘编资料在《上海证券报》第3期[3]第4版中发表《你知道吗？马克思也做过股票交易》，以共产主义学说创始人也做过股票的事

---

[2] 孙克菲时任《文汇报》印刷厂厂长。多年后《上海证券报》有了自己的印刷厂后，调至《上海证券报》担任印刷厂厂长。

[3] 1991年7月15日出版。

实，来为社会主义国家也可开展证券交易佐证。

对于如何活跃股市，我们刊有读者信稿摘编《活跃股市的几种设想》。作者郭宪在"市场研究"专栏发表《以流量确定涨跌停幅度》，对调控市场提出了很好的建议，后被上交所管理层采纳。上海社科院经济研究所顾铭德的《上海证券市场在经济运行中的作用力度怎样？》一文也引起上海市有关领导的重视。

上交所成立一周年、两周年分别举办了两次征文活动，以及在平时的来稿中，我们发掘了不少优秀作者，如郭宪、顾铭德、应健中、陈宪、叶国英、李双成、童牧野、陆国梁等。一周年征文一等奖获得者是万国证券公司的周俊生、本报通讯员，征文为《国债面面观》。几年后也加盟《上海证券报》，现是沪上著名财经评论人。应健中也经常在上海电台上做证券财经评论。他们中不少都成为了证券、财经界有影响的人物。

在上交所上市部强建英老师、沈翼虎老师的帮助下，从第33期[4]起，《上海证券报》开始刊登上市公告书。第一家刊登的是电真空B股上市公告书，从此开创了证券报刊登上市公司招股说明书、上市公告书、财务季报、年报的先河。这成为了证券报纸主要收入来源。到与新华社上海分社合作前，《上海证券报》已有一定的积累。

自办发行的特色与"违规"

《上海证券报》因为是内部准印证，不可能通过邮政代发，也不能在书报亭内出售。但市场需要是硬道理，证券公司网点门口，交易所门口，报纸发行风生水起。报纸工本费是3毛钱，本市读者全年订费15.60元。由于找零非常麻烦，在证券公司营业部网点门口的代理点都是1元硬币出售。由于每期出版的报纸都是印出来就很快售罄，于是，出现倒卖《上海证券报》的黄牛，

---

[4] 1992年2月17日出版。

一张报纸炒到10元钱。不仅在上海，苏浙一带如南京、杭州都有转运倒卖。

《上海证券报》发行很有特色，模仿以前上海市民订牛奶，早上凭卡取牛奶的办法，先交一个月的预付款，读者向代销商购买一张取报卡，每周一早晨到证券公司营业部网点门口取报。这样，既形成了固定的读者群，又保证大多数读者能每期读到报纸。每逢周一清晨，报贩就早早等在虎丘路《文汇报》印刷厂的出报口，用自行车把一捆捆报纸拿去出售，苏浙一带和周边地区的一些报贩用汽车来拉。许多报贩从卖《上海证券报》到读《上海证券报》，最后成为一个个成熟的股民。

在黄浦路15号上海证券交易所斜对面外白渡桥的边门口，放着一张桌子，这里是本报发行部售报的地方。周一上午也有不少读者来买报纸。总经理尉文渊经常喜欢站在这里卖报，亲耳聆听市场的反映。他调侃说，他最喜欢儿子、报纸[5]。把报纸卖出去，把收进的硬币一把把扔进卖报柜的抽屉里，听着心里真爽。

据说，万国证券公司黄浦营业部门口有位卖茶叶蛋的老太太，看到卖《上海证券报》的生意比卖茶叶蛋好得多，于是也在篮子底下放上几份《上海证券报》卖，后来也成了一个股民。

试刊时印数印了1万份，正式出版时印了1.5万份，数量期期在增长，到第16期印到2.4万份。到第40期，印数突破10万份。到1992年底，印数达到15万份。

在筹备办报之际，尉文渊曾经对我说，给你们10万元，把报纸办起来。后来在实际运作过程中，因为印刷厂是先印报3个月后才结账，而这张报纸基本上期期售罄，报纸发行后当月就有现金流，故实际上占用了印刷厂资金在运转。

由于报纸影响越来越大，上海新闻出版局报刊处领导视为违规，几次约见"谈话"，并说要收回准印证。最后一次，我对该领导说，报纸发行已近10万份，如果突然把报纸停了，对10万个投资者如何解释？恐怕会引起证券

---

[5] 沪语发音同"子"。

市场波动，万一发生围攻交易所或新闻出版局，引发社会问题，后果会非常严重。此后，新闻出版局报刊处就不再来过问"违规"发行了。

当然，我们也尽量把发行控制在一定范围内。譬如，国外的证券商、财经新闻、研究机构都纷纷来电来函，对《上海证券报》表示了极大的兴趣，希望能订阅，我们都婉言谢绝了。

有一次在报纸的短讯中报道上海某安全机关的某领导来参观上海证券交易所的消息。由于该领导在参观登记时用了真实的身份，也没有向我们提出保密要求，我们也不知他对外用的是另外身份，于是按照来宾登记记录发了消息，殊不知闯了大祸。上午9时不到就接到该安全机关的电话，要我们立即收回报纸销毁。因报纸已基本售罄，只能从代理点收回读者还没取走的报纸。这件事提醒我们，原来背后还有双无形的眼睛在第一时间审读着每期报纸，鞭策我们，一定要更加严谨，报道更小心，严把质量关，把报纸办得更好。

合作谈判寻双赢

按照上交所拓展市场的思路，"市场发展到哪里，报纸也要发到哪里"，报纸除了在上海、浙江、江苏发行外，还发展到山东、福建等地，甚至有报贩把报纸空运到成都、重庆等地。这样，报纸的发行量不断上升。为了让各地读者能同步看到报纸，就需在全国主要城市建立分印点，但内部准印是报纸的短板，在各地建分印点碰到不少麻烦，《上海证券报》在发展中碰到瓶颈。

1992年夏季的一天下午，大雨倾盆，新华社上海分社的记者白国良到上交所来找我。当时，我正在贵宾厅接待参观的来宾。白国良没有打伞，浑身上下都淋湿了，见到我时头上还不停滴水。他说，新华社上海分社想与上海证券交易所合办《上海证券报》，公开刊号由新华社上海分社负责申请。当时，尉文渊总经理正好在国外考察，大约要两周后回来。我对白说，此事要等他回来后向他汇报，才能给回音。

两周后我把新华社上海分社的想法向尉总作了汇报，尉总问我的意见如何，我说很赞成与新华社合作办报。

我赞成与新华社上海分社合作，是因为此前我认识新华社上海分社的记者柳中央、李正华，一个是摄影记者，一个是文字记者。与他们接触过程中给我留下很好的印象。因此，尉总在征求我的意见时我是力主与新华社合作。其间，这一信息不知怎么被上海的其他两家报纸知道了，他们也纷纷找来，要与我们谈合作。很显然，大家都知道，《上海证券报》可是"金娃娃"。

不久，尉文渊派我代表上海证券交易所到新华社上海分社商谈合作事宜。新华社上海分社方面的代表是张行端副社长及陆国元，还有办公室的一位负责人。在先见了沈世伟社长，聊了几句客套话之后便到张行端的办公室，他把陆国元叫来，介绍说，陆将来参与办报。第二次会谈时又把曹永安叫来，介绍说，由曹负责去北京申请刊号。

1993年1月1日，《上海证券交易所专刊》由上海证券交易所与新华社上海分社合办后，报头也做了调整，改为《上海证券报》

在谈判中，因为这张报纸由谁来管理存在分歧，所以谈判停顿下来，拖了较长时间。上交所的意见是上交所出人员，出资金，出资源，新华社上海分社不出资金，出刊号和人员，可以占有股份，参与分配。报纸必须是上交所控股管理，报社是上交所的一个部门，新华社派到报社的人员也由上交所统一管理，享受上交所员工工资奖金和其他福利。这是上交所谈判的底线，双方的谈判一度停止。

新华社上海分社领导很有战略眼光，抓住合作办报大计，在报纸运营、管理方面的具体操作细节上按上交所意见办。为缓和气氛，重启谈判，新华社上海分社提出请尉文渊到分社讲课，题目是"上海证券市场现状及发展前景"。不久，谈判又继续进行。到11月末，申办刊号有了眉目，上海证券交易所副总经理刘波和我一起，再次去新华社上海分社，对合办的协议条款作逐一的确认。

1992年12月下旬，上海证券交易所举行成立两周年庆典。上海证券交易所和新华社上海分社在花园饭店联合举行新闻发布会，正式对外宣布：从1993年1月1日起，《上海证券报》由两家合办，新华社上海分社副社长张行端兼任《上海证券报》报社社长，上海证券交易所总经理尉文渊兼任《上海证券报》总编辑，副总经理刘波兼任副总编辑，新华社上海分社陆国元任副总编辑，万文毓任总编办主任。我调任上海证券交易所总经理办公室主任。

公开发行后的成长

合办之后，新华社上海分社向报社输送了不少优秀的干部，谢金虎、历正宏、姜微等都是著名的记者。

《上海证券报》原顾问陈文灏先生因中风回家休养，还经常关心报纸的发展。一些老报人也先后退出，他们为这张报纸的创办倾注了大量的心血，功不可没。

《上海证券报》是中国证券史上开天辟地第一张。《上海证券年鉴1992》[6]在证券机构篇第86页记载着中国证券第一报诞生简况。

1994年初，陆国元因病住院，报社急需人管理。尉文渊和刘波二位虽然兼任总编辑和副总编辑，但实际上报社的日常运作、具体业务由陆国元和万文毓二人负责。此时，报纸已经扩至周五报，报社招来不少新人，办公的规模也扩大了，从黄浦路15号上海证券交易所，浦江饭店后的阁楼，搬迁到距离不到500米的青浦路50号办公。因此，上海证券交易所决定要我兼任《上海证券报》总编辑助理，主持报社工作。

---

[6] 《上海证券年鉴1992》由上海社科院编，上海人民出版社出版。

这是报社发展过程中最艰苦的岁月。我和万文毓两人几乎天天从早上9时一直忙到晚上24时，有时甚至两三时。有时刚回家睡下，电话就来了，或是某地卫星接版出了故障，或是报纸印刷出了问题。我连续值了3个月夜班签大样，在上海证券交易所再三要求下，新华社上海分社派曹永安同志来参与值班，在他熟悉一段时间后，与我一人一星期倒班。

过了一段时间，陆国元来上班了。我便又回上交所，担任上交所驻北京、深圳、武汉联络处系统副总监，带领几位同事先到深圳建立卫星通信机房，推广无形席位，使深圳的证券商能通过上交所在深圳的卫星机房，直接向上海证券交易所主机报单，从而提高上海的股票交易量。后我又到北京联络处开展工作，争取企业到上交所上市。

《上海证券报》公开发行后一直保持良好的发展势头，给双方都有很好的回报。1995年8月，根据中国证监会的要求，上海证券交易所不能办媒体，《上海证券报》与其脱钩，由新华社上海分社一家主办。

27载春秋，物是人非。当年三十多岁、四十岁的年轻人都已催白了双鬓，当年的老报人不少已经故去，往日的辉煌已变成遥远的回忆。但我甚感欣慰的是，《上海证券报》已从当年的幼苗长成参天大树，成为新华社总社直属重点报刊，能为新华社事业发展作出更大的贡献。

链接：

早期《上海证券报》的总编辑们

亲自摆摊卖报的总编辑

我多次对上海证券交易所尉文渊总经理说："你有媒体情结。"现在看来倒不是他个人喜好使然，而是股票交易靠的就是信息，而信息必得借助媒体平台。1990年5月，他在接任交易所筹备小组组长之际，就亲自联系了多家媒体，包括央行主办的《金融时报》，上海广电部门主办的《每周广播》等，均未成，而后找到我供职的新闻报，才在1990年7月2日开出了全国第一个证券市场专版。对他来说，这远远不够，交易所必得有自己的报纸。

1991年7月，有关部门终于批给他一个内部刊号，上海证券交易所专刊得以办了起来。而且，从专刊一直到公开出版的《上海证券报》，尉文渊始终担任总编辑，重要的文章一定要送他审阅，直至他1995年离开上海证券交易所。尉总说，在黄浦路门口一边卖报，一边听股民读者发发议论，是他一早上班最喜欢做的事情。

"空前"的刘波

刘波是上交所副总经理，也是上证报常务副总编，在新闻报工作的我，一度也被刘波"招安"，去上证报工作了三年。刘波本是个文人（博士），言谈间毫无架子，我们经常开开玩笑。

这次元宵聚会，我才知道他还有个私密的雅号："空前"，原来年轻时他就开始谢顶了。而与他同岁的尉文渊则名曰"绝后"（后面头发少）。

是啊，上交所和上证报的历史，不就是"空前绝后"吗？虽然，在那个年代，免不了野蛮生长，免不了犯错误而且是严重的错误，但没有这样不顾一切毅然向前的拓荒者，中国股市能在循规蹈矩中成长起来吗？

一年"四级跳"的陆国元

田径比赛中的三级跳已经相当不易，可陆国元主持下的上证报竟实现了一年四级跳！

陆国元，新华社记者，1993年元月上证报公开出版前三个月，即1992年9月，以新华社派往上证报负责人的身份，进入上交所。

1993年元月2日，由新华社和上交所合办的上证报正式出版，时为周二版。就在陆国元具体领导下，1993年一年，上证报由周二，到周三，到周五，再到周六（因周六市场不交易，周日停刊，实际已是日报）。这样的报纸，这样的总编，你见过吗？而在我1993年9月调往上证报时（时为周五刊），报社总共不足40人。

陆国元还有一件小事给我印象很深。当时，我们编委会讨论分工，在每个编委各自分工负责一两个部门之后，大家问：老陆，你管什么？答曰：我管厕所，而且说到做到。你见过现在哪有一二把手分管厕所的么？

已不年轻的上证报老人，每个人都是一颗铺路小石子，每个人都有各自精彩的故事。但有一点是共同的：证券市场改变了我们的人生！

——《证券市场改变了我们的人生》，微信公众号《贺宛男的个十百千万》，2017年2月14日。标题为编者另拟。

刘剑，1956年2月出生，江苏扬州人。1973年进入上海市黄浦区第一汽车队，做装卸工、汽车修理工，1980年考入华东政法学院，1984年进入上海市政府办公厅工作。1993年起，历任上海市政府法制办经济法规处副处长、处长，综合处处长，副局级高级法律专务。2012年任上海仲裁委员会副主任。

《上海市证券交易管理办法》的出台

口述：刘剑

时间：2018年8月26日

地点：上海柏年律师事务所

采访：郝丁丁、荣华、罗羽琪、浦亮等

整理：郝丁丁

1990年11月27日，上海市市长朱镕基签发了第40号上海市人民政府令，发布《上海市证券交易管理办法》。这是新中国第一部较完整的有关证券交易的地方政府规章。它的颁布使证券市场朝着规范化方向发展，也为同年12月19日中华人民共和国在大陆开业的第一家证券交易所——上海证券交易所做好了较为可靠的法律准备。作为该办法起草的参与者和亲历者，我有幸见证了《上海市证券交易管理办法》出台的全过程，这也是我人生中举足轻重的一段工作经历。

我与《上海市证券交易管理办法》的结缘

1990年大约五六月的一天，在外滩中山东一路12号上海市政府大楼的4楼，时任市政府办公厅法制处主任科员的我，被叫到了领导办公室。领导对我说，根据市领导的要求，上海市有关方面正在筹备组建进行集中式股票交易的证券交易所，同时将以市政府的名义制定和发布相应的管理办法，中国人民银行上海市分行的金融行政管理处正在做管理办法的起草工作。交代给我的任务，就是参与到这项工作中，为管理办法草案报送市政府办公厅法制处的审查和把关做好前期准备，以利于管理办法的尽快出台，保证上海证券交易所的顺利运作。

刚接受这项工作任务时，我确实有一些莫名的兴奋。这是因为，在其他国家尤其是发达国家，从事股票交易的证券交易所及其大宗的股票交易，已经是一种比较普遍存在的现象。而在中国，自1949年之后的三四十年时间里，证券交易所已经在社会生活中消失和被遗忘了。可以说，在这段时间里出生和成长的许多人，已经不太了解股票，更不了解证券交易所了。我作为"文革"后有幸进入大学的人，尤其是作为曾经华东政法学院民法班中主修"经济法方向"课程的学生，深感这是一次不可多得的深入了解股票交易、参与证券交易所规则制定、丰富工作经历的机会。

接受工作任务后，我很快与中国人民银行上海市分行的金融行政管理处取得联系。当时金融行政管理处的处长是王华庆，副处长是张宁。他们正在参与上海证券交易所的筹建工作，并负责证券交易管理办法草案的起草。他们非常欢迎我一起加入这项工作，给了我证券交易管理办法的草案稿，并表示处里如果召集有关研究和讨论会议，将会通知我一同参加。

在与金融行政管理处建立起工作联系的同时，我去了办公厅图书室、上海图书馆和新华书店，寻找所有与股票、证券交易以及证券交易所有关的资料和书籍，以便尽可能多地了解、掌握相关的情况和知识。然而，在对能够搜集到的材料和书籍进行仔细阅读和相互比对之后，发现这些材料和书籍关于股票、证券交易的阐释千篇一律，都仅仅局限在对一般概念或者功能作用的描述上，缺乏关于股票或者证券交易流程、交易规则制定的具体介绍，因此对于实际工作的帮助作用不大。之所以存在这样的问题，我想可能是因为当时中国的学者比较擅长于务"虚"，而不用心于务"实"，也可能是由于近三四十年时间里，中国没有股票和股票交易，因而对于证券交易流程、交易规则的拟定，没有人去做深入了解、研究。这个问题，后来实际上成为制定《上海市证券交易管理办法》所要关注、研究的重点问题。

上海市证券交易管理办法草案的数次讨论和修改

改革开放之后，中国第一家从事股票代理买卖业务的机构，是中国工商银行上海市信托投资公司静安证券业务部。1986年9月26日，静安证券业务部开始办理飞乐音响和延中实业两家公司股票的交易业务，这使绝迹30多年的股票交易在上海重新出现。

自此之后，各家投资信托机构纷纷申请成立证券交易柜台，1987年9月以后，深圳、上海还先后成立了证券公司，极大地促进了股票的发行和交易。

然而正当股票的柜台交易还处于如火如荼之时，1990年，决策层拟议中的集中交易式证券交易所开始筹建。这使得原来各自分散从事股票柜台交易的机构，似乎感受到了些许一时的失落和冲击。这一点，比较明显地反映在金融行政管理处所召集的上海市证券交易管理办法草案征求意见会议上。

在几次管理办法草案征求意见的会议上，从事股票柜台交易的各家机构代表，结合自己的工作实践，预想了从分散的柜台交易直接过渡到集中的交易所交易可能出现的情况或者问题，对草案稿提出了不少意见和建议。这些意见和建议的核心内容，简而言之，就是希望在管理办法中能够给各家机构的证券柜台交易，保留一席之地，以备不时之需。

上述意见和建议，在这场从分散的柜台交易转变为集中的交易所交易的

早期的股票柜台交易采用实物交割。图为股票实物样张

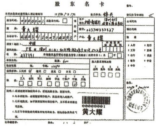

上海证券交易所成立后采用无纸化交割所使用的股东卡

改革、过渡还尚未开始时，尤其是在对这场交易制度改革、过渡举措的结果还无法完全预料之时，无疑是会引起各级领导的足够重视。这种重视，体现于在后来颁布的《上海市证券交易管理办法》中，既确立和突出强调了证券交易所作为集中交易平台的特殊地位，规定"设立证券交易所必须经国家证券主管机关许可"[1]，"未经许可，任何单位或个人不得采用类似证券交易所集中竞价买卖方式进行证券交易"[2]，又为各家机构的证券柜台交易留出了一定的空间，允许"上柜证券""上柜交易"的继续存在[3]。

用今天的眼光来看，上海证券交易所成立以后，其所采取的股票集中竞价交易方式、电脑交易系统和无纸化交易模式，将注定使原先的分散式柜台股票交易无法继续存在。然而，《上海市证券交易管理办法》中"上柜证券"、"上柜交易"的保留，也并非是当年交易所创建者暨法规起草者们因缺

[1] 第五十五条第一款。
[2] 第五十五条第二款。
[3] 第六条第九项、第二十九条、第三十条、第三十一条等。

乏预见所致。其实，这在很大程度上，是体现了他们在大踏步推进中国股票交易制度优化过程中的某种"政治考量"，因为毕竟那还是属于一个"摸着石头过河"的年代。非亲身经历者，是很难有这种感受的。

此外，对于股票在交易所上市交易的条件，和相应的报送、审批程序等，也在征询有关各方意见的基础上进行了调整。

经过多次这样的讨论、研究和修改，上海市证券交易管理办法的内容不断丰富起来，篇幅也从最初的四五十条，扩充到了后来的七八十条，逐渐趋于成熟。

《上海市证券交易管理办法》的开创性意义

1990年11月27日，上海市人民政府发布了《上海市证券交易管理办法》，并于同年12月1日起施行。该《管理办法》就证券的发行、证券的交易、证券经营机构、证券交易所、证券业同业公会以及对违规行为的处罚等作了规定，共计81个条款。在当时的历史条件下，这是国内第一部对以股票交易为代表的证券业进行管理的比较完整的法律规范，在一定程度上可以说是开创了中国证券交易管理立法之先河。

今天再来回顾这个与建立中国正规化的股票交易市场相关联的管理办法，可以看到，无论是在股票交易市场的规模，还是在监管的法律规范方面，都已经发生了十分巨大的变化。

1990年《上海市证券交易管理办法》发布、上海证券交易所刚开业时，上市交易的股票不过8家公司，而且当时这些公司都还基本局限在上海市的范围内。

而今天，在上海证券交易所、深圳证券交易所上市交易的股票，已经接近3500家公司[4]。这些公司的所在地遍及全国各地。年股票成交量超过87780亿股[5]。就世界范围而言，这样体量的股票市场规模也是不多的。

---

[4] 2018年上半年统计数据。

[5] 2017年底统计数据。

1990年上海市政府发布的《上海市证券交易管理办法》，只是一个由省级地方人民政府制定的政府规章，按照我国法律规范的位阶、等级来划分，属于最低层次的法律规范，且一般只能是依照法律、行政法规的既有规定作细化或者补充，不能作创制性的规定。但在当时的历史条件下，无论是宪法、法律还是行政法规都没有，也不可能有关于股票或者证券交易的表述和规定。因此在当时，以一个省级政府规章去确立"证券交易"的合法地位，确实是前所未有的。这也体现了国家对于重大的改革措施采取了允许"试错"的鼓励态度。

《上海市证券交易管理办法》的出台，标志着上海证券市场进入了法制轨道，对证券发行和交易过程中的主管机关、证券交易所、证券商、发行公司等各有关方面的权利和义务关系进行了明确，对公开、公平、公正原则下上海证券市场的发展意义重大。该法总则也准确说明了立法目的：其一是保障证券发行和流通能够公正和顺利地进行；其二是保护投资者的合法权益；其三是促进国民经济的发展。

从《上海市证券交易管理办法》到《证券法》

当然，证券立法的目的还是要保证证券市场能够顺畅、高效地运行。在缺乏《公司法》支撑的大环境下，《上海市证券交易管理办法》立法难度很

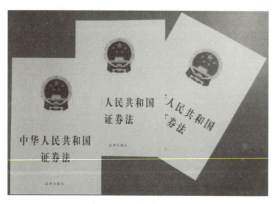

《证券法》单行本

大。但总体上，该法具备较强的可操作性，回避了当时争议较大的股份公司中的国家股、企业股和个人股的敏感问题，仅对证券发行和交易本身作了较为详细的规定，对当时占上海证券市场主体的债券发行和买卖规则的规定作了较大篇

幅的规定，对股票上市买卖规则的规定较为简略。[6]

今天，我国股票交易的最高法律依据，是《中华人民共和国证券法》，由全国人大常委会于1998年12月29日通过。《证券法》"是新中国成立以来第一部

1998年12月29日，九届全国人大常委会第六次会议表决通过《中华人民共和国证券法》

按国际惯例、由国家最高立法机构组织而非由政府某个部门组织起草的经济法"，其重要性不言而喻。

《证券法》的起草工作开始于1992年，由全国人大财经委员会主持，起草小组包括厉以宁、江平、王连洲等全国知名经济学家和法学家。《证券法》时经6年，跨越七、八、九3届人大，数易其稿，经过全国人大常委会5次审议。《证券法》的出台有两个背景：一是经过8年的时间，中国的证券市场有了一定的实践基础，与成千上万的投资者有着紧密的利害关系，原有的行政规章不足以保障证券市场和投资者的权益；二是《证券法》出台前后正值东南亚金融危机，立法者和政府对证券市场的风险心有余悸。所以，《证券法》一方面赋予了证券市场以合法地位，另一方面也规定了诸多为防范金融风险的限制性内容。[7]

《证券法》自通过、实施以来，先后于2004年、2005年、2013年和2014年进行过4次修订和修改。其修订和修改的频率之高，在其他法律中也是少见的。而每一次的修订或者修改，都是与整个股票交易市场的起落或者波动有

---

[6]　郑伟鹤：《〈上海证券交易管理办法〉评述》，《特区经济》1991年第2期。

[7]　叶兰昌：《证券法：六年再回首》，《证券时报》2005年10月28日。

着或多或少的关联。

上述这些情况和事实本身，已经充分说明了股票市场的社会影响面有多么宽广，股票交易的法律规范有多么重要。由此，我们也应当可以理解和感受到：1990年出台的《上海市证券交易管理办法》，对于今天中国的股票市场乃至整个资本市场而言，具有多么重要的开创性意义！

链接：

最早几个股票发行规定的出台

上海最早关于股票发行的规定是和上海的股份制改革及股票发行相伴而生的。1984年8月10日，上海市人民政府批准实施中国人民银行上海市分行起草的《关于发行股票的暂行管理办法》，这是新中国有关证券方面的第一个地方政府规章。从此，中国股票的发行与交易及其制度建设，在规范中渐进渐行。此后的几年里，中央、上海和深圳相继又出台了一些有关股票发行的规定，如中国人民银行上海市分行1985年先后颁布的《进一步贯彻〈关于发行股票的暂行管理办法〉的意见》、《关于加强金融行政管理的通知》、《企业申请发行股票（债券）或内部集资须知》、《乡镇企业筹集资金的若干具体规定》等规定；深圳市人民政府1986年10月颁布的《深圳经济特区国营企业股份化试点暂行规定》和1987年3月颁布的《深圳经济特区国营企业股份化试点登记注册的暂行办法》；国务院1987年3月颁布的《关于加强股票、债券管理的通知》，中国人民银行于同年8月下发的《关于贯彻国务院〈关于加强股票、债券管理的通知〉等文件的通知》。

最早的几个关于股票发行规定的主要内容包括：规定股票发行的主体资格;限定企业发行股票的种类和发行范围;要求股票发行必须履行审批程序;规定股票代理发行及代理机构资格;对股票的转让和过户作出规定;确定股息与红利的分配和计算方法;股票发行期限的区分及界定;明确有限责任原则。

　　综观中国几个最早的股票发行的法规，虽显得单薄简陋，但对中国股票市场来说，在那个年代，和股份制改革、股票发行的实践一样具有革命性的意义。它们凝聚了当时的管理者的智慧和勇气，体现了当时的管理者对股票和股票市场的理解和期待。

　　——摘自单永、卢嘉倩同名文章，载《中国股市早年岁月（1984—1992）》，上海人民出版社2007年12月版。

吕红兵，1966年12月出生，山东济宁人。1991年从华东政法学院（现华东政法大学）硕士毕业后，留校任教经济法学。1992年任万国证券法律顾问，成立并负责证券界首个法律顾问室。1993年7月，以合作制形式创建国内首家以证券法律业务为主要方向的律师事务所——万国律师事务所，任律所主任。1998年组建第一个也是唯一一个司法部特批的律师集团——国浩律师集团事务所，带领国浩连续十几年蝉联总体业务规模以及专业化程度第一，资本市场法律业务综合排名第一。2003年12月担任中国证监会第一批专职发行审核委员会委员，也是首批仅有的4名律师之一。另兼中华全国律师协会副会长、金融证券业务委员会主任，第七届上海市律师协会会长，第十三届全国政协委员、社会和法制委员会委员，上海市青年联合会副主席、市青年企业家协会副主席，上海证券交易所和深圳证券交易所上市委员会委员，上海市国资委法律专家委员会委员，上海仲裁委员会委员及仲裁员，中国国际经济贸易仲裁委员会、上海金融仲裁院仲裁员，中国人民大学、华东政法大学、上海外贸学院、上海政法学院兼职教授等职。

我的证券律师之路

口述：吕红兵

时间：2018年11月4日下午

地点：国浩律师（上海）事务所

采访：范永进、陈岱松、沈霞、丁晏健、李佳、危钊强、朱哲青等

整理：沈霞

改革开放走过了40年，中国证券市场走过了近30年，应当说中国证券市场从无到有、从小到大的发展史，是中国改革开放历史中不可或缺的精彩一章。作为一名60后，我的职业生涯几乎与中国证券市场的兴起与发展同步，我为能赶上改革开放的宏伟浪潮，成为中国证券法律业的一名先行者、亲历者、见证者而感到幸运和荣耀。

七个"第一"缘结证券法律业

我的职业生涯始终和资本市场紧密联系在一起，近30年来，经意和不经意间，取得了七个在我看来较有意义的"第一"。

一是第一个开讲证券法律系列讲座。1991年，我从华东政法学院（现华东政法大学）硕士毕业后即被留校，成为了一名经济法学老师。当时学校还没有开设证券法律方面的专门课程，但是鉴于1990年底上海证券交易所成立后，证券市场已逐步发展起来，学校感到迫切需要培养一批这方面的专业人才，决定开办几期相关系列讲座。我印象非常深刻，系列讲座的第一讲便是我讲的，具体讲解了股票的原理等问题。这个"第一"看似普通，但于我而言有着特别的意义，正是从这次讲课开始，我便和证券法律业结下了不解之缘。

二是第一个离开华政投身资本市场。当年，华政有一批优秀的青年学子和我一起留校教书，后来，大家都纷纷选择离开学校，投身资本市场的法治建设，而这其中，我是第一个离开的。1992年，我被学校推荐到有着"证券王国"之称的万国证券公司兼职法律顾问，没有想到"证券教父"管金生在和我面谈几分钟后便邀请我加入万国证券。对我而言，这是一个艰难的决定。我对华政母校怀有深深的感恩和眷恋之情，但是想要在法律实务中运用实践、挑战自我的决心最终驱使我选择一头扎进了资本市场的洪流中。

三是第一个创建证券公司法律顾问室并担任负责人。1992年，我加入

国浩律师集团事务所主任吕红兵（左一）出席国浩律师集团事务所与香港胡关李罗律师行联营协议签署仪式

万国证券之后，管金生开创性地提出："万国要成立法律顾问室，吕红兵你来负责。"就这样，我成立了证券界的首个法律顾问室，并成为了负责人。虽然一开始是"光杆司令"，但这也算得上是证券界的一个"第一"，是从"0"到"1"的一个跨越性突破。

四是创建了第一家以证券法律业务为主要方向的律师事务所——万国律师事务所。当时，中国证券市场刚刚起步，百废待举，还出现了许多亟待解决的新的法律问题。我由此提出面向证券市场，成立律师事务所提供专业法律服务。这一想法得到了极具战略眼光的管金生的大力支持。当时，上海的律师事务所只有合作制形式，还没有合伙制形式。1993年7月，我和聂鸿胜、沈国权、戴华等五个研究生作为合作人，向市司法局申请办理手续。意外的是，市司法局的领导亦给予了我们特别的关注与支持，万国律师事务所得以顺利挂牌成立。当时的上海律师界同仁用四个"第一"为万国所作评：上海滩上成员平均学历最高，"中华商业第一街"南京路上唯一一家，全国首家号称以证券法律业务为主攻方向，沪上主任年龄最轻的律师事务所（那一年我27岁）。创办律师事务所对我来说，是人生中的一个重要节点，我的证券律师之路是从这里正式起步的。

五是组建全国第一家集团律师事务所——国浩律师集团事务所。在万国律师事务所发展5年后，在国内享有了一定的知名度，但是我一直在思考如何增强律所的竞争力和抗风险能力。最终，我决定寻求合适的合作伙伴，构建规模化、集团化的大型律所。1998年6月28日，在人民大会堂，万国律师事务所联合北京的张涌涛律师事务所、深圳的唐人律师事务所两家知名律师事务所共同组建国

2007年1月11日，上海市律师协会会长吕红兵（左）参加由澳门特区法务局主办的"澳门特别行政区法律及司法制度"研讨会

浩律师集团事务所，完成了从一家地方专业所向全国性综合规模大所的跨越。国浩成为第一个也是唯一一个司法部特批的律师集团。2011年3月，国浩律师集团事务所更名为国浩律师事务所。

六是担任中国证监会第一批专职发审委委员。中国证监会股票发行审核委员会在2003年以前都是兼职的，发审委制度自这一年底改革，12月24日第六届发审委设立第一批专职发审委委员，我有幸成为首批仅有的4名律师中的一员。也是从这一年开始，发审委委员名单不再保密，成立第二天就披露在《上海证券报》上。这件事对于我和国浩来说意义非凡，发审委专职委员第一批就纳入了国浩的人员，表明中国证监会对国浩在服务资本市场专业性方面的充分肯定，同时，这件事在相当程度上奠定了国浩在业界的地位。

七是带领国浩连续十几年在资本市场法律业务综合排名保持第一。经过多年的发展，国浩律师事务所已经成为中国最大的法律服务机构之一，是投融资领域尤其是资本市场最为专业的法律服务提供者，在境内外三十

多地设有分支机构，现有员工3000多人。国浩从有统计开始，一直蝉联总体业务规模以及专业化程度第一。这是全体国浩人长期专注和坚持换来的，这份来之不易的成绩也将继续激励我们一路前行。

"申华事变"直接影响《上市公司章程指引》

在资本市场兴起发展的20世纪90年代，因制度规范的不完善和上市公司管理经验的不足，在实务操作中遇到了许多亟待解决的问题。一些上市公司在实务中暴露出来的问题，后来为《上市公司章程指引》《公司法》《证券法》等的制定和修订提供了鲜活的案例。广州三新实业公司举牌收购"老八股"之一的上海申华实业股份有限公司案，就是非常经典的一例。该案甚至被上海作家王学仁直接写成了纪实小说《中国股市疑案——申华事变》。可见该事件对当时资本市场的影响之大。

1996年，申华实业董事长瞿建国正在加拿大度假，突然收到公司常务副董事长李伟荣发来的传真件，得知广州三新公司已收购了申华实业5%的股份，并在上海证券交易所举牌公告。瞿建国匆匆回国了解情况，发现公司多数董事在未全面掌握三新公司的情况下，就支持三新公司入主。瞿建国亲自去广州考察，但三新公司拒不提供相关材料，使申华无法了解三新的真实实力与资金来源。在这种情况下，他觉得让三新公司来做大股东，不利于申华公司未来的发展，不想接受对方入主。然而，当时的副董事长李伟荣、总经理董云雄不顾董事长瞿建国的坚决反对和屡次劝告，召集了董事会半数以上的7人，召开了多次董事会临时会议，通过了包括邀请三新公司委派4名代表出任董事会董事，选举三新公司张明园担任公司董事长在内的多个决议，公司创始人瞿建国的权利被大大削弱。

在当时的紧急情况下，瞿建国找到了我，还有上交所的徐明和其他律师，一起商讨此事，最终形成了"反收购"的共识。在剖析过程中，本案涉及相关具体的法律问题，这些问题最后决定了这家上市公司的走向，同时也直接推动了相关规则的制定。

从立法上来分析讨论，《公司法》和申华公司章程明确规定：董事会会议由董事长召集和主持。我们分析认为，副董事长召集开的会，不是法定意义上的董事会会议，最多是部分董事的碰头会、讨论会。因为在董事长在的情况下，召集权和主持权是不该受到侵害的。

同时，李伟荣副董事长以及其他两名董事都是在董事会上增补为公司董事的，并明确下次股东大会再追认，本案发生时股东大会尚未追认其董事地位。我们分析后认为，按照《公司法》的明确规定：选举和更换董事的职权由股东大会行使。由此，召集会议的7名董事中，有3名董事的身份尚且是存疑的。鉴于7名董事没有召集召开董事会的权利，且包括副董事长在内的3名董事的身份尚未被追认，我们认为这几次临时董事会都是"非法"的，建议拿起法律的武器提起诉讼，一是诉讼其侵害了上市公司董事长的召集权和主持权，二是由股东起诉公司，请求判令未经股东大会选举，仅由董事会会议增补的董事身份无效。

在诉讼过程中，外部力量发生了变化，资本市场最有号召力的君安证券成为了第三方，大量购入申华实业股票，三新公司没有足够的实力再策划收购。与此同时，内部的法律之战延缓了三新公司大举收购和快速控制公司的进程，为引入第三方谈判奠定了一定的基础。

2005年10月27日，十届全国人大常委会第十八次会议通过新修订的《中华人民共和国公司法》《中华人民共和国证券法》

这场法律之战在中国资本市场诉讼史上极具影响力，

后来这个鲜活案例所引发的立法思考直接被吸收纳入到了相关规定之中。在申华案董事会增补董事的决议被判无效后不久，中国证监会正式公布了规范上市公司组织和行为、具有法律效力的指导性文件《上市公司章程指引》，明确界定了股东会、董事会、监事会、经理的权利和义务，规定董事长主持股东大会和召集、主持董事会会议，董事长不能履行职权时，董事长应当指定副董事长代行其职权，并重申董事必须由股东大会选举产生，不存在追认的概念。当时，我全程参与了《上市公司章程指引》的草拟，申华的这一案例在讨论过程中被予以广泛关注并吸收到了具体规定之中。

异地大型国企举牌收购上海公司第一案

研究中国资本市场经典案例，"大港收购爱使"案一定是不能错过的一例。

1998 年 6 月 28 日，国浩律师集团正在北京的人民大会堂召开成立大会。坐在主席台上的我，在认真聆听时任司法部副部长肖建章讲话时，突然接到了上海丰润投资顾问有限公司陈远的电话。他催促我赶快回沪，接手一件即将轰动证券市场的大案。第二天我匆匆爬完长城就直奔机场回到了上海。经陈远介绍，我与大港油田集团公司总经理助理李遵义、大港油田炼油厂党委副书记徐宜阳见了面。他们意欲聘请我和我所的副主任刘维担任法律顾问，策划实施大港收购爱使案。这是异地大型国有企业集团通过二级市场举牌收购上海公司的第一例，极富挑战性。我毫不犹豫地接下此案。

在我们的研究策划下，7 月 1 日大港方面便发出公告，大港油田举牌收购爱使股份超过5%。那天恰逢美国总统克林顿访问上海证券交易所，时任上交所总裁是屠光绍。然而证券投资者更为关注的是一石激起千层浪的大港收购爱使公告。第二天，几乎所有的证券类新闻媒体都详细报道了大港油田举牌爱使股份的消息。其后，大港油田继续收购爱使，从5%到7%

再到 9%，接近10%时停下，因为《公司法》规定股权超 10% 有提议召开临时股东大会的权利。

大港把我作为法律顾问起草的提议召开临时股东大会的函交给了爱使股份董事长秦国樑。然而，秦国樑看完后笑而不答，提示我们去研究一下爱使股份公司章程的第 67 条。其实，事先我们已经注意到，爱使公司章程67条第二款规定："单独或者合并持有公司有表决权股份总数十（不含投票代理权）以上、持有时间半年以上的股东，如要推派代表进入董事会、监事会的，应当在股东大会召开前二十日，书面向董事会提出，并提供有关材料。"第三款规定："董事会、监事会任期届满需要换届时，新的董事、监事人数不超过董事会、监事会组成人数的二分之一。"我们认为章程第67条的规定是违法的，并正式向大港油田提交了法律意见书。

在大港油田和爱使股份无法达成一致意见的情况下，作为法律顾问，我们要为大港入主爱使扫清障碍。在策略考虑上，我们认为收购方作为进攻方不宜采取旷日持久的诉讼手段，宜速战速决。所以我们以律所名义向中国证监会、上海证管办、上海证交所反映了上述情况，希望有关监管部门重视并解决此事。同时，我们在舆论上展开了攻势，请法律专家徐士英、吴弘发表意见，以正视听。7月11日的《中国证券报》发表《大港进入爱使董事会有障碍吗》一文，刊登了专家们认为爱使章程第67 条是违背基本法律规则的观点。爱使股份也不甘示弱，10天后发表了《法律障碍真的存在吗》一文，刊登了复旦大学胡鸿高教授、上海社科院顾肖荣研究员的回应，认为第 67 条并不违法。

这样一来，我们感到有必要请更加权威的专家来评说。而与此同时，对此事自始关注的中国法学会民法经济法研究会正有意召开研讨会。于是，"股东行使选择管理者权利法律问题研讨会"于7月25日在北京中国职工之家宾馆召开。中国公司法权威江平教授、给中央领导讲课的王家福研究员，以及王保树、魏振瀛、顾功耘等知名教授都前来参加了此次研讨会。令我们感到欣慰的是，专家们讨论后一致认为爱使公司章程第 67 条违法。

此外，刘俊海博士还作了题为《必须旗帜鲜明地维护股东提名权》的发言。第二天，《中国证券报》《上海证券报》对此事都刊登了整版的报道。8 月底，中国证监会终于就爱使公司章程表态：爱使公司章程第 67 条确有错误，并提示上海证管办，约见爱使公司负责人，责令通过股东大会予以修改。至此，爱使公司章程第67条之争大幕落地，为最终大港油田成功入主爱使股份扫清了最大障碍。

这个案件对于上市公司制定规则及公司法、证券法的完善都具有非常重大的意义，特别是引起了对维护中小投资者的合法权益的广泛关注，相应保护机制后来也纳入了相关法律条文之中。

中国证券市场走过了近30年的风风雨雨，现在回过头来想，为什么股市里的这么多故事发生在上海，因为上海的这几家上市公司都是全流通股。这也反过来证明了股权分置改革的重要性、必要性和紧迫性。现在资本市场上掀起的腥风血雨的收购大战，其实在20世纪90 年代中叶都已经发生过，在"三无"概念股身上都上演过。

我有幸作为一名证券律师，经历了多场资本市场的风雨大战，深度参与了多个经典证券大案。在我看来，作为证券法律服务者，我们不纯粹只是论输赢，更有意义和更重要的是：我们在完善市场规则、健全资本市场法治建设方面做了一些工作和探索，留下了我们努力的痕迹与成果；我们为上市公司法人治理结构的完善出谋划策，为上市公司领导层提高风险意识、加强规范运作进行指导与帮助，在一定程度上推进了现代企业制度的发展和完善，培育树立了现代企业管理者的法治意识。

当然，证券法律的事业还在路上。去年我参与了由中证中小投资者服务中心代表受损害的投资者起诉上市公司及其管理层赔偿责任的第一案，今年全国"两会"期间该案被收录到了最高人民法院工作报告的典型案例中。

我深感，我们要积极参与到市场中的典型案例、首例案例中，竭尽自己的所学与所能，不断推进法治建设的完善。这是法律人的初心和使命所在。

展望新时代，全面依法治国，宏伟蓝图已绘就，四梁八柱已搭成，尤其是"施工图"正在落实、"精装修"日新月异。我们法律人，见证着、参与着、奉献着、共享着。

链接：

万国证券公司的广告语

上海第一代老股民们一定不会忘记这句广告词——"万国证券，证券王国"。早期的证券公司大多隶属于中国人民银行，或脱胎于大型国有银行，风格相对稳健，而万国证券公司则是相对市场化的机构，并以其高素质的团队、创新的服务、生猛的做派，迅速占领了市场。

——编者撰录

李志强，1967年11月出生，上海人。1990年7月至2008年6月，任金茂律师事务所律师，高级合伙人。1997年，任美国格杰律师事务所中国法律顾问。2008年6月至今，任金茂凯德律师事务所创始合伙人。2020年6月担任环太平洋律师协会会长。

首批证券律师执业回眸

口述：李志强

时间：2018年8月5日下午

地点：上海柏年律师事务所

采访：范永进、唐旻红、郝丁丁、单永等

整理：郝丁丁

弹指一挥间，我从事律师工作28年了，从事证券律师专业服务也有25年。回想1986年高考选择志愿投身法门，回想17年前自己成为沪上第一位"十大杰出青年"中的专职律师，回想14年前当选国际最大律师组织的理事，回想2018年3月当选环太平洋律师协会副主席等过往烟云，回眸执业以来的成功和挫折、艰辛和磨难，回忆往事，展望未来，不禁浮想联翩。

投身法门

我少年时代的一个梦想，是做一名"铁肩担道义"的"无冕之王"——

记者，但一次极偶然的机会——"卓长仁劫机案"却改变了我的想法，使我对神圣的法律产生了浓厚的兴趣。1986年，我有幸结识著名法学家李昌道教授，一位指引我人生前行方向并影响我一生的良师益友，李导师一句"学法律是很有劲的"让我义无反顾地走进了法律之门。

1990年，作为该年度上海市高校优秀毕业生，我放弃了直升硕士和在国务院侨办等单位谋职的机会，当上了一名执业律师。我难忘史焕章院长的鼓励：脚踏实地，一步一步地向前走，去攀登事业的高峰。我铭记国际法系领导曹建明老师的勉励：假如一个人对自己所从事的事业有执着的追求，那么成功的路就已经在自己的脚下。我更不会忘记系领导陈治东老师一番鞭策话语："你选择了一条崎岖的小路，而攀登小路的勇士往往比别人更早登上峰顶。"

1993年2月，时年26岁的我平生第一次走出国门，随上海律师代表团出访韩国并兼任翻译。紧张忙碌的一周"洋插队"经历，给我2年多的律师人生新增了浓墨重彩的一笔。

回国后不久，中国证券监督管理委员会和国家司法部开始遴选共和国首批证券律师，上海一共18个名额。初出茅庐的我做梦也没想到，一次出国翻译的经历，让上海市司法局领导对我的才华有了深刻的认知。新中国第一支人民币特种股票——电真空B股在上海诞生，中国律师专业的英文涉外法律服务水准，给首批证券律师的

上海真空电子中英文招股说明书

认定海选聚焦了候选方位。

1993年5月的一天，我同市一所、二所、对外经济所等6家律师所的代表，乘火车抵达天津，参加1993年全国股票公开发行研讨会。这次会议十分火爆，全国各地有望申请发行股票的企业代表接踵而至，伴随而来的还有一大批证券公司、会计师事务所和律师事务所的代表。由于住宿紧张，同去的几位律师有的只能打地铺。会后，上海有6家律师所被国家司法部和中国证券监督管理委员会批准为首批具有从事证券法律业务许可证的律师事务所。我有幸成为上海首批具有从事证券法律业务资格的18位律师之一，而且是其中最年轻的律师之一。

是时，证券法律业务是一个较新的律师业务领域。1993年4月22日，国务院第112号令发布《股票发行与交易管理暂行条例》，首次以国务院行政法规的形式，明确了律师从事股票发行法律服务的合法性和必要性。同时，证券法律业务也是一项带有相当风险的业务。尽管如此，也应该看到国际上许多著名的律师都把从事股票发行与上市以及资产重组服务作为业务的重点之一，因此这也是一项与国际惯例接轨的法律业务。中国律师参与证券业的法律服务，既开拓了新型业务，又培育了一批专业律师。

执业感悟

有人说，在上海律师界里，我是名学者型律师。我曾说，如果没有选择律师，我会成为一个学者。不过选择了律师不等于放弃了研究和著书，相反对于我来说，后者是促使我成为一名好律师的必要条件。

事实上，自幼喜爱写作的我，中学阶段曾连续3次获得过上海和全国的中学生哲学和政治经济学小论文的奖项。在大学阶段，我担任过校报记者，采访过曹建明等多名成功人士，作品获得过上海高校好新闻奖。当律师后，工作较忙，不过我仍然坚持笔耕。记得老前辈王文正会长曾说过，律师应该能说会写。著名学者江平教授在2000年中国律师年会上将律师分成4类：政治家型的律师、学者型律师、商人型律师和讼棍型律师。其中前3种律师都是值得推崇的律师。而我人生目标是成为一名学者型律师。

我觉得律师写点东西收益最大的是自己，所以我从不刻意追求自己的著作能够令人"惊艳"、能够"流传不朽"，只是想在工作之余将自己的办案心得和实践体会融会成文字，写成文章或著作。对我来说，著述写作不仅仅推动了我的律师工作，甚至成为自己律师工作不可缺少的润滑剂。在我主编的《成才的思考——新世纪青年律师启示录》里，我写下了这样一段自己对于著书写作的感悟："青年律师成才之路并

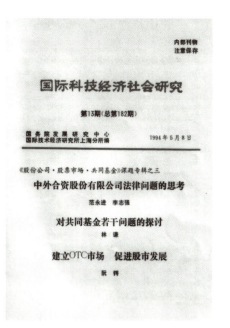

1994年5月8日，《国际科技经济社会研究》第13期刊载范永进、李志强所写的《中外合资股份有限公司法律问题的思考》一文

不平坦，恒心和毅力是前进中的双翼。著书立说也是如此，由于律师工作与法学教授等的工作侧重点不同，实务性强，律师的著书立说离不开实践的指引；由于律师的工作时间离不开客户的导航，节奏快和压力强是律师工作的两大特点，这就决定了律师的著书立说不可能用大块时间来做，只能见缝插针，忙中偷闲，点滴挥就，积少成多。这期间需要律师百折不挠的恒心和持之以恒的毅力。有时候要把别人喝咖啡的时间都用上，在飞机的旅行途中，在出国访问的间歇，都可以有感而发，都要以构思而作。"

就这样，28年来，我在《中国司法》《中国法律》《法学》《中国律师》《中国司法》《亚太论坛》《中国证券报》《上海证券报》《证券时报》等国内中英文专业报刊上发表论文200余篇。其中，《合资股份公司的法律分析》一文入选国际律师协会举行的国际研讨、业务研讨，并在会上交

流；《银团贷款协议与B股承销协议的区别与比较》一文入选华东六省一市律师实务研讨会论文集；而我的专著《律师的舞台——李志强执业手记》，则获得上海市律师协会律师专著评选一等奖。

除了这些论文专著，我还编著法律方面的专著。1992年，当时年仅25岁的我就已担任《涉外经济法通论》一书的副主编。这本由中国大百科全书出版社上海分社出版的专业书籍，后来成为华东政法大学等高校的教学用书。

28年来，我担任主编、副主编或个人专著的著作有《中国企业赴日本、马来西亚投融资法律研究》《跨国并购法律实务》《企业改制实务指引》《上市公司发展指南》《项目融资法律实务》《涉外经济法通论》《涉外经济法》《中日公司法比较研究》和《证券律师从业指南》《企业国有资产法解读》等30多部。还在《香港法律实用全书》《经济法通论》《资产重组风云录》《中国股市早年岁月》等著作中担任编委。参与写作或被收入论文的著作如《上海涉外会计、法律理论与实务》《对外经济贸易新规范》《房地产入门》《律师涉外业务探讨》《律师手记》《回眸中国股市》等共20多部。与范永进主编的《证券律师从业指南》获得上海市法学会优秀著作奖，主编的《资本市场律师实务》获得首届上海市律师协会律师学术大赛著作类三等奖。

如今，当我看到书橱里自己的作品一排排、一列列地展现在眼前，就仿佛看到了那个曾经在台灯下苦啃案子的自己，那个在办公室里与同事们共同奋战的自己，那个在谈判现场滔滔不绝、意气风发的自己……不管怎样，一种难以名状的滋味油然而生。往事如烟云，看到这些作品，我发现自己正在进入一个新的境界。

首例B股配股案

律师这个行当，说白了，是靠委托人生存的。没有名气，没有资历，没有经验，就没有人愿意把案子委托给你。这个圈子里，对那种到处找案子的律师，称作"跑街先生"。1990年7月，23岁的我，开始了"跑街先生"的生涯。这一"跑"就是28年。美国总统林肯当年不是也当过"跑街先生"吗？

我跑着跑着，就跑来了一场首例人民币特种股票成功配售案例——为大众B股配股出谋策划。

作为一个证券律师，动作繁杂而严密的法律文件是每天要面对的工作。但如果要崭露头角、胜人一筹，光靠这些扎实的法律功底显然不够。在成为首批证券律师当年，大众B股配股横亘在我面前，成为考验我智慧和魄力的第一道"测试题"。

1993年时，上海的B股市场一片低迷，股价连续走低。5月，大众出租股份有限公司股东大会审议通过了配股案，10送1配9，配股价4.15元人民币。但配股方案公布才刚刚两天，大众B股原国际协调人、著名的渣打证券有限公司便宣布大众B股承销商解散。突来的变故使配股顿时陷入困境，大众公司上下乌云笼罩。幸运的是，在大众公司陷入困境的当口，当时香港最大的证券商——百富勤融资有限公司，看好大众公司的经营业绩和发展前景，拍板充当了大众B股配股的国际协调人，并很快重新组成了承销团、律师团和会计师团。而我就是在这种错综复杂的背景下，以大众B股配股的特聘法律顾问的身份，与众多国际律师和国际承销商一同，参与了"重生"后的大众B股配股案。

大众B股案在逃过最初的一"劫"后，进行得也并没有想象中的顺利。其中一个比较关键的问题是，大众B股有200多位股东，分布在美国、英国、加拿大等国家。这些国家中不少国家有明文法律规定：股份公司的招股说明书如果未经该国证券主管机关注册批准，就不准在该国境内发售股份。也就是说大众B股的这些股东进行配股会受到相应国家法律的限制，如果直接给这些国家的股东寄送招股文件，就有违法之嫌。

面对这一难题，我通过多方调研，经过一番深思熟虑后向大众公司建议：可将上述国家的股东作为"特别海外股东"列入承销协议中，由大众公司董事长署名签发一份《董事长函件》，以董事长个人的名义，用挂号形式寄给他们。通过这样一个小小的"技术处理"，既巧妙地绕过了某些法律障碍，又能让这些海外股东在第一时间知道公司配股信息。

正是这个高明巧妙的锦囊妙计，使大众B股成为当时沪市22只B股中唯一一个成功配售的股票，在9月6日的上市交易中，首日市价就达到每股0.8股美元，3个月后升至2美元。这一国内第一只B股配股案例成了典范，而我的名字也随着我的成功策划渐渐在业界传开去。

向满分看齐

顺利通过证券律师"考场"上的第一次"测试"之后，我的信心更足了，投入工作的拼劲和干劲也更高了，在工作实践中，像海绵一样不断地吸收着新的知识，总结新的技能和方法。我深深体会到要做一个百分之百优秀的、现代的金融证券律师，如果只凭勤奋和扎实的法律知识，充其量只能"及格"，只有将高效、敬业、睿智和勤勉融汇在一起，才能向"满分"看齐。

1994年夏天，天气酷热难当。上海浦东陆家嘴金融贸易区、金桥出口加工区和外高桥保税区等一些重点市政工程项目上马后，急需融资建设，融资形式主要是采取国际商业银团贷款，向境外筹集资金。作为银团中国法律顾问，我经常挑灯夜战。

1996年5月30日，安徽古井贡酒股份有限公司成立。图为李志强律师为安徽古井贡酒股份有限公司成立大会作律师见证

案子进行中，浦东新区有关部门把一份几百页厚的英文合同文本交给我，希望我能在一周内完成翻译并提出分析意见。结果我和两个实习生挥汗如雨，没日没夜地"赶工"，只用了5天就啃下了这块硬骨头。同时我还对贷款资金使用、贷款偿

还、监管账号等事项提出了咨询意见。到1998年的5年时间里，我先后为浦东新区3家开发区筹措10多亿元低息资金提供了优质服务，许多业内人士都称这些银团贷款是浦东开发的"及时雨"。

"敬业"一直是我的职业宗旨。从当律师的第一天起，"敬业"两字就被我深深烙进脑海，也身体力行地反映在我的行动中。1996年春节，新婚燕尔的我刚和爱妻从海南度完蜜月回沪，就接到安徽亳州古井贡酒公司通知，参加该公司B股发行前的验证会。我二话不说，放下行李，当即告别爱妻坐上北上列车，如期参加会议。

2000年12月，我刚刚出差返回上海，到家已是晚上9时半，刚刚卸下行李，放好文件，就接到上市公司梅林正广和公司的电话，请我在半小时内赶到金茂大厦参与达能公司的收购谈判。我全然不顾出差后的满身疲惫，风尘仆仆地马上投入与外方律师的彻夜谈判中。第二天一早，谈判阵地又移师锦沧文华大酒店。

双方在此过程中，用英语各抒己见，我的激情和辩才成为说服外方收购者的一大武器。经过异常紧张的十几个小时，各方顺利签署了收购协议。这十几个小时，我根本没空休息一会儿，不过为此我也获得了不小的收获：在场的海虹控股总裁对我表现出来的才干大加赞赏，主动邀请我担任公司的法律顾问。

继1993年的国内第一只B股配股项目——大众B股配股项目成功之后，1997年我参加了中国当时最大的A股上市公司——上海汽车股份有限公司的改制上市全程法律服务。

1997年，上海汽车股份有限公司向社会公开发行人民币普通股（A股）3亿股，国内有29家证券商参加了"上汽"A股发行承销团。我作为承销团的中国法律顾问，以净募集资金20.82亿元，刷新了当时上海股市单一上市公司发行新股的筹资记录，投资于当时中美合资最大的汽车项目——上海通用汽车有限公司。

值得一提的是，我还作为最早参与中国上市公司资产重组的律师之一，受聘担任"PT双鹿"和"PT闽闽东"重组的法律顾问。经过连续几个月的奋战，从起草法律文本，解决法律问题，并以律师身份多次前往上海和深圳证券交易所进行重组方案的沟通，几次赴北京向中国证监会进行汇报。在各方的共同努力下，"PT双鹿"和"PT闽闽东"的宽限申请最终均获得上海和深圳证券交易所的批准，更可喜的是"PT双鹿"经重组后更名"白猫股份"，复牌上市后竟连续5个涨停板，创下了中国证券史的又一大奇迹。

首家由B增A

全国首例境内上市外资股增发人民币普通股的张裕上市案，也留下了我执业勤勉的难忘记忆。

张裕公司是我国工业化葡萄酒生产的发祥地，是一个典型的中国民族工业企业。发展和振兴民族工业是张裕公司的历史使命。为了进一步求发展，1996年10月按照《公司法》，烟台张裕集团有限公司这一国有独资公司挂牌成立。为了进一步转换企业机制，建立和完善现代企业制度，筹集资金用于企业技术改造和葡萄基地发展，张裕公司决策层决定通过发行与上市B股，使百年张裕再跃上一个历史新台阶。

1996年3月1日，"张裕"B股发行第一次协调会在烟台举行。烟台市副市长杜昌祚先生主持会议，强调张裕是烟台市首家发行B股的企业，只能成，不能败，并且一定要做好。接受烟台张裕集团有限公司的委托，我十余次北上烟台、北京，数次南下香港，为中国葡萄酒第一B股、烟台市第一B股的诞生不遗余力。

1997年8月29日，经国务院证券委证委发（1997）2号文批准，烟台张裕葡萄酿酒股份有限公司（筹）首次向境外投资人发行每股面值人民币1元的境内上市外资股8800万股，含超额配售800万股，发行价每股人民币3.48元，折合港币每股3.25元。1997年9月1日至9月3日顺利发行完毕。8800万股境内上市外资股于1997年9月23日在深圳证券交易所上市交易。

截至1997年12月31日，"张裕"共有股东1461户，其中国家股股东1名，由烟台市国有资产管理局委托烟台张裕集团有限公司持有；

2000年10月，烟台张裕葡萄酿酒股份有限公司采用网下对证券投资基金累计投票询价和网上对公众投资者在申购价格区间内累计投标询价发行相结合的发行方式，发行3200万A股

B股股东1460户。B股发行与上市是百年张裕的一次历史性"压酿"。张裕共募集资金港币2.5604亿元，为公司主业发展提供了资本市场的黄金通道。

张裕B股发行与上市是一次牵涉方方面面的系统工程。参与这一系统工程的各方中介机构——境内外承销商、境内外会计师、评估师和境内外律师，需同心协力为公司出谋划策、恪守职责，确保张裕B股发行成功。作为公司律师，首要的问题是要考虑如何排除"张裕"申请发行B股的法律障碍，解决好相关的法律问题。

由于"张裕"B股投资人主要是外国和我国港澳台地区的自然人、法人和其他组织。这些投资人往往较关注发行公司存在的同业竞争和关联交易、维护中小股东权益问题。因此，避免同业竞争，减少和规范关联交易，保护中小股东权益，往往成为中国律师提供专业服务的重要内容。

2000年10月10日，烟台张裕葡萄酿酒股份有限公司在《中国证券报》《上海证券报》和《证券时报》上刊登向社会公开发行不超过4000万A股《招股意向书》，引起证券市场的广泛反响。媒体报道"B股公司增发A股进入操作期，张裕成为第一家"，"张裕成为沪深两市纯B股公司增发A股的第一家试点企业"。从葡萄酒行业第一家上市公司、第一只B股到纯B股上市公司第一家增发A股，张裕的一次又一次"第一"着实不容易。

作为我国葡萄酒行业的龙头企业，张裕公司自1997年上市以来，业绩连年增长，净资产收益率连续3年在13%以上。由于受到纯B股公司不能增发A股的政策影响，公司在经历了1998年一个完整会计年度后，于1999年度第一次临时股东大会后，向中国证监会提出增发4000万股B股的申请。中国证监会经过严格审查，于1999年12月31日下发《关于核准烟台张裕葡萄酿酒股份有限公司申请发行股票的通知》，同意公司增资发行4000万股B股。但由于B股市场不令人满意，公司实施增发4000万B股仍不能满足公司迅速扩张发展的态势，纯B股公司能否增发A股的现实课题摆在张裕人的面前。

作为张裕公司法律顾问的我，为公司认真分析了增发A股的各种法律问题，认为增发A股没有法律障碍，事在人为。在各方面的支持下，公司于2000年7月正式经中国证监会同意发布增发不超过4000万股A股的董事会公告。短短一个月，我和主承销商及其他中介机构一起，完成所有上报材料。中国资本市场首家纯B股公司增发A股终于成为现实，百年张裕在迈向21世纪的门槛的关键时刻，实现了又一次腾飞。

在面对这一桩桩曾让我费尽心血、也让我倍感骄傲的案子时，我不禁感慨：随着自己的经验和资历的与日俱增，反而更迫切地想接受更多新生、新类型案件的挑战。只有不断接触新事物，学到新的知识，才能保证自己在律师行业里的"鲜活"，才不会被这个飞速发展的职业和时代抛弃。

28年来，通过耳闻目睹，通过亲身参与，我深切体会到，随着中国经济的腾飞，市场规则与国际接轨的步伐正日趋加快，法律与人们日常生活和企业经济活动的联系正日益密切。同时，我们律师的服务领域也在不断拓展与深化，中国律师业的发展步入了黄金时代。

是中国的快速发展，使我有了参与众多涉外经济和金融证券的项目的机会；是对外开放，使我能够到境外大型跨国律师事务所研修深造；是中国国际地位的不断提升，世界渴望了解中国，使我有机会受邀赴数十个国家和地区，向当地的商会和市民宣讲中国的法律，介绍中国的投资环境和律师业发展，使我有幸受到十多位外国国家元首和政要的接见；是中国加入世界贸易组织、融入经济全球化的众望所归，使我有缘在联合国国际贸易法委员会与数十名国际法专家讨论拟定一些国际公约；等等。

律师制度恢复20年时，我曾应邀在《上海法制报》上撰文《当律师，我赶上了好时代》。如今，在习近平新时代中国特色社会主义思想指引下，依法治国的伟大事业给律师业带来了无限生机，我们有何理由不继续努力向前呢？

链接：

深圳B股诞生记

编辑手记：周道志先生，曾为中国人民银行深圳市分行证管处处长，是深圳B股的主要策划者之一。他回忆道：

1989年春，在深圳市资本市场领导小组的一次讨论会上，副市长张鸿义提出：深圳股票市场的发展，要考虑如何走向海外的问题，将来要把股票作为一种吸引外资的工具。应该说这个问题的提出有其历史背景，一是随着1988年深发展上市，深圳股市开始启动；二是深圳经济发展强调外引内联，引入国内外资本建设特区；三是深圳三资企业全国最多，体制最活，具有外国资本进入的条件。

1990年，人行深圳市分行积极向中国人民银行总行提出要通过发行股票筹集外资。但是在我国实行外汇管制政策、人民币不能自由兑换的情况下，发行股票筹集外资是一个十分复杂的问题。怎样避免与外汇管理的冲突，怎样降低国外投资者在交易、清算等程序上的风险，我们与中国人民银行总行金管司的同志讨论达半年之久，到底是在香港搞深圳股市投资基金，还是直接设计股票让境外投资人自由买卖？多种方案经过反复讨论，我们也多次赴香港考察、咨询，最后决定发行一种以人民币标定面值、专供海外投资者用港元购买，并在深圳证券交易所挂牌交易的股票。为了与人民币普通股（A股）相对应，当时的人行总行金管司司长金建栋给它起名为"人民币特种股票"（简称"B股"）。

我们经过一年多艰苦努力推出《深圳市股票发行与交易暂行条例》后，就投入大量精力起草《深圳市人民币特种股票发行与交易暂行办法》。作为深交所的第二交易品种，B股推出有三大难点：一是外汇交易的清算需要一整套与A股一样的程序，但我国内地的任何一家银行当时都不具备在世界主要国家设立网点（含中国银行）的条件，并不具有清算证券的经验。因此，我们只能选择在香港的"块头"大、经验丰富的渣打、花旗等银行。二是我国的公司发行股票这种商品，最大的困难在于我国会计制度反映公司的资产负债、损益、资产质量各项指标与国际通行标准出入较大，质量指标与效益指标即"价值观"存在很大的差异，好在深圳市政府1988年起开始进行特区会计制度的改革，有一套即将完成的新会计制度相配套。三是B股在深圳发行难以动员国际投资人的资源，而在香港这一国际金融市场发行是最具条件的，但又受制于香港法律的约束（外来证券在香港公开发行必须经香港政府注册署注册招股说明书，招股书又必须披露公司经国际上大会计师事务所对公司前三年的资产进行实物审计），这些致命的约束迫使B股只能在香港私募。

1991年5月，深圳市政府主办、康佳协办第一次B股咨询会，邀请香港证监会、香港联交所以及海外投资银行人士参加，听取他们对发行B股的意见。

我们在1991年推出B股的压力是，若B股不及时推出，中国人民银行总行批给深圳1991年的B股发行规模就要作废；同时，10多家企业的人民币普通股已顺利发行，如果没有相应地发行B股，这些企业向非特定个人发行的股份达不到总股本的25%，按当时的《深圳市股票发行与交易管理暂行办法》的规定，这些企业已发行的股票是不能上市的。

在短时间内集中推出2亿元面值的B股能否成功，当时许多人心里都没有底。深圳市政府副秘书长陈应春和当时人行深圳市分行的领导王喜义、肖少联对我们的工作非常支持，他们指出，有些问题可能在干的过程中会暴露出来，就在干的过程中解决，但一定要努力把试点搞成功。当时主管深圳市财经工作的副市长张鸿义也风趣地说："我们摸着石头过河了。"

1991年12月18日，我们选择这个"黄道吉日"，举行深圳市9家上市公司B股承销签字仪式，时任中国人民银行行长的李贵鲜及深圳市领导出席了签字仪式。香港联交所12个一级会员中，有5个来深圳包销B股。在美国证券市场处于领先地位的美国摩根士坦利证券公司以及香港新鸿基、百富勤、浩威、渣打亚洲、法国里昂等投资银行以及渣打银行、汇丰银行、花旗银行等均参加B股的包销、经纪和清算业务。

这次深圳B股以溢价方式发行，筹资约1亿美元，而海外投资者意向性地要求购买B股的数量，要超过实际发行量的5倍以上。世界银行国际金融公司也找我们商谈，要求"开后门"购买B股，并认购了深中华的部分B股股票。

1992年2月28日，深南玻B股率先在深圳证券交易所上市，深交所通过路透社向全球150多个国家和地区同时发布行情。深交所交易大厅里，来自国家有关部门的领导和深圳市有关领导都非常兴奋。刘鸿儒高兴地说："今天是深圳股市走向世界的第一天，请记者给我们拍张照片作个纪念吧！"

——摘自夏雄伟：《李训等：股市里的故事》，载《中国股市早年岁月》，上海人民出版社2007年12月版，第101—103页。

卢金涛，1929年8月出生，上海人。1963年毕业于上海财经学院夜大学工业财务会计专业。曾任立信会计高等专科学校函授部、远距离教育部主任，高级会计师。历任立信会计师事务所董事、副所长、副主任会计师、代主任会计师等职务，上海市注册会计师协会理事。

立信会计伴随股市共成长

口述：卢金涛

时间：2018年8月28日

地点：立信会计师事务所

采访：朱建弟、范永进、谢淳、丁晏健等

整理：谢淳、丁晏健

中国证券市场走过了30多年艰难曲折的探索发展之路，与此同时，为股份制和股市提供相关服务的中介机构和行业也历经风雨，几经蜕变而不断成熟。为企业改制上市、上市后的公司等财务报表提供审计服务的会计师事务所可谓是证券市场发展中必不可少的经济警察。通过注册会计师（CPA）独立、客观、公正地审计之后的财务报表，为市场参与者的投资决策提供可靠的财务信息，并使其据此做出正确而理性的投资决策。因此，在叙说中国股市30多年的成长故事时，老一辈的CPA们作为这个市场发展的重要参与者，有许多值得浓墨重彩地描述一番的故事。今天我要说的就是上海老牌的立信会计师事务所，自20世纪90年代以来伴随股市的发展而成长壮大的故事。

上海解放后，投身财税工作数十年

我生于1929年8月，父亲在我念中学时就过世了。年少的我早早地就经历过失学、失业之痛。新中国成立后，1951年初，我通过招考进入上海市税务局工作。就这样，在财税局一干就是30多年。1951年至1956年，主要是对私营企业进行改造，税收的"查、管、征"和各项税务检查、查账任务十分繁重。我当上行业组长后，主要负责对行业的经济进行调查、协商等，这项工作也很繁重。1956年全行业公私合营以后，又要进行查账，但主要是帮助企业进行生产管理，为企业出谋划策，增加财政收入。1959年，我下放到崇明接受贫下中农教育。1960年回沪后，于次年考入上海财经学院夜校部，3年后大专毕业。

1976年，我被调至上海市财政局企业财务处资金外贸组工作，分管全市更新改造资金的管理和中小型技改项目的审核、企业的流动资金和清产核资的调查。改革开放后，我主要负责利用外资引进先进技术和先进设备贷款项目的联合审批，以及对引进项目使用外汇的调查、资金拨款、政府贷款项目的管理工作，为财政资金使用和税务收入把好关。

我在基层工作时间长，财税系统三十余年的职业生涯为以后的发展打下了基础。1985年9月，我服从组织上的调动，调至立信会计专科学校担任函授部的领导工作，实现了职场的一次重大转变。在立信会计专科学校的5年中，令我记忆犹新的是与上海市审计局合作举办的6期行政审计培训班，其中规模最大的一期有2800多人参加。这段经历也为我日后的事务所工作打下了审计基础。

1990年9月，我又服从组织调动，来到了立信会计师事务所。其时正逢中国股市刚兴起不久，我投身其中，这一干又是十年，参与了企业股份制改制过程中的多项工作。直至1999年9月，71岁时，我才从董事、代主任会计师的职务上第二次退休。在随后的7年多时间里，我仍然担任着事务所的高级顾问，继续为自己热爱的事务所献计献策，见证着事务所的发展壮大。

股市早年，成沪上四家A级事务所之一

与改革开放、证券市场的发展齐头并进的是国内的会计师事务所。我职业生涯的第3站——立信会计师事务所，早在1927年1月就由我国杰出的会计学家、教育家潘序伦[1]博士创建，是国内最早的会计师事务所之一。潘序伦早年留学美国，获哥伦比亚大学硕士和哈佛大学经济学博士学位，因其把西方的借贷式记账法引入中国而被称为"会计之父"。新中国成立前，立信会计师事务所曾担任不少大中型企业的查账和会计顾问，新中国成立以后，1956年，由于国家的经济结构发生根本变革而停办。

党的十一届三中全会以后，随着改革开放进一步深入，很多行业需要引进外资，引进先进的技术和设备。尤其是证券市场的形成，迫切需要为其提供中介服务的会计师事务所。1980年，新中国第一家会计师事务所——上海会计师事务所在上海试点筹建，由顾树桢等人负责，潘序伦参与筹办。之后，立信会计师事务所经上海市财政局批准于1986年3月筹建复办。复办后第一届董事会董事长由上海市人民政府原副秘书长兼上海市财政局原局长顾树桢担任。

1990年，时年61岁的我来到立信会计师事务所工作。当时所里有两方面的困难：一是业务量小，因为当时国内企业验资审计不一定要求具有CPA资

---

[1]　潘序伦（1893—1985），是中国现代杰出的会计学家和著名教育家。生前历任立信会计师事务所主任会计师、立信会计专科学校校长、名誉校长、立信会计图书用品社社长、中国会计学会和上海市会计学会顾问、上海市社联顾问、上海市审计学会名誉会长、上海公正会计师事务所董事长、立信会计编译所主任和上海市高级会计技术职称评定委员会副主任等职。

质的中介机构，只有外商投资企业等少数项目需要由正规的CPA对其进行审计；二是管理薄弱，亟需建立起审计、验资的工作规程及基本制度，工作人员也急待培训。

我记忆最深的是，立信抓住了两个重要机遇：一是紧随1992年邓小平南方谈话之后改革开放加快的步伐，利用其原有的工作关系为立信开拓、发展三资企业的审计业务。其二，就是加强巩固了立信品牌。1993年2月，立信成为被财政部、中国证监会首批获准从事证券相关业务资格的沪上4家事务所之一，另外3家是徐惠勇领导下的上海会计师事务所、石人瑾负责的大华会计师事务所和王文彬负责的上海社科院会计师事务所，立信当时排行老四，人称"小狮子"。

2007年，由立信会计师事务所管理有限公司主办的股份有限公司财务研讨会

1992年和1993年正逢上海股市的大发展初期，许多国有企业、集体企业等都要经过会计师事务所审计、资产评估、利润预测、股本验证等审计服务后才能改制上市。1993年初，委托立信会计师事务所进行股份制改制的企业有数十家之多，而且都要求在1周到10天的时间完成审计和上报审批。由于项目多，任务重，时间紧，许多事务所的会计师们无论老少都夜以继日地工作，加班加点成为常事。经过会计师们的艰苦努力，立信终于完成了20多家企业的股份制改制审计和评估的上报工作，帮助这些企业成功上市。

诚信为本，同行合作破解工作难题

中国股市开始蓬勃发展的初期，也是与证券市场配套的系列工程进行磨合完善的时期。1992年，股份制会计制度发布实施，而在此之前的会计制度仍是采用计划经济时代按所有制按行业划分的体系。同样，也是在1992年，大批优秀的企业需要进行股份制改制，以求符合上市公司的标准，才能获准发行股票。而1993年，首批获准从事证券相关业务的沪上会计师事务所仅有4家，业务显然做不过来；并且，企业股份制改制上市的进度要求与事务所的审计要求发生了明显的矛盾。但会计师事务所一致认为，决不能为赶进度而牺牲质量，不符合条件的企业坚决不能放行。

会计界泰斗立信的创始人潘序伦早在1927年成立"潘序伦会计师事务所"之初，即强调自己的理念："信用乃会计之本，要开展会计师业务，首先要取信于社会。民无信不立，信用二字，是比生命还要可贵的信条，我们务必建立它，敬重它，追随它。"为了这个神圣的信念，第二年的1928年，潘老毅然将已在社会上有些名气的"潘序伦会计师事务所"改名为"立信会计师事务所"。他的目的很明确，取"论语"中"民无信不立"之意为座右铭。取名"立信"便是再次重申"信"为生命线，只有重信用，取信于社会，才能立于不败之地。以后在立信会计专科学校的开学典礼上，潘老更提出"信以立志，信以守身，信以处事，信以待人，毋忘立信，当必有成。"这24个字掷地有声，自然成为立信会计学校之校训。

正是秉承上述诚信为本的信条，我们在繁忙的工作中，坚持严谨细致的工作作风，实事求是，高质量地完成了各项任务，有力地促进了企业的股份制改制，也为后面股市健康发展打下了基础。

当时，上海市注册会计师协会出于对行业管理和服务的需要，按条条块块划分，组织行业小组，开展行业交流、合作与自律活动。上述的4家A级事务所为一个行业小组，每月一次例会，邀请上海市财政局、税务局、银行、市国资局、市证管办、上证所等领导部门，针对股市发展初期很多不规范的市场现象和不甚清晰的规定进行行业辅导和讲解，加强对新的政策制度的学习与交流，互通信息，相互协作。

面对股份制改制上市的进度要求与会计师事务所的审计要求之间的矛盾，行业例会作出决定，由上海会计师事务所主任会计师徐惠勇为代表，向市里领导呼吁，对股份制改制的进度应按照实际情况，完成一家报批一家，不应使改制企业有进度压力，以使会计师事务所按照行业规定惯例进行工作，保证质量。这不仅是对被审计的企业负责，更是对整个证券市场负责。

同一时期，随着国家对改制工作的法规不断完善，一家企业的股份制改革必须有两家会计师事务所分别担任审计和资产评估，这也使上海的这4家事务所在业务上合作更密切。此外，在这一磨合规范期，行业例会还通过多次活动讨论，制定了行业统一收费标准，上报市级有关部门备案。

就这样，上海的会计师事务所组织的行业例会坚持了很多年，在对市场规范和新法规、政策等进行交流与沟通的同时，也使整个行业更自律，职业操守意识不断加强，这对于早期的股市发展功不可没。

财务年会，服务上市公司取信于投资者

在与同行密切合作的同时，为更好地服务客户，了解客户，与客户沟通互动，立信会计师事务所又有了一项创新——开办财务年会。1993年，立信会计师事务所举办了首届"上市公司财务研讨会"，邀请了市财政局、市国资办、市证管办、上交所和上海注册会计师协会等有关部门的负责人参加，为30多户与会的上市公司和待批上市公司老总、财务总监讲解辅导新制度和新规定，及时传递重要的业务信息，解答业务方面的新情况新问题，使大家共同加深对上市公司业务政策的理解。这一活动不但方便了客户，使之能及时、迅速地了解和学习最新的政策规定，也令事务所能更好地为上市公司审计服务，提高了工作效率。

1999年，立信会计师事务所从立信会计学校脱钩改制后，被推荐为首席发起人的主任会计师朱建弟，将"上市公司财务研讨会"作为好的传统方式继续举办，每年一次。会议的时间从之前的1天发展到3天，出席户数从原来的30户增加到近100户，参加人数从近100人扩大到600人，邀请作专题讲座的领导从地方有关部门扩充到中央有关部门，内容一次比一次丰富，规模一次比一次扩大，成为一个沟通、交流、学习的盛会。通过听讲，与会者对新政策、新准则有了更深刻的认识和理解，对遇到的新情况和新问题也有了及时的沟通。

通过这样的财务年会，立信更好地推动了工作，客户感到非常满意。会计师事务所是在为上市公司提供审计服务，但更重要的，他们是在为保护投资者的利益而工作。我一直强调："在接受业务时我们历来严守着独立、诚信、严谨的行规，而一旦接受了业务，就一定要做好做扎实。"与上市公司的良好业务信息政策沟通，也是为了使经过事务所这一道关口的财务信息披露更规范，质量有更好的保证。也只有这样，整个行业才能取信于投资者，证券市场也才会越来越健康。

经历风雨，"小狮子"成为"狮子王"

回首往事，感慨万千。中国证券市场发展初期，我作为会计师事务所的一员参与其中，亲身经历、目睹了其摸索过程，深知今天的发展成熟来之不易。比如，当年为企业股份制改制，众多同事在10天的时间里通宵达旦地工作，这与现在公司IPO[2]的一年预办期、会计师事务所2至3个月的审计周期相比，可谓是天壤之别。

证券市场成长壮大了，也更成熟规范了，作为中介机构的会计师事务所可谓是最好的见证之一。而当年的一切也是符合当时的历史背景和环境特征

---

[2] 首次公开募股（Initial Public Offerings），简称IPO，是指一家企业或公司（股份有限公司）第一次将它的股份向公众出售。

的。上市公司、中介机构乃至整个证券市场都是在摸索中前行，正应了邓小平的名言"摸着石头过河。"

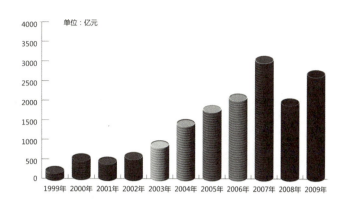

随着资本市场的发展，上市公司已成为国家税收的重要来源

伴随着中国股市的发展，立信会计师事务所的成长壮大，一路走来也是非常不易。我依然清晰地记得，1998年，根据财政部的文件要求，实行与挂靠的立信会计学校彻底脱钩的改制工作。为继承延续"立信"品牌的悠久历史和优良传统，他们特地向财政部和市财政局等有关部门专题申请，保留包括英文名称和潘序伦英文标识在内的"立信会计师事务所"铭牌，立誓将珍惜并弘扬这家百年民族事务所的声誉。

1999年9月，我从事务所的领导职务上退下，退居二线当顾问，深受群众信赖的朱建弟承担起了继续发展的重任。他把财政部发展会计师事务所的重要战略目标——"联合兼并、做大做强经营规模"迅速贯彻落实：2000年6月，经上海市财政局批准，完成了与上海长江会计师事务所的联合，成立了上海立信长江会计师事务所有限公司，成为一个独立的法律主体，独立承担法律责任，独立承办注册会计师业务，并具有从事证券期货相关业务的资格。

联合兼并，做强做大，一直是立信会计师事务所多年来的主旋律，也是行业内占有举足轻重地位的一大法宝。两家公司合并为一家公司，不仅仅是家产的合并，更重要的是思想统一。两家公司合并后在人事、财务、执业标准、质量控制、承接业务、档案管理方面实行统一要求、统一管理。由于思想工作细致，具体操作清晰透明，合并十分成功，达到预期的设想和要求，实现了"1+1>2"的目标。

卢金涛（左三）口述采访现场

兼收并蓄，博采众长，有容乃大。立信会计师事务所以海纳百川的气度进行规模扩张和人才吸纳工作，先后吸收合并了上海三小事务所，进一步增强了事务所的力量；吸收了其他事务所的合伙人、CPA，业务部进入立信，强化了事务所业务骨干力量；吸收全国部分地区的事务所，加盟立信，成为异地分所，以辐射和扩大事务所在全国的影响力。

要做强，必须对立信品牌倍加珍惜。潘序伦老先生早就说过："立信乃会计之本，没有信用，也就没有会计。""立信"就是社会精神文化的核心。立信会计师事务所不但很好地继承了立信诚信的传统，而且在新的历史条件下，在实践中进一步丰富了立信诚信的内涵。为了提高工作质量，立信严格执行内部三级审核的质量管理，强化内部质量控制体系，保证审计工作质量。2002年1月8日，在全国弥漫着一片"诚信危机"的氛围中，立信向全国同行和广大投资者作出了"我们不做假账"的庄严承诺和倡议，得到了行业和社会的充分肯定和一致赞扬。

更令人感到振奋和欣慰的是，自2002年起，我曾经工作并热爱的事务所，已连续5年在中国注册会计师协会公布的全国会计师事务所百强公告中排名第5，前4家均为国际四大会计师事务所在中国设立的中外合资所。我们立信会计师事务所在全国会计师事务所国内上市公司审计报告数量排行榜上，也保持第一。2006年10月，又一个惊喜是，为更好地打造和弘扬"立信"这一民族品牌，经财政部及所属地方财政厅、局的批准，立信会计师事务所管理有限公司揭牌成立，公司在上海、北京、广州、南京、福建均设有成员所。至此，立信已成为全国性的中介机构。

如今，立信管理公司的客户遍布全国，当年的"小狮子"已逐步成为今天的"狮子王"。股市有这些"守信、务实、求精、协调"的守门员，相信一路会越走越好。

链接：

早期的证券交易和上市公司会计管理制度

上海证券交易所成立之时，我们仅有一项法规，就是《上海市证券交易管理办法》。这一规则可谓是包罗万象，它包含了清算、上市、交易等等各项活动的管理，当然，对交易活动的规范是主要内容。随着股市的不断发展，与之相关配套的法律法规也逐步健全。现在各项不同的业务行为都有专门的法规来加以规范。

上海证券交易所成立于1990年11月，中国证监会在1992年10月成立，所以，交易所成立之初没有多少法规来规范证券市场，以后才陆续出台各项相关的法律，一些影响大的法律，如《公司法》是1994年7月1日正式实施的，1999年7月1日国家推出了证券市场的根本大法——《证券法》。

从会计法律制度角度来讲，当时还没有股份制公司会计，按照国家通行规则，凡上市公司都应公布公司的资产负债表等财务报表，而当时企业使用的都是资金平衡表，所以在编制年度财务报表时，上市公司只能将原先的一些项目进行合并，同类归类，再"加工整理"成资产负债表。当时，许多人连资产负债表是反映什么内容的报表都不很了解，于是不少企业在编制报表时只能根据各自经验编，随意性较大，这样的信息准确性就大打折扣，现在回想起来真是很可笑。

现在法规制度已较为完善，从会计角度看，有股份制企业会计，又出台了《会计法》。财务信息披露也日趋准确、全面。现在做报表时还要求合并报表，1999年又要求有四项计提。凡上市公司会计报表均要经中国注册会计师审计，发行B股或H股的还要经境外会计师事务所审计，如果境内会计师事务所与境外会计师事务所审计结果有差异，还要说清楚，哪些地方有差异，在分配股息红利时，要按照孰低原则进行分配。所以，正是由于各项配套的法律法规相继推出，才保证了中国股市的健康、快速发展。

——摘自强纪英：《我与上海证券交易所》，载《中国股市早年岁月（1984—1992）》，上海人民出版社2007年12月版。标题为编者另拟。

李康，1965年9月出生，浙江人。1992年起先后担任深圳《投资者》杂志社助理总编、上海亚洲商务咨询有限公司总经理助理兼研发部总经理、金华信托证券管理总部副总经理兼研究所所长、光大证券研究所所长。现任湘财证券股份有限公司首席经济学家、副总裁兼研究所所长，中国证券业协会证券分析师、投资顾问与首席经济学家委员会主任委员。主要学术职务包括：上海市金融工程研究会副理事长、中国经济体制改革研究会特邀研究员、中国政法大学破产法与企业重组研究中心研究员，上海交通大学高级金融学院、华东政法大学经济法学院及上海财经大学金融学院兼职教授。

行走于沪深股市之间

口述：李康

时间：2018年4月15日

地点：上海柏年律师事务所

采访：范永进、刘晶、潘毓华、浦亮、郝丁丁、李佳、杨怡红等

整理：郝丁丁

　　1989年，我进入上海交通大学研究生院，主修方向为企业国际化，导师是交大管理学院副院长范煦教授。在研究课程的学习过程中，我一直对证券市场比较感兴趣。1991年秋临毕业，导师布置论文课题——《中外投资环境研究》。我觉得这个课题的撰写很难跳出一些老圈子，作为一个学生无资

格、无可能、也无金钱去考察国外的投资环境，要找到新的思路与切实的比较题材很难。但在翻阅经济类外文原著、查阅纽约证券交易市场材料时，那些市场上形形色色的分析方法引起了我的注意。尤其是关于1990年诺贝尔经济奖获得者马科维茨[1]与夏普[2]论文的短篇介绍，其中提到了组合风险与CAPM模型[3]，使我萌发了将他们的分析理论运用到中国证券市场上的想法。幸赖交大的民主学术风气，使我得以擅改导师布置的课题，使该硕士论文得以通过并被一致认为是上海交大第一篇对证券进行系统分析的文章，是新中国成立以后首篇运用国外成熟市场分析理论于中国证券市场的文章。

1992年7月，《文汇报》记者闻讯就该文对我进行了采访，并在报上对我的论文进行了评论。对一篇硕士论文在媒介进行公开评论，这在当时是绝无仅有的。后来，上海交大校报、《杭州投资优化》杂志也进行转载、连载，业内有了反响。而此时的我，已拿起背包，口袋里揣着不足1000元远赴深圳打工，开始了我理论到实践的第一步。

目睹深圳"8·10事件"风波

1992年8月，我在《投资者》杂志谋到一份编辑记者的工作，一边搞证券市场研究，一边进行有关采访编辑工作。正是在这个夏季的8月，仿照1991年发售新股抽签表方式的发财绣球在深圳上空高高抛起，在千千万万内地人、

---

[1] 哈里·马科维茨（Harry M. Markowitz, 1927— ），生于美国伊利诺伊州。于1950年、1952年在芝加哥大学连续获经济学硕士、博士学位，一生著作颇丰，主要贡献是发展了一个概念明确的可操作的在不确定条件下选择投资组合的理论。这个理论进一步演变成为现代金融投资理论的基础。

[2] 威廉·夏普（1934— ），生于美国马萨诸塞州。资本资产定价模型的奠基者。1956年作为经济学家加入兰德公司，后向同在兰德公司的哈里·马克维茨求教，并从此开始密切合作，研究"基于证券间关系的简化模型的证券组合分析"课题。

[3] 即资本资产定价模型（Capital Asset Pricing Model, 简称CAPM），是由美国学者夏普（William Sharpe）、林特尔（John Lintner）、特里诺（Jack Treynor）和莫辛（Jan Mossin）等人于1964年在资产组合理论和资本市场理论的基础上发展起来的，主要研究证券市场中资产的预期收益率与风险资产之间的关系，以及均衡价格是如何形成的，是现代金融市场价格理论的支柱，广泛应用于投资决策和公司理财领域。

深圳人的欢呼争抢中，将深圳的气温又哄抬至了另一个高点。深圳原已属密集的人口，常、暂住的100多万人，加上各地蜂拥而来的陶醉又激动的投资人群，顿时翻了一番。

不知深圳市政府、金融界决策者里哪位"高参"，从上海30元1份股票认购证"少人问津"和1991年深圳1元1份股票认购证仍认购不踊跃，得出深圳股票认购证定价100元1份能达到很好的调控效果。殊不知过去上海经验的暗示、不同版本近乎神话的发财故事，以及限量认购下简单的推算道理，使得股民、准股民们早已将其作为短期致富的有效途径。继而推出的凭身份证认购、一人可持10张身份证的排队购表方式，使各地农村成了收集身份证的首选场所，火车站开往深圳的站台上人头攒动。边防站的管理人员们霎时变得异常可爱，据说，无边境证的人们只需态度良好地向其致意并表示某种意思，皆可进入。深圳邮局工作人员的工作量也在一夜间猛增，大包小包的身份证包裹源源不断向深圳邮局狂轰滥炸，大的竟达数十公斤。据邮局测算800个身份证重1公斤。而广州珠海进入深圳的车船票也开始从25元猛涨到了200元以上。走在深圳的大街小巷，时不时看到席地而坐或就着报纸倒头大睡的景象，而随处飞散的碎烂报纸、杂物包装又将其点缀得如同一个大型垃圾场。

混乱之余，明目张胆的贪污也出现了。1992年8月7日，深圳市政府正式宣布新股抽签表发行方案后的下午，每个认购证发行点，排起长龙的人群将大街封堵得严严实实。为了维护这种权力之外唯一可信可依的公平，谨防插队，他们加紧点名，认真地保持着队形，脑袋灵活的开始提议拿长绳揪成一串，义务纠察队也适时诞生，人们以各种手段防备着任何入侵。队伍迅速地膨胀，不断有路人见状加入。甚至有的老板出资300元1人，令下属打工仔替其排队。凌晨，原来井然有序的队形上空，开始弥漫起一股不安全且不乏野蛮的意味，而此时离认购证发售时间还有一天半的时间。

当日头当空时，一伙人开始冲队了，直瞄最前面的位置。有序的队形已难以维持，串接的绳索也无济于事，原本信奉公平、自信能够买到认购表的人们，越来越不安，开始相继抱着前人的腰，以自己唯一还能相信的手臂来维护着最后的秩序与仅有的权益。人们不计较烈日的苦毒、蚊虫的叮咬、久立的疲惫，甚至性别的差异，男士搂着前面女士的腰，女友为其打伞遮日，女士搂着前面男士的腰，男友为其打饭喂食，尴尬局面长达48小时的屡见不鲜。

下午，公安、武警、保安人员陆续到位，霎时围起的警圈顿时隔开了队外横冲直撞或寻机插入的不安分子。然而不多时，初尝安全感和保证感的人们又有了新的麻烦。在警察严控下，队内队外界限分明，凡离队者均不能重回队伍。无法轮替换班的排队者，除了身体的疲惫外，基本的"生活问题"成为最难堪的工序。

9日凌晨，当曙光初现，一辆辆押钞车驶来，一扇扇售表窗户打开的时候，眼望着即将到来的收获的人们，抛却了两天来的疲惫，激动地向着"上帝"给予的发财机会雀跃着。队内的秩序开始混乱了，人们一个劲地挤向离窗口最近的地方。而外围的一次次猛烈冲击，也已非警察们所能有效控制的了。人群像是疯了一样，场面异常混乱。当事后许多警察失措、迷惑、越轨施暴，甚至挥棍击打混乱人群的形象在国外记者们的报道中出现的时候，似乎也成了可以理解的行为。

但人们最不能原谅的是，被海外传媒称为一场"新中国成立以来最大的

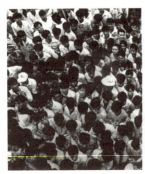

1992年8月9日至11日，深圳发售新股认购抽签表，因一些网点工作发生问题，造成秩序混乱，史称"8·10事件"

集体贪污案"就此拉开了序幕。监督者、治安者们开始三心二意了，穿着制服的人开始不断进出售表房，旁若无人地私拿表格。而当他们的口袋公然被一叠叠钞票塞得鼓鼓的时候，某些人的手里也开始有了大把大把的认购表。排队者历经50多个小时的信心与耐心降到了零点，队伍更加混乱了。然而最为残酷的是，中午时分，几个点上已挂出了"已售完"的牌子，而穿着各种制服的人手里却捏着大把大把的认购表，且毫不掩饰。

而"高参"出的第三个蠢招——"提前公布各认购点认购表数"，也发挥了推波助澜的作用。每个点上一两万张表，怎么可能几个小时就卖完了呢？以各点上的人数、天数、售表时间略加推算，就知道大部分的表已被内部分掉了。有些机关的人不上班，暗中掏钱买认购表倒也罢了，有些人10倍、20倍高价转卖，人们也忍了，但内部的人不花钱就拿，却是熬了数十个钟头的人们绝对无法接受的。次日的《深圳特区报》短短几百字的新闻中，竟两次提到此次发售过程中秩序井然，充分体现了所谓"公平、公开、公正"原则。

人们愤怒了，有人在深圳特区报社门口大骂着焚烧当天出版的报纸，"8·10事件"风暴的火种被徐徐点燃。大群大群激动的人们开始由金融中心涌向市政府门前，"反对腐败，打倒贪污，要求公正"的口号由小到大、由散漫到整合，群众的示威与游行开始了，而破坏分子伺机的打砸抢活动也乘着混乱拉开了帷幕。手持盾牌警具的防暴武警出现了，冲突不断升级，高压水、催泪弹齐齐登场。不少人在混乱中被逮捕，当然其中也包括一些无辜的人士。到了第二

《中国证券报》2008年8月18日刊登《"8·10风波，我在现场！"》一文

天，深圳市政府宣布增加50万张认购证出售的高音喇叭广播，才暂时平息了这场空前的冲突。

"8·10事件"留给人们的印象是无法磨灭的。最后的处理却令人咋舌，仅处罚了某银行营业部的一位副经理。深圳市市长引咎辞职，去江西省做了副省长。甚至某个官员还在香港发表"高论"，认为该事件中不存在贪污，因为新股认购抽签表不是货币。然而，"8·10事件"造成的危害却是无法回避的，一项本欲促进经济的举措，最终却成了损害稳定的事件。中国的证券市场需要统一管理、规范发展，中国证监会的设立在一定程度上也缘于此。此事还成了深交所不作为的诱因，在当时尚不成熟的深圳市场中，涨跌不管，大户操纵行为盛行，市场低迷，一直到深交所新老总上任后才有所改观。

亲历沪深"宝延风波"

1993年9月30日，深圳证券交易所第6只挂牌交易的宝安，与上海"老八股"之一的延中大战拉开了序幕。在中秋之际，深圳宝安集团欲收购延中股票消息的证实，犹如南方送来的"宝式月饼"，给上海的股市添上了一笔亮色。

一家公司在二级市场上大规模购买另一家公司股权的举动，在中国尚属首例。市场哗然、延中失措也属意料之中。这与9月7日就静悄悄地开始实施"蓄谋已久"的收购计划的深宝安相比，显然一开始就已非势均力敌了。

此时，本人刚刚脱离了记者生涯，从深圳转至上海浦东新区某机关就职。但出于好奇及对"兼并收购将成为中国证券市场一大热点"的预感，我无法抵御一探究竟的渴望与冲动，于是欣然接受《南方证券报》《中华工商时报》的委托，以两家报纸特约记者的身份对此进行了追踪。

10月6日，我向单位请假外出，赴延安饭店参加了延中举行的记者招待会。一开始我打算以低调姿态出席，然延中公司董事长在发言中的屡屡出错，使本人失去了静观的耐心。如他说："深圳宝安上海公司是全民所有制单位，全民所有制单位收购股份制企业，这是向市场经济的前进，还是倒退？""宝安是敌意收购，善意收购应事先同我们打招呼，帮助我们把公司搞得更好，而不能凭借资金实力欺压我们。"……

从多番应答中不难看出，当时延中的内部已是一片混乱。我冲口问道："延中有没有运用经济手段做出反应，如反收购？"延中董

1993年10月，上海海通证券公司营业所，小股民在疯狂抢购延中股票。"深圳宝安"收购"上海延中"，这是中国证券市场第一例收购事件，中国企业从此开始了真正的资本运作道路（雍和摄影）

事长坦率地说："此事在商讨之中，与有关企业的接触也已开始。"后来大家注意到延中公司聘请的反收购顾问——香港实源投资顾问公司的中国业务代表张锐也在会场，于是关注的焦点一下子就转移了过去。但当我提问延中是否有具体的反收购措施之时，张锐却以介入中国首次收购兼并事件的意义以及香港收购合并的有关法律加以搪塞，并称"延中的具体反收购方案是商场上的秘密"，以此回避主题。

但张锐的含糊其辞却仍给不少人留下了无限的遐思。场内的记者开始往外打电话，以自己的理解传播着延中反收购的讯息。顷刻间，延中的股票由15元一直冲到了20元。而当时我的第一感觉却是延中没有具体的、切实可行的反收购计划或措施，而且根据我的调查，延中根本没有进行反收购的资金。

然而，市场已经为此疯狂了。次日，抱着"渔翁得利"愿望的炒手们扬言，要炒得让延中"不认识回家的路"。在70多只股票全线下跌之时，延中却追涨着把股票拉至30元，并直冲向40元，带动成交量大幅上升。指数随之出现突然性巨幅振荡，迅即出现930点的昙花一现位。下午，延中更是带头上冲至42.20元的历史高位，并带动兴业房产、海鸟电子、三爱富、飞乐音响、爱使电子5只股票脱离大部队上扬。

　　市场人声鼎沸，各种谣言纷传：有传延中已将公司办公楼抵押几千万元与宝安决一死战的，有传言静安区组织下属企业协助延中反攻的，有传深圳另一大公司已将目标瞄准其他"收购概念股"的。在疯狂的气氛中，市场似乎完全丧失了本来面目。终于，一批批神秘的延中抛盘接踵而出，延中股价在收盘时跌到了34.61元。3000万股延中破天荒地成交4157.64万股，换手率高达138.6%，创造了证券史上的一大奇观。

　　上海为延中遭收购一事的应对召开了数次会议。其中，在海伦饭店召开了一个战略研讨会，邀请了上海的一些律师、记者、学术界人士出席，谢绝宝安或延中当事人参会。但是，延中的一名律师仍然混了进来。在会上，我与《解放日报》的诸葛立早老兄意见相左，但结果却不打不相识，成了至交。当时我的看法可能比较偏激，认为："如此的延中不具备继续经营下去的基础，不如被彻底收购了事，尚不失一条出路。"然当时在座的多为上海本地学术界、法律界或新闻界的著名人士，视上海企业被深圳企业收购为一件极"掉面子"的事情，尽管我指出："上海的企业也可以收购深圳的企业"，大家仍不甘心。延中的一位律师更是义愤填膺。本人与之发生了激烈的语言交锋。我以"哀其不幸，怒其不争"结束了争论，却使在座许多朋友颇为震惊。现在看来，双方的观点都有失偏颇，但确实能使人感到：尽管邓小平南方讲话带来了一丝新鲜的空气，当时的中国"大市场""大经济"的观念仍很淡薄

　　10月7日晚上，我通过一些关系，于7时30分专程来到延中公司，有幸与延中董事长、总经理、副总经理有了一场推心置腹、坦诚直言的谈话。当被问及反收购之可能性的时候，他们坦言："我们经济上到目前为止还没有采取什么措施，至于静安区内（包括区外）兄弟企业自发协助的事例可能有。""在资金上与对手相比，我们确实处于弱势，即使反收购成功又怎么办？资金始终是个问题。在银根抽紧的情况下，兄弟企业的资助也只能是杯水车薪。跟宝安竞争是轻量级选手与重量级选手交锋，我们只能用法律保护

自己，阻止其收购的目的。"

正说着，办公室里的传真机开始"吱吱"作响。当时是10时30分，"宝安致延中全体股东的公开信"[4]跃然眼前，3位老总不禁表情严峻、连连摇头："又来了，您看，果然又动手了！""宝安大搞心理战与攻心战，甚至在深圳传媒上提出了延中的组阁名单与我们这批人的出路，这确实是不太友好的表现。"望着他们义愤填膺、无可奈何的脸，想到宝安集团董事局副主席、总经理陈政立[5]已公开表示："宝安董事局已决定，控股成功后，原则上对原有的中层干部不作较大的人事变动，现董事长改任名誉董事长、高级顾问、宝安集团副总级待遇；现董事总经理改任延中副董事长总经理；副总经理基本不动。"如此，董事长等于享受优厚待遇退休，而总经理、副总经理的职位及待遇均无下降。这应该是最后双方领导层多次谈判后的最圆满结果了。

次日，延中股票价格全天跌幅达30.08%。

当然，延中管理层所言的"用法律手段保护自己"，也决非虚言。他们指出："宝安上海公司在9月29日持有延中股票4.56%，9月30日集合竞价一次'吃'进324万股，所占比例一下子跃为16%，感到有犯规嫌疑。根据《股票发行与交易管理暂行条例》，持有一家法人上市公司的股权比例达到5%时，三日内必须公告。而后，每增减2%均公告一次。"此外，"根据市场交易记录，宝安除上海公司以外的子公司在10月7日下午已全部抛掉所有延中股票100多万股。光这一项就在市场上获得了数以千万计的暴利，是否合法？"

据此，延中向上海市中级人民法院提出诉讼，并上报国务院证券委，请求处理。然而，上海市中级人民法院始终未受理延中的诉状，而法规的解释者国务院证券委倒是派人赶赴上海，最终的处罚为"宝安罚款100万元"，但认定其

---

[4] 刊于《深圳特区报》，比上海报纸提前一天。

[5] 陈政立（1960— ），现任中国宝安集团股份有限公司主席兼总裁、中国风险投资有限公司董事长、全国政协常委、中华思源工程扶贫基金会副理事长。

收购的股权合法。由此，这个公开的裁定便被戏称为"王老虎抢亲"，比喻为"亿万富翁在南京路上吐痰被罚10元钱"。如此的处理似乎也在情理之中，宝安的确是钻了法规的空子，但也算是擦边球，落地仍在界内。

后来，上海某主管部门出面组织谈判，号称拿出了一个"绝密条约"。条约原文没有让任何外人过目，只在次日《上海证券报》头版刊登："宝延双方握手言和"，却无正文。后来我从某一途径闻知该"绝密条约"的具体条文，拿到《中华工商时报》，想让中小投资者也能及时、公平地得到相关的信息。由于《中华工商时报》无法证实消息的可靠性，未能刊登。但这份条约几经辗转，最后仍在《南方证券报》创刊号的头版登出。一时间，宝安的老总接到了无数的电话，许多偏激的股东竟称该条约为"南京条约"。

由此，我与老友，时任《深圳商报》上海记者站站长的楼乘震相约，分赴上海延中与深圳宝安的调研告一段落。据此，我们写了《"宝延事件"实录》一文，结合有关采访照片，成为国内第一次全景式的报道，刊载于《中华工商时报》1993年10月18日。当时转载该文的仅征求版权的就不下10家，更不用计算其他随意转载，或摘录出书的了。由此可见该事件在中国证券市场掀起的轩然大波，从此收购兼并开始真正进入中国的证券市场。同时，这场大战也给我们留下了很多思索：我们的法律该如何健全？如何既坚持"三公原则"，又不至于阻碍改革？管理层是否应该调控，如何调控？投资者与被收购公司如何保护自己？……

沪市中期业绩分配的由来

1996年，中国的证券市场可谓是发展到了关键时刻，上海股市的行情一直低迷。"327国债期货事件"[6]以后，市场一直找不到大的热点，"巧妇

---

［6］　"327"是一个国债期货的产品，兑付办法是票面利率9.5%加保值贴息。由于保值贴息的不确定性，决定了该产品在期货市场上有一定的投机价值，成为了当年最为热门的炒作素材，而由此在1995年2月23日引发327案，也成为了中国证券史上的"巴林事件"。

难为无米之炊"的证券公司、炒手们也只能是有力无处使。又逢上海证券交易所的领导层更换，新领导也想"上任三把火"，搞活上海股市，却也苦于热点无从挖掘。

一直以来，中国证券市场的"深强沪弱"似乎已成定式，一时难以反转。深圳市场上的深发展一枝独秀，带动市场不断走强，龙头地位牢不可破。曾有人计算，如果1989年投资深发展1万元，一直参加送股配股，到1996年则可拿到320万元回报。而回想1989年，却需由深圳市委书记、市长作宣传，要求党员带头买股票。

与此相比，上海龙头旗帜的树立却没有如此顺利。有人想把这个重任交付于四川长虹，但是一个外地股要深入上海股民之心，却远非易事。而上海的本地股——申能等却效益不佳，一些"三无"概念股，除了能作为短期炒作的题材外，"瘦弱的身躯"根本没有舞动龙头的力气。上海的股市究竟该如何走？证券公司、上市公司、市场人士都开始为此操心不已，就连上海的大户、中小股民们都暗暗着急。市场传闻，那时的上交所领导经常在办公室里对墙发呆，苦苦思索却一筹莫展……

后来，开始有人将目光投向了唯一能称得上有"龙头相"的上市公司——陆家嘴公司。这是一家发展了6年的公司，主营房地产。1996年的房地产发展态势保持着较热的形势，再加上陆家嘴公司本身业绩较好，又刚刚进行了国家股回购的试点，减少了国有股的比重，增加了股本扩张的能力。此外，其地理位置又使其顺理成章地戴上了浦东发展的高帽。对于上海的管理层来讲，上海本地的企业，听话，好指挥，也是陆家嘴公司的先天优势。诸多因素使陆家嘴公司成了众望所归之选，陆家嘴公司倒也当仁不让地摆出了龙头老大的架势。

1996年年中，陆家嘴公司领导秘密召开会议，由陆家嘴公司的一位副总主持，邀请了证券公司的老总、驰骋证券市场多年的股评家、久经"股"场的炒手等，共计十余人。当时我还在一家咨询公司工作，也在邀请的名单之列。会议的讨论气氛很热烈，大家提了很多建议：如股份拆细、选择好的题材、收购其他公司、股权变化……其中，股份拆细作为首选。陆家嘴公司的老总、董秘、办公室主任一直默默听着，没有发言，但他们应该是有备而来。据我所知，公司内部对于陆家嘴如何发展已作过多番讨论，因此他们并非盲目地吸取多方建议，而似乎是在考虑其实际的操作性和最终可能达到的效果。

一开始，我一直没有发言，在会议临近结束的时候，我提出：中国的证券市场发展目标是规范与发展，"规范"二字在前。而股市的规范，首先是股票形式上的规范。股份拆细？100元的股票从1992年开始变1元，再拆细，成为1角还是1分？这种方法若不能说是极为荒谬，报上去也绝对批不下来。由此出发考虑的任何方案，其思路就出了毛病。众人所提出的多项建议之所以不可行，除客观原因以外，还根本忽略了沪深两地经济政治条件的不同，以及股市发展情况和特点的不同。深圳的发展得益于改革开放，政策面宽松，银行股在经济高涨期效益稳健，其成为龙头有着得天独厚的优势。而上海股市在相同的时期，却没有一家上市公司有如此恰逢其时的优势与机遇。加上深交所的管理体制一向比上交所来得灵活，作风大胆，借着改革开放的春风，敢试敢行。刨去这些两地已存在的差距不谈，上海为什么不能试试实施上市公司中期分配呢？这个深圳已经试过，而且有成功的例子。上海市场也没有此项限制，加上我对陆家嘴公司调研后的分析了解来看，公司完全有实力进行中期分配。当时市场投机气氛高涨，即使此时的上市公司，如果年末能分配8角，改成中期4角，年终4角，亦能令市场大喜。这样市场就容易活起来。

那次讨论后的第二天，关于中期分配的提法开始见报。此后，人们开始对这种操作手法的可行性进行探讨。陆家嘴公司的领导层虽始终未对那天会议上的讨论表态，但后来也做了中期分配的尝试，由此也给上海股市带来了一波行情，但是上海整个市场的总体走势依然不如深圳。具体的原因很复杂，这里也就不提什么指导思想或客观环境的差距了。但有一点，自此之后，"上市公司赚钱后，不但可以年末送股分红，中期也可以进行分配"，这个观念大家也算是都接受了。

链接：

村民筹资买深发展股票

编辑手记：林金来，1964年起就在深发展的前身——一家农村信用社工作，是深发展的老员工。他回忆道：

记得1987年初，听说信用社转为股份制商业银行，我和其他员工一样心里很高兴。

深圳市信用银行（深发展的前身）试业了！要筹集资本金，发行新股票，一是向原信用社的各村老股东分红转股，二是向社会上企业、个人发行新股。按上级要求，招股工作要在五六月份完成，各信用社分社干部要立即行动起来做宣传发动工作，向社会上派发招股说明书。当时各乡各村热闹起来，都知道要成立深圳市信用银行了，要卖股票了。

我们分头下乡，在蔡屋围、新村、莲塘、黄贝岭、向西、湖贝、罗湖、笋岗等地张贴了大红榜，公布了信用社的股东名字和股金情况，通知村民把旧股金证拿来与股金册核对，收回旧证，发新证，分红转股，原每份股金2元的可分红58元，加起来60元，转成新股3股（新股每股面值20元）。同时，动员村委和村民认购新股。湖贝村张伙麟书记说："信用银行是信用社转来的，和我们有着深厚的感情和鱼水关系，买一点支持银行业务发展。"于是，湖贝村买了5万元。另一方面，也有不少的当地村民不知道什么是股票，只知道五六年前参股的2元是用来开办信用社的，还有些人连说买股票没用。倒是有位姓谭的女士说："个个都讲没用，我来买500元试一下。"然而，有远见的人也不少：教育新村的姜先生认购1200股，向西三坊罗先生认购1000股，园岭沈先生也认购1000股。这几个大户对深发展股票信心十足，后来我在好几届股东大会上仍看到他们。我动员一位姓张的同学买新股，他当时只说考虑一下，第二天早上便拿来5000元,并对我说:"买些股票是好事,以后会翻倍。"

　　7月份发行股票结束,筹集总股本775.6万元,其中个人2354人,认购金额85.6万元,企业单位29个,认购金额690万元。通过上级验资、批准,深圳发展银行在1987年12月正式成立了。

　　——摘自夏雄伟:《李训等:股市里的故事》,载《中国股市早年岁月》,上海人民出版社2007年12月版,第100—101页。

附　录

中国股市大事记（1978.12－2000.12）

一九七八年

12月18日—　党的十一届三中全会在北京召开，会议作出把全党工作着重点转
22日　　　移到社会主义现代化建设上来、实行改革开放的历史性决策。

12月22日　中共十一届三中全会发表公报。全会就有关经济管理体制问题指
　　　　　出，现在我国经济管理体制的一个严重问题是权力过于集中，应
　　　　　该有领导地大胆下放，让地方和工农企业在国家统一计划的指令
　　　　　下有更多的经营管理权。

一九七九年

1月3日　　国务院在《关于发展社队企业若干问题的规定》中，对集资入股
　　　　　的方式予以肯定。

3月8日　　陈云在所写的《计划与市场问题》的讲话提纲中指出，"六十年
　　　　　来无论苏联或中国的计划工作中出现的缺点：只有计划按比例这
　　　　　一条，没有在社会主义制度下还必须有市场调节这一条"。

10月4日　　邓小平在中共省、自治区、直辖市委员会第一书记座谈会上指出，
　　　　　"扩大企业自主权，这一条无论如何要坚持，这有利于发展生产。"

10月　　　根据中国改革开放形势的需要，中国国际信托投资公司正式成立。

一九八〇年

1月1日　　中国人民银行抚顺支行新抚办事处代理抚顺红砖厂发行280万元
　　　　　股票。

7月1日	国务院常务会议通过《关于推动经济联合的暂行规定》。其中指出，银行要运用信贷、利率等手段，实行区别对待，择优扶持，并根据各种形式的经济联合的特点，组织结算工作，试办各种信托业务。
7月	成都市工业展销信托股份公司按面值向全民和集体所有制单位发行股票，招股2000股，每股1万元。它是新中国成立以来有记载的第一家以募集方式设立的股份公司。

一九八一年

1月28日	为了调整与稳定国民经济，适当集中各方面的财力进行社会主义现代化建设，逐步提高人民物质和文化生活水平，国务院公布《中华人民共和国国库券条例》，确定从1981年开始，发行中华人民共和国国库券。
7月1日	国务院决定恢复发行国债。财政部发行1981年国库券。年息4%，发行量为49亿元，偿还期为6年至10年，发行对象为单位。
本年	广东省佛山市棉织二厂、顺德县勤流供销社、佛山市第二饮食服务公司等单位，先后实行了招股集资，成为我国第一批探索股份制实践的工商企业。

一九八二年

1月	中国国际信托投资公司在日本东京发行了100亿日元武士债券。这是新中国首次在国际金融市场上发行金融债券。
3月8日	全国人大常委会决定设立国家经济体制改革委员会。
7月1日	财政部发行1982年国库券，年息8%，发行量为44亿元，偿还期为6年至10年，发行对象主要为个人。这是国家首次向个人发行国债。

一九八三年

7月25日	广东省宝安县联合投资公司在《深圳特区报》刊登了招股说明书公开招股，面向社会集资1300万元。这是首家通过报刊发布消息公开招股的公司。

一九八四年

1月1日	中国工商银行正式成立。
5月	国家体改委印发《城市经济体制改革试点工作座谈会纪要》,明确允许"职工投资入股、年终分红"。
6月	全国第一家发行债券的金融机构——广东省佛山市信托投资公司开始发行面值100元的债券。
7月20日	北京天桥百货股份公司成立。
8月10日	上海市人民政府批准中国人民银行上海市分行《关于发行股票的暂行管理办法》。这是新中国有关证券方面的第一个地方政府规章。
10月20日	《中共中央关于经济体制改革的决定》指出:"要在自愿互利的基础上广泛发展全民、集体、个体经济相互之间灵活多样的合作经营和经济联合。"
11月18日	经中国人民银行上海市分行批准,中国第一家向社会公开发行股票的公司——上海飞乐音响公司成立并发行股票1万股,每股面值50元。由中国工商银行上海信托投资公司静安分公司首次办理代理发行业务。上海市委常委吴邦国、黄菊参加上海飞乐音响公司开业典礼。
12月	经批准,上海爱使电子有限公司成立,并于次年1月首次公开发行股票1万股,总股本30万股,每股面值30元。

一九八五年

1月14日	上海延中实业有限公司向社会公开发行股票10万股,每股面值50元,募集资金500万元。这是中国工商银行上海信托投资公司静安分公司代理向社会公开发行第二只股票,由于公开发行金额相对较大,对社会的影响面也较广。
5月29日	中国人民银行上海市分行印发《企业申请发行股票(债券)或内部集资须知》。

1985年	中国工商银行发行金融债券5亿元，用于城市集体企业特种贷款。

中国人民银行上海分行先后颁布了《进一步贯彻〈关于发行股票的暂行管理办法〉的意见》、《关于加强金融行政管理的通知》、《企业申请发行股票（债券）或内部集资须知》、《象征企业筹集资金的若干具体规定》等规定。

一九八六年

5月30日	国务院转发国家体改委、商业部等单位《关于1986年商业体制改革的几个问题的报告》，第一次提出试行股份制的问题。
7月24日	为适应中国经济体制改革和发展，作为金融改革的试点，第一家股份制商业银行——交通银行在上海组建。交通银行是我国第一家股份制商业银行。
8月5日	经中国人民银行批准，沈阳市信托投资公司率先办理有价证券柜台转让业务。
8月18日	《人民日报》发表了童大林《股份化是社会主义企业的一个新基点》一文。
9月26日	中国工商银行上海市信托投资公司静安证券业务部挂牌代理买卖飞乐音响公司和延中实业公司股票。这是中国第一家经营股票柜台交易的场所。
10月15日	深圳市政府发布《深圳经济特区国营企业股份化试点暂行规定》。
11月10—13日	中美金融市场研讨会在北京举行。这是中国与美国金融界首次举办的大型研讨会。
11月14日	邓小平在北京接见了来华参加中美金融市场研讨会的美国纽约证券交易所主席约翰·凡尔霖先生，并送给他一张上海飞乐音响公司的股票。
11月16日	约翰·凡尔霖到上海参观静安证券业务部，并为邓小平赠送给他的一张上海飞乐音响公司股票办理过户手续。

12月5日 国务院发布《关于深化企业改革增强企业活力的若干规定》，提出各地可选择少数有条件的全民所有制大中型企业进行股份制试点。

一九八七年

1月5日 中国人民银行上海市分行印发《证券柜台交易暂行规定》。这是新中国有关证券柜台交易业务方面的第一个业务规章。

1月24日 国内首家由全民所有制企业改组为股份公司的上海真空电子器件股份有限公司向社会公开发行股票10万股，每股面值100元，募集资金总额1000万元。

3月3日 深圳市人民政府颁布《深圳经济特区国营企业股份化试点登记注册的暂行办法》。

3月20日 上海第一家乡镇股份制企业——上海申华电工联合公司公开发行股票1万股，每股面值100元，募集资金总额100万元。

3月27日 国务院发布《企业债券管理暂行条例》。

3月28日 国务院发布《关于加强股票、债券管理的通知》。

4月1日 中国人民银行颁布《关于发行国家重点建设债券的规定》。

4月8日 招商银行成立，是我国第一家完全由企业法人持股的股份制商业银行。

5月10日 深圳发展银行公开发行股票39.65万股，每股面值20元。这是深圳首家公开发行股票的股份制公司。

5月23日 上海市人民政府发布《上海市股票管理暂行办法》和《上海市企业债券管理暂行办法》。

7月 深圳市成立全国第一家国有资产管理机构——深圳市投资管理公司。

9月8日 上海飞乐股份有限公司公开发行股票2.1万股，每股面值100元，募集资金总额210万元。上海飞乐股份有限公司俗称"大飞乐"，是"小飞乐"（飞乐音响有限公司）的控股股东。

9月19日　　经中国人民银行批准，深圳12家金融机构注册了全国第一家证券公司——深圳经济特区证券公司，注册资本为550万元。

10月25日　党的十三大报告指出："改革中出现的股份制形式，包括国家控股和部门、地区、企业间接参股以及个人入股，是社会主义企业财产的一种组织方式，可以继续试行。"

11月2日　　中国工商银行上海市信托投资公司静安证券业务部编制的上海静安股价指数公布。该指数以1987年11月1日为基准日，基点为100点，采用在上海上市的几种股票价格编制而成。这是中国证券市场第一次编制股票指数。

一九八八年

2月3日　　上海远东资信评估公司正式成立。这是国内首家企业资信评估机构。

3月8日　　上海豫园商场股份有限公司向社会公开发行股票，募集资金总额为129.1万元。这是上海第一家由商业企业改组的股份公司公开发行股票。

4月11日　　深圳发展银行股票在深圳经济特区证券公司挂牌上市买卖，成为深圳第一只上市交易的股票。

4月21日　　国务院决定在上海、广州、深圳、武汉、重庆、沈阳、哈尔滨7个城市进行国库券上市交易试点。这是第一批国库券转让试点的城市，它标志着国库券交易市场的形成。

4月26日　　上海真空电子器件股份有限公司采用溢价发行方式增资发行股票，这在国内尚属首次。

5月25日　　中国人民银行批准设立上海申银证券公司，并于8月正式成立。

6月6日　　中国人民银行批准设立上海万国证券公司，并于7月18日正式成立。这是上海第一家实行股份制的证券公司。

6月21—23日　上海股份制理论与实践研讨会在上海召开。上海理论界和企业界近百位专家学者和企业参加了会议。

6月23日	经国务院批准，北京、天津等23个城市成为开展国库券转让业务的城市。
7月9日	中国人民银行在北京万寿宾馆召开证券市场座谈会，会议决定组建证券交易所研究设计小组，并起草《中国证券市场创办与管理的设想》。
8月6日	国务院颁布《中华人民共和国印花税暂行条例》，当年10月1日起施行。印花税的税目有13个，买卖股票属于第11目"产权转移书据"，税率为按所载金额万分之五贴花征收印花税。
8月15日	中国人民银行批准设立上海海通证券公司，并于9月22日正式成立。
8月20日	全国证券公司发展研讨会在山西太原召开，全国20多个省、自治区、直辖市辖区的证券公司参加了会议。
9月	中国银行上海分行发行中国第一家中外合资企业债券——上海大众汽车有限公司债券。
11月1日	深圳万科企业股份有限公司成立，并于12月28日公开发行股票2800万股，每股面值1元。
11月—12月	上海市委书记江泽民视察了上海万国证券公司、中国工商银行上海市信托投资公司、上海飞乐股份有限公司以及上海真空电子器件股份有限公司。
12月8—10日	国家体改委在北京西直门宾馆召开了一次关于征求国营企业试行股份制的实施方案的座谈会。这次会议被称为西直门会议。

一九八九年

2月8日	深圳金田实业股份有限公司公开招股发行45.2万股A股，每股面值10元。
2月28日	申银、万国及海通三家证券公司第一次以承销团方式，公开代理发行上海真空电子器件股份有限公司的股票，发行量为2210万元。

3月4日	国务院批转《国家体改委关于1989年经济体制改革要点》，提出："稳步试行以公有制为主的股份制"；"1989年主要试行由企业内部职工购买股票和企业之间相互参股的股份制。选择少数符合产业政策要求，经营状况良好，内部管理较为健全的大中型企业进行公开发行股票的试点。"
3月8日	上海飞乐音响股份有限公司首次采用无偿增资（红利、公积金转股）与有偿增资相结合的方式增资发行股票，这在国内尚属首创。
3月	浙江凤凰化工股份有限公司公开发行股票。
12月23日	深安达公开发行5000万股A股，每股面值1元。
12月30日	中国工商银行上海市信托投资公司编制的第一本《股票年报》问世。该年报从1988年起每年一本。年报中收集了上市公司的有关材料及股价走势图表，有关专家对每个上市公司作了简要评述和分析。该年报成为了解和研究上海股市不可缺少的参考资料。
12月	蛇口安达运输股份有限公司公开发行股票。

一九九〇年

3月3日	深圳原野实业股份有限公司公开发行245万股A股，每股面值10元。
4月18日	国务院总理李鹏代表党中央、国务院在上海宣布了加快开发开放浦东的十大政策，其中之一是决定建立上海证券交易所。
5月28日	深圳市政府发布《关于加强证券市场管理，取缔场外非法交易的通告》。
5月29日	中国人民银行深圳分行通知："股票委托买卖的价格不得高于或低于上一营业日收市价的10%。"
6月7日	深圳市发布《深圳市关于调整股票交易收费率的通知》，指出："委托买卖股票，双方各收5‰的手续费。"
7月2日	深圳市证券市场领导小组成立，其主要职责是领导和推动全市证券市场筹建和发展。

8月	在参加深圳、珠海经济特区建立10周年庆典后返京的路上，中共中央总书记江泽民听取国家体改委副主任刘鸿儒关于股份制问题的汇报后说："股票市场的试点应该保留下来，继续试验。"
9月28日	经中国人民银行批准，第一家全国性证券交易系统——全国证券报价交易系统（STAQ）成立；同年12月5日在北京正式开通。
9月	中国人民银行颁布《证券公司管理办法》。
10月15日	上海金融国际研讨会在上海商城举办，研讨会围绕如何吸引国际资本用于浦东开发问题展开了热烈的讨论。出席会议的有美国前财政部长西蒙等，上海市市长朱镕基致开幕词。会议结束后，朱镕基向16位外宾每人赠送了一张上海真空电子器件股份有限公司的股票。
11月20日	深圳市委发文规定，党政干部、证券从业人员不准买卖股票。深圳股票买卖印花税由原来的单边征收6‰改为买卖双方各征6‰；至1991年6月1日，该税率降为3‰。
11月26日	经国务院授权，中国人民银行批准成立的上海证券交易所举行成立大会暨第一次会员大会。第一次会员大会审议通过了上海证券交易所章程、所旗、所徽等决议，选举产生了第一届理事会、监事会和理事长、副理事长、监事长、副监事长及总经理；确定上海证券交易所最高权力机构为会员大会，实行理事长领导下的总经理负责制。李祥瑞为第一任理事长，尉文渊为第一任总经理。上海证券交易所是新中国成立以来建立的第一家证券交易所，是新中国证券发展史上的重要里程碑。深圳证券登记结算有限公司试营业。这是新中国第一家证券登记结算公司。
11月27日	上海市人民政府颁布《上海市证券交易管理办法》，并自12月1日起施行。这是新中国第一部较完整的有关证券交易的地方政府规章。

12月1日	深圳证券交易所经过一年的筹备，开始试营业。深安达换发标准股票后首先进入深圳证券交易所集中交易。
12月3日	上海市委书记兼市长朱镕基在副市长黄菊、庄晓天及中国人民银行上海市分行行长龚浩成等陪同下视察了上海证券交易所，听取了总经理尉文渊关于筹建工作及开业准备的汇报。同日，他还视察了上海万国证券公司及其黄浦营业部。
12月16—17日	上海证券市场研讨会在上海召开。
12月17日	上海申华电工联合股份公司增资扩股时股份拆细，将每股100元拆为10元。这是上海的股票首次拆细。
12月18日	中国人民银行发出通知，全国股票公开发行、上市试点目前只在上海、深圳进行。
12月19日	新中国第一家证券交易所——上海证券交易所正式开业。开业典礼在浦江饭店隆重举行，中外来宾500余人到会祝贺。上海市委书记兼市长朱镕基、中国人民银行副行长周正庆、上海市副市长黄菊、国家体改委副主任刘鸿儒、上海市前市长汪道涵、香港贸发局主席邓莲如等出席。上海证券交易所的开业标志着新中国证券市场揭开了新的篇章。
12月26日	上海证券交易所股价日涨跌停幅度由5%调整为1%。同月31日起，日股价涨跌停幅度由1%调整为0.5%。
12月31日	截至1990年底，沪市上市公司股票共有8只（俗称"老八股"），分别是飞乐音响、延中实业、爱使电子、申华电工、飞乐股份、真空电子、豫园商场、凤凰化工。

一九九一年

1月15日	香港中华总会主席霍英东一行30人访问上海证券交易所；美国驻华大使在美国驻沪总领事万乐山等陪同下访问了上海证券交易所。
2月上半月	上海证券交易所全面启动股票电子交易，彻底取消了实物交割。

3月20日	深圳证券交易所自行开发的电脑辅助交易系统投入运行，该系统包括成交处理、行情揭示和清算分配等功能，大大提高了集中交易效率。
4月11日	深圳证券交易所获中国人民银行批准正式成立。
4月16日	《中华人民共和国国民经济和社会发展十年规划和第八个五年计划纲要》提出："继续进行股份制试点，稳步发展金融市场，……健全证券流通市场，严格加强管理，并逐步形成规范化的交易制度。"
5月17日	国务委员、中国人民银行行长李贵鲜和中国人民银行金管司司长金建栋等领导视察了上海证券交易所。
5月27日	第一次股票市场办公会议召开。国务委员兼中国人民银行行长李贵鲜主持了会议。
6月4日	深圳证券交易所第一次会员大会召开，罗显荣担任第一届理事会理事长；王健和禹国刚担任副总经理，王健主持工作。
6月8日	深圳证券交易所取消涨跌停板制度，首先放开深万科股价。当年8月17日，深圳证券交易所全面放开股价涨跌停限制。
6月10日	全国第一家证券专业刊物《上海证券交易所专刊》试刊首次与读者见面。7月1日，《专刊》第一期正式出版，每周1期。1993年1月2日，《专刊》改为《上海证券报》。
6月25日	深圳宝安企业（集团）股份有限公司正式上市。宝安股票成为在深圳证券交易所第6只挂牌交易的股票。
7月3日	深圳证券交易所经过1年多筹备和7个多月的运作，举行隆重的开业典礼。 深圳证券交易所主办的证券专业刊物《证券市场导报》创刊号出版。
7月15日	上海证券交易所发布上证综合指数，基准日为1990年12月19日，基点是100点。
7月8日	上海证券交易所推出股票账户，逐步取代股东名卡。
8月1日	海南新能源股份有限公司首次发行可转换企业债券。

8月28日	中国证券业协会在北京成立。
10月14日	上海证券交易所和上海电话信息服务平台联合开发的证券行情动态咨询系统正式启用。这是上海证券交易所推行市场公开化的又一新动作。
11月21日	李鹏总理在上海市委书记吴邦国、上海市市长黄菊等陪同下视察上海证券交易所。
11月22日	中国人民银行与上海市人民政府联合发布《上海市人民币特种股票管理办法》。
11月25日	中国人民银行上海市分行发布《上海市人民币特种股票管理办法实施细则》。
11月30日	上海真空电子器件股份有限公司就向海外投资者发行中国第一只人民币特种股票（B股）——电真空B股与主承销商上海申银证券公司签订了承销协议书。首次发行100万股，每股面值100元。上海市人民政府为中国首次发行B股举行隆重的签约仪式。上海真空电子器件股份有限公司获得中外合资经营企业批准证书。
12月5日	中国人民银行、深圳市政府颁布《深圳市人民币特种股票管理暂行办法》。
12月31日	截至1991年底，沪深上市公司股票共有14只，沪市上市公司股票有8只，深市上市公司股票有6只。1991年上证综指收于292.57点，深证成指收于963.57点。

一九九二年

1月10日	《上海市人民币特种股票（B股）管理办法》在《解放日报》上正式公布。
1月13日	兴业房产股份有限公司股票在上海证券交易所上市交易，它是上海证券交易所开业后第一家新上市的股票。
1月15日	《上海真空电子器件股份有限公司人民币特种股票（B股）招股说明书》在《文汇报》上公布，这是上海第一家B股发行公司。

1月16日	中共中央总书记江泽民视察上海证券交易所。
1月18日	邓小平视察南方，对中国股市的试验发表重要讲话。他说："证券、股市，这些东西究竟好不好，有没有危险，是不是资本主义独有的东西，社会主义能不能用？允许看，但要坚决地试。"
1月19日	上海发行1992年度新股认购证，认购者相当踊跃，共发认购证207万份。
2月18日	上海证券交易所决定取消延中实业、飞乐股份两只股票的涨跌停板制。
2月21、28日	上海电真空B股和深圳南玻B股分别在上海证券交易所和深圳证券交易所上市，标志着中国B股市场的形成。
2月25日	深圳证券交易所正式启动电脑自动撮合竞价系统。
3月18日	经国务院授权批准，《深圳市股份有限公司暂行规定》由深圳市人民政府正式颁布实施。这是中国第一部关于股份制的法规。
3月	国务院副总理朱镕基指出："上海、深圳两个股票市场要大胆地试，尽快走出一条成功的路来，上面不要对这两个股票市场限制太多；中国仅仅对于股票市场积累了一点初步的经验，在全国推广为时尚早。"
5月7日	中国人民银行成立证券管理办公室。这是第一个全国性证券管理专门机构。
5月15日	国家体改委等部门颁布《股份有限公司规范意见》《股份制企业试点办法》等文件。
5月21日	上海证券交易所全面放开15种上市股票价格，取消涨跌停限制，统一实行自由竞价交易，引发一轮井喷行情，股市飙升。上证综指在前日收盘616.64点的基础上，猛涨105.27%，以1265.79点报收。5月26日，上证综指升至当年最高点位1429.01点。
6月6日	财政部、国家体改委颁布《股份制试点企业财务管理若干问题的暂行规定》，成为指导中国股份制企业财务管理制度的一个重要文件。

6月16日	上海海通证券公司杭州营业部挂牌营业。这是上海证券业跨地区开设的第一家分支机构。
6月23日	《人民日报》发表了刘鸿儒《关于我国试行股份制的几个问题》一文。
6月—12月	上海证券交易所在文化广场开设了超大型证券营业网点，100多家证券公司进场营业，大大缓解了交易网点不足的矛盾。
7月1日	全国证券交易自动报价系统（STAQ）正式投入运行。
7月4日	国务院建立证券管理办公会议制度，代表国务院行使对证券工作的日常管理职权。
7月7日	深圳原野公司因债务、资产损失、产权界定等众多问题，被管理层停止市场交易。这是沪深两市第一家亏损的上市公司。
8月10日	深圳发售百元一张的新股认购抽签表。因一些网点发生问题，造成秩序混乱，并发生冲突。史称"8·10事件"。
8月17日	沪市B股指数推出。B股指数计算基期为1992年2月21日，基点为100点，以美元为计价单位。首日收盘为89.72点。
9月23日	深圳证券市场九二国际研讨会在深圳召开。
10月	中国证券报社在北京成立。次年1月3日，《中国证券报》正式创刊。
10月5日	由中国人民银行牵头筹建的国泰证券有限公司在上海成立。
10月8日	由中国工商银行牵头筹建的华夏证券有限公司在北京成立。
10月9日	中国华晨汽车控股有限公司股票在纽约证券交易所挂牌上市。这是首家中国企业在美国华尔街上市，也是第一家到境外上市的公司。
10月19日	宝安集团首发可转换债券和认股权证。
10月26日	国务院证券委员会成立，朱镕基副总理兼任主任，刘鸿儒、周道炯任副主任。同时成立了中国证券监督管理委员会，刘鸿儒任主席。
12月1日	从1992年12月1日起股票买卖以每100元面额为交易单位，实行整数交易。
12月17日	国务院发布《关于进一步加强证券市场宏观管理的通知》。

12月18日	上海证券交易所率先在中国扣开了国债期货交易的大门，允许部分证券商进行自营买卖。
12月21日	由中国农业银行牵头筹建的南方证券有限公司在深圳成立。
12月31日	截至1992年底，沪深两市上市公司共有53家（沪市29家，深市24家），上市股票共有71只，其中A股53只（沪市29只，深市24只），B股18只（沪深股市各9只），股票市价总值1048.13亿元，占中国GDP的比重为3.93%。投资者开户总数216.65万户。上证综指收于780.39点，深证成指收于2309.77点。

一九九三年

2月25日	司法部、中国证券监督管理委员会联合发出《关于从事证券法律业务及律师事务所资格认证的暂行规定》，对证券法律业务的内容、从事证券法律业务的律师和律师事务所资格的申请、批准、取消以及两者活动的监督等都作了明确的规定。
3月1日	飞乐音响等内部职工股挂牌。这是股份制企业内部职工股首次上市交易。
4月7日	国务院办公厅转发国家体改委、国家经贸委、国务院证券委《关于立即制止发行内部职工股不规范做法的意见》。
4月22日	国务院正式颁布实施《股票发行与交易管理暂行条例》，这是我国证券市场首部法规性文件。
6月19日	中国证监会与香港证监会、香港联交所在京签署《监管合作备忘录》，为内地与香港证券市场监管机构之间的合作奠定了稳固的基础。
6月29日	青岛啤酒股份有限公司在香港正式招股上市，成为中国内地首家在香港上市的国有企业。
8月15日	经国务院批准，证券委发布《禁止证券欺诈行为暂行办法》。
8月20日	淄博基金在上海证券交易所上市，成为我国首只在国内证券交易所上市的投资基金。

8月30—31日　全国股票发行与认购工作会议在天津举行，会议提出新股发行审核四原则。原则上不允许金融企业发行股票，严格控制房地产企业发行股票，适当控制商业企业发行股票，鼓励国有大中型企业及"瓶颈"产业发行股票。

9月17日　上证所确定临时停市处理方法。

9月30日　中国宝安集团股份有限公司宣布持有上海延中实业股份有限公司发行在外的普通股超过5%，由此揭开中国上市公司收购第一页。

10月15日　上证所决定实行B股T＋0回转交易，并调整B股交易申报竞价价位。

10月25日　上海证券交易所向社会公众开放国债期货市场交易。

11月8日　有人向新闻媒介传送虚假消息，称所谓"北海正大置业"公司收购苏三山，引起苏三山巨幅上涨和振荡。当日收市，深交所即发表了苏三山被收购是谣言的公告。11月9日，中国证券监督管理委员会新闻发言人发表谈话称：所谓广西北海正大置业有限公司收购江苏昆山三山实业股份有限公司5%股票一事，经初步查证无此事。

11月10日　深圳万科企业股份有限公司宣布已购入上海申华实业股份有限公司占发行在外的普通股5%的股份。

11月11—14日　中共十四届三中全会举行。全会通过了《中共中央关于建立社会主义市场经济体制若干问题的决定》。全会指出要进一步转换国有企业经营机制，建立适应市场经济要求，产权清晰、权责明确、政企分开、管理科学的现代企业制度。

11月22日　深交所实施回转交易（T+0）。

11月27日　《证券时报》在深圳创刊，由深圳证券交易所主办，每逢星期天出版。《证券时报》是证券市场的指定信息披露报刊。

12月12日	《证券市场》周刊发表了"明年起对股票收益征收所得税"的消息，且示意税率为20%。沪深两地大盘应声而落。12月17日，中国证监会宣布，由于《证券市场》周刊刊登的"明年起对股票收益将征收所得税"一文内容失真，暂停其刊登上市公司信息披露的报刊资格三个月。
12月17日	中国证监会发布《关于上市公司送配股的暂行规定》，规定年配股数量不得超过上一年股本总额的30%。
12月29日	八届全国人大常委会五次会议通过了《中华人民共和国公司法》并于次日公布，定于1994年7月1日施行。
12月31日	截至1993年底，沪深两市上市公司共有183家（沪市106家，深市77家），上市股票共有217只，其中A股177只（沪市101只，深市76只），B股40只（沪市21只，深市19只），股票市价总值3531.01亿元，占我国GDP的10.20%。投资者开户总数777.66万户。上证综指收于833.80点，深证成指收于2225.38点。

一九九四年

4月9日	国家国有资产管理局发出紧急通知，规定国家股不得随意放弃配股权，上市公司不得以任何理由、任何方式单方面缩小国家股的比例。
4月28日	中国证监会和美国证券与交易管理委员会在京签署中美证券合作监管谅解备忘录。这是中国第一次与外国签署证券合作监管谅解备忘录，它是中国证券市场国际化的又一里程碑。
4月29日	珠海恒通集团股份有限公司收购上海棱光实业股份有限公司1200万股国家股，成为棱光公司第一大股东，这是我国证券市场上第一例股权协议转让的案例。
6月25日	我国新股竞价发行首战告捷，各为2500万股的"哈岁宝"和"琼金盘"分别以4.6和6.68元的最后发行价格在沪深交易所全部发售完毕。

7月22日	经国务院批准，山东华能发电、华能国际电力、山东国际电源和北京大唐四家电力企业股票陆续在美国纽约和香港上市。8月4日，首家N股企业——山东华能在美成功上市。这是《股份有限公司境外募集股份及上市的特别规定》实施后，中国企业首次正式在纽约证交所挂牌上市。
7月	深圳证券登记公司与新加坡中央存管有限公司签署协议，两地结算系统实现联网。这是中国证券市场第一次与海外市场建立存券关系。
9月6日	上证综指跃过1000点大关，升至1008.31点，日成交金额创天量，达163.8亿元；深证综指高达223.19点，创历史成交金额天量，达82.7亿元。
9月30日	上海、深圳证交所同时宣布，从1995年1月1日起取消T+0回转交易方式，实行T+1交收制度（B股仍为T+3）。
10月30日	陆家嘴临时股东大会通过了回购2亿股国家股方案。
12月31日	截至1994年底，沪深两市上市公司共有291家（沪市171家，深市120家），上市股票共有345只（沪市203只，深市142只），其中A股287只（沪市169只，深市118只），B股58只（沪市34只，深市24只），股票市价总值3690.62亿元，占我国GDP的7.89%。投资者开户总数1058.98万户。上证综指收于647.87点，深证成指收于1271.05点。

一九九五年

1月6日	西藏明珠股份有限公司在拉萨公开发行普通股3000万股。这是西藏首次公开发行股票。2月17日，西藏明珠股票在沪挂牌交易，成为西藏地区首家上市公司，也标志着我国上市公司已分布全国所有的省、自治区和直辖市。
1月12日	中国证监会查处两起重大证券违法违规案件，山东渤海和君安深圳发展中心营业部因操纵市场、非法获利分别处以罚款100万人民币。

1月23日　深交所即日起开始即时发布成份股指数及其他分类指数共9项。成份股指数的基日是1994年7月20日，基日指数是1000点。这是中国证券市场第一次编制成份股指数。1996年7月1日，上证所正式推出"上证30指数"。

1月26日　南方某公司上海证券营业部因"红马甲"电脑操作失误，以20元一股的天价买入广船股票80多万股（当日广船正常价格在6.50元左右）。一笔交易亏损达1000万元左右。

2月23日　"327国债期货事件"发生。

3月31日　周道炯被任命为中国证监会主席。

4月21日　国家体改委、国务院证券委联合发出通知，严禁交易公开发行但尚未上市的股票。通知明确规定，凡经国家体改委重新确认并拟向中国证监会申请股票上市的公司，自确认之日起至中国证监会复审同意并上市前，其股份严禁买卖和过户，也不得在任何证券交易所交易。

5月13日　国务院证券委日前颁布《证券从业人员资格管理暂行规定》，要求证券从业人员必须通过统一的资格考试，由中国证监会统一组织进行。

5月17日　中国证监会发出《关于暂停国债期货交易试点的紧急通知》。

5月18日　受暂停国债期货交易的消息刺激，沪深股市齐放异彩。沪市A股跳空130点，以741.81点开盘，留下新中国股市上最大的一个空跳缺口。

5月26日　国家税务总局颁布《个人所得税代扣代缴暂行办法》，其中对股息、红利等的纳税办法作出规定。

5月27日　中国证监会做出决定严惩两家违规期货经纪公司："327国债期货事件"主要责任者之一"无锡国泰"、广东新时代期货经纪有限公司。

6月15日	全国证券期货监管工作会议在北京举行。中国证监会主席周道炯在会上宣布，1994年确定的55亿元股票发行规模一次下达，跨年使用，分批审批，均衡上市；主承销商在发行股票前须对企业进行必要辅导，但不另请中介机构；20家历史遗留问题从今年到明年上半年视市场情况安排上市。
7月11日	中国证监会在巴黎开幕的证监会国际组织第二十届年会上被接纳为正式会员。这是中国证券监督机构第一次正式加入证监会国际组织。
8月7日	世界两大知名企业——日本五十铃自动车株式会社和伊藤忠商事株式会社通过协议购买法人股的形式，成为"北京北旅"的第一大股东。这是我国证券市场发生的首例外商通过协议购买法人股成为一家上市公司第一大股东的事件。9月26日，这两家公司全部退出。
8月21日	四川长虹转配红股随股票除权悄然上市，引起投资者的不满。
8月26日	证券市场首次出现经营亏损案例。辽源得亨、西安黄河1995年中期亏损分别达607.5万元和2744万元。
9月11日	中国证监会发布《关于对公开发行股票公司进行辅导的通知》，规定辅导期自发股公司与券商签订承销协议和辅导协议起，至股票上市后一年止，包括承销过程的辅导和上市后的持续辅导两个阶段。
9月15日	上海证券交易所理事会二届三次会议召开。应尉文渊请求，免去其上证所常务理事、总经理职务，聘任杨祥海为上证所总经理。
9月16日	深圳证券委召开第三次会议，决定将深圳证券登记公司与深交所合并，深圳将重构交易清算制度。
9月21日	监察部和中国证监会等部门公布"2·23国债期货事件"查处结果："327"品种事件系蓄意违规事件，上海万国证券公司和辽宁国发（集团）股份有限公司负有直接责任；交易所监督不严影响很坏，有关责任者分别受到纪律处分和组织处理。涉嫌触犯刑律的已被移交司法机关处理，对违规的证券机构进行经济处罚。

10月5日	中共中央十四届五中全会在总结经验和分析形势的基础上，提出了《关于制定国民经济和社会发展"九五"计划和2010年远景目标的建议》。其中，明确提出要"坚持以间接融资为主，适当扩大直接融资"，"积极稳妥地发展债券和股票融资"，银行、信托、保险和证券业务实行分业经营。
10月21日	深交所调整领导班子，庄心一出任总经理。
12月19日	朱镕基副总理考察了上海证券交易所，对几年来证券市场在开拓直接融资渠道，促进企业机制转换等方面的作用给予了高度评价，并指出证券市场今后要强调"法制、监管、自律、规范"八字方针，使其走上积极、稳妥、健康的发展轨道。
12月29日	截至1995年底，沪深两市上市公司共有323家（沪市188家，深市135家），上市股票共有381只（沪市220只，深市161只），其中A股311只（沪市184只，深市127只），B股70只（沪市36只，深市34只），股票市价总值3474.00亿元，占我国GDP的5.94%。投资者开户总数1242.47万户，上证综指收于555.29点，深证成指收于987.75点。

一九九六年

1月3日	国务院《关于境内上市外资股的规定》发布实施，B股市场有了首部全国性的法规。
1月30日	中国证监会发出《关于1996年上市公司配股工作的通知》，要求上市公司向股东配股必须符合八个基本条件，对配股申请和信息披露的办法及有关事宜做了新的规定。并重申转配股暂不上市流通。
2月3日	中国证监会对新股发行政策做出补充规定，严格控制缩股，慎重稳妥地逐步解决内部职工股上市流通问题，并提出可用新股发行额度解决历史遗留问题企业的上市问题。企业可同时申请发行A股、B股，但应先发行B股。

2月7日	中国证监会发出《关于禁止股票发行中不当行为的通知》，发行股票企业不得提出不合理的高溢价要求。

2月7日　中国证监会发出《关于禁止股票发行中不当行为的通知》，发行股票企业不得提出不合理的高溢价要求。

4月9日　上海证券交易所效法国际惯例，将股票市场行情由原来按股票代码顺序方式发布改为按股票分类方式发布。这也标志着上海证券市场朝着国际规范化运作方向又迈出重要的一步。

4月17日　中国证监会发出通知，要求所有已上市公司和之后申请上市的公司都必须将其全部股份在登记公司统一托管。

4月25日　上海申银证券有限公司、上海万国证券公司以新设合并方式组建"申银万国证券有限公司"。

5月29日　道·琼斯推出中国股票指数，分别为道·琼斯中国指数、道·琼斯上海指数和道·琼斯深圳指数。

6月24日　由国务院证券委颁布的《证券经营机构股票承销业务管理办法》开始实施。该办法对股票承销资格、承销的实施、风险控制、监督检查及处罚等均做出了详尽规定。
　　　　上交所宣布，借鉴国际通行做法，从即日起，凡上市的新股将在上市满一个月后方可纳入指数计算的样本。

8月2日　上交所即日起冻结上市公司董事、监事及高级管理人员所持有的本公司股票。深交所也将对该类股票进行冻结。

10月3日　国务院办公厅批转国务院证券委1996年证券期货工作安排意见，主要内容包括：今后新股发行改为"总量控制，限报家数"管理办法，加强证券交易所管理，清理证券交易中心，建立上市公司动态监管系统，强化信息披露，创造条件逐步由中国证监会对证券经营实行统一审批和监管，尽快出台证券投资基金管理办法，今后逐步由中国证监会对投资基金实行统一审批和监管，抓紧制定证券市场"九五"发展规划。

10月26日　中国证监会制定并颁布《证券经营机构证券自营业务管理办法》，对券商自营资格、风险控制等作出具体规定。

11月1日	中国证监会发出《关于严禁操纵证券市场行为的通知》，提出对操纵市场行为一经查实，将依法从严惩处；对制造和传播虚假信息的媒体，将严肃查处，直至吊销执照，并追究法律责任。
11月7日	中国证监会主席周道炯在国际证券交易所年会国际研讨会上表示，目前的"两会三所"格局，即中国证监会、香港证监会、上海证券交易所、深圳证券交易所、香港联交所不变。
11月15日	中国工商银行和中信实业银行分别对所属两家分行，即工商银行合肥分行和中信实业银行济南分行违规为证券经营机构申购股票拆借巨额资金的行为作出严肃处理。《人民日报》就此发表社论说，绝不允许银行信贷资金进入股市炒买炒卖。由《人民日报》社论形式对股市中的违规行为予以警戒，这在沪深股市还是第一次。
11月16日	11月16日和12月5日，中国证监会分别对广东发展银行江门分行、君安证券等机构在"青海明胶"和"江苏索普"股票上网定价发行过程中的严重透支申购行为处于警告和罚款。
11月20日	中国证监会严肃查处海通证券、深圳发展银行在股票交易中非法为客户提供融资案件，对两家证券经营机构给予警告和罚款。
12月6日	中国证监会对华银国际信托投资公司等28家机构在"古井贡酒"和"石油济柴"股票发行过程中的违规行为处以警告和罚款。
12月9日	中国证监会下发《关于加强证券市场风险管理和教育的通知》，要求把风险管理作为头等大事来抓，切实采取有效措施，加强风险管理和对投资者的风险教育，提高证券市场防御风险的能力。
12月16日	《人民日报》发表题为《正确认识当前股票市场》的特约评论员文章，指出对于目前证券市场的严重过度投机和可能造成的风险，要予以高度警惕，要本着加强监管、增加供给、正确引导、保持稳定的原则，做好八项工作。这是《人民日报》第一次发表关于股市的特约评论员文章。

经中国证监会同意，上交所和深交所决定从即日起，对在两所上市的股票、基金类证券的交易实行价格涨跌幅10%限制并实行公开信息制度。当天，沪深两市均跌满10%，大部分股票被巨大的卖单封死在跌停板上。

12月19日　《中国证券报》、《上海证券报》与《证券时报》以显著位置刊登署名郑言的文章《稳步发展 政策未变——写在"八字方针"发表一周年之际》。文章指出，从"八字方针"到《人民日报》特约评论员文章和新股发行计划，贯穿前后的乃是一条一以贯之的大思路：夯实基础，搭好框架，健康发展。换言之，国家关于发展证券市场的大政方针没有变。

12月27日　《人民日报》头版刊登了署名文章《透过现象看变化——对近两周股市的思考》，对《人民日报》特约评论员文章发表后中国股票市场的变化做了深刻总结，指出过度投机得到初步抑制，进行了一次深刻的全民股市风险教育，要求加强市场监管。

12月31日　截至1996年底，沪深两市上市公司共有530家（沪市293家，深市237家），上市股票共有599只（沪市329只，深市270只），其中A股514只（沪市287只，深市227只），B股85只（沪市42只，深市43只），股票市价总值9842.37亿元，占我国GDP的14.50%。投资者开户总数2307.23万户。上证综指收于917.01点，深证成指收于3217.54点。

一九九七年

1月8日　　中国证监会向深交所派驻督察员。

1月17日　　中国证监会对炒作本公司股票的张家界旅游开发股份有限公司及主要负责人处以警告、罚款。湖南证券交易中心违反有关规定为张家界公司提供融资买卖股票，亦被处以罚款、警告。

1月20日　　中国证监会颁布《上市公司检查制度实施办法》，检查内容共有九项，主要涉及信息披露，募集资金的运用、公司章程及执行情况，股东大会、董事会、监事会的运作，高级管理人员工作情况等。

3月3日　　沪深证券交易所发出通知，决定自即日起对A股、基金类证券的交易实施公开信息制度。需要公开的内容包括：每个交易日涨（跌）幅超过7%的前5只证券名称、涨跌幅、成交量、成交金额，以及所涉及的每只证券当日交易金额最大的前5家证券营业部的名称及其席位代码及当日交易金额等。

中国证监会发布《证券市场禁入暂行规定》，规定共有二十条，自发布之日起施行。

3月14日　　新修订的《中华人民共和国刑法》在第八届全国人大五次会议上获通过，自1997年10月1日起执行。证券犯罪被第一次写进了刑法，从此，内幕交易、编造传播虚假信息、操纵证券交易价格等犯罪行为将依法受到严惩。

3月22日　　财政部、国家税务总局规定：新股申购冻结资金利息要纳税。

3月25日　　国务院证券委发布《可转换公司债券管理暂行办法》，发行可转换公司债券试点拉开序幕，上市公司暂不列入试点范围。

4月18日　　法人股首次摆上了拍卖台。海南某公司持有的600万股海南航空股份有限公司法人股被依法公开拍卖，开我国股票拍卖之先河。

5月9日　　国务院发出通知，从5月10日起将证券交易印花税率由3‰上调至5‰。

5月15日　　国家计委、国务院证券委宣布1997年度股票发行规模为300亿元，将重点支持国家确定的1000家国有重点企业、120家企业集团、100家现代企业制度试点企业和农业、能源、交通、通讯、重要原材料及高新技术企业。

5月16日　　河北威远、东大阿派、深能源和广州老窖四家股票被暂停交易，成为我国证券市场首例因个股异常波动而被暂停交易事件。

5月22日　　国务院证券委、中国人民银行、国家经贸委做出规定，严禁国有企业和上市公司炒作股票。

6月6日	红光实业在上证所上市。该公司在上市公告书中称1997年可实现净利润7055万元，每股收益0.3063元，而1997年该公司实际亏损1.98亿元，每股亏损0.863元。红光实业成为第一家上市当年即亏损的上市公司。
	为了严格禁止银行资金通过各种方式违规流入股市，防范金融风险，经国务院批准，中国人民银行发出通知：禁止银行资金违规流入股票市场。
6月19日	我国首次证券从业人员资格考试（咨询）顺利结束，举办证券投资咨询人员的资格考试，将促使证券投资咨询机构及其咨询人员规范执业，提高从业人员素质。
8月15日	为了进一步理顺证券交易所得管理体制，国务院决定将上海证券交易所和深圳证券交易所划归中国证监会直接管理，证券交易所的总经理和副总经理由中国证监会任命，理事长、副理事长由中国证监会提名，理事会选举产生。
	中国证监会任命屠光绍为上交所总经理。
9月4日	深交所总经理易人，中国证监会任命桂敏杰为新的总经理。
9月12日	中国共产党第十五次全国代表大会在北京开幕。会议指出公有制实现形式可以而且应该多样化，股份制是现代企业的一种资本组织形式，资本主义可以用，社会主义也可以用。
11月15日	《证券投资基金管理暂行办法》正式颁布实施。
12月12日	中国证监会发布《证券投资基金管理暂行办法》的有关实施准则，并开始受理设立基金管理公司和证券投资基金的申请。
12月19日	上海证券交易所在成立七周年之际，正式迁入位于浦东陆家嘴金融贸易区的上海证券大厦。
12月25日	中国证监会颁布《上市公司章程指引》，成为规范上市公司组织和行为的指导性文件。
12月29日	沪深证券交易所颁布《股票上市规则》，并将于1998年1月1日起正式实施。

12月31日　截至1997年底，沪深两市上市公司共有745家（沪市383家，深市362家），上市股票共有821只（沪市422只，深市399只），其中A股720只（沪市372只，深市348只），B股101只（沪市50只，深市51只），股票市价总值17529.23亿元，占我国GDP的23.44%。投资者开户总数3333.33万户。上证综指收于1194.10点，深证成指收于4184.84点。

一九九八年

3月18日—　深宝安连续四次公告减持延中实业流通股，减持总额达公司流通
4月25日　　股票的8%。

3月23日　首批证券投资基金启动。基金金泰和基金开元分别在上交所和深交所上网发行。这标志着我国证券投资基金正式启动，证券市场逐步进入机构投资者的时代。

3月27日　中国证监会公布第一批获得证券投资咨询业务资格的证券期货咨询机构及其人员名单。

4月1日　上海证券交易所从即日起对股票等记名证券的委托买卖实行全面指定交易。该所就此制定颁布的《上海证券交易所全面指定交易制度试行办法》也从4月1日起生效。

4月22日　从即日起沪深两个证券交易所对"财务状况异常"的上市公司实施股票交易特别处理。

4月28日　沈阳物质开发股份有限公司因连续两年亏损，被列为首家特别处理的股票。

4月29日　监管部门宣布琼民源年报虚构利润5.7亿元、资本公积金过6亿元。中国证监会对民源公司和深圳有色因联手操纵市场、非法牟取暴利给予严厉处罚。

5月11日　延中实业发布公告：截至1998年5月8日交易结束，北京大学下属四家公司共持有该公司股份526万股，占该公司发行在外的普通股总额的5.08%。

5月14日	龙头股份、申达股份、上海三毛、巴士股份、太极实业、深惠中6家公司因通过增发新股或定向募集股份方式进行股本结构调整和资产重组申请停牌一月，成为第一批增发新股的上市公司。
6月12日	为促进证券市场的健康发展，经国务院批准，国家税务总局决定降低证券（股票）交易印花税，印花税率由5‰降至4‰。
7月1日	美国总统克林顿参观上海证券交易所。
7月23日	国泰、君安两家证券公司公告进行合并。
8月14—28日	香港特区政府动用上千亿港元外汇基金入市购入股票现货和期货，成功地遏制住了国际炒家对香港金融市场的狙击。
8月18日	中国证监会组织编写的《证券知识读本》出版发行，中共中央总书记江泽民为此书题写书名并做重要批语。江泽民总书记在批语中指出："实行社会主义市场经济，必然会有证券市场。建立发展健康、秩序良好、运行安全的证券市场，对我国优化资源配置，调整经济结构，筹集更多的社会资金，促进国民经济的发展具有重要的作用。"
9月1日	鉴于江苏三山实业股份有限公司连续三年亏损，深交所决定暂停ST苏三山的股票交易。
10月30日	清华同方董事会发布公告，决定吸收合并山东鲁颖电子股份有限公司，清华同方运用股权置换的方式吸收合并山东鲁颖电子股份有限公司，开创了中国证券市场上市公司吸收合并其他股份企业的先例。
11月25日	中国证监会下发《关于停止发行公司职工股的通知》，决定自即日起，股份有限公司公开发行股票一律不再发行公司职工股。这一举措有利于进一步推进证券市场的规范发展。
12月29日	九届全国人大常委会第六次会议审议通过《中华人民共和国证券法》。《证券法》的通过是我国证券市场发展过程中的重要里程碑，它标志着我国证券市场依法治市进入了一个崭新阶段。

12月31日　截至1998年底，沪深两市上市公司共有851家（沪市438家，深市413家），上市股票共有931只（沪市477只，深市454只），其中，A股825只（沪市425只，深市400只），B股106只（沪市52只，深市54只），股票市价总值19505.64亿元，占我国GDP的比重为24.52％。投资者开户总数3911.13万户。上证综指收于1146.70点，深证成指收于2949.31点。

一九九九年

2月10日　辽物资1998年年报扭亏为盈，深交所决定自1999年4月27日起，撤销对公司股票交易的特别处理，股票简称由"ST辽物资"恢复为"辽物资A"。辽物资成为第一支摘去ST帽子的上市公司。

3月10日　中国证监会主席周正庆表示，券商分类将逐步实施；允许券商增资扩股；融资政策近期出台，基金试点将扩大规模；高新企业上市不受额度限制。

3月19日　申华实业发布公告，全体董事集体辞职，并宣布收购华晨中国汽车控股有限公司51％股权，9名新董事候选人主要来自华晨，瞿建国不再担任公司总经理，华晨空降申华，君申事件宣告结束。

3月27日　中国证监会发布《上市公司配股工作有关问题的通知》，将净资产收益率的标准由最近连续三年不得低于10％，改为最近连续三年平均在10％以上，且任何一年不得低于6％。

4月1日　云南云天化股份有限公司公告，拟协议回购母公司所持部分国有法人股，云天化的股份回购事件是中国证券市场上的首例回购事件，引起各方关注。

4月3日　国家经贸委、中国证监会联合发出《关于进一步规范境外上市公司规范运作和深化改革的意见》。

4月26日	上交所第六次会员大会召开，总经理屠光绍提出上交所发展的目标：透明、开放、安全、有效，力争用3年至5年的时间将上交所建成亚太地区重要的证券交易所之一，再用5年至10年的时间使之成为世界证券市场体系中的重要组成部分。
4月30日	国泰、君安两家证券公司正式合并，成为当时国内最大的证券公司。
5月19日	"5·19"行情爆发。从5月19日起，在网络股的带动下，沪深股市走出了一轮强劲的上升行情，其间，上证综指更是创下了历史最高纪录，沪深两市单日成交金额也创下了历史天量。
5月23日	湘财证券公司首家获准增资，注册资本由1亿元增资至10亿元，由此拉开了券商增资扩股的序幕。
6月1日	为促进B股市场发展，国务院决定，从即日起，B股交易印花税由4‰降至3‰。
7月3日	沪深交易所对上市公司因连续三年亏损被暂停上市的股票实行"特别转让"服务。股票名称前冠以"PT"，每周五为投资者提供"特别转让"服务。
7月12日	琼民源公司股票终止上市，成为正式摘牌的第一只股票，其全部社会公众股全部置换为中关村科技的股份。中关村通过置换引进了原琼民源的流通股获得上市资格，并于7月12日同一天上市，开创置换上市的先河。
7月29日	中国证监会发出《关于进一步完善股票发行方式的通知》，对新股发行和定价方式进行了重大改革。
8月25日	中共中央、国务院发布《关于加强技术创新、发展高科技、实现产业化的决定》，提出多项措施，借助资本市场发展高新产业。
8月27日	中国证监会转发中国人民银行《基金管理公司进入银行间同业市场管理规定》和《证券公司进入银行间同业市场管理规定》。证券公司、基金管理公司获准进入银行间同业市场。

9月9日　　扩大市场资金供给重大措施出台，中国证监会发布《关于法人配售股票有关问题的通知》，从即日起，国有企业、国有资产控股企业、上市公司所开立的股票账户，可用于配售股票，也可以用于投资二级市场的股票，但在二级市场买入又卖出，或卖出又买入同一种股票的时间间隔，不得少于六个月。

9月26日　　中共中央总书记江泽民考察上海证券交易所，鼓励上海证券交易所进一步做好工作，更好地为国民经济发展服务。

10月18日　　申能股份拟以协议方式回购并注销10亿股国有法人股方案出台。申能股份是中国证券市场第一家回购并注销国家股的上市公司。

10月27日　　国务院批准保险公司通过购买证券投资基金间接进入证券市场。有关减持国有股的相关政策公布，国有股减持将通过配售方式实现，年内选择两家企业进行试点，配售金额合计在5亿元左右。

11月10日　　浦发银行在沪市挂牌，金融板块的"新航母"启航。

11月16日　　香港创业板市场正式宣布成立。

11月22日　　中国证监会发布《关于进一步做好证券投资基金配售新股工作的补充通知》，对证券投资基金配售新股的比例和金融政策限制予以放宽。

11月23日　　财政部对《股份有限公司会计制度》做出新的补充规定。规定明确了各项资产减值准备的适用范围，无论是境外上市公司、香港上市公司、境内发行外资股的公司，还是其他上市公司和非上市股份有限公司，均应按照《制度》中的要求，计提相关资产的损失准备。

12月30日　　四川省成都市人民检察院指控成都红光实业股份有限公司欺诈上市。
　　　　截至1999年底，沪深两市上市公司共有949家（沪市484家，深市465家），上市股票1031只（沪市525只，深市506只），其中A股923只（沪市471只，深市452只）。B股108只（沪市54只，深市54只）。上市公司股票市价总值26471.7亿元，占我国GDP的31.8%。投资者开户总数4481.2万户。上证综指收于1366.56点，深证成指收于3369.61点。

二〇〇〇年

2月14日　中国人民银行、中国证监会联合发布《证券公司股票质押贷款管理办法》，允许符合条件的证券公司以自营的股票和证券投资基金券作质押向商业银行借款。

2月24日　周小川出任中国证监会主席。

2月25日　虹桥机场发行13.5亿元可转换债券。这是我国《可转换公司债券管理办法》出台后发行的首家可转换债券。

3月15日　朱镕基总理在全国"两会"记者招待会上指出：中国股票市场非常重要。我国的证券市场发展很快，成绩很大，但很不规范，还要做大量工作；股票市场对国企改革具有非常重大的意义；希望海内外专家都来帮助我们规范和发展证券市场。

3月16日　中国证监会发布《中国证监会股票发行核准程序》，同时《股票发行上市辅导工作暂行办法》、《信誉主承销商考评试行办法》等配套规章也分别由中国证监会和中国证券业协会发布。

3月21日　在胜利股份股权之争中，第二大股东通百惠公开征集"选票"，开创了我国证券市场的首次委托书收购行为。

4月26日　中国证监会发布《关于大庆联谊石化股份有限公司违反证券法规行为的处罚决定》。

5月1日　经中国证监会批准，沪深证券交易所正式实施重新修订的《股票上市规则》。

5月9日　上海证券交易所自即日起发布上证基金指数。

7月6日　沪深上市公司突破1000家。这标志着中国证券市场在规模上跨入了一个新的数量级，中国股市谋求进一步发展壮大有了更加坚实的基础。

7月15日　沪深两市股票市价总值突破4万亿元。沪深两市规模进一步扩大，至6月底，股票市价总值突破4万亿元，达到40689.84亿元，这一数字相当于1999年我国GDP的49％，接近了大多数发展中国家和地区的证券化率水平。

7月26日　　上证综指跨越了2000点大关，以2012.32点收盘，创下了历史新高。

8月16日　　我国注册资本规模最大的券商——银河证券公司正式成立，其注册资本达45亿元。

9月20日　　中国证监会同意新疆宏源信托投资股份有限公司整体改组为宏源证券股份有限公司，成为股市第一只券商概念股。

9月22日　　经中国证监会党委决定，朱从玖任上海证券交易所总经理。

10月8日　　中国证监会发布实施《开放式证券基金试点办法》。该《办法》的出台是中国证券业发展史上的一个里程碑式的事件，标志着我国证券业特别是证券投资基金业的发展即将进入一个崭新的历史阶段。

《财经》杂志2000年10月号以"基金黑幕"为题，以大量篇幅揭示了基金在股票交易中出现的种种问题，引起市场震动。

10月16日　　10家基金管理公司联合发表严正声明，对《财经》杂志的相关报道予以回击。

10月12日　　中国证监会主席周小川在接受三家证券报记者联合采访时指出：保护投资者利益是重中之重。在融资者和投资者之间，应重点保护投资者；在机构投资者和广大中小投资者之间，重点保护后者。

10月19日　　深圳证券交易所发布关于创业板市场的系列规定、办法文件。

11月15日　　中国证监会党委决定，张育军任深圳证券交易所总经理。

11月21日　　国务院公布《金融资产管理公司条例》。该《条例》规定，金融资产管理公司可从事股票承销业务。

12月12日　　宝钢股份成功登陆沪市。它由宝钢集团独家发起，发起人总股本106.35亿股。

12月14日　　四川省成都市中级人民法院作出一审判决：红光公司犯欺诈发行股票罪，判处罚金人民币100万元。PT红光被判欺诈发行股票罪，成为我国证券市场历史上首个被刑事处罚的上市公司。

12月16日	由中国经济体制改革研究会联合中国证券业协会、上海证券交易所、深圳证券交易所等共同举办的"中国证券市场十年论坛"在北京召开。
12月26日	我国证券市场实现新跨越,年度筹资首破千亿元。
12月29日	截至2000年底,沪深两市上市证券共有1257只,上市公司共有1086家(沪市572家,深市514家),上市股票1174只(沪市617只,深市557只),上市A股共有1060只(沪市561只,深市499只),上市B股114只(沪市56只,深市58只)。上证综指收于2073.48点,深证成指收于4752.75点。

参考文献

《第一财经日报》：《中国的出路》，中信出版社2009年版。

范永进、陈岱松、李济生：《见证中国股市》，上海三联书店2009年版。

吴建融：《见证：上海金融改革30年》，上海远东出版社2009年版。

俞天白：《海派金融》，文汇出版社2009年版。

范永进、温子建：《上海资产重组回望》，今日出版社2008年版。

刘鸿儒：《突破——中国资本市场发展之路》，中国金融出版社2008年版。

吴晓灵：《中国金融改革开放大事记》，中国金融出版社2008年版。

戴相龙：《戴相龙金融文集》，中国金融出版社2008年版。

陆一：《闲不住的手：中国股市体制基因演化史》，中信出版社2008年版。

中国证券监督管理委员会：《中国资本市场发展报告》，中国金融出版社2008年版。

胡汝银：《中国资本市场的发展与变迁》，格致出版社2008年版。

杨怀定：《要做股市赢家——杨百万股海实战》，南京大学出版社2008年版。

杨艳华：《并购重组管见——海通并购团队的实践与思考》，今日出版社2008年版。

范永进、陈岱松、李济生：《中国股市早年岁月》，上海人民出版社2007年版。

中国人民银行、中共中央文献研究室：《金融工作文献选编（1978~2005）》，中国金融出版社2007年版。

范永进、强纪英：《回眸中国股市（1984—2000）》，上海人民出版社

2001年版。

刘鸿儒：《中国证券（1843—2000）》，九州出版社2001年版。

郑重、陈可雄：《中国第一股：申银十年风云录》，学林出版社1994年版。

龚浩成、金德环：《上海证券市场十年》，上海财经大学出版社2001年版。

李幛喆：《终于成功——中国股市发展报告》，世界知识出版社2001年版。

吴敬琏：《十年纷纭论股市》，上海远东出版社2001年版。

北京电视台经济信息部：《代价：中国股市十年钩沉》，机械工业出版社2001年版。

阿奎、姜金胜：《当代中国股市实录》，上海社会科学院出版社2002年版。

马庆泉：《中国证券史》，中信出版社2003年版。

王年咏：《复苏与起步：1980—1991年中国证券市场简史》，中国财政经济出版社2004年版。

刘进、王安：《中国股市内幕》，兵器工业出版社1997年版。

曹时礼：《波涌连天——中国证券市场热点扫描》，企业管理出版社1998年版。

王健、禹国刚：《深圳股市》，海天出版社1990年版。

周焕涛：《股市16岁（1991—2006）》，山东人民出版社2006年版。

陈忠：《中国股市风云录》，上海交通大学出版社2005年版。

王安：《股爷您上坐》，华艺出版社2000年版。

周俊生：《中国股市遭遇激情》，复旦大学出版社1995年版。

俞天白：《变幻莫测的面纱——上海金融改革纪实》，中国金融出版社1992年版。

戚厚杰、李琴、李珂、孙建军：《百年证券变迁（1900—2000）》，江苏美术出版社2002年版。

刘志英：《近代上海华商证券市场研究》，学林出版社2004年版。

周正庆：《证券知识读本（修订本）》，中国金融出版社2006年版。

吴言涛：《上海的股票和债券》，上海社会科学院出版社1988年版。

李训：《上海深圳股票交易实用手册》，厦门大学出版社1992年版。

上海上市公司董事会秘书协会：《上海上市公司大事记》，百家出版社2000年版。

《上海证券年鉴》编辑部：《上海证券年鉴（1992）》，上海人民出版社1992年版。

《上海证券年鉴》编辑部：《上海证券年鉴（1993）》，上海社会科学院出版社1993年版。

《上海经济年鉴》编审委员会：《上海经济年鉴（1992）》，上海社会科学院出版社1992年版。

中国人民银行、中共中央文献研究室：《金融工作文献选编（1978—2005）》，中国金融出版社2007年版。

尚明、陈立、王成铭：《中华人民共和国金融大事记》，中国金融出版社1993年版。

李利明、曾人雄：《1979—2006：中国金融大变革》，上海人民出版社2007年版。

陈争平：《金融史话》，社会科学文献出版社2000年版。

舒以：《大旗帜：邓小平理论二十年》（上、下），改革出版社1998年版。

成涛、夏宇、范永进：《亚洲证券市场》，中国大百科全书出版社上海分社1992年版。

刘鸿儒：《刘鸿儒论中国金融体制改革》（上、下），中国金融出版社2001年版。

沈重英、张宁、范永进：《资产重组风云录》，上海人民出版社1999年版。

中国法学丛书编委会、上海市股份制企业联合会：《中国证券法规规章汇编（1981—1992）》，1992年。

上海上市公司资产重组领导小组办公室：《证券期货法规汇编》，立信会计出版社2000年版。

《上海证券交易所专刊》（缩印合订本，第1—27期1991年6月10日—1991年12月30日，第一辑；第28—53期1992年1月6日—1992年6月29日，第二辑；第54—85期1992年7月6日—1992年12月28日，第三辑）。

上海证券报：《走过十年》，百家出版社2001年版。

证券市场周刊：《这十八——证券中国剪影（1989—2007）》，2007年8月18日。

中国证券市场研究设计中心：《证券市场周刊》第31期，2007年8月18日。

张志雄：《中国股市十七年》，VALUE杂志，2007年7月。

北京财经音像出版社、中国财政经济出版社联合制作：《资本市场》，2001年。

新华社上海分社、中共上海市金融工作委员会、上海市金融服务办公室、第一财经（频道）联合策划、摄制：《中国金融史话》，2005年。

申银万国证券股份有限公司：《合抱之木，生于毫末》，2006年。

上海延中实业股份有限公司：《上海股王沉浮录》，1997年。

后　记

在40余年波澜壮阔的改革开放史上，金融证券市场的重启，无疑是极为关键和重要的体制性突破。它的意义，不仅在于为改革开放初期的经济复苏、企业发展提供了最关键的资本支持，为浦东开发开放这一国家战略提供了创新资源，同时也是中国向全世界宣示改革开放决心和勇气的有力证明。

由"证"而证，需要的不仅是文件、档案等历史文献的物质支撑，也需要历史亲历者的口述见证。为此，早在2018年4月，中共上海市委党史研究室即联合上海金融文化促进中心，将"股市早年岁月亲历者说"作为"口述上海系列"之一，予以立项资助。历时3年余，该项目在两家单位领导和金融证券界相关领导、企业家、专家学者、老同志等的支持下，转化为这部敬献给中国共产党百年华诞和新中国资本市场重启30周年的书稿。

任何历史、任何史迹和史实，当她被记住、被挖掘、被传承之后，她自身的魅力及其所蕴含的精神，才可能在时间之尘烟中闪现光芒，也才可能自音频纸媒间升腾出她的史学价值，使其获得超出"见证"的意义。为此，我们在关注、记录前辈足迹的同时，也在整个项目的推进过程中，更多吸纳金融、法律等相关专业领域的青年，以期使这项口述历史不囿于史学圈子，而能以见证历史为起点，照证当下，求证未来。

好在，不论是参与本书口述的亲历者、主持项目的顾问领导，还是所有的具体采编人员，不论年长或资浅，名宿或新晋，都有两个共同特点：一是皆深晓本课题的历史价值和现实意义，故能以史识之慧笃定而行、静谧自怡；二是皆为专业人士，无论来自金融、行政、史学、法律、规划、传媒等哪个领域，均以专业为引、为标、为傲，故而本书篇章之板块排序，也遵循专业原则和时间顺序，并更倾向一线的笃行践履者。也正因有各领域各层次笃行践履者们代代传承的开拓创新精神，才有我们对今天的收获与感恩、对未来的信心与期许。

上海改革开放的龙头，由本地无数的专业人士担起，也由全国的许多有识之士助推。资本市场流动开放的属性，更使得我们无法偏于一隅来划分彼此、独树成林。因此，本书立足上海而未局于上海，且于前言、链接、注释、大事记等相关口述历史的素材选取、整理中，也力求能适度地呈现、表达编著者对于30余年中国证券市场发展历史的思考，期能获得广大读者、各位方家的认可和指正。至于本书成书过程中存在的不足之处，也请大家予以谅解和包涵！

编 者

2021年7月

图书在版编目(CIP)数据

见"证"：股市早年岁月亲历者说/中共上海市委
党史研究室，上海金融文化促进中心编. —上海：上海
人民出版社，2021
ISBN 978 - 7 - 208 - 17418 - 4

Ⅰ. ①见… Ⅱ. ①中… ②上… Ⅲ. ①股票市场-经
济史-中国 Ⅳ. ①F832.9

中国版本图书馆 CIP 数据核字(2021)第 224026 号

责任编辑 罗　俊
封面设计 居永刚
装帧设计 沈　梅

见"证"：股市早年岁月亲历者说
中共上海市委党史研究室
上海金融文化促进中心　编

出　　版　上海人民出版社
　　　　　(201101　上海市闵行区号景路 159 弄 C 座)
发　　行　上海人民出版社发行中心
印　　刷　常熟市新骅印刷有限公司
开　　本　720×1000　1/16
印　　张　37
插　　页　4
字　　数　503,000
版　　次　2021 年 10 月第 1 版
印　　次　2021 年 10 月第 1 次印刷
ISBN 978 - 7 - 208 - 17418 - 4/F・2716
定　　价　168.00 元